U0022368

◆七版◆

西洋經濟
思想史

A History of
Western Economic Thought

林鐘雄　著

三民書局

給　佩蓉和志龍

要他們記住，追求知識本是一種快樂

七版說明

　　林鐘雄教授所著之《西洋經濟思想史》，針對西洋經濟思想史作有系統的介紹，內容完整詳盡，並依時間順序與學說性質，詳細描述兩百年來西洋經濟學家在經濟思想上的貢獻，另外對現代主要經濟學家的理論及其思想淵源亦有深入的剖析，為學習西洋經濟思想史的最佳教材。

　　本書自初版以來，承蒙讀者喜愛，已多次再刷。此次修訂除設計新式版面，使其更美觀大方；同時梳理文句，使字詞行文更臻完善，期望讀者在閱讀時更加舒適與流暢。

三民書局編輯部謹識

自　序

　　講究享受咖啡的人士，不僅會選擇咖啡豆，注意研磨咖啡粒的大小，還得依咖啡種類而使用不同的燒煮調製方法；有時，甚至還得手持咖啡手冊手腦並用。對內行人來說，儘管付出若干時間的代價，但調製與品嘗都是享受。市面上，有多種急就咖啡，只要開水一沖，便可立即飲用，既省時又省事，但不得不犧牲特種咖啡的濃郁滋味，同樣是咖啡，不同的滋味各有其相對應的代價。

　　就這種比喻來說，這本書類似於急就咖啡。書中所提及的一部分經濟學家及他們的著作，我曾經廢寢忘食地，在昏黃燈光下，仔細地閱讀過。但仍有很大的部分，我尚不曾閱讀原著，僅是為了講課的需要，參照多種間接的參考資料，一點一滴地寫出。就這種意義來說，這本書自然不得不歸屬於急就著作之列。

　　我把這本急就的書印行，有兩個原因，其一是經濟思想史上，對經濟科學的發展有所貢獻的經濟學家，為數既多，且他們的著作又浩瀚如海，即使再給我幾生，也無法全部看完，更不用說全部理解了。現在把這本書付印，尚有機會鞭策我自己繼續多看、多想，然後找機會改進和補充。其二是多年來國內已沒有全面性的經濟思想史的著作，而我們的時代，很多人都開始關心經濟事務了，像這樣一本急就的西洋經濟思想史，多少也能應些急用。因此，我紅著臉印行這本書，抱著一個希望，希望國內能早日出現更完美的著作，使有志研讀經濟理論的年輕朋友，或有意充實經濟知識的人士，有更充分的養料。

　　經濟思想史有多種研究和敘述方法，比較重要的有四類：一類是以各項經濟理論作為歸類標準，一一敘述其演進和發展過程，例如，分為價值理論、分配理論、貨幣理論、資本理論、財政理論、經濟循環理論等。一類是依各個不同學派作為歸類的基礎，敘述各個學派的主要經濟思想及其經濟學家，並說明其承先啟後的演進過程，例如，分為古典學派、歷史學派、劍橋學派、制度學派等。一類是重要經濟學家的經濟思想史，就近兩百年來，經濟思想史上最具影響力的經濟學家，重點選出一、二十人，敘述其經濟思想的內容及其對人類經濟社會的貢獻與影響。另一類是教科書式的表達方法，就是盡可能地依時間順序，對各個學派

在各主要經濟概念演進過程中有所貢獻的經濟學家，重點敘述其生平、著作和主要貢獻所在。這本書是屬於最後一類的。

　　我把歷史上對經濟思想之演進有所貢獻的大部分經濟學家，分別列入重商主義、重農主義、古典學派、社會主義、歷史學派、劍橋學派、奧地利學派、一般均衡論、瑞典學派、制度學派等。這些分類，有些是已屬定論的，有些則是未有定論，只好權宜處理。例如，熊彼德 (J. A. Schumpeter)、米塞斯 (L. von Mises)、海耶克 (F. A. von Hayek)，依其師承都屬奧地利學派，但三人先後分別長期在美國及英國執教，其著作各展開其獨特的風格，與傳統奧地利學派有若干差異。因此，我便把熊彼德單獨列一章敘述，而美國新興的所謂新奧地利學派把米塞斯及海耶克視為他們經濟思想上的領袖，我便把這兩位大師列在新奧地利學派之列了。再如，費雪 (I. Fisher)、弗利德曼 (M. Friedman)，在近年來盛行的「唯貨幣論」(Monetarism) 思想中，扮演著極其重要的角色，實際上卻尚未形成一個學派，都只好各列一章加以討論。

　　對於每一個學派，我都選出幾位具有代表性的經濟學家，對其生平、著作及主要經濟思想作客觀而扼要的說明，盡可能不表示我個人的意見。這種做法並不是有意規避，而是有其實際困難存在：第一，由於每一個時代，對早期經濟學家及其貢獻都有持續不斷的研究，因而有些新發現，新發現與舊評價難免有爭論，倘若未經作同樣努力，冒然作個人的論斷，對本書的作者及讀者都是有害的。第二，由於經濟環境的更易，每一時代各有其經濟理論的研究重點，甚至也有用語上的差別。在現代經濟思想史的研究著作中，不得不用現代語言研究早期經濟學家的若干被遺忘了的著作，經由這種研究而產生新發現，這種新發現與現代經濟思想間的聯繫性，也不易作客觀的認可。第三，特別重要的是，二次世界大戰後，由於學術性經濟期刊數量上的增加，製造了為數不少的甚有聲名的經濟學家，或者是，這些經濟學家尚未形成有體系的經濟思想，在目前不易對其在經濟思想史上的地位蓋棺論定；或者是，這些經濟學家的若干貢獻大部分都已暫時融合在現代通行的經濟學的教科書中，尤以所謂「凱因斯後繼學派」(Post-Keynesian) 為然。因此，對於這些後繼學派的經濟學家，本書就很少加以敘述。

　　總之，由於經濟學家們繼續努力地研究，經濟科學總是繼續不斷地進步，而在其進步過程中，經濟思想上的幾個主要流派都保持著其連續性。因此，每一個時代的人都有機會且也有義務重寫經濟思想史。在這種意義來說，這本書雖然敘

述了約百位經濟學家在經濟思想上的貢獻，依然僅能表達一個粗略的概念，也僅能說是表達了這個時代所能表現的經濟思想史。時間依然是無情地流逝，時代也會有所調整，對我個人來說，我也把這本書作為一個起點，願在有生之年，隨著時代的進步，繼續有所改進。

　　這本書的完成，我特別要感謝授業恩師張漢裕博士，在我的學生時代，他培育我研讀經濟典籍的興趣；在我工作的期間，他鼓勵我研究經濟思想史的勇氣。我也要感謝在美國的三弟吉雄，他付出時間和金錢，為我選購我所需要而不是他本行的書籍，使我能安心繼續研讀。我更要感謝內子李惠美，伊與我同甘共苦，不僅分擔我的哀愁，更重要的是持續地給予我精神上的支持與鼓勵。

　　在我撰寫這本書的過程中，佩蓉和志龍或者開始牙牙學語，或者開始匍匐學步，他們經常陪伴在我的書桌的周圍，他們的嬉耍給我歡樂，他們在我的稿紙上描圈圈、劃線條，甚至繪些人物，舒緩了孤燈下的枯燥和寂寞。這本書就是在這種情景下，一章一節地完成初稿。現在就要付印了，我禁不住地題給他們，期望他們懂事之後，仍然能夠憶起這些甜美的日子。

　　嚴格地說，這本書的寫寫改改，乃至於完成這樣的初稿，大部分是逼出來的。由六十二年開始，我在政治大學經濟學系講授西洋經濟思想史，為著我自己講課的方便，我陸陸續續地書寫，而同學們對課業的認真，並經常與我討論，使我不能不埋首書堆，繼續探研。倘若這本初稿能算是一點點的成績，這些年來，課堂上的同學們是該分享大部分的；而倘若有缺憾，則該由我自己繼續努力改進的。

　　最後，我要對幾位幫助我的朋友，表示由衷的謝意。施敏雄教授和彭百顯先生，在他們本身繁忙的研究工作之餘，校閱了本書的初稿，提示了若干改進意見。賴志仁先生和汪德嘉小姐都費神地協助我作最後的校對。劉榮發先生為本書繪製了圖形。在他們這樣盛情協助下，本書倘或仍有什麼錯誤，當然由作者本人承擔。

　　　　　　　　　　　　　　　　　　林　鐘　雄

西洋經濟思想史 目次

第4章　古典學派的先驅者

第5章　古典學派的創建者——亞當斯密

第 15 章　奧地利學派

第 16 章　馬夏爾

第 17 章　華爾拉

第 21 章　劍橋傳統的繼續發展

第 22 章　一般均衡理論的展開與應用

第 23 章　熊彼德

第 24 章　韋布倫與制度學派

第 25 章　制度學派的展開

第 26 章　奧地利學派的繼續發展

第
1
章

導　論

第<i>1</i>章　導　論

對每一天都應當抱著虔敬的心思。愛它、尊敬它，尤其不要損害它，不要妨礙它發榮。即使像今天這樣灰色的悲慘的日子也得愛。不要著急。此刻是冬天，一切都睡著。美好的土地將會蘇醒。只要你做成一片美好的土地，像它一般耐心就得。如果你是善的，一切都會順利。如果你不善，如果你是弱者，如果你不成功，你還是應當快樂。

《約翰·克利斯朵夫》

第一節　經濟思想史的發展歷程

在經濟世界中，人類為著個人與家庭的生計，以及子孫的延續，必須持續進行生產活動。生產活動基本上是結合各種生產因素，從事生產，並對生產物作分配的安排；生產因素的結合方式及生產物的分配方式種類甚多，生產活動的進行，自始便含有選擇成分。尤其是，在各個不同時期，人類所能支配的生產因素的種類、數量及其結合，都有顯著的差異，故各個時期的經濟問題多少有其差別。一旦發生經濟問題，各時代的有識之士常會進行分析，甚至進而提出解決問題的方法。換句話說，人類對其周圍的經濟世界及其變化會不斷進行分析與理解；經濟思想史便是以闡明人類對經濟現象的研究心得的演變歷程為其研究課題。

因為經濟思想與經濟問題有密切關係，故我們得依歐洲經濟史的習慣分段法，把西洋經濟思想發展史區分為四個時期：希臘時期、中古時期、重商主義、近代經濟學及其發展。每一時期都有三項極其顯著的特色：其一，政治秩序不同；其二，對人及社會的觀念有別；其三，經濟論著的作者及其寫作對象不同。

在希臘時期，係城邦 (city states) 時代。城邦之內有自由民及奴隸之分；自由民之間另有職業的分化。這個時代的經濟論著大部分都係哲學家或政論家所撰，其內容以城邦問題，與各類職業之自由民有關的業務事項為主。因此，柏拉圖雖曾論及分工與貨幣之使用，但他們以討論教條的、形而上的概念為主，不曾為後

世提供有關當時希臘的經濟生活與產業狀況的知識。尤其是，他們不曾把經濟問題的經濟面與政治面及倫理依據分開，更不曾分析經濟生活的目標，可說缺乏有系統的經濟思想。

在中古時期，有更教條化的發展。在中古黑暗時期，人們最關心的是來世獲救，教士生活被認為是理想典型，教會是最具支配力的社會組織，經濟論著乃大部分出自修道院的教士們之手。在當時，世俗的理想是靜態的或慣性的社會，各人須各盡其天職 (calling)，完成其本分的工作。因此，交易乃限於一定的範圍，依「公正價格」(fair price or justice price) 而進行；各社會階級須依其身分過規定的生活水準；營利是非法的；這些可說是這時期的基本思想。在中古後期，宗教法規與教堂法庭在日常生活中扮演著重要的角色，修道院本身也成為產業與貿易發展的先鋒。經由契約的使用及其合法化，侵犯營利禁止法的案件漸多，人們的興趣才轉向文化、藝術、科學、政治及經濟之類的世俗生活，經濟學的演進才有其契機。

由此可知，在希臘時期及中古時期，我們很難認可有體系的經濟思想的存在。我們若深一層觀察，可發現下列三項主要因素，阻礙著經濟思想的進展。

第一，滿足。欲望的態度。經濟學研究財富及人類滿足其欲望之行為。在古代，生產技藝進展甚為緩慢，年年物質生產幾乎不變，而人口則相對上增加，故古代的倫理教條常含有抑制欲望的成分。在我國，「知足常樂」依然是被當作幸福的心理狀態。由於對物質欲望採取消極的態度，因而阻礙經濟行為的研究。

第二，農業經濟社會。大體上，農業社會缺少移動性，且變化程度甚少。尤其是，自羅馬帝國衰亡後，以土地分配為基礎的封建制度 (Feudalism)，支配西方社會達數百年之久，那種社會容易產生宿命論，不敢面對風險，不敢接受創新，以致經濟研究乃告停頓。

第三，市場規模狹小。在封建制度下，莊園 (manor) 是自給自足的經濟單位，對外交易甚少；即使在城邦興起之後，城市的產品市場依然有限，因而無須有生產技藝的演進，對經濟問題自是無須作有系統的分析。

進入重商主義時期，有體系的經濟思想才開始萌芽。在這個時期，君主獨裁國家已取代中古封建制度，社會生活及人們的價值觀念與興趣已有極大的改變。尤其是，在這個時期，文藝復興的浪潮已自義大利擴及西歐及北歐各地，幾乎每一個領域都有技藝進步。造紙、印刷術、商業與科學都有顯著的進展，經濟社會

已不再是靜態的了。經濟史家有時把這個時期稱為「商業革命」(commercial revolution) 時期。君主國家發現貨幣是財富，且為權力的基礎，而貿易則為創造及累積財富的捷徑。因而，這時期的政治家及貿易商人刊行甚多的經濟論著，而這些經濟小冊則以討論貿易與政治居多。他們的經濟主張包括貿易順差、低利率、低工資、鼓勵人口成長及海外殖民等。我們將在本書第二章及第四章作較詳細的討論。

近代經濟學的誕生與英國有特別密切的關聯。在英國，重商主義後期，經濟關係已比較自由，各種管制也漸廢棄或解除一部分。在政治方面，民主已漸取代獨裁；在經濟方面，則以個人主義、自由企業或資本主義為典型。這當然與當時英國的歷史環境有其特殊關係，故英國的經濟著作家也較其他歐洲國家的學者，更早提出解除重商主義之束縛的主張。自這個時期以後，或者由於經濟結構的迅速變化，或者由於資本主義演進過程發生不少弊端，在經濟論著中，實際經濟問題的討論通常扮演著重要的角色，且因而逐漸產生專業的經濟學家。更由於專業經濟學家的誕生，經濟學才得以更快速地成長。

由此可知，自重商主義時期，有體系的經濟思想開始展開。且由於經濟問題的討論日愈增加，經濟學才獲得擺脫政治學而獨立的契機，我們得把造成新情勢的主要因素摘要說明如下：

第一，文藝復興與商業復活。始於 1453 年的文藝復興，係渴慕希臘羅馬文化，用意在於藉體會古代精神，並把它復現在當代社會中，因而對希羅時代的研究始於文藝及學術，最後且遍及一般生活。其反映在經濟與社會面的是商業復興、城市興起，產生了新經濟問題。同時，由於十字軍東征，自東方帶回新奇產品，激勵貿易發展，並擴大了貨幣經濟，使經濟問題更為複雜。

第二，啟蒙運動。在十七、八世紀間展開的啟蒙運動不但激勵了近代哲學、科學與宗教改革，而且也孕育了近代經濟分析。簡單地說，啟蒙運動基本上要打破傳統的因襲精神，其共同特徵有尊重獨立自由的思想，反對固有教理的束縛及把知識訴諸於經驗。其反映在當時已經展開的商業社會中的是：以新經驗來解說新經濟問題。

第三，新政治概念。十七世紀民族國家興起之際，自然秩序與自然法之觀念隨之發展，與此同時產生的政治自由更是深入民心。既然科學上的自然法可應用於政治，當然也能應用於經濟問題，尤其是經濟自由與新經濟問題的關係更有待

解說。但是，這個階段的經濟思想依然與政治同時討論，純粹經濟分析僅能說是始於十八世紀中葉的重農主義。

第四，自民族國家形成後，政府收入成為必要。因為軍備和文官支出為民族國家的基本要求，傳統的君王收入不足支應新支出需要，為考慮國家固定收入的財源，乃產生總體經濟概想，把經濟思想帶到有體系的新境界。例如，佩悌 (Sir William Petty)❶，在 1690 年刊行的《政治算術》(*Political Arithmetic*) 一書，其重點之一便是在於討論政府收入及人民的負擔問題。

🖋 第二節　經濟學上的爭論的本質

自佩悌開始描述經濟現象以來，已經有難以計數的經濟學家及其著作出現在我們的世界，這些理論或者相對立，或者相互補充；這些經濟學家或者結成學派，或者是超然自主；若干學派及其理論或者已完全失去支持者，但若干未被重視的理論，在另一個時代或者會復活，並且對當代思想有重大的影響。儘管如此，經濟分析的多元性及其持續爭論是不足為奇的。因為每一個時代各有其經濟組織、經濟結構、經濟分析工具、經濟目標，甚至各有其不同的假定。不僅如此，在同一個時代，經濟學家對同一經濟問題亦會有不同的意見，因而會有經濟論爭，我們得把產生這種論爭的主要因素歸為三類：

第一，科學判斷問題。在經濟分析上被廣泛使用的演繹法，原則上並沒有問題，問題在於是否能合理的解說真實的世界。例如，有兩種理論，分別有可被接受而互不相同的假定，有無懈可擊的推理過程，但卻得到相反的結論，則那一種理論能用於說明實際的世界呢？眾所周知，經濟理論不能進行有控制的實驗，其實驗是未控制的，面對著許多人、許多經濟變數與經常變異的其他經濟環境，此種實驗記錄並不完整，在解釋上乃是多面的。因此，經濟學家對經濟問題的解說便會有爭論。

第二，價值判斷問題。就極長期來說，我們不能對價值判斷作尺度或分等，而每一個時代各有其價值判斷，經濟學家常根據此價值判斷的內容撰述其理論，由於價值判斷影響經濟學家所將分析之問題的取捨、變數的選擇，甚至影響研究

---

❶　請參閱本書第四章第二節。

結果的解釋。因此，價值判斷的不同對經濟理論的爭論有最深遠的影響。例如，在李嘉圖 (David Ricardo)❷與馬爾薩斯 (Thomas Malthus)❸的有效需要論爭中，李嘉圖推翻了馬爾薩斯的論據，而一百一十年後，藉凱因斯 (John M. Keynes)❹，馬爾薩斯的見解獲得平反的機會。再如，儘管華爾拉 (Marie-Ésprit Léon Walras)❺是偉大的經濟學家，因為當時法國政府當局不欣賞他的理論，他在本國便得不到教席。

　　同時，價值判斷與科學判斷亦互有關聯。在經濟理論上，政府對經濟活動干涉的輕重是重大的價值判斷差異的來源，基於這種不同的價值判斷，產生不同的科學假設，帶來經濟理論的爭論。與此有關聯的尚有經濟學家的政治判斷問題，嚴格地說，職業經濟學家的經濟理論不宜含有政治判斷因素，但是當其把理論化成政策建議時，則必須考慮其被採行的機會，因而常使政治判斷發揮作用。最著名的例子是，1931 年凱因斯固然認為英鎊貶值是挽救當時英國經濟危機的最佳政策，可是他認為此舉是政治上行不通的，因而建議當局提高關稅，可是在其建議的六個月後，英國政府卻採取英鎊貶值措施。此外，長期經濟目標與短期經濟目標的取捨、對內目標與對外目標的取捨，都是能影響經濟理論與政策的價值判斷問題，也是爭論的根源。

　　第三，經濟行為的複雜性。馬夏爾 (Alfred Marshall)❻在其《經濟學原理》(Principles of Economics) 開宗明義地說：「經濟學一方面是財富的研究，但在其更重要的一方面是人的研究。」而人的行為是多面的，經濟學家不得不限制其研究範圍，通常係把為特定目標而對稀少資源的選擇行為視為經濟行為，且以此作為研究對象。可是，經濟學家對經濟行為與經濟動機有極其不同的定義，因而便會得到互不相同的結論。例如，身分、地位等是否應被認為是經濟動機便會有不同的見解。

　　與此項問題有關聯的是定義問題。在經濟理論上，資本一向扮演著最重要的角色，每一位經濟學家都提及資本，可是他們各自所指稱的資本內容可能並不相

❷　請參閱本書第七章。
❸　請參閱本書第六章。
❹　請參閱本書第二十章。
❺　請參閱本書第十七章。
❻　請參閱本書第十六章。

同。例如，究竟是貨幣資本或真實資本？究竟是股權資產或是真實資本？即使同樣指稱真實資本，揆內 (François Quesnay)❼與亞當斯密 (Adam Smith)❽把工資財、原料與各種耐久生產財都包括在內；奧地利學派諸經濟學家則根據中間財的概念，把工資財除外，自華爾拉以來，則常僅指稱實體的耐久生產財。由於資本定義不同，當然會產生不同的理論，並因而引起爭論。類似這種定義問題，在經濟理論中屢見不鮮，此處不贅述。

第三節　經濟思想史上的主要流派

　　由於經濟理論的發展係經常處於爭論狀態，部分經濟學家的基本假說或理論模型相一致或相類似，我們便容易把他們歸納為同一集團或學派。根據這種方式，我們得把經濟思想史的展開區分為主流學派及支流學派，先作簡略的說明。

　　先就主流來說。雖然仍有少數經濟學家持異議，但絕大多數都同意亞當斯密是經濟學之父，其在 1776 年刊行《國富論》(*An Inquiry into the Nature and Causes of the Wealth of Nations*) 被認為是有系統研究經濟學的開始，也是經濟學上的古典學派的開始。當然，這並不是說在亞當斯密之前，學者們沒有經濟分析的著作，或者對經濟問題不關心。如前所述，自十七世紀商業勃興、貿易發展及民族國家興起以來，如何使國家富強，如何使本國貿易擴大與發展，如何增加國家財政收入等經濟問題便是當時有識之士所關心的，因而在荷蘭、英國、法國等商業國家便已有許多經濟論著，這些論著雖然未成體系，未有共同見解，不被視為經濟學的創始，更未列入主流的經濟思想中，但他們的論點普遍集中在如何藉貿易以增進國富，故史稱「重商主義」(Mercantilism)。同時，在十八世紀中葉的法國，因重商主義經濟政策失敗後，另有重視農業發展，以促進國富擴張的經濟思想，史稱「重農主義」(Physiocracy)。重商主義和重農主義的經濟思想先於亞當斯密，且亞當斯密與其同期的這兩學派的經濟學家亦有交往，他們的經濟思想對亞當斯密固然有所影響，但並不減損亞當斯密創立經濟學的地位。

　　自《國富論》刊行至 1870 年代的一百年間，英國的經濟學家都把經濟學視為

---

❼　請參閱本書第三章第三節。

❽　請參閱本書第五章。

探討支配財富之生產、交換與分配之法則的科學，以自由放任的哲學基礎，用簡單化的模型來說明實際經濟體系的運行，可說是古典學派盛行的年代。

在 1870 年代，大西洋兩岸，若干經濟學家大約同一時間分別提出類似的新經濟分析技巧──邊際效用分析，這些經濟學家包括耶逢斯 (William Stanley Jevons) ❾、孟格 (Carl Menger) ❿、華爾拉及馬夏爾等。在這期間，尤以馬夏爾在1890 年刊行其《經濟學原理》最為重要，其主要原因有二：第一，在馬夏爾之前，經濟學一向稱為「政治經濟學」(Political Economy)，他以經濟學 (Economics) 取代政治經濟學，不但表示經濟學擺脫了政治範疇，而且也表示其科學性的提高；第二，他將經濟學的研究重心放在個別的「產業」，及至於單一的「廠商」上，與古典學派以全社會作為經濟研究對象有別，因而開創了所謂的「新古典學派」。由於邊際效用分析法不僅為新古典學派所專有，且馬夏爾首任劍橋經濟學講座，其後繼諸弟子對經濟學的貢獻也不以廠商分析為限，故本書將以劍橋學派稱之。

大體上說，劍橋學派的經濟思想在二十世紀初年對全世界的經濟學界都有相當的影響力。1936 年，劍橋出身的凱因斯刊行《就業、利息與貨幣的一般理論》(*The General Theory of Employment, Interest and Money*) 一書，則結束了劍橋學派的支配地位，開創了所謂「凱因斯學派」(Keynesian School)。簡單地說，面對著1930 年代的大量失業情形，凱因斯重新把經濟學的研究重心自產業或廠商轉回到全社會，且鑑於有效需要的波動無常，對政府的經濟職能給予特別的重視。四十餘年來，由於經濟政策目標的擴大、經濟研究技巧的改善，凱因斯學派的經濟學乃大為盛行。

除以上所提及的主流外，在十六世紀中葉，工業革命在西歐普遍展開後，由於對工業發展方式意見的差別、對工業革命後經濟社會問題處理方式的差別，西歐若干國家仍有若干或者迄今持續有影響，或者曾經影響一時的經濟思想，其中較重要者包括社會主義、歷史學派及北歐學派。同時，在美國也有所謂制度學派。

基於這種考慮，本書除敘述重商主義、重農主義、古典學派、社會主義、歷史學派、劍橋學派、邊際效用學派、北歐學派、洛桑學派、制度學派及凱因斯學

---

❾　請參閱本書第十四章第五節。
❿　請參閱本書第十五章第一節。

派的經濟思想外，並將對當代的經濟思潮作扼要的介紹。在討論各個學派或各主要經濟學家的經濟思想時，將盡可能也討論下列幾項問題：

第一，經濟社會背景。由於人的思想觀念與當代的問題有密切的關係，關於當代的經濟社會背景的知識，有助於我們瞭解當時經濟學家的經濟思想。關於這一點，密契爾 (Wesley C. Mitchell)❶，曾具體地指出：「經濟學家易於認為，他們的著作係對邏輯上有體系之問題的自由思考的成果。他們或會感謝，他們的觀念受到他們聰明地選擇的讀物及所教課程的影響，但是很少體認，他們的自由思考係他們所成長之環境所塑造的；他們的心靈係社會的產物；他們不能超越其環境。」關於這一點，當然有不同的說法，例如，羅賓遜教授 (E. A. G. Robinson)❷就認為，假定沒有凱因斯，1930 年代或不會有凱因斯革命；又如，史蒂格勒教授 (G. J. Stigler) 認為，假若經濟環境對經濟思想有重大影響的話，在拿破崙戰爭後的時期，或 1870 年代，或 1890 年代的英國，便應該會產生類似「一般理論」的著作。這當然是無法證明的，因為過去的畢竟是不能再回頭了。不過，就正常情況來說，先發生經濟問題，我們才會去構想並提出解決問題的辦法，解決問題的政策則是產生經濟理論的一種過程，當時的經濟社會背景便扮演著重要的角色。因此，在討論每一個學派或個別經濟學家的經濟思想時，我們首先要扼要分析那一個時代的經濟背景。

第二，主要經濟思想。每一學派都有其共同的或類似的理論架構，故我們要將各派的主要經濟思想作簡要的敘述。但是，這並不意味，各該學派的經濟學家有完全相同的經濟思想。事實上，各個經濟學家多少有其自己的特色，差異是難免的。例如，古典學派基本上是主張自由貿易，而獨馬爾薩斯則是保護貿易論者；同時，古典學派都同意賽伊法則 (Say's Law) 的假定，而獨馬爾薩斯是例外，這樣並不否定馬爾薩斯是古典學派的一員。基於這種理由，我們尚須詳細敘述各該學派之主要經濟學家的經濟思想，一則以指出各該經濟學家在經濟思想史上的貢獻，再則以說明各該經濟學家在各該學派的地位。

---

❶　請參閱本書第二十五章第二節。

❷　羅賓遜 (E. Austin G. Robinson, 1897–1993) 是英國經濟學家。他是另一位著名的女經濟學家羅賓遜夫人的丈夫。同時，他更是凱因斯在劍橋大學的同事及朋友，更是《經濟學刊》(*Economic Journal*) 的共同主編。羅賓遜的主要著作有：《競爭性產業的結構》(*The Structure of Competitive Industry*, 1932)；《獨佔論》(*Monopoly*, 1940) 等。

　　第三，應用經濟政策主張。經濟思想既是反映思想家們對當時經濟問題的處理態度，故我們也要敘述各該學派或個別經濟學家對解決經濟問題的政策主張，說明其效果及演變過程。這些問題包括自由放任或政府干預、生產或分配孰重、資本家或工人利益孰重等。

　　第四，妥當性與影響。社會科學與自然科學不同，自然科學所面對的環境幾無變化，其定理或定律幾乎不變，而社會科學所面對的經濟環境則經常有顯著的變化。經濟學是社會科學的一分子，當其經濟社會環境若生變化時，經濟理論的妥當性便要重新衡量。但這並不意味各該經濟理論僅適用於當時，若干經濟理論當其提出時，或者被視為錯誤的，經過數十年後才會獲得平反；若干經濟理論則持續成為現代經濟學的寶藏之一；也有若干經濟理論則隨著時間的經過而被我們所遺忘。

本章進修參考書目

　　西洋經濟思想史的著作甚多，比較重要，且在國內較易找到的有下列幾本：

1. 張漢裕著：《西洋經濟思想史概要》（臺北，自印，五十五年）。
2. 張弦、吳演南著：《西洋經濟思想史》（臺北：臺灣中華書局，四十七年）。
3. 湯慎之著：《現代經濟思潮》（臺北：黎明文化事業公司，六十六年）。
4. 侯立朝著：《世界經濟思想史》（臺北，自印，六十四年）。
5. 樓桐孫譯，C. Gide 原著：《經濟思想史》（臺北：中華文化出版事業委員會，四十七年）。
6. 陳清華譯，Othmar Spann 原著：《經濟學說史》（上海：商務印書館，二十八年）。
7. 趙迺博著：《歐美經濟學史》（臺北：正中書局，四十六年臺二版）。
8. 胡澤、許炳漢譯，Ingram 原著：《經濟學史》（臺北：臺灣商務印書館，五十八年臺一版）。
9. 臧啟芳譯，L. H. Haney 原著：《經濟思想史》（臺北：正中書局，五十八年臺一版）。
10. 王作榮譯，J. A. Schumpeter 原著：《經濟分析史》（臺北：臺灣銀行經濟研究室，六十七年）。
11. 周憲文主編：《西洋經濟學者及其名著辭典》（臺北：臺灣銀行，六十一年）。
12. W. J. Barber, *A History of Economic Thought* (New York, 1967)；臺北：雙葉有影印本。
13. Mark Blaug, *Economic Theory in Retrospect*, 2nd ed. (Homewood, Ill.: Irwin, 1968)；臺北：新月有影印本。
14. E. J. Burtt, Jr., *Social Perspective in the History of Economic Theory* (New York: St. Martin's Press, 1972).
15. E. Ray Canterbery, *The Making of Economics* (Belmont, Calif.: Wadsworth, 1976).

16. R. B. Ekelund and R. F. Herbert, *A History of Economic Theory and Method* (New York: McGraw-Hill Book Company, 1975)；臺北：東南書報社有影印本。

17. J. Finkelstein and A. L. Thimm, *Economists and Society* (N. Y.: Harper & Row, 1973).

18. L. H. Haney, *History of Economic Thought* (New York: Macmillam, 1936).

19. R. L. Heilbroner, *The Worldly Philosophers*, 4th ed. (New York: Simon and Schuster, 1972).

20. H. Landreth, *History of Economic Theory* (Boston: Houghton Mifflin Co., 1976)；臺北：雙葉有影印本。

21. W. C. Mitchell, *Types of Economic Theory*, ed. by Jozeph Dorfman, 2 vols. (New York, 1967).

22. Jacob Oser and W. C. Blanchfield, *The Evolution of Economic Thought*, 3rd ed. (N. Y.: Harcourt-Brace & World, Inc., 1976)；臺北：華泰有影印本。

23. Leo Rogin, *The Meaning and Validity of Economic Theory* (N. Y.: Harper & Brothers, 1956).

24. I. H. Rima, *Development of Economic Analysis*, 3rd ed. (Homewood, Ill.: Irwin, 1978)；臺北：美亞有影印本。

25. J. A. Schumpeter, *History of Economic Analysis* (N. Y.: Oxford University Press, 1954)；臺北：新陸有影印本。

26. J. A. Schumpeter, *Ten Great Economists* (N. Y.: Oxford University Press, 1952).

27. B. B. Seligman, *Main Currents in Economics* (New York: The Free Press, 1962)；臺北：茂昌有影印本。

28. G. Soule, *Ideas of the Great Economists* (N. Y.: The Viking Press, 1953).

29. H. W. Spiegel, *The Development of Economic Thought in Retrospective* (N. Y.: John Wiley & Sons, 1952).

30. H. W. Spiegel, *The Growth of Economic Thought* (Durham, North Carolina: Duke University Press, 1971).

31. E. Wittaker, *School and Streams of Economic Thought* (Chicago: Rand McNally & Co., 1960).

第 2 章　重商主義

第2章　重商主義

要把一個民族的心靈作一番改頭換面的工作，既非專斷的理智、道德、宗教規律所能辦到，亦非立法者或政治家、教士或哲人所能勝任；必須幾百年的苦難和經歷，纔能磨鍊那些渴望生存的人去適應人生。

《約翰·克利斯朵夫》

✒ 第一節　重商主義的社會經濟背景

　　重商主義的經濟思想盛行於西歐封建制度崩潰後，至自由放任思想開始抬頭的期間，大約可說是十六、十七世紀的兩百年間。在這時期，西歐經濟社會經歷著巨大的變化，重商主義便是因應這些變化的思想體系。這些經濟社會的變化以下列四項最為重要：

　　第一，貨幣的重要性。隨著商業革命的展開，貨幣成為經濟生活及經濟發展不可或缺的媒介物。可是，當時的歐洲並沒有足夠的金銀礦產。因此，先是各君主國家經常以貶值 (debasement) 作為補充貨幣供給的手段。稍後，才逐漸展開藉貿易差額的損人利己手段，來充裕本國的貨幣數量，展開重商主義的經濟政策主張。

　　第二，交換經濟與商人資本家。自十六世紀開始，中古自給自足的封建制度已逐漸被商人資本主義 (merchant capitalism) 所取代，城市的數目日漸增多，且規模也愈擴大，在各國國內及國家間的交易活動亦逐年增多，貨幣的使用也開始普遍。同時，基於航海術的改進，展開了偉大的地理發現，擴大了交易的範圍與交易商品的構成分；更重要的是，由於美洲金銀的流入歐洲，激發了物價革命，增加了利潤機會與提高了貿易價值，甚至刺激了產業發展。在這個階段，雖然因生產技藝並未改進，生產規模仍小，但是由於貿易擴張，產量漸增，且商人居中的層次也大為增加，可說是商業經濟時代的來臨，而商人資本家所扮演的角色當然也日漸重要。

第三，民族國家興起。在封建制度的後期，地方貴族擁有相當大的權力，甚至足以與各國國王相對抗，在若干國際戰爭（如英法百年戰爭）及內戰（如英國的玫瑰戰爭）後，在十五世紀後期，國王們才從地方貴族手中爭得權力，組成近代史上使用同一語文的民族所組成的民族國家 (national state)。在這民族國家形成過程中，內外戰爭都要取得戰費財源，因而國王必須得到商人的資金協助；而商人則可因國家統一，消除國內交易障礙，降低國內產品的交易成本，而獲得交易利益。因此，在民族國家形成過程中，商人與國王的利益是一致的，兩者的結合乃成為重商主義經濟思想的基本特色。

第四，人本主義 (Humanism) 與經濟行為的調整。在中世紀以前，生產幾呈停滯不增狀況，因而苦行主義 (Asceticism) 盛行。自文藝復興後，配以生產增加的成就，經濟行為與經濟制度乃開始調整，例如承認利息為正當的收入。這種調整當然成為促進重商主義經濟思想發達的因素。

第二節　重商主義的主要經濟思想

在歷史上，重商主義盛行了兩百年。但是，由於各國經濟環境不同；且同一國家在不同時期也會面對著經濟環境的變化，故我們甚難提出一項共同認可的重商主義思想體系，以下僅列舉五項主要經濟思想：

第一，金銀是最重要的財富，也是一國強盛富有的基礎。因為金銀是鑄造貨幣的幣材，交易過程及生產過程擴大，都需要週轉金；強盛國家所依賴的軍隊規模提高，也需要軍餉支出，這些貨幣需要引申對金銀的需要。尤其是金銀財富與商品財富有別，前者不會消滅、不易損燬、不受時空的限制。因此，金銀量的多寡乃是一國富強的標準。

第二，重視貿易順差。金銀既是國富的標準，假若一國缺乏豐富的金銀礦產，則獲得金銀的方式僅有三種，其一是掠奪，這當然是不公正的，但如要以掠奪方式取得金銀，更需維持龐大的軍備，須擁有更大的金銀財富。其二是增加國外借入款，此舉必須提高國內利率，才能吸引外國金銀流入，而高利率則有礙本國產業發展，且與當時增加海外投資，控制殖民地資源的政策相背；更重要的是，此舉增加了未來償債的負擔。其三是創造貿易順差，使出口大於進口，外國以金銀償付其國際收支差額，為最正常的取得金銀財寶的方式。但是如何創造貿易順差呢？

　　第三，管制對外貿易。為著創造貿易順差，重商主義的經濟學家通常都主張管制對外貿易。在原料方面，對於國內不能自己生產的原料給予免稅或輕稅進口的機會；對於國內能自己生產的原料及製造品則給予保護；同時禁止國內原料的出口，其目的在於使本國業者能獲得低廉原料的機會，增加其產品出口競爭能力；阻止外國製造業者取得廉價原料的機會，以便打擊外國製造業。例如，英國伊麗莎白女王時，在 1565 年曾通過一項法案，禁止活綿羊出口，違者沒收財產、切斷左手及徒刑一年；再犯者甚至處死刑。在製成品方面，對其進口課以高關稅，對其出口則給予積極的鼓勵，包括補貼在內。關於這些措施內容細節，各學者間亦有若干不同的意見，本章第三節將有進一步的說明。

　　與貿易順差有關聯的是獨佔殖民地的貿易。最顯著的例證是 1651 年及 1660 年的英國航海法中的若干規定。其中較重要的有：輸入英國及其殖民地的貨品須由英船裝載；輸入貨品須直接來自生產地；殖民地產品僅能輸到英國，其獲准輸往他國者，須運往英國轉出口。以這種措施，一方面可確保國內取得較低廉的原料，他方面能確實掌握殖民地市場。

　　第四，國內管制。貿易順差的實現與商品出口競爭能力有密切的關係，出口競爭能力表現在價格與品質兩方面。重商主義的經濟學家主張設法降低商品的國內價格，及維持製造業產品的品質與規格。

　　在降低國內商品價格方面，表現在兩類國內管制上，其一是促進國內商品流通的自由，因而主張取消商品釐金等增加商品成本的內地稅。舉例來說，在 1685 年，自薩克森 (Saxony) 裝載 60 塊木板，沿易北河運至漢堡，沿途共被課征 54 塊木板的通行稅，到達目的地者僅有 6 塊。可見通行稅稅負之重，促進商品自由流通，對降低成本當然大有裨益。其二是降低國內工資成本，因而使重商主義者鼓吹能增加生產性勞動供給的各種措施，甚至進而主張增加人口，因為人口及勞動力的增加可促使工資下降。其中比較重要的措施為對怠惰及盜竊的懲罰。例如，英國亨利八世在位期間 (1509–1547) 有七千二百人因盜竊而被吊死；1572 年伊麗莎白女王通過的一項法律規定，14 歲以上未有執照的乞丐，除非有人願意雇用，要處鞭刑或烙刑。他們甚至認為低工資可迫使勞動者家庭中的婦女及兒童亦參加工作行列，可擴大勞動供給量。

　　在品質管制上，特別盛行於法國，因為法國工業產品絲、絹、酒等均為高級品，如不管制品質，將會損及全國商人的商譽，故法國重商主義特別重視國內商

品品質的管制，最佳例證是：1660 年後的二十年間，即柯爾貝 (Jean Baptiste Colbert)❶任財政部長期間，對國內製造業的管制範圍，甚至包括工匠及其子孫的地位、其與工人及外國工匠的關係、工作時數；布的長度、寬幅、原料、紗數、顏色、行銷條件等。

　　第五，貨幣分析。重商主義的經濟學家當然面對著許多理論上的挑戰，其中最重要且在經濟思想史上持續扮演著重要角色的是貨幣數量增加的物價上漲效果。早在十六世紀，法國的波丁 (Jean Bodin)❷就已明顯地指出金銀既是一種幣材，金銀量的增加使貨幣數量增加，因而會有物價上漲效果，經由物價上漲而產生本國商品價格相對高於外國商品的價格，因而使貿易順差不能長期維持下去。但是，重商主義的經濟學家認為這種情形是可以避免的。他們的理由有兩項：其一是金銀數量增加，充裕一國貨幣數量與流動資金，而使貿易量及貿易速度提高，不致於引起物價上漲。以交易型數量學說的 $MV = PT$ 來說，等式左邊的 M 增加，但等式右邊的 T 也增加，故不致於影響 P。其二是在商業快速擴張的社會，如貨幣數量不增加，必會引起物價下跌，物價下跌會使真實利率提高，因而不利於投資與產業發展；而貨幣數量增加則必然會產生利率下降及投資增加的效果。

第三節　主要的重商主義經濟學家

　　上一節所提及的是：重商主義經濟學家共同的理論與政策的主張。在本節，我們要列舉四位重商主義的經濟學家，介紹他們的生平，分析他們的觀點，特別強調他們的不同的見解。

一、翁尼克

　　翁尼克 (Philipp Wilhelm von Hörnigk, 1638–1712) 是奧地利的重商主義經濟學家。生於德國西部的梅因斯 (Mainz)。先是在英格邦 (Ingolstadt) 學法律；其後，

❶　請參本章第三節。

❷　波丁 (Jean Bodin, 1530–1596) 是法國政治家及哲學家。畢業於法國南部的土魯斯大學 (the University of Toulovse)，也在該大學執教十二年；其後，赴巴黎，在亨利三世的宮廷服務。著有《共和六論》(*Six libres de la Republique*, 1576)，有時被認為是貨幣數量學說之父。

到維也納執行律師業務。1690 年，進入奧地利政府服務。他的若干政治論著都已被時間的洪流所淘汰。但是，他的小冊：《只要奧地利願意，就能稱霸》(*Österreich über Alles, wann es nur will*, 1684) 則為重商主義的經典著作，留傳至今。

在那小冊中，翁尼克提出「國家經濟的九項主要原則」：第一，極小心調查全國土地，務必不使有一片土地被浪費。第二，一國所用的各種商品要盡可能的都在本國生產。第三，要依全國資源所能養育的能力範圍內，盡可能地增加本國的人口。第四，一旦金銀已流入本國，不論任何理由，都不能使之流到外國去。第五，全國居民都要盡可能使用本國產品。第六，不得以金銀易取外國商品，而須以本國物品與之交換。第七，所交換的外國物品應是原料或半製品，製成品應在本國加工完成。第八，至於本國過剩的物品，應日以繼夜努力以製成品方式推銷給外國人。第九，只要國內物品品質合適，且有適當的供給，就不准外國物品進口。

由上列九項主要原則，我們就可看到重商主義的國家主義、經濟自足、貿易順差、重視金銀等思想與政策的原始雛形。

二、孟　氏

孟氏 (Sir Thomas Mun, 1571–1641) 是英國重商主義經濟學家。生於倫敦的絲綢商的家庭。學徒期滿，便遠赴地中海經商，在十七世紀初年已是相當成功的商人。1615 年，他被任命為英國東印度公司 (East India Company) 的理事。以他豐富的經驗，崇高的人格，基於英國的利益，以及英國東印度公司的利益，他曾經撰刊若干小冊，揭櫫重商主義的主張。其中包括：《論英國的東印度貿易》(*A Discourse of Trade, from England into the East-Indies: Answering to Diverse Objections Which Are Usually Made Against the Same*, 1612)；《英國的財寶得自外國貿易》(*England's Treasure by Forraign Trade, or the Ballance of Our Forraign Trade is the Rule of Our Treasure*, 1664)。

重商主義既然視金銀為國富，金銀增加即國富增加，金銀減少即為國富之減少，其極端者乃主張禁止金銀出口，這乃是十六、七世紀間普遍存在的重金主義 (bullionism)。孟氏的經濟思想是反重金主義的，在其死後才刊行的主要著作《英國的財寶得自外國貿易》一書中，他揭示了四項重要的觀點：

第一，要使國家富強，既非生產，也非資本累積所能奏效，而應依賴貿易順差。他也鼓勵生產，但其目的在於出口，也就是說生產只是累積黃金之大計劃中

的一部分而已。換句話說，孟氏也同意貿易順差是獲取金銀的重要而可行的方法。

第二，孟氏認為我們應當重視多邊貿易差額，而非雙邊貿易差額。他指出若干國家固然擁有英國所需的物品，可供對英國出口，但英國卻無可供出口至該國的物品，因而英國貿易逆差為不可避免者；他方面，若干國家固然迫切需要英國物品，卻無法向英國輸出，英國貿易順差乃是必然的。就一國來說，只要貿易總差額為順差就能實現增加國富的目的，不必計較個別國家的貿易差額。

第三，基於第二點理由，不必然要禁止黃金出口。因為假若貿易逆差，即使禁金出口，金銀仍將外流。反之，假若金銀出口，購回之物品供轉出口之用，而收回更多的金銀，則此種金銀出口對國家未必是有害的。

第四，特別重要的是，孟氏所重視的是金銀出口後的轉出口物品貿易，並非主張進口原料，供加工後再出口的產業發展策略。

三、達文南特

達文南特 (Charles Davenant, 1656–1714) 是英國政治家及經濟學家。生於倫敦，曾經就讀於牛津大學的巴利奧爾學院 (Balliol College)，未畢業。是保守黨 (Tory) 黨員，曾經三度當選下議院議員。後來，出任進出口關務署的行政首長。他著有下列各書：《戰費籌措方法》(*Ways and Means of Supplying the War*, 1695)；《論東印度貿易》(*Essay on the East India Trade*, 1696)；《論公共收入與英國的貿易》(*Discourses on the Public Revenues, and on the Trade of England*, 1698)；《論創造貿易順差的可能方法》(*Essay on the Probable Means of Making People Gainers in the Balance of Trade*, 1699) 等。

孟氏並未認識加工出口的重要性，而達文南特則明顯地指出：把製造業產品在國外市場出售可增加國富，如在國內市場出售則不改變國富狀況。同時，若以國內原料製成產品而出口，則本國可享有全部的利益；若以進口原料加工製成產品出口，則本國所獲利益為兩者間的差額。因此，即或是進口原料加工出口也能獲得貿易差額的利益，不必斤斤計算個別國家的貿易差額。

基於這種見解，便比較容易得兩項結論：其一是對於能夠促進貿易順差的貿易不宜加以管制；其二是對造船、建築、製造業等生產事業的投資也與金銀一樣，都是國富構成分。

四、柯爾貝

柯爾貝 (Jean Baptiste Colbert, 1619–1683) 是法國政治家。生於法國的萊姆斯 (Rheims) 的一個商人家庭。柯爾貝年輕時就成為當時法國著名的政治家，紅衣主教馬薩林 (Jules Mazarin, 1602–1661) 的被保護者。由於紅衣主教的推薦，便到路易十四 (Louis XIV, 1638–1715) 的宮庭服務，由於行政才能獲得賞識，1661 年至 1683 年官至財政部長及首相。

柯爾貝不但是重金主義者，也是大民族主義者，故在他任內制訂各種法規，期促進法國境內的自由貿易、發展工商業，可說集重商主義政策措施的大成。因此，在法國，重商主義有時也被稱為柯爾貝主義 (Colbertism)。

英國的重商主義者偏重貿易與金銀累積的關係，法國的柯爾貝則代表著重視國內產業開發的典型。在柯爾貝擔任法國財政部長的二十年間，其嚴厲執行產業開發之重商主義政策，竟使法國重商主義博得柯爾貝主義 (Colbertism) 之名。他的見解與政策措施得歸納為下列幾點：

第一，柯爾貝是重金主義者，他認為國家的強盛決定於財政，財政決定於稅收，而全國金銀愈多，稅收金額也愈大。因而他主張擴大出口，減少進口及阻止金銀出口。

第二，他把各行業區分為生產性勞動與非生產性勞動。他認為修道士、修女、律師、政府官員等都是非生產的，其人數愈少愈佳；同時，例假日減少亦有助於生產增加。他認為最有助於生產的是農業、貿易及陸上與海上的戰爭。同時，他相信貿易量、商船數及製造業產品係相對固定者，故一國僅能犧牲他國而致富。因此而得到兩項觀點：其一，維持強大海軍及商船隊，確保殖民地，等於保障本國製造產品之市場與原料來源。其二，貿易是持續而艱苦的戰爭。

第三，獎勵及管制國內企業為柯爾貝主義的基本特色。對新工業，特別是開辦費龐大且難以舉辦者，給予獨佔及補助的特權，以獎勵工業發展；但是，他認為商人短視且自私，常為私利而犧牲國家利益，故對產品品質及生產方法加以統一規定，以保障法國商品的商譽，已如前述。為著促進工業發展，低工資是必要的。低工資的主要來源則在於鼓勵人口增加。因此，在 1666 年規定，早婚者免稅若干年；有十個生存之兒女的父親可免稅。甚至，採行童工政策，規定 6 歲以上的兒童，就要到工廠工作。

第四，柯爾貝主義當然包括國內貿易自由的主張。不過，有關統一度量衡、取消內地稅等措施，因遭遇到地方貴族的反對，在法國大革命後才獲得實施，那已是柯爾貝下臺的一百年後了。

||||||||||||||||||||||||||||||||||||||||||||||||||||||||||||||||||||||||||||||||||||||||||||||||||

第四節　對重商主義政策主張的評論

重商主義既是政策成分重於理論，而政策則與經濟環境最有密切關係，經濟環境的調整，政策主張的妥當性便要面對考驗，因而我們對重商主義的經濟思想提出下列四點評論：

第一，金銀即國富。重商主義的兩百五十年間，西歐經濟社會自地方主義 (localism) 轉變為民族國家，不論國內外貿易均巨幅擴大，而當時金融機構又不發達，且西歐並非金銀產地，交易所需的貨幣量的快速增長，自然須由金銀累積來補充，因而就促進交易順利擴大的觀點來說，重商主義視金銀為國富實無可厚非。尤其是，經由貨幣數量增加，維持相對較低的利率，有利於產業投資的擴大，更是重商主義時期，工商業發達的基礎。不過緊隨著產業發展的進行，交通運輸速度的改善以及金融機構的發達，金銀之地位的下降乃是必然之事。

第二，貿易順差論。為增加本國金銀數量而持貿易順差的見解，則有三項值得討論之處：其一，除貿易交易外，一國對外貿易尚有無形交易與資本交易，整個國際收支之順差，才是真正能使金銀增加的策略，重商主義者特別重視貿易順差及航海業，但對資本移動則似忽略了。其二，追求貿易總順差，未考慮個別產業貿易差額，則又不免忽略其對國內產業發展與就業的影響。其三，希望繼續以低價格創造貿易順差，忽略了貿易條件惡化的效果。

第三，人口增加論。在產業發展過程中，由於生產技藝尚未改變，人口增加為維持低工資的必要策略；但是，到了十八世紀後半，由於生產技藝迅速進步，機器代替人力的發展，使人口增加成為經濟社會的累贅，這是重商主義者始料所不及。同時，由於生產力擴大，必須爭取市場，而各國的貿易壁壘亦必須打破，因而乃展開了所謂「自由放任」(Laissez faire) 的時代。

第四，新重商主義。雖然在十八世紀後半以後，重商主義的經濟思想沒落了，但是它並未完全消失，在不同的時代，它也藉不同的名詞而復活。例如，在十九世紀，它就以保護主義之名而復活。時至今日，若干國家為減少金銀外流，為維

護其貨幣之對外匯率，也不得不採取局部的保護貿易措施。更重要的是，當代的開發中國家，為著加速工業化，或者為著避免長期國際收支逆差，乃有貿易管制及各種獎勵投資措施。這些事實反映，在實際的經濟生活中，重商主義的精神依然是存在的。

本章進修參考書目

1. 張漢裕著：《西洋經濟思想史概要》，第一章。

2. Mark Blaug, *Economic Theory in Retrospect*, 2nd ed., chapter 1.

3. Eli F. Heckscher, *Mercantilism*, 2nd ed., 2 vols. (London: Allen and Univin, 1955).

4. Jacob Oser and W. C. Blanchfield, *The Evolution of Economic Thought*, 3rd ed., chapter 2.

5. J. A. Schumpeter, *History of Economic Analysis*, part II, chapters 3 and 7.

6. Jacob Viner, *Studies in the Theory of International Trade* (New York: Harper & Row, 1937).

第
3
章
重農主義

第 *3* 章　重農主義

那些種族的循環往復，在地上浩浩蕩蕩地流幾百年，在地下銷聲匿跡幾百年，隨後又從泥土裡吸收著新的力量湧現。他覺得，平民是一個極大的蓄水池，過去的河流在其中隱沒不見，未來的河流從中發源，實在新新舊舊除了名字不同以外還不是相同的河流。

《約翰‧克利斯朵夫》

第一節　重農主義的時代背景

　　重農主義係十八世紀中葉發生在法國的有體系的經濟思想，它一方面是對重商主義的反抗，他方面更是近代自由放任經濟思想的泉源。在探討重農主義之前，我們應先說明當時法國的社會經濟狀況、英國的農業進步及自由放任經濟思想來源。

　　十八世紀中葉，法國雖然經歷過百年重商主義經濟政策，但基本上仍然是農業經濟，且土地係由貴族或封建諸侯所持有。此時，法國不但工商凋敝，而且也可說是農村破產。在重商主義期間，對生產的各種限制，在短期內固然是促進工業發展的方法，但長期間卻阻礙了創新和發明，使法國工業發展落在英國之後。同時，路易十四及路易十五兩位君王，迭次捲入國外戰爭，例如西班牙王位繼承戰爭、英法七年戰爭，尤以後者使法國失去若干殖民地，戰爭的耗費，增加國庫負擔；再加上，凡爾賽宮的豪奢生活享受，更使國庫倍加空虛及負擔巨幅增加。這些耗費則幾乎全部必須由農民負擔，因為貴族們是不必納稅的；農民所負擔的租稅，稅目多（如商品稅、鹽稅、勞役稅、什一稅等），稅率又年年變更，且採包稅制，使農民難以負擔。必須承負租稅的農民，人口既眾，但土地則絕大部分在非農民手中。特別重要的是，在重商主義政策之下，糧食不能出口，甚至在國內各省間的盈虧調劑亦有嚴格的限制，因而糧價持續偏低，而製造業產品的價格則因工業保護而持續偏高，使農民更是民不聊生。

　　與此相對照的是英國成功的農業改革。在當時，英國已完成了第二次圈地運

動 (Enclosure)，以大農經營方式，進行農業生產技藝的革新，使農業生產大為增加。同時，在法國北部的農業生產也係以資本主義方式進行，而此種方式的生產力顯然遠高於南部傳統農業生產方式。因此，重農主義的經濟學家顯然是以北部農業生產方式為其典型，其理論係以全法國的農業生產已資本主義化為基礎，略去可能的過渡時期現象。他方面，當時法國城市的工商業並未資本主義化，而係由工匠行會組織所支配，重農主義學者在其理論體系中，則假定此種工商業狀態將持續存在。由此可知，重農主義者一方面能體會出資本主義生產方式的優點，他方面卻未曾體會製造業資本主義化的過程。

重農主義者根據這項經濟背景與假設，研究財富之本質與創造，甚至及於財富流通模式與全社會福祉之關係，進而要求農業改革。其實，改革的觀點並非全新的，重農主義者的改革主張所以特別被重視，有兩項重大的理由：第一，其改革主張係與全國財富之創造、流通與再生產的理論體系聯在一起；第二，他們主張保存君主制度及當時的社會結構。這種理論體系及主張與當時開始流行的自然法 (natural law) 思想及重農主義者對此種思想之解釋有關。自然法的觀念可追溯至希臘哲學，在文藝復興後，乃作為反抗中古的教權主義及傳統主義而復現，崇尚個人理性與尊嚴，想解除人的思想及行為的束縛。在十七世紀間，霍布斯 (Thomas Hobbes)❶、洛克 (John Locke)❷等哲學家曾有所發揮。

重農主義意指「自然的規則」(the rule of nature)，順從自然秩序之法則，將可確保最大幸福，違背既定的自然法則，則會招致災害。在這種原則下，政府的管制便是不必要的；因為法令若與自然一致，將是多餘的；若與自然相背，長期間將會失敗，這乃是著名的格言「任其所為，任其所行」(Laissez faire, laissez passer) 的基礎，也是其後經濟理論發展的重大概念之一。據此，重農主義者認為，世界係由幾項簡單的自然法所支配，人類的任務在於發現這些法則，並且把社會法則塑造得與它一致。因此，「自然規則」並不意指無法律秩序，而是要取消不必要的立法。他們之所以反對民主政治，主張維持君主制度，乃係因為他們認為民選議員不能調和私利與全國的群體利益，而世襲制度則能調和此項利益。不

---

❶ 霍布斯 (Thomas Hobbes, 1588–1679) 是英國哲學家。曾在牛津大學研究，曾擔任得文郡 (Devonshire) 伯爵的數學家庭教師，也曾擔任培根 (Francis Bacon, 1561–1626) 的秘書。他倡導一種唯物的、機械的哲學。他的著作甚豐，以《巨獸》(Leviathan, 1651) 最為著名。

❷ 請參閱本書第四章第五節。

過，他們當然也不主張支持暴君。他們所希望的是開明君主，能體認順從自然法則是通往幸福的唯一的道路。

|||||||||||||||||||||||||||||||||||||||||||||||||||||||||||||||||||||||||||||||||||||||||||||||||

第二節　重農主義的經濟思想

重農學派的經濟理論體系表現在揆內的《經濟表》(*Tableau Economique*) 中，在本章第三節將有詳細的敘述和評論。現在我們先扼要說明重農主義者的基本經濟思想。

第一，他們反對封建的、重商主義的及政府的經濟干涉。重農主義者所尊奉的自然秩序主張，表現在經濟面的是：只要不危害他人權利，個人有權享受其勞動成果；政府在保障生產、財產與契約自由之外，不宜干涉個人的經濟事務，這乃是「任其所為，任其所行」的精義。

第二，他們首先提出淨生產 (net product) 概念。重農主義者認為資本主義的歷史任務在於製造並擴大生產剩餘 (surplus)，而生產剩餘僅存在於農業，因而在農業生產上才有資本主義存在的意義。這項生產剩餘便是他們的「淨生產」概念。根據重農主義者的見解，土地或自然是財富的泉源，只有與自然結合的生產活動才能生產財富或淨生產，例如，農業、漁業、礦業等。因為他們把淨生產定義為生產活動所生產的財富減去生產過程中所消費的財富部分。依據這項定義，農漁礦業因有自然相助，便能生產淨生產，而工匠的產品價值雖然超過其原料價值，其超過部分恰等於生產過程中維持生活所需的必需品，故沒有產生淨生產。由此可知，只有農業勞動才具生產性，且此種勞動的生產性係來自土地的自然生產力。因此，淨生產應全部以地租方式歸屬於地主，也就是生產剩餘並未有地租與利潤之分，關於這一點，第三節將作深入的分析。

第三，重農主義者根據上述淨生產的概念，把社會區別為三個階級，生產階級（productive class 或 cultivator class）、不生產階級 (sterile class) 及地主階級（proprietor 或 landowners）。生產階級主要是向地主階級租地耕作的佃農，因為他們能生產淨生產，故稱為生產階級。凡不屬生產階級或地主階級的都是不生產階級，因為他們的生產活動不曾產生淨生產。例如，工匠的產品價值等於原料加維持生活所必須的費用，商人出售商品的價值等於購進商品價格加維持生活所必需的費用，兩者都沒有淨生產，當然不能列入生產階級。其中工匠的產品，如像

俱、農具等係生產階級的必需品，故其存在是必要的；但如商人、金融家等則未能提供生產階級的必需品，故重農主義者認為，其人數愈少愈好。至於地主階級，重農主義者最初認為他們也與生產階級不一樣，後來則承認其對土地的長期投資及維持政府機能，而具有部分的生產性；這個階級以其對土地的所有權及長期投資貢獻而享有土地的淨生產。

第四，重視資本的總體經濟分析。如第二章所述，在重商主義時代，生產並不是最主要的研究對象。重農主義者則研究淨生產的生產、流通與分配。他們視淨生產之生產為資本的函數，投入的資本量愈大，所能生產的淨生產愈多，這與近代總體經濟分析的研究課題相似。雖然他們對資本的定義與現代不同。根據重農主義者，資本包括生產所必須的一切商品，一部分是以工具或原料形式直接進入生產過程，一部分則是提供勞動所必需的生活資材，間接參與生產過程。這項定義與現代經濟理論中所稱的資本，自然有很大的不同；但是，這並不使其對資本的重視及其與生產的函數關係的重視有所減色。

第三節　揆內和經濟表

一、生平與著作

揆內 (François Quesnay, 1694–1774) 是法國的醫生及經濟學家，更是重農學派的創始者。生於巴黎近郊，幼年所受教育不多，14 歲喪父；16 歲從一位外科醫生習醫。1718 年，取得外科醫生資格，開業行醫。1749 年，受聘為路易十五 (Louis XV, 1715–1774) 及其寵妃龐皮杜夫人 (Madame de Pompadour) 的御醫，直到 1774 年，路易十五駕崩而退休；同年，逝世。

揆內初因醫學論文而著名。住進凡爾賽宮後，因為權貴治病而帶有權貴氣氛，且其本人又具動人的個性，因而除享盛名外，且有機會在宮廷中與當時著名的經濟學家、哲學家等交遊。其中，哲學家狄德羅 (Denis Diderot, 1713–1784) 當時正編輯《大百科辭典》(Grande Eneyclopédie)，揆內應邀撰稿：《農業家》(Fermiers, 1756)；《穀類論》(Grains, 1757)。1758 年，他在凡爾賽宮發表《經濟表》(Tableau Economique, 1758)；由於原表內容艱澀難解，揆內乃於 1766 年發表《經濟表之分析》(Analyse du Tableau Economique, 1766)，提出簡明易解的《經濟表範

式》(*Formule du Tableau Economique*)。此外，揆內另有《人論》(*Hommes*) 及《租稅論》(*Impôts*) 兩篇論文，都是十九世紀末，才被重新發現。大體上說，經濟學的研究僅是揆內學術生涯的一個過渡階段，在《大百科辭典》上發表論文之後，揆內對經濟學的興趣消失，晚年又重歸其數學的研究。

二、經濟表與經濟政策主張

作為重農學派之理論體系的經濟表，表示在一定的理論模型及假定下，淨生產物的生產、流通、分配、消費及其過程的持續反復的程序。它是揆內於 1758 年寫成，在揆內的葬禮中，其弟子密拉波 (Marquis de Mirabeau)❸甚至頌稱，經濟表與文字及貨幣為人類的三大發明，可見其在重農學派中的地位，及其在經濟理論史上的貢獻。

嚴格地說，經濟表根本上表達了市場經濟中各部門間的相互依存關係。就這項意義來說，在揆內之前，約翰·羅 (John Law)❹就已經考慮及地主、農民及工匠之交易間的三角流通流量；與約翰·羅同時的康梯龍 (Richard Cantillon)❺對此三角流通過程曾有深入的研究。根據康梯龍，交換過程的泉源在於地主階級：地主階級自農民手中取得地租支付款，在城市購買物品，乃開始發生經濟社會貨幣存量的流通，也就是說，地主階級的支出是流通過程中的自主支出 (autonomous expenditure)。地主、工匠及農民間的流通流量過程有如下圖：

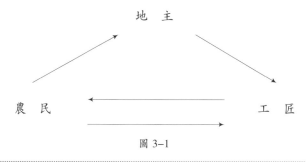

圖 3–1

---

❸　密拉波 (Victor Riquetti, Marquis de Mirabeau, 1715–1789) 是法國重農主義經濟學家。原服軍旅，後改行寫作。1756 年，因發表《人類之友，人口論》(*L'Ami des hommes, ou Traité de la population*, 1756)，引起揆內的重視，並成為朋友。密拉波另著有：《租稅論》(*La Théorie de l'impöt*, 1760)；《農業哲學》(*La Philosophie rurale*, 1763) 等書。

❹　請參閱本書第四章第八節。

❺　請參閱本書第四章第七節。

每一筆支出產生了等量的所得；同時，支出係由所得中支付。因此，康梯龍幾已接近了近代把某一時期各筆淨支出合計數稱為國民所得的概念。

揆內的經濟表基本上係採用這種三角關係，配以重農學派的淨生產概念所展開的。如前所述，重農學派認為土地是淨生產的根源，且其農業模型是已資本主義化的企業農，故淨生產的來源是企業農的投資 (avances)。此項投資分為三種：第一，土地投資 (avances tonciéres) 指稱開墾、圍繞、灌溉、排水、建築等開辦費支出，這種支出除開始時一次支出外，須經歷極漫長時期，才會重新作相同投資。第二，本原投資 (avances primitives) 指稱各種生產設備，也就是農業生產的固定資本部分。第三，年投資 (avances annuelles) 指稱種苗、勞動、飼料等經常支出，也就是流動資本部分。後兩種投資中，以本原資本需要較大，約為年投資的五倍；但另假定固定資本十年更新一次，也就是年折舊投資為本原投資的十分之一。因此，在每年的農業總生產中必需扣除年投資及折舊投資（依假定，後者為前者的二分之一），才是淨生產。依揆內的假設，年投資必會產生 100% 的淨生產，也就是總生產為年投資的二倍半——其中收回原額的年投資供下期投入生產用，二分之一的年投資則為折舊投資用，另等於年投資的淨生產。因此，年投資額愈大，總生產及淨生產都愈大。

倘若我們以農民收穫後為起點，根據揆內的假定，假定年投資為二十億，生產了二十億的淨生產，以地租方式支付給地主階級，地主階級把地租分為二等分，十億向不生產階級購買其工藝產品，十億向生產階級購買農產品。從不生產階級來說，除提供給地主階級的十億的工藝產品外，尚需向生產階級提供十億的折舊投資器材（依假定，為年投資的一半），為生產這些工藝產品及器材，不生產階級須由生產階級購入十億的原料及十億的糧食（依假定，不生產階級不生產淨生產，故其投入等於其產出）。再就生產階級來說，其年投資二十億，總生產五十億，其中售給地主的糧食、售給不生產階級的原料及糧食，分別各為十億，其餘二十億則供次年再投資之用。我們得把這種交換狀況列表如下：

表 3-1

投　入		產　出	
生產階級的投入與產出			
年投資	20	售給地主糧食	10
折舊投資	10	售給不生產階級糧食	10
（支付地租）	20	售給不生產階級原料	10
		年投資保留份	20
不生產階級的投入與產出			
年投資	10	售折舊投資器材給生產階級	10
自生產階級購原料	10	售工藝產品給地主	10
自生產階級購糧食	10	年投資保留份	10
地主階級的投入與產出			
自生產階級購入糧食	10	無	
自不生產階級購入工業產品	10		
總計	80＋20		80

他方面，上述淨生產的來源及其流通也能以下列鋸齒圖形來表示：

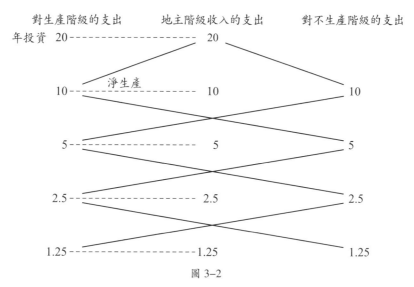

圖 3-2

　　如圖 3-2 所示，對生產階級的支出會產生淨生產；對不生產階級的支出則不會產生淨生產。因此，對生產階級之支出若減少，會妨礙其年投資與再生產，使社會趨於不景氣。

　　由以上有關經濟表的說明，我們可以得到幾項結論。第一，經濟表的分析至少有五項重要的假定，其一是閉鎖經濟，因而淨生產僅在國內三個階級間流通。其二是停滯社會，因為每年總產量僅能收回年投資及折舊投資，其淨生產全部以地租方式，支付給地主，社會的淨投資為零，故為停滯社會。其三是土地私有，地主階級享有地租收入。其四是農業經濟，僅表示農產品的生產與流通過程。其五是假定價格不變，因為重農主義者雖以貨幣來表示生產與流通過程，其實未考慮及價格變動。

　　第二，表 3–1 略經調整，可修改為現代的投入產出表，如表 3–2。在表中，

表 3–2　轉化為投入產出表的經濟表

單位：十億元

生產 ＼ 購買	農業	地主	工匠	總生產
農業	2	1	2	5
地主	2	0	0	2
工匠	1	1	0	2
總購買	5	2	2	9

農業總生產五十億，有二十億以必需品、種苗、肥料及其他年費方式由農業部門自行消費；十億糧食由地主消費；二十億糧食與原料則由工匠購買。在現代投入產出表中，地主可視為地租勞務之生產者，其產值二十億全部由農業部門購買。不生產階級則生產二十億的工藝品，地主及農業部門消費各半。在這投入產出表中，土地投資依然不包括在內。

　　第三，揆內根據重農主義的經濟思想，提出三類政策主張——經濟自由、單一稅及發展農業。

　　就經濟自由來說，他們主張，政府的職能宜盡可能求其少，舉其重要者包括：保障市民的自然權利（含財產權在內）、提供法院制度以解決爭端、建設公共工程以促進商業、建立教育制度等。雖然如此，他們對經濟自由的主張則是曖昧不明的。揆內一方面主張競爭、減少貿易障礙及取消獨佔，但他方面則不願意接受對「不生產」產業的「過度投資」、對奢侈品的「過度支出」。

　　就單一稅來說，揆內認為，政府支出不宜超過其收入，因為政府負債會使所得流量趨向金融家們，而金融家們「既不認國王，也不認國家」，會把其金錢財富

用於有害社會利益的途徑。政府收入來源在於租稅，揆內主張對地租課征單一稅，因為政府也是地主階級的一部分，對社會淨生產之地租課稅，是地主階級內所得流量的移轉，不會改變支出流量及生產流量。若對生產階級課稅，會直接損及該階級的年投資及折舊投資，有礙於全社會的生產力。若對工匠課稅會提高工資及其產品之售價，相對減少對生產階級的支出，因而減少其再生產數額。同樣地，若對工匠（資本家）的利潤課稅，也會使資本累積與全社會生產力之擴張趨緩。根據這種主張，稅負就要落到地主階級頭上，而國王及貴族則為最大的地主，他們不但不願意負擔稅負，而且視納稅為有失身分，因而重農主義的改革主張，雖支持當時的社會階級制度，但其政策建議卻得不到上層階級的支持。

再就發展農業來說，前面已經提及，重農主義的理論模型是資本主義化的農業，淨生產既是財富，且也是來自農業，為增加淨生產，當然必須先使農業經營企業化。但是，當時法國除北部有大農 (grande culture) 外，大部分都是小農 (petite culture)。為增加生產力而進行農業重組，化小農為大農固然是合理的，但卻會把迫切想擁有土地的農民轉變為工資工人，因而其改革主張也得不到小農或大部分農民的支持。

第四節　杜果的經濟思想

一、生平與著作

杜果 (Anne Robert Jacques Turgot, 1727–1781) 是法國政治家及經濟學家。1727 年 5 月 10 日生於巴黎，是一位諾曼第商人的幼子。曾經在巴黎大學文理學院攻讀神學。1751 年開始服公職，得以認識揆內等重農主義經濟學家。1774 年 8 月，法王路易十六 (Louis XVI, 1774–1792) 任命他為財政部長，他試圖藉機實施重農主義的若干政策主張。不幸 1776 年，他取消徭役、糧運、警察、不合理的公會、食糧稅法、獸脂公賣制度的六項改革計劃，遭到既得利益集團的強力反抗，因而去職，隱居市郊，1781 年鬱鬱以終。

杜果在 1776 年刊行的《關於財富形成與分配的諸考察》(*Réflexions sur la formation et la distribution des richesses*)，有系統地根據揆內的重農思想，闡明價值與分配、分工、貨幣的起源與使用、資本與利息的本質，以及農業的重要性等

理論。因其理論較揆內更精密而廣泛，故有人僅把杜果列為準重農主義經濟學家，更有人稱他為經濟學之父。

二、經濟思想

杜果並未直接祖承揆內的經濟思想，他們的見解有相同之處，亦有相異之處，而杜果更有若干獨到的見解。我們可列舉三點略作說明：

第一，杜果也與揆內一樣，認為唯有土地能生產淨生產，且主張對淨生產征課單一稅。但是，揆內認為，土地所有權係源於自然財產權；而杜果則主張，土地所有權源於佔有的歷史事實，先佔者擁有權利，後來者則不得不出賣勞力。

第二，與揆內一樣，杜果也認為上帝已創建了自然秩序，人類的任務不僅要發現且認識自然法，而且也要教導給一般人民。在經濟方面，自然權利是指人們得以享受其勤勞的收入，但此項享受不能影響他人的權利。因此，政府須以保障人民的生命及財產，與維持契約自由為其任務。這種主張應用於經濟政策者便是自由貿易。在這一方面，重農學派的經濟學家，從未對自然法及自然秩序給予明確的定義，更未給予時空上的限制。因此，杜果在其財政部長任內，迫不急待地廢除釐金、關稅，推行自由貿易，但為期不久便倒臺了。

第三，杜果甚至把經濟自由應用於由市場決定工資、價格與利率。但是，他的特殊貢獻在於利息論。在這方面，揆內不但認為，只有能產生淨生產的資本用途，其利息才是正當的，而且即使這種資本用途所產生的利息也應有其高限。

杜果則認為，資本是年年生產物中之剩餘累積而成，是一種可移動的財富(movable wealth)，其最初的保有方式為家畜、奴隸、農產品等，其後才逐漸發展為貨幣保有方式。資本有五種用途：其一是買進土地；其二是墊支於工業；其三是墊支於農業；其四是墊支於商業；其五是貸放生息。杜果認為，各種用途各有其不同的利率，且都是正當的，其理由有四：(1)出借資本與出借土地同樣正當；(2)貸放者有損失本金的風險，且各種不同用途的風險程度有別；(3)貸放者有自己使用資本的機會成本；(4)借貸雙方都有其利益，可自由決定利率。不但如此，杜果且更進一步指出，利率愈低，愈有助於工商業的發展。

第五節　重農主義在經濟思想史上的地位

　　1776 年，正是亞當斯密刊行《國富論》那一年，杜果離開他在法國政府的職務，重農主義的經濟思想也就宣告結束。兩百年來幾已無人承繼重農主義的思想。現在我們就其貢獻、對古典學派的影響及其缺點，作扼要的評論。

　　就重農主義的貢獻來說，最重要的有兩項：第一，他們重視資本在生產上所扮演的角色。唯有不斷的投資才能維持淨生產的產生；唯有擴大土地投資才能擴張淨生產的來源。第二，他們首先展示全社會產出的生產與流通，甚至可以說是現代投入產出分析與國民所得概念的間接來源。

　　就重農主義者的缺點來說，至少可列二項：第一，認為農業是唯一生產部門，顯然與其後經濟社會的進展有很大的距離，在工匠社會，工匠或者是單純的原料加工者，但是在機器大量應用後，工業的生產性甚至要大於農業。第二，他們不曾討論交換價值，甚至也未考慮有關價值與價格問題，因而不能適用於貨幣經濟問題的分析。

　　就重農主義者對古典學派經濟思想的影響來說，第一，重農主義者首先提出生產剩餘的觀念，這種觀念對古典學派及馬克斯都有很深的影響。第二，重農主義者的自由放任以消除經濟進步之障礙的主張，也完全被古典學派所接受。第三，杜果的最低工資及收益遞減分析雖然很粗略，但卻是古典學派理論模型的重要基礎。第四，雖然賽伊法則強調供給本身創造需要，特別重視生產與供給；此種觀念或多或少係受重農主義者強調生產與消費之相互依存的影響。第五，重農主義者雖以土地為財富之泉源，與重商主義者有很大的差別，但土地的財富須以人力配合，此項人力創造財富的觀念，與亞當斯密的生產力是財富之來源的觀念較為接近。

本章進修參考書目

1. 張漢裕著：《西洋經濟思想史概要》，第二章。
2. 陳新友譯，Henry Higgs 原著：《重農學派》（臺北：臺灣銀行經濟研究室，六十一年）。
3. Max Beer, *An Inquiry into Physiocracy* (1939) (New York: Russell & Russell, 1966).
4. Robert V. Eagly, *The Structure of Classical Economic Theory* (New York: Oxford University Press, 1974), chapter 2.
5. R. L. Meek, *The Economics of Physiocracy: Essays and Translations* (Cambridge, Mass.: Harvard University Press, 1962).
6. Claudio Napoleoni, *Smith, Ricardo, Marx*, translated by J. M. A. Gee (New York: John Wiley & Sons, 1975), chapter 2.
7. Jacob Oser and W. C. Blanchfield, *The Evolution of Economic Thought*, chapter 3.
8. I. H. Rima, *Development of Economic Analysis*, 3rd ed., chapter 3.
9. J. A. Schumpeter, *History of Economic Analysis*, part II, chapter 4.

第
4
章

古典學派的
先驅者

第**4**章　古典學派的先驅者

黑夜，你這陽光的孕育者。一顆星熄了，無數的星星將要顯現。好似一盅沸騰的牛乳，空間的深淵都洋溢著光明。你決不能把我熄滅。死神的氣息會重新燃起我生命的火焰……

《約翰·克利斯朵夫》

‖‖

第一節　過渡時期的經濟環境

　　經濟思想史上的古典學派始於 1776 年，亞當斯密刊行《國富論》，止於 1870 年代的邊際效用革命。在這一百年間，對古典經濟理論特別有貢獻的經濟學家包括：亞當斯密、李嘉圖、馬爾薩斯、彌爾、賽伊及辛尼爾等人，我們將在第五章至第九章一一討論他們的貢獻。

　　但是，在古典經濟學誕生前，也就是重商主義時期的後期，當時英國的經濟環境已有變化，社會、政治思想與制度也正在調整過程中，若干學者或專家對轉變中的經濟環境各有其獨特的觀察或實務經驗，甚至也著書立說，陳述他們的看法，對古典學派經濟體系的形成，多少有其影響。其中較重要的有：佩悌、柴爾德、諾茲、洛克、休謨、康梯龍及約翰·羅等人，可稱他們為古典學派的先驅者，本章的主題是，扼要說明這些先驅者的經濟思想。不過，首先仍讓我們先檢討他們所面對的經濟環境的變化，以及古典學派一百年間經濟環境的演進。

　　嚴格地說，在十七世紀，英國的對外貿易狀況較荷蘭落後；製造業則較法國落後。到了十八世紀中葉，則不論貿易或製造業都已超越其鄰國，居於領先的地位；古典學派經濟學及產業革命都發生於英國，與這種經濟地位領先不無關係。古典學派的先驅者，處於英國經濟地位自落後躍向領先的過渡時期，他們的論著或者解說著經濟環境的變化，或者反映著經濟政策的意見。

　　自產業革命後，居世界經濟領袖地位的英國，其經濟情勢也持續變化著，其重要特徵有下列五項：

第一，工業發展的結果，使勞動生產力巨幅提高，使國富更快速增長。因此，經濟思想的重點已轉變為如何提高生產力，而非如何以貿易順差來累積金銀財寶。換句話說，工業發展已重於貿易順差的發展。

第二，因英國工業已較世界其他國家領先，且其企業家也較先前強大，不必擔心來自國外的競爭，故無須依賴政府補助、獨佔的特權或貿易保護，而高唱貿易自由，甚至把國內分工論應用到國際分工論之上，因而拋棄了大部分重商主義時期的經濟、貿易管制措施。

第三，為使貿易競爭居於有利地位，能自由移動的低廉勞工為工業發展所不可或缺者。在這方面，1760 年代前後有顯著的變化。在此之前，各級政府對勞動條件有嚴格的管制，特別重要的是最高工資限制，1762 年則取消此項限制。其主要原因是：因第二次圈地運動，把大量佃農及小農驅逐至都市地區；散做制度 (putting-out system) 及工廠制度則使工匠淪為工資工人；同時，高出生率與降低中的死亡率，則使人口與童工大量增加。其結果是，工人工資低至勉能維持極低生活水準的邊緣，須有最低工資之保障了。

第四，由於工資降低，且工業持續擴張，故產生所得分配問題。十九世紀中葉，英國產業革命大量展開後，所得分配問題變得特別嚴重。尤其是，在產業革命之弊害明朗化時，社會主義思想已開始萌芽，這項社會主義思想，對後期古典學派的經濟學家難免有所影響。

第五，因生產力提高及財富累積，中產階級開始在英國經濟社會中佔有相當重要的地位。在這種情形下，中古以來的克己節儉美德逐漸淪喪，享樂主義則日漸抬頭。

第二節　佩悌

一、生平與著作

佩悌 (William Petty, 1623–1687) 是英國的政論家。1623 年生於英國漢普夏 (Hampshire)，為一貧窮的布商之子，其一生完全係自力奮鬥而成功的。12 歲，僅受完初級教育，就擅長拉丁語。14 歲，在船上擔任侍者，因腿傷被船伴無助地棄置法國海岸。在法國，他時而做家庭教師，時而做珠寶買賣，逐漸累積一些金錢，

然後赴荷蘭習醫及其他新科技。24 歲時，出現在倫敦的古玩圈中。1648 年，擔任
牛津大學的解剖學教授，也當醫生。1651年休假赴愛爾蘭任英軍醫生，得認識克
倫威爾 (Oliver Cromwell, 1599–1658) 一家及當時的重要人物。在愛爾蘭居住期
間，因擔任井地測量官獲以土地為酬，且進行購進他人之土地，遂在愛爾蘭擁有
大批土地。1659 年回倫敦，曾擔任數月的國會議員，自此以後，則在愛爾蘭與英
格蘭間交互住居。1661 年，查理二世 (Charles II, 1660–1685) 授佩悌爵位。1667
年與一年輕寡婦結婚。這時，他在都柏林 (Dublin) 擔任審判官，得結識當時任愛
爾蘭總督的未來的詹姆士二世 (James II, 1685–1688)。1685 年詹姆士二世繼位，
對佩悌的獻言都仁慈地接受，雖不必然都採行。1687 年佩悌逝世。1688 年詹姆士
二世逃法國之前，最後任命之一是授與佩悌的遺孀貴婦爵位。

　　佩悌的著作不多，均係在愛爾蘭發跡以後所著。內容均係討論當時的事件或
經濟問題，包括有租稅收入制度、戰時財政、貨幣改革、強國間戰爭的可能性等。
所著諸書，除第一冊外，均係佩悌逝世後，由其後人陸續刊行。其主要者如下：

1. 《論租稅及捐獻》(*A Treatise of Taxes and Contributions*, 1662)；
2. 《智者的話》(*Verbum Sapienti*, 1664)；
3. 《愛爾蘭的政治解剖學》(*Political Anatomy of Ireland*, 1672)；
4. 《政治算術》(*Political Arithmetic*, 1690)──中譯本有：周憲文譯：《政治算
   術》(臺灣銀行經濟研究室刊行)；
5. 《貨幣簡論》(*Quantulumcunque, or a Tract Concerning Money*, 1682)。

二、經濟思想

　　佩悌的著作內容既極其廣泛，且又係針對時事，當然對各種經濟現象都難免
有所討論，如果牽強附會，甚至可以說，若干現代經濟觀念都可追溯到這個源頭。
同時，由於他在青年時期擔任測量官的工作，他的論述經常引證數字作為佐證，
而在統計尚未發達的時代，他所用的推估方法非常簡陋，所獲結論難免與事實有
很大的差距。例如，愛爾蘭的出口增加 30%，他就推論說人口也增加 30%。又
如，他把倫敦墓地數乘三十或房屋數乘六，估得倫敦人口數；再以此估計數乘八，
估計英格蘭人口數。

　　無論何種時代，經濟現象的討論，價值問題總是其中之一，佩悌自然不例外。
佩悌有一句常被引用的話：「財富的積極原則為勞動是父，大地是母。」也就是

說，財富或價值物以勞動及土地為其來源。他又用每日食物作為共同單位，把勞動生產價值及土地生產價值進行互換。但是，他又認為，貨幣既已是常用的價值尺度工具，則又可以折成貨幣來表示。換句話說，佩悌並未具備後世勞動價值學說或成本價值學說的觀念。

雖然如此，佩悌把這種互換方法應用於所得分配理論。首先是工資，佩悌承認當時通行的最高工資法是合理，因而認為工資以足於維持工人之生活已足，也就是「生存工資說」(subsistence theory)。因為一旦提高工資，工人的工作時間或工作努力程度就會比例降低，這就含有後斜供給曲線的意味。其次是地租，佩悌認為地租要反映土地生產物的價格，土地生產物的價格上漲，地租就會上漲。至於地租的大小，則由使用土地之生產物扣除所須工資後的差額來決定，因為土地不使用，不會有生產品；使用後的增值部分當然是地租，地租也和工資一樣可用每日食物為單位來計算。再次是利息，佩悌認為利息是不方便的補償，利息是由純粹利息及風險貼水所構成。風險貼水自然與風險大小程度不同而有差別，純粹利息則不能低於此金額之貨幣所能買進之土地的地租，這就是佩悌的「單純自然利息」(simple natural interest)。由此可知，佩悌的利息論有兩項特點：第一，他用機會成本分析法，分析地租及利息收入。第二，他所指稱的利息是用每日食物計算的貸放利息。此外，佩悌並以資本還原法估算英國的國民所得及財富，這也是經濟思想史上，最早的國民所得概念。他指出，國民所得等於食、衣、住及其他必需品的支出——在英國一年為 4,000 萬鎊。他進而估計英國的有形財富為 2 億 5,000 萬鎊，其年收入為 1,500 萬鎊，則勞動的收入為 2,500 萬鎊，經資本還原法計算，人力財富值 4 億 1,700 萬鎊，平均每人所得為 69 鎊。

佩悌的這種所得估算法當然很粗略，且與現代概念有很大的差距。不過，由以上的說明，我們可以看出，他不重視資本累積；他認為，資本或財富都是以前勞動的結果，故人口成長才是推動經濟進步的主要力量。因此，他主張人口增加，其理由有二：第一，在人口成長過程中，社會間接成本 (social overhead cost) 增加較慢，可收收益遞減的利益。第二，人口成長後，會鼓勵人民吸收技藝，收技術進步的利益。

佩悌的很多論著都涉及財政收入，這當然是租稅政策。佩悌有三項重要的見解：第一，土地稅是不可避免的主要稅源，但其效果則因國家處境而有所不同。在新開發的國家，對地租收稅，可收降低地價的效果。在已墾殖甚久的國家，則

因土地租期的差別而有不同的效果。若租期短，地主會把土地稅轉嫁給佃農，最後使物價上漲；若租期長，則地主不易把土地稅轉嫁。第二，課稅的原則是應能產生使資金自奢侈浪費部門移轉至有進步生產力部門的效果。第三，對依救濟及犯罪維生的人給予特別津貼帶有負所得稅的意味在內。

　　此外，佩悌在貨幣面也有三項特殊的見解。第一，佩悌認為一國要有適量的貨幣，以使交易能順利進行。他認為貨幣有如人體的脂肪，如果過多，則有礙動作；如果過少，則會生病。第二，佩悌並不鼓吹貿易順差論。這與他在愛爾蘭的經驗有關，他指出，愛爾蘭的出口年年大於進口，但卻愈來愈窮，因為不在地地主 (absentee landlords) 吸取貿易順差，並不帶回愛爾蘭。關於這個經驗，對區域經濟及開放經濟下的外資政策有其深長的政策意義。第三，他也指出，一國貨幣需要量的多寡係由其支付量、銀行制度及貨幣流通速度所決定。他甚至指出，流通速度與支付制度有極其密切的關係。例如，若支付制度由季薪改為週薪，則全國所需貨幣數量可以減少，他甚至計算出，若工資按週支付、地租按季支付，且全國貨幣總量每七週流轉一次，則五百五十萬之通貨可供作五千萬之用；這項推論方法可說是兩百年後馬夏爾所展開的劍橋方程式的根源。

第三節　柴爾德

一、生平與著作

　　柴爾德 (Sir Josiah Child, 1630–1699) 是英國貿易商人及經濟學家，生於倫敦，其父是著名的印度貿易商人。柴爾德青年時期，經營船舶用具買賣，兼投機股票，累積甚多財富，生活奢華。1659 年至 1687 年三度當選下議院議員。1677 年至 1688 年擔任東印度公司董事長；1678 年受封爵位。他的主要著作是：《有關貿易與貨幣利息的觀察》(*Observations Concerning Trade and Interest of Money*, 1668)；《貿易新論》(*A New Discourse of Trade*, 1693) 等。

二、經濟思想

　　在柴爾德生活的時代，英國的經濟環境已有尖銳的變化，其中比較重要的有：第一，海外擴張已經開始，打開歐洲經濟的閉鎖狀態。第二，行業分化隨著海外

市場的增加而顯著化，生產增加的可能性已非常明顯。第三，英國正與當時另一海上霸權國家荷蘭爭霸，如何提高國家的相對強盛程度，成為當時迫切而緊要的問題。

基於這種現實環境的變化，柴爾德的經濟政策主張有幾項基本觀念：第一，指出經濟進步的可能性及潛力。他認為，由於人性的弱點，使人對現實有所埋怨，而生懷念往昔的聯想。事實上，當時英國貿易潛力僅發揮了五分之一，尚待努力開發的領域甚大，也可以說，黃金時代是在待努力的未來。第二，進步會產生變化，變化有時是殘酷的，但我們不能因而過分猶豫。他特別指出，進步事實上是持續而逐漸進行的。他的名言「自然和法律不能躍進」(Nec natura aut lex operantur per saltum)，後來乃成為馬夏爾的「自然不能飛躍」(Natura non facit saltum)。第三，對經濟政策的經驗論主張及非教條化的態度。柴爾德特別指出，適合於一國或一個時代的政策，不必然適用於另一國家或另一時代。因此，他認為凡是陳舊及不合時宜的法律及措施都要代之以適合新環境的法律及措施。第四，一國的政治目標和經濟目標不必然永遠一致，有時甚至會相互衝突。例如，英國商人如果為增加利益，則商品宜用運費較低的荷蘭商船運載，但這樣會削弱英國商船乃至於海軍的力量及其強大的基礎，因而他支持當時的航海法 (the Navigation Act)；同時，他也反對因為荷蘭的利率較低就借入荷蘭資本，因為這樣荷人手中就握有一個圈在英人手腕上的鎖鏈。第五，私利和公益有時也會發生衝突。當時的英國仍保有甚多的中古行會管制措施，行會為其會員的利益自然會主張繼續實行各種管制措施，這當然妨礙國家經濟擴張的需要，故柴爾德特別強調私利與公益是有別的。

基於這些觀念，柴爾德乃有經濟自由的主張。這種經濟自由並非極端的，而係他所宣稱的不違反自然，且能促進自然之運行的經濟自由。雖然如此，在實際政策上，柴爾德仍以英國當時經濟處境為著眼點，因而產生支持降低法定利率、航海法、殖民地政策及限制國內已能自製之產品的進口等主張。其中特別是航海法與殖民地政策乃是英帝國經濟繁榮的基礎。因此，他特別主張，英國在北美各地的殖民政策亦採用自由政策，但須根據航海法使用英國船隻及對英國貿易，因為這樣，在殖民地的每一英人，可增加英國國內四個就業機會；倘英國任由殖民地進行自由貿易，則荷蘭人就會搶到這種利益。

基於這種觀念，柴爾德乃支持人口成長，甚至主張制訂鼓勵人口成長的政策。

因為人口增加乃是國家富有強盛的象徵，是貿易擴張及經濟進步的結果。同時，他也支持當時重商主義者的增加工作就會致富的主張，因而贊同把貧窮人家送進貧民工作所或送到海外去墾殖。在這種情形下，眾多人口與殖民地政策乃能相互配合，殖民地成為過剩人口的出路，也成為英國產品的市場及原料的來源。他方面，柴爾德又主張高工資論，他認為高工資所產生的成本提高，得由降低利率取得補償。這項主張則使他捲入當時的利率爭論。

柴爾德主張英國應該降低利率，而且應當降至荷蘭的利率水準以下，因為這樣才能提高英國貿易商人對荷蘭的競爭地位。他甚至認為低利率是萬應靈丹，可解決當時英國的許多問題，包括酗酒問題在內。對於這種主張，當然有許多反對論，柴爾德則一一加以反駁。第一，有人認為英國商人競爭力低是高工資所致，柴爾德則指出荷蘭工人的工資更高。第二，有人認為既然荷蘭利率較低，就可以向荷蘭借入資本，但柴爾德則加以反對，除上述荷人控制英人資本問題外，他尚指出：國內借貸關係的結果是收入的移轉，向外借貸則是國家的淨損失。第三，有人認為低利率會使現有少數富有商人更富有，柴爾德則認為低利率正可鼓勵青年人創業，符合商業及財富分散化原則。總之，柴爾德反對國家先富有才能使利率降低的看法，他認為利率降低，國家才會富強，因為低利率可鼓舞工商業發展。

第四節　諾　茲

一、生平與著作

諾茲 (Dudley North, 1641–1691) 是英國的貿易商人及經濟學家。出身於富有的古老家庭，是五兄弟中排行第四。12 歲被學校退學，且又沒有讀書癖好，便去學做商人，19 歲時由他的家庭出資到土耳其經商。二十年後，以富商身分回英國，退出商界，從事選舉及在政府機構任職。1691 年逝世時，刊行一冊《貿易論》(*Discourses upon Trade*)，但未引人注意。幸賴其弟羅傑 (Roger North, 1653–1734) 在撰述並於 1742 年刊行其家譜中提及此書；且 1818 年老彌爾 (James Mill) 有機會讀此家譜，諾茲的著作才重被發現。

二、對貿易政策的看法

　　諾茲的經濟思想與當時英國大部分學者的主張不同，這或者是因他不喜讀書，少受時論影響；且他去國既久，其見解亦多少受國外影響所致。由於他的自由貿易思想，具有承先啟後的作用，故我們略作說明。

　　諾茲反對貿易管制，也反對限制進口，他認為，一國進口的減少，不但損及他國的出口，亦將妨礙本國的貿易與經濟。因為他相信，任何國家的貿易限制，都將使世界貿易量減少。他同時反對當時為貿易出超及累積金銀而偏向東印度貿易。他認為，不但貿易偏向有損貿易擴張，而且累積金銀也非貿易的目的。他特別指出，對外貿易的基本目的在於增進各國彼此的便利。因為一國只有依賴積極而勤勉的生產者才能賺取進行物品交易所需的金銀，而不是經由管制而取得金銀。同時，他更指出，只要廢除管制，一國的金銀幣一定不虞缺乏，因為金銀不足，金銀塊及金銀飾器就會被鑄成金銀幣；若金銀幣過多，則有一部分會被熔燬。換句話說，一國金銀幣的供需會因金銀的商品及貨幣用途的相互調節而保持適量的平衡，管制是多餘的。基於相同的自由思想，諾茲也反對當時英國的各種禁奢令 (sumptuary laws)。他指出，若限制人們只能享用必需品，則生產、交易及貿易都會減少，導致一國變成貧窮。適量的超額慾求會刺激人們勤勉及創造，使生產、交易及貿易增加，並臻國家於富強之路。

　　此外，諾茲指出，人為的低利率不可能存續。他認為，利率與商品價格一樣，由資本供需來決定，低利率係資本供給相對增加的結果；貿易繁榮才能使資本供給相對增加。因此，貿易繁榮是低利率的原因，而不是其結果。

第五節　洛　克

一、生平與著作

　　洛克 (John Locke, 1632–1704) 是英國哲學家與政治思想家。1632 年 8 月 29 日生於英格蘭西南部的索美塞得郡 (Somersetshire)。1656 年畢業於牛津大學的基督教學院 (Christ Church College)；1658 年獲文學碩士學位。1660 年在母校擔任講師。1666 年再入母校，攻讀醫學；並結識後來成為第一代沙佛茲堡伯爵 (1st Earl of Shaftesbury) 的古柏爵士 (Sir Anthony Ashley Cooper, 1621–1683)；次年開始擔任古柏家的私人醫生及家庭教師，自此乃緊緊跟隨古柏一家。1681 年，伯爵因陰謀判亂被捕。洛克則逃亡到荷蘭。1689 年回英國擔任公職。1704 年 10 月 28 日歿於埃塞克斯郡 (Essex)。

洛克除其政治學及哲學著作外，另有若干經濟論著，主要者為：《論降低利息及提高貨幣價值的後果》(*Some Considerations of the Consequences of the Lowering of Interest and Raising the Value of Money*, 1692)；《再論提高貨幣價值》(*Further Considerations Concerning Raising the Value of Money*, 1695) 等。

二、經濟思想

洛克對經濟問題的意見，最初是被動地研究及撰述的，也是與柴爾德的利息見解有關係的。在 1668 年，柴爾德刊行其對利息的看法時，洛克的保護人、病人且兼朋友的古柏爵士恰被任命為財政部長，彼要求洛克對柴爾德的著作表示意見，洛克乃撰寫了一篇有關利息及貨幣政策的備忘錄。二十餘年後，這篇備忘錄經擴大而成為洛克的主要經濟著述之一。所以，我們先說明洛克的利息及貨幣理論。

先就利息來說，洛克認為利息是貨幣現象，由貨幣的供需所決定。他承認，高利率有礙於貿易發展。但是，他認為，若強行把法定利率降低，並且加以管制，則潛在貸款者不願出借，商人就會有借不到貨幣的危險，市場力量將會趨使利率升至其真正的自然價值。在貨幣量相對小於貿易量所需的貨幣時，高利率乃是不能避免的；洛克指出唯一的解決辦法是勤勉與節約，要不然就須出售他國所無法提供的商品。至於萬一因貨幣供需變動而引起利率變動時，對商品供給及物價都不致於產生直接的影響。

基於利率的討論，自然會涉及貨幣的功能問題。洛克指出，貨幣有兩個功能，計算單位及交換媒介。就計算單位來說，幣材是不重要的；但就交換媒介來說，就須具有人類共認的實質價值的物品才能充當貨幣，金銀在交換史中被採用為共用的貨幣材料，故金銀幣才是貨幣，這乃是金屬幣材論 (metallism) 的雛型。洛克舉例說明這種現象。在與外界不相往來的孤島，或者說是孤立國吧！任何幣材都可共認為計算單位，且其數量永遠不虞不足，因為每一計算單位的價值決定於幣材量與物品間的相對供需狀況。但若係一個與外界有往來的經濟開放國家，情況就大為不同。貨幣價值由貨幣量與物品間相對供需狀況決定的基本原則固然不變，

但須作兩項修正。第一，貨幣幣材須為參加貿易各國所共認者，故金銀乃成為貨幣幣材。第二，貨幣數量須與貿易量維持相當比例，才能使貿易順利進行。

部分經濟學家根據以上的論述，以及下面即將提及的貨幣流通速度概念，認為洛克已具有貨幣數量學說的概念，以近代的表現方式來說，$MV = PT$（M 表示貨幣數量；V 表示貨幣的流通速度；P 表示一般物價水準；T 表示交易量），上述貨幣數量與物品供需之相對關係，好似表達著 $MV / T = P$，其實並不如此。第一，洛克所謂的貨幣數量係指金銀而言；且並未指出 M 與 P 之間的同比例，甚至同方向的變動關係。第二，他的貨幣流通速度觀念極不完整。洛克的貨幣需要動機係交易動機，無論是貨幣的國際貿易用途或國內交易用途，都把貨幣需要與交易量聯在一起，但僅對國內交易需要作流通速度分析，且僅把流通速度 (the quickness of circulation) 視為由支付時距單獨決定。雖然如此，他特別重視各種不同職業的流通速度差異，說明地主、工人及商人 (brokers) 支付時距不同，並指責商人握有大量貨幣，阻礙貨幣之流通，這種個體交易貨幣需要分析則為獨到的見解。第三，最重要的是，洛克因仍有重商主義的思想，未能認識國際間黃金自動調整機能 (price-specie flow mechanism) 的存在。如眾所周知，貨幣數量學說的主張與黃金自動調整機能有密切不可分離的關係，如否定這種自動調整機能的存在，便無異於否定了貨幣數量學說，故我們對於洛克的這種殘餘的重商主義思想有略加說明的必要。

洛克雖然認為一國的貨幣量須與其貿易量維持某一比例，但此項比例應較其他國家為高；若要使其貨幣（金銀）與貿易之比例高於其他國家，自然需有持續的貿易順差。為什麼要增加一國的金銀貨幣呢？洛克指出：第一，一國的貨幣量增加，可增加其貿易量；假若一國貨幣量減少，其商品交易、地租支付及貿易量都會受阻，而就業量亦因而減少。第二，洛克認為，本國的貨幣量增加，正如貿易順差一樣，會使外國人對本國貨幣需要增加，以致本國貨幣相對於外幣而升值，因而會引起貿易順差或使已有的順差擴大，使本國的貨幣增加更多。也就是，不但沒有黃金自動調整機能，而且反而會擴大黃金的累積。

由以上可知，洛克似不曾主張貨幣數量與物價間的關聯，且洛克亦未對物品價值的來源有直接的討論。他認為，自然把地球給人類共享，卻給予人類私有財產。因為自然給人勞動能力，勞動不但是財產的來源，也是物品價值不同的來源。這乃是他認為私有財產是自然人權之一部分的論據，或者也可說他間接主張勞動

價值學說，但他並沒有再深入分析。至於私人財產，他認為因人的工作能力及消費能力的限制，足以限制人們把財產作為掠奪別人的工具。但是，他又認為，自從人們共認使用貨幣之後，由於貨幣的儲藏性及出借的獲利性，私有財產累積的限制已消失。然而，他認為這種限制之解除，係因人們共認使用貨幣的結果，並非自然法則的結果，故可用人為的法律加以限制。

第六節　休　謨

一、生平與著作

休謨 (David Hume, 1711–1776) 是蘇格蘭哲學家。生於愛丁堡 (Edinburgh) 一個地主的家庭。畢業於愛丁堡大學，1734 年曾啟程遊學歐洲大陸三年。回國後，執教於愛丁堡大學。後來，轉入外交界服務。赫德福特爵士 (Lord Hertford) 擔任駐法大使時，休謨擔任秘書職務。1765 年，休謨出任英國駐巴黎領事。1767 年則擔任相當於外交部副部長的職務。1769 年退休，返回愛丁堡，從事著述與研究的生涯。

休謨是亞當斯密的親密的朋友，對亞當斯密有深遠的影響，論者甚至認為，倘若沒有休謨，亞當斯密不可能有那樣的成就。

休謨的著作不少，除在法國遊學期間完成的《人性論》三卷 (A Treatise of Human Nature, 1739–1740)、《道德與政治論文集》二卷 (Essays in Moral and Political, 1742)、《英國史》(History of England, 1763) 外，《政治論集》(Political Discourses, 1752)，討論貨幣、利息、貿易差額等經濟問題，為其最主要的經濟論著。

二、經濟思想

在休謨之前，比較傑出的早期經濟學家，大部分都比較傾向自然科學。例如，佩悌、洛克、揆內等人都是醫生，都多少希冀把自然法則融入新興的經濟思潮中。作為哲學家的休謨，則要把經濟現象的推理建立在經驗與觀察的基礎上，因而就展示了與前人有別的見解。同時，在十八世紀中葉的英國，試圖建立近代經濟學體系的休謨、斯圖亞特 (Sir James Steuart)❶與亞當斯密三個蘇格蘭人中，休謨是最年長且最早刊行其經濟見解的，但也是三人中最欠缺體系的。所以，在此我們

僅簡述他在國際經濟及貨幣理論上的經濟思想。

自貿易發達以來，直到十八世紀，貿易一直都是時論的主題。在休謨之前，大部分的經濟學家多少受重商主義的影響，或者主張貿易順差論，或者認為世界貿易量是固定的，唯有減少他國貿易，才能促進本國貿易。休謨的個人主義及世界主義傾向，使他對國際經濟的見解與前人大不相同。

重商主義者認為貿易是獲取金銀財寶的策略，重農主義者則視之為一種罪惡。休謨不屬於這兩種見解，他認為貿易是一種教育，是促進經濟發展的發動機。從貿易演進過程來看，貿易使本國人民增廣對國際商品的見識，也開拓了營利的機會。由於營利機會，使本國中產階級抬頭，更由於商品知識的增廣，引申對此類產品的國內需要，故國內產業與國際貿易都能進一步地改善與擴張，特別是所謂進口替代產業的開發，更能發展國內經濟部門，降低對外貿易的依賴比例。這種情形，或者可稱之為國際示範作用。

貿易擴張既然對本國經濟擴張有益，就必須覓求貿易擴張的政策或根源，休謨反對重商主義者以他國為代價，才能使本國貿易擴張的論調。他認為，只有其他國家處於繁榮狀態，他們才有能力購買本國產品，增加本國的產業開發及收入提高的機會。因此，各國的繁榮與進步是處於相互依存狀態，只要本國能保存勤勉與文明化的狀態，就能享有這種利益。倘若一國以他國為代價，單獨擴張出口，創造貿易順差，累積大量金銀，不但剝奪他國繼續進口的能力，使本國產品市場減縮，而且累積金銀的結果，更會透過國際黃金自動調整作用，產生貿易逆差及黃金外流的必然結果，這項見解，乃是休謨的創見。

休謨的價格黃金流量調整機能是在自由放任基礎上，分析國際均衡的作用過程，認為自由放任可使貿易、貨幣與價格之間的關係獲致美滿的結果。如前所述，重商主義者為累積金銀而主張貿易順差。但是，休謨認為，貿易順差使金銀流入順差國，使其物品與勞務價格與貨幣數量作同比例上漲；其結果是，順差國的物價水準相對偏高，出口趨減，而進口趨增，反而會轉變為逆差。逆差國因貨幣（金銀）數量減少，產生物價水準相對偏低現象，使其出口增加，進口減少，會轉變

---

❶ 斯圖亞特 (Sir James Steuart, 1712–1780) 是蘇格蘭經濟學家。1745 年因政治理由，被放逐到荷蘭，1763 年始返英國。流亡期間，他撰寫若干論著，其中最重要的是：《政治經濟學原理》(*An Inquiry into the Principles of Political Economy*, 1767)，全書分人口及農業、貿易及工業、貨幣、信用及債務與租稅五篇，其觀點多以重商主義為出發點，故有「最後的重商主義者」之稱。

為順差。這種調整得以現代化表示法圖示如下：

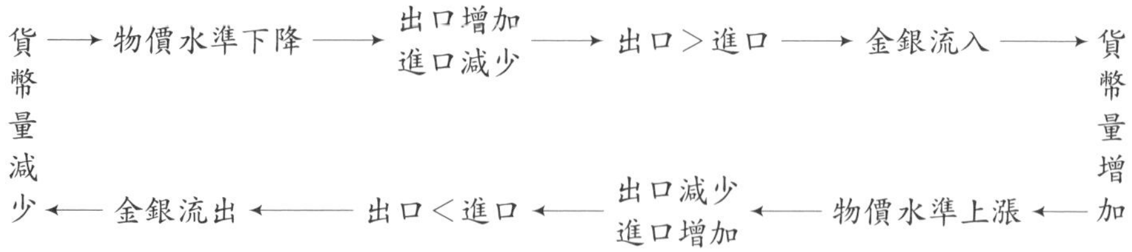

貨幣量減少 ⟶ 物價水準下降 ⟶ 出口增加 進口減少 ⟶ 出口＞進口 ⟶ 金銀流入 ⟶ 貨幣量增加

貨幣量減少 ⟵ 金銀流出 ⟵ 出口＜進口 ⟵ 出口減少 進口增加 ⟵ 物價水準上漲 ⟵ 貨幣量增加

圖 4–1

休謨認為，經由這種自動調整過程，可獲致美滿的國際均衡。此外，他且指出，尚有一種匯率壓力，可促使國際均衡提早實現。因為順差國對外幣值上升，可促使其出口趨減，進口趨增，加速相對物價的調整作用。

這種自動調整分析當然有重大的假定為基礎：第一，須各國都採用真金本位。第二，須貨幣數量學說有其適用性。第三，須工資與物價有其伸縮性。目前，我們所處的世界中，這三項假定都不存在，國際均衡當然不能自動完成。不過，我們仍然不能忽視休謨的貢獻。

根據這種觀點，休謨認為貨幣量的多寡與交易量有關，且就國際間來觀察，亦有其最適分配。因此，他指出，「貨幣並非交易的輪軸，而是使輪軸轉動更快的潤滑油」。據此，他否認金銀為財富，而認為「一國勞動力人數構成一切真正的力量與財富」。換句話說，勞動力是財富的泉源。

雖然如此，休謨並不完全樂觀地相信上述世界共榮的論點。他同時也指出，由於經濟發展狀況不同，各國經濟利益未盡一致，也有產生經濟衝突的可能性。這乃是指稱在長期間，經濟領先國家，不能永遠保持領先態勢，在發展至某一階段時，經濟領先的棒子就會轉手。其原因是：一旦一國的貿易與經濟都成長極快速時，該國的物價水準就會相對高於開發程度較低的國家。在這種情況下，製造業者就會移轉至工資及生活費用較低的國家，在那種國家或地方覓求財富；在這種低工資及低生活費用國家轉趨富有之際，這些製造業者又會移轉地點，如此持續下去。這種過程使經濟機會分散化，但表現著一國（低工資國）的成長係以他國（先成長國）為代價，這當然就表現著長期間各國經濟利益的相互衝突。自從產業革命以來，若干史實不幸被休謨所言中，我們或者可稱為「經濟機會移轉論」(the migration of economic opportunity)。這也是二十世紀初年，韋布倫 (Thorstein Veblen)❷的「領先

---

❷　請參閱本書第二十四章。

者懲罰論」(the penalty for having been thrown into the lead) 的先聲。

　　根據以上的說明，我們可以看出，休謨完成了重商主義後期以來的黃金自動調整論，這樣自然表明休謨是贊同貨幣數量學說的。可是，休謨並非無條件支持數量學說的見解。他特別指出，在過渡時期，經濟社會的真實數值會產生短期調整現象，這或者是近代溫和通貨膨脹論的源頭。此外，他特別指出，貨幣數量固與物價水準有關，但一國社會的利率水準則由真實因素所決定。

　　先就休謨的短期經濟調整論來說。當一國發生貿易順差，金銀流入，且引起貨幣數量增加，根據貨幣數量學說，這當然會造成物價上漲的情勢。但是，休謨指出，在貨幣數量增加與物價上漲之間，會發生時間落差。因為因出口增加而持有新增加貨幣的出口商或製造商為追求利潤，會趨於增加勞動及資源的雇用，因而先發生就業及所得增加。只有在勞動者以其貨幣收入作購置消費品之支出時，物價水準才開始上漲。由此可知，休謨認為，貨幣數量增加對經濟活動的影響有其時間落差存在，且最後乃係趨使生產增加及物價上漲的雙重後果。因此，凱因斯乃稱休謨只有「一腿又半在古典世界」。

　　再就利率水準來說。重商主義的經濟學家常認為利率乃是貨幣供需所決定，休謨則認為利率係由真實資本供需所決定。他指出，在農業社會，真實資本的供給不多，而地主階級既怠惰且又追求享樂，對資本的需要相對較多，因而利率偏高。在工商業發達後，工商業者不但比較節儉，而且把營利置於享樂之前，因而資本累積相對快於資本需要之增加，才導致利率水準的下降；同時，由於資本累積的進行，獲利率（利潤率）亦隨之降低。因而，休謨更認為利率與利潤率是互為因果關係的。因此，他說，「利息乃是一國真正的晴雨表，低利率幾乎是經濟興盛的準確象徵。」

第七節　康梯龍

一、生平與著作

　　康梯龍 (Richard Cantillon, ?–1734) 是愛爾蘭的銀行家，生平不詳。他的著作及其在經濟思想史上的貢獻，因被其稍後的亞當斯密的光輝所掩蓋住，以致長期間幾被遺忘。1881 年，耶逢斯 (W. S. Jevons) 發表一論文，題為〈康梯龍與政治

經濟學的國籍〉(Richard Cantillon and the Nationality of Political Economy)，指稱康梯龍係第一部有體系之經濟學著作的作者，為政治經濟學的發源處。並且指出，康梯龍係愛爾蘭人，具有西班牙的姓，在法國經商，著作在英國出版，那麼經濟學的發源國究係何處的有趣問題。自此之後，康梯龍才漸被學界所認識。此時，距其逝世已一百五十年，距其著作出版也已一百三十年。

　　康梯龍因有隱姓埋名的性格，故有關其生平所知甚少。有關其出生年大多猜測為 1680 年至 1690 年間。康梯龍在十八世紀初年的巴黎金融界甚為活躍。據稱，在約翰‧羅的銀行制度下，他曾賺取二千萬里拉，為極少數獲大利者之一。1734 年在倫敦為其解雇廚師所謀殺。他的著作《商業一般本質論》(*Essai sur la nature du Commerce en général*) 係 1755 年由後人在英國以法文出版。

二、地主主權論

　　自康梯龍的著作重被發現後，若干經濟學家認為康梯龍的經濟著作尚較洛克、佩悌諸人的著作完整，甚至一如近代的著作一樣地有體系。他的巨著基本上分為三部分，第一部分由經濟制度的演進，討論價格決定及生產要素，而以地主主權論 (landlord sovereignty) 為其結論，這乃是後世重農學派經濟思想的主要來源。第二部分則討論貨幣面現象。第三部分論國際貿易。由第一部分所得到的結論，認為農產品乃是一國生存所需，不宜置於貿易行列，除此之外，康梯龍認為貿易經國際分工，增進生產資源的利用，可改進生產力，開後世國際貿易論的先河。

　　康梯龍首先簡述經濟制度的演進。自原始定居、而村落、而城鎮，乃至於都市，展示著交易集中的利益。也就是說，農人把產品持至較大的市場與商人交易，較之商人至農家進行交易更為有利。同時，他也指出，無論各種經濟社會型態，財產所有權都會有集中的趨勢，以土地為例，無論如何總是會集中至少數人手中。他甚至指出，即使我們重新把土地及財產作平均分配，由於家庭人口數及其能力的差異，不久也會產生分配不均的現象。在康梯龍所生活的中古封建制度末期，最主要的生產資源是土地，而土地所有權又會集中於少數人手中，故全國各階級乃需依賴地主而生活。這便是地主主權論，而有別於近代經濟學中的消費者主權論了。

　　康梯龍把社會各種人區分為三類，即地主、工匠及農民。地主擁有土地，而土地則是生活資料的來源。農民自地主租得土地耕作權，其收穫分為三等分，一

份向地主繳地租，一份是生產費用，一份是利潤，供其生活之用。地主的收入供其維持居住城市中的地主及工匠的生活。因此，三個階級是彼此依賴的關係，但因地主人數甚少，其相對較巨大的購買力乃能支配整個社會的有效需要。

　　假定有效需要不變，價格機能的作用會使得各種生產因素的供需趨於平衡。假若生產要素供給減少，使其價格上升，則會吸引新加入者參加生產行列，抑低此項生產要素之價格。反之，若生產要素之供給增加，使其價格下降，則會使其移用於其他部門，產生矯制作用。假若由於生產要素移動性困難而無法產生矯制作用，則該部門的結婚率、嬰兒出生率等也會發生變化，而產生長期的矯制作用。同時，康梯龍也指出，工匠因學習技藝費時及須付出較高的代價，其供給較高；甚至因技藝、危險程度等因素的差別，工匠部門的要素價格也會有所不同。雖然如此，其價格都將因應需要而調整。

　　然而，康梯龍不認為要素價格與產品價格間有直接的關聯。他把產品價格區分為正常價格〔他稱為實質價值 (intrinsic value)〕與市場價格，市場價格由供需決定，但有趨於正常價格的趨勢。正常價格則由生產物品所需之土地與勞動的品質與數量所決定。這樣當然可把正常價格歸納為勞動或土地兩者之一了。康梯龍與先前的佩悌一樣，把勞動價值歸納於土地，認為勞動的價值因其品質及地位不同，各等於其消費所需之土地產量的兩倍。這乃是意指，勞動的價值等於維持其自身的生活，以及為確保勞動的供給所須養育兩個依賴年齡的小孩的土地產品(這當然假定兩個小孩中有一個夭折的)。至於因而所需的土地數量，則因各國土地利用程度的不同而有別。在中國，或為幾分之一英畝；在英國為十至十六英畝；在法國則為三英畝。據此，康梯龍乃把正常價格歸納為用於生產物品的土地數量了。

　　由此可知，地主階級因擁有土地所有權，其需要結構不但決定了生產資源的利用，而且也支配了人口的成長。因為地主階級的需要結構決定了土地的利用及社會的生活模式，這兩者又決定了土地所能養活的人口數。例如，假若地主階級變得比較奢華，多進口外國商品及多養育馬匹，國內食品供給因而減少，所能養活的人口乃告減少，故會透過對外移民、降低結婚率、晚婚等而使人口減少以符實際的土地利用狀況。相反地，假若地主階級變得比較簡樸，人口就會增加。至於一國究竟應該擁有多少人口，則由該國的習慣所決定，並非經濟學的範圍。

三、貨幣論

康梯龍的另一項貢獻在於其貨幣論。康梯龍首先指出，金銀作為幣材，除具有前人已經提及之稀少性、同質性、耐久性及輸送性的優點外，尚有可分性、儲藏成本小及價值安定性的優點。雖然他認為小額支付以銅幣為宜，但在西方社會則不曾使用銅幣。

他認為一國貨幣數量之增加，是否會引起物價作同比例的變動，須視增加之貨幣量是否平均分配於社會大眾手中而定。因為物品供給難易有別，且不同類型的人有不同的支出內容與支出傾向，若增加之貨幣量未平均分配，則各種物品價格當然會有不同的上漲幅度，總物價水準也就不會與貨幣增量作同比例上漲。換句話說，一旦考慮及貨幣增量的分配效果，不但價格水準不會同比例變動，而且會改變價格結構，這就是著名的康梯龍效果 (Cantillon effect)。

同時，康梯龍雖然未曾展開類似休謨的價格黃金流量的自動調整機能論，但是他對當時已流行的金銀流入會引起國內物價上漲的見解，則有三項特殊的見解。第一，他與佩悌採相同的態度，認為流入的金銀可製成器具與裝飾品，即可藏富於民，而不致引起貨幣數量增加，就不會引起物價上漲，以現代的術語來說，這乃是一種非貨幣化的措施。第二，即或是會引起物價上漲，康梯龍認為在合宜的程度內，會促進產業發展，也就是他認為「利潤膨脹」(profit inflation) 是存在的。第三，他認為物價上漲會改善貿易條件，對本國有利，因而他反對重商主義的低價傾銷政策。他甚至進一步地指出，在自由貿易與黃金自由移動的情形下，各國物價水準會趨於一致，其差額僅是運輸費用而已。

第八節　約翰·羅

一、生平與著作

約翰·羅 (John Law, 1671–1729) 是蘇格蘭的金融家。1671 年 4 月生，畢業於愛丁堡大學。他因為導致十八世紀初年法國金融恐慌而著名，他在經濟思想史上的貢獻也因而被湮沒或被遺忘。1705年，羅氏著有《論貨幣及貿易——供給一國貨幣之建議》(*Money and Trade Considered, with a Proposal for Supplying the Nation*

with Money) 一書，聲名大噪，一時曾掩蓋住當時重農學派及重商主義的諸學者。
1715 年，法國路易十四世崩逝，羅氏應邀到法國，以重建法國之經濟。在改奉天
主教之後，被任命為財政大臣。他設立了一家發行紙幣的銀行，一家專營開發當
時尚為法國殖民地的路易西安那 (Louisiana) 的密西西比公司 (Mississippi
Company)。在羅氏所建立的制度下，銀行大量發行紙幣，以支持日愈高漲的密西
西比公司的股價。1720 年 5 月，當投機狂熱趨於冷靜，股價迅即暴降；除少數人
因及時拋出股票，且獲得暴利外，其他數以千計的持有股票者，則因而破產。這
項金融大災難當然被歸罪於羅氏，羅氏乃不得不離開法國，在威尼斯充當一名職
業賭徒，1729 年潦倒而死。

二、主要經濟思想

　　與古典學派的經濟學家一樣，羅氏的貢獻雖在貨幣思想，可是其基本出發點
仍是一般價值論。羅氏也一如後世古典學派一樣，把價值區分為使用價值 (value
in use) 與交換價值 (value in exchange)。古典學派的經濟學家因以勞動價值說來解
釋交換價值，只好放棄使用價值的討論。可是，羅氏則兼顧兩者，以人對物品的
有用性與稀少性的主觀見解來說明交換價值。他認為，物品因有用才有價值，至
於價值的高低則決定相對於需要的供給的多寡。若需要不變，供給多，價值就低；
供給少，則價值高。因此，水雖然極其有用，因其供給遠大於需要，其價值自然
較低。鑽石雖然用處少，因其需要遠大於供給，其價值自然較高。

　　羅氏乃把這種主觀的價值論應用於金屬貨幣。他指出，貴金屬因可供工藝用，
故為有價值的商品。一旦貴金屬被充當貨幣之用，則其用途增加，而額外增加了
需要，同時也增加了價值。因此，金屬幣的價值乃會高於未被充當貨幣之前的等
量金屬的價值。由於金屬幣的價值係源於貴金屬，其價值乃會隨金屬價值之波動
而波動，不宜作為價值的尺度。羅氏認為，土地價值最穩定，可供作為價值的尺
度標準。故他建議，設立政府銀行，以土地為抵押，發行以貴金屬表示價值的紙
幣。民間交易以紙幣進行，當其需要貴金屬供工藝用時，則可持紙幣至政府銀行
兌換等值的黃金。因此，紙幣的供給量乃可隨全國交易需要而增減，把黃金用於
國際債權債務之清償。

　　由此可知，羅氏不但具有管理紙幣的觀念，而且也有運用貨幣政策以指導全國
經濟活動的看法。他與當時的重商主義者一樣，都希望建立富強的國家，根本的差

異在於：他偏好紙幣與信用，且認為這乃是較金屬幣為佳的致國家富強的工具。

第九節　過渡時期經濟學家的貢獻

由以上幾位經濟思想家的經濟見解可以看出，在這過渡時期，經濟思想有幾項特點：

第一，經濟思想依然未能有體系地表達。這當然有許多方面的理由，其中最重要的是：在這過渡時期，專業的經濟學家仍未出現，經濟見解多來自商人、銀行家、政治家或哲學家，他們大多依經驗或興趣來撰述他們的經濟見解。

第二，財富的定義已開始轉變。在傳統的社會，土地與金銀是財富保有方式，且很容易被視為財富的同義詞。特別重要的是，土地不會增加，金銀存量則會有增減變動，故重商主義者把金銀視為財富。在這過渡時期，製造業的重要性開始抬頭，勞動與自然資源結合以產生財富的觀念開始出現，甚至分工與生產力的觀念也在這時期的論著中出現，這不能不說是亞當斯密分工論的前奏。

第三，由於英國在製造業及貿易優勢的形成及財富觀念的轉變，經濟政策理論已開始從保護論轉為自由貿易理論。雖然部分學者仍多少受到重商主義的影響，但我們可以肯定地說，重商主義思想已低沉了。

第四，貨幣數量學說及價格黃金流量調整機能已有其雛型。基於這項發展，貨幣是面紗的思想也在這時期的學者的見解中出現；大部分的經濟學家揚棄貨幣數量增加可恆常促使利率下降的看法，在貨幣背後的真實因素受到重大的注意。換句話說，重商主義時期的貨幣分析，逐漸轉變為真實分析。

第五，分配論已有顯著的進展。在重農主義時期，生產剩餘全部歸屬為地租，其餘幾全部被視同為工資。在這過渡時期，由於資本使用增加，利息作為總生產之分配部分已被肯定。不過，這時期的學者尚未重視利潤問題；同時，他們也幾乎忽略地租、利息與工資的相互關係，這一點乃是古典學派經濟學的特色，有待古典學派經濟學家去解明。

本章進修參考書目

1. 趙迺博著：《歐美經濟學史》，第一篇第二章及第四章。

2. 胡澤、許炳漢譯，Ingram 原著：《經濟學史》，第五章。

3. L. H. Haney, *History of Economic Thought*, chapter 7.

4. J. K. Horsefield, *British Monetary Experiments, 1650−1760* (Cambridge, Mass.: Harvard University Press, 1960).

5. W. E. Kuhn, *The Evolution of Economic Thought* (Chicago: South-Western Publishing Company, 1963), chapters 1 and 9.

6. Jacob Oser and W. C. Blanchfield, *The Evolution of Economic Thought*, chapter 4.

7. Karl Polanyi, *The Great Transformation* (New York: Rinehart, 1944).

8. I. H. Rima, *Development of Economic Analysis*, 3rd ed., chapter 2.

9. J. A. Schumpeter, *History of Economic Analysis*, part II, chapters 4 and 6.

第5章 古典學派的創建者——亞當斯密

第5章　古典學派的創建者——亞當斯密

他的權威是靠著他已經屬於過去的名字，靠著他巨大的作品，靠著他熱情的聲調，靠著他強烈的真誠。雖然人家不得不承認他是一個角色，雖然他使人家不得不對他欽佩或敬重，人家可不瞭解他。

《約翰·克利斯朵夫》

第一節　生平與著作

亞當斯密 (Adam Smith, 1723–1790) 是英國經濟學家，絕大部分經濟學家公認的經濟學之父。1723 年 6 月 5 日生於蘇格蘭的小鎮克卡地 (Kirkcaldy)，該鎮在當時只有一千五百的人口。他的父親是克卡地稅關的關務員。亞當斯密是遺腹子，14 歲進入格拉斯哥大學 (Glasgow University) 求學，很幸運地受教於當時偉大的教師赫契遜 (Francis Hutcheson)❶門下。後來，亞當斯密且接任赫契遜的「道德哲學」(moral philosophy) 講座。1740 年 7 月，由於聖公會的津貼，亞當斯密隻身騎馬遠赴牛津大學的巴利奧爾 (Balliol) 學院求學；六年後，畢業回故鄉。由於蘇格蘭人都屬長老教，故聖公會並未強迫亞當斯密必須接受牧師的聖職。

1746 年 8 月回蘇格蘭之初，亞當斯密並未找到固定職業。次年年初，他開始在愛丁堡大學公眾講座講授：修辭學、純文學、法理學與政治學。由於亞當斯密

❶　赫契遜 (Francis Hutcheson, 1694–1746) 是蘇格蘭哲學家與經濟學家。生於長老教會牧師的家庭。畢業於格拉斯哥大學及都柏林大學。擔任格拉斯哥大學道德哲學教授，講授哲學、政治學、法理學及政治經濟學。他的利他哲學及其促進社會利益調和之理論，對亞當斯密有深遠的影響，故亞當斯密稱之為「永難忘懷的赫契遜博士」(The never-to-be-forgotten Dr. Hutcheson)。赫契遜的兒子曾刊行其遺著：《道德哲學體系》(*A System of Moral Philosophy*, 1755)。

的講座吸引了許多聽眾，故 1750 年格拉斯哥大學理則學講座出缺時，學校當局就聘請亞當斯密接任。1752 年，又被任命為待遇較佳的道德哲學講座。而休謨 (D. Hume) 則因故未能接任理則學講座，但卻因而與亞當斯密相認識，且進展為親密的友誼，直到 1776 年休謨逝世為止。

在格拉斯哥大學，亞當斯密所講授的道德哲學係分為四部分：自然神學、倫理學、法理學與支出論（包括政治學與經濟學）。這些講稿的一部分曾以《道德情操論》(*Theory of Moral Sentiments*, 1759) 為名而刊行，使亞當斯密博得聲名，且因而被任命為年輕的巴希琉 (Buccleuch) 公爵的私人教師，自 1764 年 2 月開始與公爵到歐洲去遊學。在十八世紀時，著名的學者都渴望著這種私人教師的職位，因為這個職位提供了國外旅行的機會，得以增廣見識，且能與國內的大家庭或貴族建立關係。更重要的是，這種職位通常待遇甚為優厚。就亞當斯密來說，他除了旅行費用外，可獲年薪 300 鎊，約為他教書收入的兩倍。在法國旅行三年期間，經由當時已在巴黎成名的休謨的介紹，得與揆內、杜果等重農學派經濟學家認識，探討學問，對亞當斯密的基本思想的形成有甚大的影響。

根據亞當斯密的自傳，1764 年在法國的土魯斯城，他為了打發時間，便開始撰寫一本書，這便是十二年後刊行的《國富論》初稿。

1766 年中，亞當斯密辭去私人教師職務。在倫敦半年，專事資料收集。1767 年 5 月回到故鄉，與他母親一起生活。在此後的九年間，亞當斯密默默地工作。在這孤獨地反省與沈思中，撰寫後來震驚全世界的偉大巨構。1776 年，《國富論》刊行時，果然完全成功。亞當斯密在世時，此書曾刊行五版，且已有德、法、義及丹麥等國的譯本。

1778 年，巴希琉公爵因對亞當斯密的感念，且為其名著的成功而驕傲，乃指派亞當斯密為愛丁堡海關稅務司，年薪 600 鎊，加上版稅收入，亞當斯密的年收入達 1,000 鎊，足可過舒適日子，乃舉家遷到愛丁堡居住。1787 年被任命為愛丁堡大學的校長。1790 年 7 月 17 日逝世。在死前一週，亞當斯密令人把十六卷草稿焚燬，殊為可惜。

亞當斯密終身未婚，大部分期間與他母親共同生活。他最大的特性是心不在焉。例如，在泡茶時，會把沾牛油的麵包放進茶壺內，然後埋怨茶葉的品質太差。再如，早晨起床後，他走到花園呼吸新鮮空氣，且立即陷入思索中，不久卻被鄰人發覺他穿著睡衣在離家十五哩的路中。與這種心不在焉相對應的當然就是冷靜

及心志集中了。

亞當斯密最主要的著作當然是《國富論》，其全名是《國富之本質與原因的研究》(*An Inquiry into the Nature and Causes of the Wealth of Nations*, 1776)——中譯本有：周憲文、張漢裕譯：《國富論》，兩冊（臺灣銀行經濟研究室刊行）；在亞當斯密逝後，後人代為刊行的著作有：《哲學問題論文集》(*Essays on Philosophical Subjects*, 1795)；《正義、治安，國家收入與軍備之講義》(*Lectures on Justice, Police, Revenue and Arms*, 1896)——中譯本有：周憲文譯：《政治經濟國防講義》（臺灣銀行經濟研究室刊行）。1976 年，格拉斯哥大學為慶祝《國富論》刊行兩百週年紀念，刊行了《亞當斯密全集》(*Works and Correspondence*, edited by Raphael, Stein and Meek, 1976)。

第二節　亞當斯密的時代背景

前面提到，亞當斯密在格拉斯哥大學講授道德哲學時，把其課程區分為自然神學、倫理學、法理學與支出論四部分，在他所刊行的《道德情操論》與《國富論》——則分別為倫理學與政治經濟學的有體系論著。在討論亞當斯密的經濟理論時，便不能不考慮兩者之間的關聯。同時，正如其他偉大的論著一樣，《國富論》也反映著亞當斯密及其時代，故我們首先要分析亞當斯密所處的經濟社會背景。

1770 年代，英國開始其產業革命，亞當斯密同時刊行其《國富論》，但是《國富論》並不能視為以資本主義或產業革命為基礎而建立的理論體系。在當時的英國，固然大規模的公司組織已相當發達，但所從事的行業則是貿易；同時，產業革命雖已開始，所使用的仍是手工機械，與後期的機器生產方式大有差別。因此，雖然由於工商業發達，人口集中於都市的情形已比較顯著，但是農村人口仍佔全國人口半數以上，工人佔全部就業人口的三分之一左右，農業人口仍多於工人，英國經濟應是手工業下的農商時代。基於這種原因，亞當斯密對製造業與商業有較嚴厲的批評，對工人則表同情，對農業則有所讚揚。

這個時代也是法國大革命前夕，政治自由的觀念也在英國發軔；甚至，如前章所述，重商主義的保護論也漸沒落，古典學派先驅者的論著都已指向經濟自由。甚至，有關貨幣的本質、利率的決定、自由貿易的利益、生產物之分配等都已有

若干有價值的論著，只是尚無人進行有體系的整理。面對著這種經濟社會環境，亞當斯密《國富論》的最大成就在於建立有體系的經濟理論，也因而博得「經濟學之父」的美譽。

第三節　《國富論》的哲學基礎

　　亞當斯密的道德哲學是十八世紀英國思想發展的一部分，這項發展與霍布斯 (Thomas Hobbes)❷的自私論有關，故我們應略加說明。根據霍布斯，全部人類的行為都係由自私心所促成，若任由此類個人行為無限制地自由運行，會導致全人類普遍的爭執與紛亂，故若無強制性的國家干預，社會即不可能存在。也就是說，人必須放棄其個人自由。對霍布斯這種悲觀的道德與政治哲學的反應，以洛克❸及休謨❹的貢獻最著。洛克認為，自然狀況本質上是良好的，所產生的任何衝突，並非人類之自然弱點的結果，而是表現在自然資源不充裕的自然的吝嗇的結果。這種稀少性的結果之一是，不是人人都能憑其勞力掙得財產，若干人為取得財產乃須搶奪別人的財產。因此，洛克認為，文明社會的存在及其持續固然以人的社會性與合作性為基礎，為消除因自然之吝嗇所引起的爭端，國家之存在係透過法律，作為保障私有財產的機關，使自然秩序能獲致美滿的成果。休謨則以檢討人類的心理作反對自私論的武器，休謨認為人類有為他人提供效用與快樂的情操，並以之促進社會之和諧，他稱這種情操為利他心 (benevolence) 或同情心 (sympathy)。亞當斯密的《道德情操論》肯定了休謨的道德哲學見解，並把它應用在經濟面，指出每一個人在交換中自由地追求最大利益，其結果產生了最大的社會財富。

　　深入地說，《道德情操論》的第一章就是〈論同情〉。亞當斯密指出，同情可克服自私。同情使人對他人的幸運感興趣，且視他人的幸福為必要者。換句話說，人的幸福不僅是個人的，且及於家庭、國家及全人類社會。亞當斯密所關心的乃是這種人類的幸福與福祉。因此，他指出，想改善自己是人的自私心，致富是改

❷　請參閱本書第三章第 25 頁。
❸　請參閱本書第四章第五節。
❹　請參閱本書第四章第六節。

善自己的一項途徑。為著致富，個人乃展開分工與交換，且累積資本，因而提高了生產力，增進了全社會的利益。據此，亞當斯密認為私利與公益就好像由「一隻不可目見的手」(an invisible hand) 的引導，趨向和諧一致，這乃是自然秩序的本質。關於這一點，我們有兩項注意之處：第一，此處所謂的私利乃是不妨礙他人追求私利的行為；第二，如前所述，重農主義也強調自然秩序，但他們認為自然秩序尚待去發現，且須由開明君主去執行；而亞當斯密則認為自然秩序是已存在的事實，即使有人為干預，也不能否定其存在。諸如已存在的分工、貨幣之使用、貿易發展便是表現在經濟面的自然秩序，這些制度都係源於人類的私利行為，卻使全社會蒙受利益。由此我們可以看出，《國富論》試圖有體系地解說個人的自由經濟行為如何促進社會經濟結構的發展。

第四節　分工與生產

　　根據亞當斯密的解釋，國富是由全體國民年年所消費的「生活必需品與便利品」所構成。這些物品「有時直接為國民年年勞動的生產物，有時則為以這種勞動生產物向他國購來的財物」。由此可知，國富的來源是勞動，國富有量與質的問題，前者指稱勞動人數的多寡，後者則指稱勞動的生產力，其中尤以勞動生產力為最重要的因素，故《國富論》第一章〈分工論〉的目的在於：探討勞動生產力持續增加的原因與其決定因素。

　　首先，我們應當指出，亞當斯密強調勞動之重要，並不意味他否認資本與土地的重要，而只意味著，假若沒有勞動的配合努力，單純的資本與土地並不能生產任何東西。而勞動生產力的增進則在於分工，我們可用兩個極端情況來說明。在一種極端情況，每一位勞動都承負生產活動的全部過程；在另一極端情況，每一位勞動僅只從事整個生產過程的一個操作活動。前者為單獨生產，後者為分工生產，比較兩者的生產量，即可看出分工與否的生產力。亞當斯密指出，在製造別針的場合，生產過程包括開掘礦石、熔解、切斷、磨尖、加頭、鍍金等十八個過程，若由一人進行，每年大約只能製造一隻別針，但若把十八個過程分工，則平均每人每天可製造二十隻別針。由此可知，分工可使勞動生產力增加，這種生產力增加的來源有三：第一，集中精神於較小的活動，提高勞動的熟練或技巧，且當勞動僅進行此項操作活動時，可使生產效率達到最高水準。第二，每一工人

所承擔的工作數愈少，愈能節省因轉換工作所浪費的時間。第三，經由熟練與精通，可促進機器的發明，提高勞動的生產力。

　　分工既然能提高勞動生產力，增加生產量，則分工的起源又是什麼？亞當斯密否認那是由於人的才能有其自然差異，而認為那是起因於人類所獨有的交換與易貨的傾向。這種傾向乃使人類步向擴大剩餘產品交換的社會關係結構。交換及易貨乃是私利行為，其利益決定於分工，個人若樂於專業化及提高其生產力，且經由個人日愈增加的剩餘產品的交換行為而增加個人的財富，則這個過程會擴大社會的生產，促進整個社會的繁榮，這樣乃能使私利與公益獲得調和。

　　交換促使分工成為可能，分工的程度當然由交換的範圍所決定。亞當斯密說：「在市場極狹小時，沒有人會有任何勇氣完全專門於某一種職業，因為他不能為其全部勞動之生產物扣除消費後的剩餘部分，交換到他所需要之他人勞動之生產物的剩餘部分。」由此可知，分工固然是有其技術上的可行性，其經濟上的有用性卻受到市場大小的限制。但是這並不意味著，市場擴大就能促進分工的細化。因為一則市場擴大後，交換數量會增加，物物交換的不方便也會阻礙分工的細化，故必須解決物物交換的問題。二則分工通常會增加資本的使用，若無足夠資本，分工也不可能實現，故也必須解決資本累積問題。尤其是，一旦引進資本的使用，生產物如何分配的問題也會隨之而產生。

　　既然物物交換的不方便會阻礙交換的擴大，亞當斯密乃指出：分工一經確立，為避免這種不方便起見，各時代各社會凡有深思遠慮的人，就會選擇並保存若干他認為用以交換他人剩餘物品，大致上不會遭到拒絕的物品，這種物品便是貨幣。歷史上曾經被當做貨幣而保存並使用的物品種類既多，且範圍甚廣。但是，任何國家的人們由於不可抗拒的理由，最後都選擇金屬作為貨幣的材料，因為金屬可任意分割而無所損失，而其分割部分又極易再行結合。在貨幣發生之後，以各種物品與貨幣或其他物品相交換，交換價值的決定便成為重大的問題。

　　另一個問題是分工擴大要依賴資本累積，資本介入生產之後，使全社會的總生產不再像重農主義的生產流通那樣單純，因為資本的投入不但改變了勞動生產力，增加社會總生產，而且也要改變生產物的社會分配。亞當斯密認為，資本介入生產之後，生產投入物品與總生產物的物品有別，故必須先解決生產物之價值問題，才能解決社會分配問題。換句話說，價值理論為分配理論不可或缺的一部分。

||||||||||||||||||||||||||||||||||||||||||||||||||||||||||||||||||||||||||||||||||||||||||

🖋 第五節　交換價值與價格

　　談到價值問題，亞當斯密首先指出價值有使用價值 (value in use) 與交換價值 (value in exchange)，前者表示某特定物品的效用，後者表示因佔有此物所取得的對於他物的購買力。他繼續提到，具有最大使用價值的物品，常常幾乎或完全沒有交換價值；反之，具有最大交換價值的物品，常常幾乎或完全沒有使用價值。雖然，水是最重要的物品，但幾乎不能用於購買任何物品。反之，雖然鑽石幾乎是沒有什麼使用價值，但卻常常可以交換大量其他物品。這個水與鑽石價值比較問題，由來已久，亞當斯密並沒有解決這項問題。如本書討論邊際效用學派時所要討論的，一百年後才解決此問題。亞當斯密所要討論的是交換價值問題，他分為三個問題。第一，各種物品的真實價值 (real value) 如何尺度？第二，真實價值是由那些部分所構成？第三，為何市場價格有時會脫離真實價值？

　　在討論如何尺度各種物品的真實價值時，亞當斯密首先指出：凡人之為富為貧，是視他們所能享受之生活必需品、便利品及娛樂品的程度而定。不過，一旦開始產生分工之後，他自己的勞動所能供給的，只是這些物品的極小部分。極大部分必須由他人的勞動導出，故他之為富為貧，乃係由他所能支配的勞動量，或他所提供以之購買的勞動量所決定。任何物品的價值，對於雖擁有此物品，但不欲自己使用或消費，而欲以此交換其他物品的人來說，是與能使他購買或支配到之物品的勞動量相等。因此，勞動乃是各種物品的真正尺度。勞動乃是最初的價格，是為購入各種物品的原始的購買貨幣 (the original purchase-money)。最初用於購買世界一切財富的，不是金銀，而是勞動。對於擁有此財富，並欲以此與某些新生產物交換的人們，其價值正等於足使他們能購買或支配的勞動量。換句話說，勞動決定一切物品的交換價值，這便是支配勞動量的價值理論。可是，我們知道，支配勞動量顯然決定於交換價值——勞動價值或工資率——因而會形成無意義的重複說法。亞當斯密為解決此項難題，乃區分原始社會的交換價值與資本主義社會的交換價值，這也就是物品價格的構成分問題。

　　在未有資本累積與私有土地之前的初期原始社會，勞動的全部生產物都歸屬於勞動者，用以獲取或生產任何物品所使用的勞動量乃是規定可購買、獲取或交換的唯一根據。例如，在游牧社會中，若捕殺一頭海狸通常需要捕殺兩頭野鹿的

勞動量,則一頭海狸當然可換得兩頭野鹿,或有兩頭野鹿的價值。亞當斯密也考慮到勞動劇烈程度及技巧熟練程度的區別,他指出劇烈程度高及技巧與熟練程度大的勞動,通常可交換得到需投入較多的勞動的產品,至少其倍數當然須另作酌酗。假若我們略去這兩種情況,在原始社會中,一物品的可支配勞動量 (the quantity of labor commanded) 與其投入勞動量 (the quantity of labor embodied) 是相同的,故不論依那一種方式來計算物品的交換價值,都可以得到相同的結果。

在資本主義社會,一旦資本已被個人累積,在這些人中,自然就有人利用這種資本,對勤勉的人給予原料與生活資料,從事生產工作,依賴出售這些產品而獲取利潤 (profit)。根據亞當斯密的解釋,工人對於原料所附加的價值乃分為兩部分,一部分為工資(工人的生活資料),一部分為資本家的利潤。而且,亞當斯密更進一步指出,若無利潤可圖,則資本家便不願意投資;若投資更大量的資本,不能得到更多的利潤,則資本家不願意使用大資本。更深入地說,資本應有其平均利潤率。同時,在土地完全成為私有財產之後,地主乃對其土地的自然生產物要求地租 (rent)。在土地共有的時代,像森林、野草及地上的一切自然果物,勞動者只須採集之勞就可獲得所須之物品;在土地私有之後,他先須獲得採集的許可,這種代價是地租,故地租乃成為商品價格的第三個構成分。亞當斯密更進一步指出,在一切社會,一切物品的價格最後是分解為此三部分,或此三部分的任何部分;在進步的社會,則一般物品價格的構成部分或多或少包括了此三部分,愈高級的製造品,地租所佔的部分則愈少;在最進步的社會,也有少數物品的價格只分解為工資及利潤。但是,不論任何物品,至少非有工資、利潤及地租中之一種不可。

由以上的說明可知,亞當斯密一方面根據投入勞動主張勞動價值學說,並且認為利潤與地租都是勞動所生產的剩餘價值;他方面則根據支配勞動主張成本價值學說,認為利潤與地租是資本與土地的「追加量」(additional quantity)。然而,這種追加量究竟如何決定的呢?這便是自然價格問題。

商品價格既由工資、利潤及地租所構成,而亞當斯密認為,任何社會的同一地方的工資、利潤及地租可有其平均率或普通率 (ordinary rate),也稱為自然率 (natural rate)。商品的自然價格乃是足以按自然率支付土地地租、勞動工資及生產、精製並運至市場所需之資本利潤,既無剩餘,亦無不足之情況。商品的市場價格為實際價格,決定於市場的實際供給量及其有效需要 (effectual demand)。市

場價格可等於、低於或高於自然價格。

　　在市場上的商品實際供給量若與有效需要完全相等,則市場價格等於自然價格。在這種情形下,勞動工資、土地地租及資本利潤都與其自然率相等。實際供給量若小於有效需要,則市場價格高於自然價格,這乃是有效需要者 (effectual demander) 競爭有限供給量的結果。市場價格超過自然價格的程度,決定於此一物品的不足程度及競爭者由其財力與奢侈所引起的競爭程度。在這種情形下,價格的某構成分就會超過其自然率,引起其供給量之增加,最後仍然趨使其等於自然率,市場價格亦因而趨等於自然價格。實際供給量若大於有效率需要,則經由供給者的競賣,會使市場價格低於自然價格,其程度決定於賣者因過剩而引起之競爭強弱程度,或他們是否即須脫售其商品的重要性。在這種情形下,價格的某構成分會低於其自然率,引起該生產因素供給減少,使其報酬趨等於自然率,市場價格亦會回升至自然價格。換句話說,市場價格雖有時會與自然價格有所差異,但自然價格實際上是中心價格 (central price),市場價格總是朝此中心價格移動。部分物品的市場價格可能長期間高於自然價格,其原因或為技藝秘密、或為稀少性、或為獨佔。但是,市場價格不會長期間小於自然價格。

　　由此可知,亞當斯密認為,自然價格由工資、利潤及地租的自然率所構成,三者的各自變動會影響市場價格與自然價格的趨等。這種見解與其後各學者的看法不同,但與亞當斯密的成本價值學說一致。不過,我們應指出,亞當斯密也曾經指出,物品價格構成分的變動,工資與利潤多於地租,這或者對後世利潤為變動中心的思想有所影響。

第六節　分配理論

　　現在我們可以分析亞當斯密的分配論,亦即勞動工資、資本利潤及土地地租之自然率的決定理論。

　　勞動的生產物構成勞動的自然報酬或自然工資。前面已經提到,在原始社會中,全部生產物都是屬於勞動者,也就是投入勞動量或支配勞動量決定了自然工資。可是,在資本主義社會,亞當斯密指出兩種自然工資的決定方式,其一是依雇主與工人間的契約,其二是工資基金說 (the theory of wage funds)。第一種方式甚為簡明易解,工人會團結以求勞動工資的提高,雇主也會團結以求勞動工資的

降低。由於雇主的人數少，極易團結，且法令常禁工人團結，故討價還價過程中，雇主居有利地位。但是，雇主也不能過分降低工資，這便是工資基金說。

亞當斯密認為，即使雇主有抑低工資的力量，但工資仍有其最低水準，此最低水準是勞動者須能維持他及其家人的生活。有兩種情況可使工資高於此最低水準，其一是對工人的需要增加時，其二是工資基金增加時。前者是暫時的或偶然的現象，後者則是恆常現象。工資基金有兩項來源，其一是超過維持生活所必需的收入，其二是超過雇主所必需的生活費用。由此可知，一國國富之資本或所得之增加，會促使工資上漲。工資上漲會促進人口增加，也會促進勞動者的勤勉，亞當斯密並未肯定指出究竟那一種情況的成分較多。

資本利潤的高低與勞動工資的高低一樣，都決定於社會財富的增減。但資本增加固然促使工資上漲，卻使利潤下降。亞當斯密指出，許多富裕的商人若投資於同一事業，則因他們相互競爭，自然有使利潤率降低的傾向；此項推論可適用於全社會的所有事業。同時，亞當斯密也指出，資本的平均利潤可由貨幣的利息來推定。因此，一國一般市場利率若有變動，其資本的平均利潤亦將隨之變動。由此可得到亞當斯密的兩項觀點：第一，利潤與利息仍未區分，但兩者有同方向變動的現象；第二，資本累積若快於勞動供給，則其利潤率會下降。

土地地租是對土地使用所付的價格。亞當斯密認為，地主常使借地人的手中，由土地的生產物中，付了維持成本並加上附近農業資本的普通利率外，不留些許多餘部分。因此，地租的高低與土地的肥沃程度及距離市場的遠近有關。也就是說，亞當斯密已多少具有類似李嘉圖❺與馬爾薩斯❻的差額地租學說。同時，我們也可以看出，工資與利潤的高低乃是物價高低的原因，而地租的高低則為物價高低的結果；故對土地生產物需要的高低對地主所要求之地租的多寡有關聯。

第七節　資本累積論

根據前面的敘述可知，亞當斯密認為國富的增加取決於分工程度的增進及勞動人數的增加，這兩者都決定於資本累積。所以，亞當斯密指出，過去資本累積

❺　請參閱本書第七章。
❻　請參閱本書第六章。

愈多，則分工可以愈細，且隨著分工的進步，要對同數目的工人給予不斷的工作，除須有與過去同量的食物的存量外，還得預先累積比前此更多的材料與工具，且細分也帶來人數增加，故食物存量也須更多。換句話說，資本累積與分工係同時進行。他把資本區分為兩類，一類為流動資本，這種資本在生產物品或產生收入的過程中不斷地變更形態，如食物、原料等；一類是固定資本，這種資本在生產物品或產生收入的過程中不變更其形態，如機械、營業建築物及土地改良設備等。

　　但是，這並不意味著資本累積就能立即使國富增加，因為亞當斯密把勞動分為生產的勞動 (productive labour) 及不生產的勞動 (unproductive labour)，前者指所生產物品可增加價值的勞動，如製造業工人，後者則不產生附加價值，如僕婢、君王、軍人、公務員、牧師、醫生、娛樂界的各種角色。當資本開始累積，特別是構成工資基金部分增加時，必須把原失業的勞動吸引到生產行列，或把原屬不生產的勞動移轉為生產的勞動，才能防止工資上升及增加國富。一旦已無失業，且生產與不生產的勞動間的移轉已告停止，則工資會上漲，工資上漲後，國富是否仍能繼續增加呢？亞當斯密認為長短期內仍能使國富增加。就短期來說，原因在於高工資提高了勞動的效率；就長期來說，原因在於高工資促使人口增加。關於這兩項，前面已有所說明。

　　資本累積既有這樣神奇的增加國富的效果，那麼資本累積的動因便是一項重要的促進經濟進步的因素。亞當斯密認為，資本因節儉 (parsimony) 而增加，又因浪費與妄為而減少。一個人若把其收入付諸儲蓄，可使其資本增加。以此新增資本，或者使他本人得以維持更多的生產性工人；或者把此資本借給別人，使別人得以維持更多的生產性勞動，而使他本人獲取利息。個人只有儲蓄其部分年收入才能增加其資本；全社會亦然。換句話說，個人的年收入中，或者用於現在的享樂，或者謀獲未來的利潤，前者是消費，後者是儲蓄，也是投資。因此，我們可以說，亞當斯密認為所得大小及利潤率高低決定儲蓄量，而儲蓄又是構成了流動資本與固定資本，故儲蓄必然等於投資。

||||||||||||||||||||||||||||||||||||||||||||||||||||||||||||||||||||||||||||||||||||||

🖋 第八節　賦稅原理

　　《國富論》有四分之一的篇幅討論國家的支出與收入來源。亞當斯密並不贊成國家的經濟干涉，故對政府職能有限制的成分，根據他對國家支出的分類，我

們大體上可認定，他認為國家的職能限於三項，國防、司法及公共工程設施；公共工程設施包括便利社會工商業的公共土木事業與公共設施及教育設施。

為著支應政府支出，政府財源有兩項，其一是國家的財產，其二是人民的收入，他認為國家財產收入太少，不能支應文明社會的政府支出需要，故大部分的財源須以對人民的收入課稅為主。亞當斯密認為賦稅課征對象為地租、利潤或工資。但在討論各種課稅的效果之前，他提出四項著名的賦稅原則：第一，公平。稅捐必須盡可能與每一國民的能力成比例，亦即，與各自在國家保護下享得的收入成比例。第二，確定。納稅的時期、方法、金額必須確定，且讓納稅人和其他任何人明白，不得任意變更。第三，繳稅的方便。納稅時期及方法務使最便於納稅人。第四，課征賦稅的經濟。每種賦稅必須設法，在歸於國庫之外，盡量少取或少減人民的財富。

亞當斯密認為地租稅因對財富累積之妨礙最小，故最宜負擔政府支出。他指出，地皮租 (ground-rents) 和普通的土地地租，在許多場合都是所有者不用親自勞神費力便可享得的收入。從所有者的這種收入中抽出一部分充為國家的經費，也並不阻礙任何種類的產業勤勞。社會的土地與勞動的年年產物，人民大眾的真實財富與收入，在這種課稅之前後，將不會兩樣。

關於利潤稅，基本上需區分為兩部分，其一是支付利息，歸資本主所得；其二為付利息所餘部分，這部分因風險關係，會有所變動。亞當斯密認為，利潤稅只有兩項後果，第一，引起物價上漲，因而租稅乃轉嫁給消費者；第二，物價水準不變，則租稅由利潤的利息部分負擔，因剩餘部分乃係資本家考慮及風險因素後的最低可接受收入。基於這種考慮，亞當斯密進一步指出，利潤稅不宜直接征課，其理由有二：其一，個人資本量不易正確地確定；其二，資本可能逃離課稅國。這兩項理由都與資本的基本性質有關。

關於工資稅，亞當斯密指出，由於自然工資係最低水準的工資，故對工資課稅，不會真正由工資負擔，而是轉嫁到利潤，亦即使利潤減少，其結果乃與對利潤課稅相同。尤其是，工資稅極可能導致勞動需要的減少及經濟活動的衰退。所以，亞當斯密說：「當勞動需要與食品價格持續不變後，對工資直接課稅的效果一定是使工資提高得比稅額還高。……所以，勞動工資的直接課稅雖然也由工人付出，但適當地講，連由他墊付也說不上，至少在課稅前後，勞動需要與糧食的平均價格保持原狀時是如此。在所有這種場合，不但是稅額，連超過稅額的若干部

分也實際上由他的直接雇主墊支。……這種工資上漲的最後負擔，連同製造業主的追加利潤，都要落在消費者的肩上。……假若勞工工資的直接稅沒有按比例提高工資，那就是因為勞動需要普遍都為此稅而頗有減低之故。這稅的效果一般都未免形成產業的衰退，貧民就業的減少，一國土地勞動生產物的低減。」

最後，亞當斯密也討論期望由各種不同的收入無差別地負擔的賦稅，這種稅有人頭稅 (capitation taxes) 與消費物品稅。他認為，人頭稅若企圖按各納稅人的財產或收入為比例，則成為完全專斷。一個人的財富狀況日有不同，再沒有比其他賦稅更難堪的調查，且至少每年重訂一次，那就只有全憑推測。所以，他的稅額評定在大多數場合要取決於評定人的興致所好，結果一定是專斷且不確定。人頭稅如不按推定的財產而按納稅人的身分，那就成為完全不公平；因為在同等的身分，財富的程度常不相同。

消費物品稅可課征於必需品與奢侈品。亞當斯密反對必需品的課稅。他指出，對下層階級必需支出的課稅，結果全由上層階級的人民負擔；即由年生產物中較小的部分負擔，而非由較大的部分負擔。此種稅在一切場合都會提高勞動工資或減少勞動需要。勞動工資一提高，此稅的最後負擔即必落在上流階級的肩上。勞動的需要一減少，全國土地勞動的年生產物（亦即最後負擔賦稅的資源）就要減少。因此種稅而使勞動需要減少無論程度如何，勞動工資總量要提高，且這種工資提高的最後負擔必落在上流階級人士的肩上。但奢侈品稅係自願繳納、明確，且可在方便時期繳納，故有可取之處。更重要的是這種稅的負擔最後主要係落在地租上。

由以上的討論可知，亞當斯密認為，不論課征何種賦稅，其直接或間接負擔最好大部分落在地租上。這種主張與重農學派的單一稅主張相近。不過亞當斯密的基本理由有二：第一，自然工資僅是維持生活的最低水準；第二，利潤的用途係以資本形成為主。

本章進修參考書目

1. 張漢裕著：《西洋經濟思想史概要》，第三章第一節。
2. 周憲文譯，Adam Smith 原著：《政治經濟國防講義》（臺北：臺灣銀行經濟研究室，六十二年）。
3. 周憲文、張漢裕譯，Adam Smith 原著：《國富論》（臺北：臺灣銀行經濟研究室，五十三年

及五十七年)。

4. Irma Adelman, *Theories of Economic Growth and Development* (Calif.: Stanford University Press, 1961), chapter 3.

5. Mark Blaug, *Economic Theory in Retrospect*, chapter 2.

6. E. J. Burtt, Jr., *Social Perspective in the History of Economic Theory*, chapter 3.

7. Samuel Hollander, *The Economics of Adam Smith* (Toronto: University of Toronto Press, 1973).

8. Harry Landreth, *History of Economic Theory, Scope, Method, and Content*, chapter 2.

9. Claudio Napoleoni, *Smith, Ricardo, Marx*, chapter 3.

10. Jacob Oser and W. C. Blanchfield, *The Evolution of Economic Thought*, chapter 5.

11. I. H. Rima, *Development of Economic Analysis*, chapter 4.

12. Adam Smith, *An Inquiry into The Nature and Causes of The Wealth of Nations* (New York: Random House, 1937).

第 **6** 章 馬爾薩斯

第 *6* 章　馬爾薩斯

> 當你們自以為把一項真理從它巢裡拖出來之後，你們就把它丟在世上，不問它會不會創下大禍。你們儘可愛真理甚於愛你們的幸福，我很敬重你們。但是，愛真理甚於愛別人的幸福！……那可不行！你們太專擅了。應當愛真理甚於愛己，但應當愛他人更甚於愛真理。
>
> 《約翰·克利斯朵夫》

第一節　生平與著作

　　馬爾薩斯 (Thomas Robert Malthus, 1766–1834) 是英國經濟學家。1766 年 2 月 14 日生於倫敦附近的薩里郡 (Surrey)。他父親是一位甚受鄉人敬重的紳士及律師。1784 年進入劍橋大學的耶穌學院 (Jesus College)，攻讀神學與哲學。1788 年，以優等畢業，並留在其父親身邊繼續研究。1791 年，獲劍橋大學碩士學位。1796 年取得助理牧師的資格，並開始在當地擔任牧師職務。同年，與他父親開始爐邊談話，辯論哥德溫 (William Godwin)❶「人類完美」之學說，乃是馬爾薩斯撰寫《人口論》的基本動機。

　　1805 年，馬爾薩斯到東印度公司新設立的海利堡學院 (The College of Haileyburg) 擔任教授，開始其真正的學者生涯。1811 年開始與李嘉圖通信及討論經濟問題。

---

❶ 哥德溫 (William Godwin, 1756–1836) 是英國政治哲學家。政治上主張自由主義；而哲學上則為無政府主義者。1793 年刊行《關於政治正義及其對道德與幸福的影響之研究》(*Enquiry Concerning Political Justice and Its Influence on Morals and Happiness*, 1793) 一書。在該書中，哥德溫相信，人類的完美，指稱各種有組織的政府都有其缺陷。他也相信，善良的人類無須有政府；人類接受理性的主宰而變為善良；理性則決定於知識，而人類知識的進步則是無可限量的。以這項見解為基礎，哥德溫相信，經由理性的考慮與知識的發展，糧食不致於不足，而人口也不會相對過多；倘若不幸發生人口壓力，那是因為邪惡的制度破壞了生產所致。對於馬爾薩斯在《人口論》上的批評，哥德溫曾著《論人口》(*On Population*, 1820) 一書，加以反駁。

1820 年獲選為皇家科學會院士。1821 年，在涂克 (Thomas Tooke)❷的資助下，與李嘉圖、老彌爾 (James Mill)❸、托倫茲 (Robert Torrens)❹等人組織經濟學會 (Political Economy Club)；1834 年，組織統計學會 (Statistical Society)。同年 12 月 29 日逝世。

　　馬爾薩斯的主要著作有下列幾種：

1. 《人口論》(*Essay on the Principle of Population as it Affects the Future Improvement of Society*, 1798; 1803; 1806; 1807; 1817; 1826)——中譯本有：周憲文譯：《人口論》，兩冊（臺灣銀行經濟研究室刊行）；
2. 《政治經濟學原理》(*Principles of Political Economy*, 1820)——中譯本有：魯傳鼎譯：《經濟學原理》（臺灣銀行經濟研究室刊行）；
3. 《價值的測度》(*The Measure of Value*, 1823)；
4. 《政治經濟學的諸定義》(*Definitions in Political Economy*, 1827)。

---

❷ 涂克 (Thomas Tooke, 1774–1858) 是英國商人與經濟學家。生於蘇俄，從事英俄貿易。為經濟學會 (Political Economy Club) 的共同發起人之一。1840 年至 1852 年擔任皇家保險公司 (The Royal Insurance Corporation) 的理事長。涂克的主要著作為與紐馬區 (W. Newmarch) 合著之《1793 年至 1856 年價格與流通狀況史》六卷 (*A History of Price and the State of the Circulation from 1793 to 1856*, 1838–1857)；此外，尚著有：《商人的陳情》(*Merchant's Petition*, 1819)；《通貨原理之研究》(*An Inquiry into the Currency Principle*, 1844) 等書。

❸ 老彌爾 (James Mill, 1773–1836) 是英國歷史學家與經濟學家，係小彌爾 (John Stuart Mill) 的父親。生於蘇格蘭，他父親是皮鞋匠。畢業於愛丁堡大學，係邊沁 (Jeremy Bentham) 的信徒，對經濟思想、政治思想、心理學及英國史都有深入的研究。1808 年，獨自到倫敦創天下，得與李嘉圖相識，且對李嘉圖有重大的影響，但自稱彼與麥考樂夫 (John Ramsey McCulloch) 是李嘉圖僅有的兩名入門弟子。老彌爾的主要著作有：《英屬印度史》(*History of British India*, 1818)；《政治經濟學要義》(*Elements of Political Economy*, 1821) 等。

❹ 托倫茲 (Robert Torrens, 1780–1864) 是英國經濟學家。生於愛爾蘭。1797 年至 1834 年，在皇家海軍服役；1826 年，當選國會議員。1821 年，經濟學會成立大會時擔任主席。著有：《紙幣論》(*Essays on Money and Paper Currency*, 1812)；《國外穀物貿易論》(*Essay on the External Corn Trade*, 1815)；《財富生產論》(*Essay on the Production of Wealth*, 1821)；《貿易政策論》(*Letters on Commercial Policy*, 1833)；《論工資與合併》(*On Wages and Combination*, 1834) 等小冊。托倫茲的經濟理論及其對當時經濟問題的看法，與著名的經濟學家（如李嘉圖、馬爾薩斯等人）相似，故他的名字常被略去。不過，他較特別的主張是，他反對勞動價值學說，而主張資本價值學說，也就是認為，若因競爭而使各業的利潤率相等，則物品的交換比率應由所投下的資本（工資支出為資本項目之一，且須考慮各種資本的耐久年限的不同）比例所決定。此外，尚僅一提的，在 1844 年英國國會的通貨論爭中，依賴托倫茲的支持，通貨學派才獲勝。

第二節　馬爾薩斯的時代背景

自亞當斯密的《國富論》刊行後的四十年間，英國的工業革命繼續快速進行，英國經濟環境也發生巨大的變化，經濟問題及其爭論也甚多，這乃是產生馬爾薩斯的人口論與李嘉圖的經濟理論的根本背景。

就經濟環境來說，工業革命不僅帶來已改善的生產方法與運輸工具、新企業組織及更好的銀行與信用機構，而且也帶來工廠制度。前幾項新制度及生產方法使生產增加，而工廠制度則帶來了若干弊端，諸如都市化、失業、生產過剩等。不論好壞，我們大體上可分別就人口、農業、工商業、物價及工人生活，說明這種經濟環境的變化。

在人口方面，據湯恩比 (A. Toynbee)❺的估計，在 1751 年以前，英國人口每十年最大增加率為 3%；其後的三十年間，每十年增加率都係 6%；1780 年代，增加率為 9%；1790 年代，增加率為 11%；十九世紀最初十年提高為 14%；1810 年代提高為 18%。反映著人口快速增加的趨勢，特別重要的有兩項：第一，工業人口增加更快。第二，都市急速擴大。

在農業方面，十八世紀末葉圈地運動擴大進行，使英國的農業經營由小農場轉變為大農場。以具體數字來說，自 1710 年至 1760 年間，圈地數為三十萬英畝，其後的八十年間，則完成了七百萬英畝。這種變化對於農業人口產生經濟壓迫，但也使農業經營改良，且補充了製造業擴張所需的工人。

在工商業方面，當時機械上的各種發現，已使工廠制度取代了家庭工業制度；而且由於運輸工具的進步產生商業擴張，商業擴張且引發工廠制度的進一步發展。在這種情形下，不但大部分的工匠淪落為薪資工人，而且尚需自廣大的農村地區吸引工人參加工廠的生產行列。

在物價方面，這段期間是明顯的上漲階段，尤以食物為然。根據湯恩比的敘述，在 1782 年，穀物價格為 53 先令 $9\frac{1}{4}$ 便士，且此價格遠高於前五十年的平均價格。在 1795 年已漲為 81 先令 $2\frac{1}{2}$ 便士；在 1801 年更漲為 128 先令 6 便士。

❺　請參閱本書第十二章第四節。

在工人生活方面，首先要指出的是，在工廠制度下，技藝已不是作為工人的要件，工廠主人已無須自己參加工作，他對工廠內數以百計的工人可說完全不認識，其結果是主人與工人間的舊關係消滅了，錢的關係取代了人的結合。工廠主人乃引進了童工與女工，使工資長期間增加緩慢，而食品價格又巨幅上漲，乃使工人生活陷於悲苦的局面。

就經濟問題來說，經濟環境的變動當然會改變舊經濟問題的本質，甚或會產生新經濟問題。這段期間的經濟問題，其與經濟思想史有關者有救貧法 (Poor Law)、穀物法 (Corn Law) 及金塊論爭 (the Bullion Controversy)。

在救貧法方面，英國的救貧法始於 1601 年，規定無能力的貧民由監督官所強制收集的救貧稅給予救濟，救濟的方法是：監督官就由救貧稅所調配的材料，使貧民從事工作。在十八世紀末，由於食品價格高漲，貧窮成為都市工人的通病，貧窮乃急速擴大，救貧支出亦大量增加。例如，在 1760 年平均每一英國人救貧稅負擔為 3 先令 7 便士；在 1818 年已提高為 13 先令 3 便士。同時，救貧法本身對社會有其不良影響，其中比較重要的包括：喪失了自尊獨立的精神、釀成許多社會的罪惡、使工業陷於破壞的境地、使人民的道德與生活標準降低等。因此，乃有救貧法存廢的爭論。

在穀物法方面，在人口快速增加後，英國的糧食供給問題日漸嚴重，乃引起穀物價格上漲，1790 年英國已開始輸入穀物；1791 年的穀物法則對輸入之穀物有所限制。此種趨勢有利於農業投資，特別是在拿破崙戰爭期間為然。但拿破崙戰爭結束後，國外輸入的糧食對地主們的既得利益有所損害。地主們要求提高穀物的輸入稅，因而乃引起穀物法存廢的爭論。

在金塊論爭方面，在 1797 年由於擔心法軍入侵英倫，且為使有限金塊能發揮較大的用途，以阻止人民的擠兌風潮，英格蘭銀行 (Bank of England) 乃暫停其銀行券的黃金兌換性。在暫停黃金兌換的二十年間，金價自每盎斯 3 英鎊 17 先令 $10\frac{1}{2}$ 便士，上漲至 1813 年的 5 英鎊 10 先令，且因而引起了價格性通貨膨脹。因此，產生了兩項令人困擾的問題：其一是黃金的市價為何上漲；其二是如何阻止其上漲。李嘉圖為首的金塊主義者認為金塊漲價係起因於英格蘭銀行超額發行，停止其漲價的方法為恢復黃金兌換性。而反金塊主義者則認為金價上漲源於黃金的稀少，若恢復黃金兌換性，則全部存金都會外流。因此，乃引起金塊爭論，關

於這一項，我們將在下一章再行討論。

第三節　人口論要旨

馬爾薩斯在經濟思想史上有兩項重大的貢獻，其一為人口論，其二為消費不足論。我們先說明人口論及其對經濟理論的影響。

馬爾薩斯的人口論係以兩項前提為基礎，第一，食物是維持人類生存所必須者；第二，兩性間的情慾為必然的，且幾將繼續維持現狀。基於這兩項前提，人口繼續不斷增加（超過食物之增加）乃成為阻礙人類幸福進步的因素。他進一步指出，因為自然法則，人類生活要有食物，人口的增加事實上決不可能超過足以扶養此人口的最低營養物；所以，因食物獲得困難所產生的對人口的強大壓力，一定繼續不斷發生作用，而此種困難一定落到某些地方；一定使大部分的人類感到貧困的恐怖。為著探明這種情況，馬爾薩斯首先探討，第一，對人口之增加不加任何限制，人口增加趨勢將如何？第二，在人類勤勞最有利的情況下，土地生產物之增加率的希望如何？

就人口之增加來說，馬爾薩斯曾列舉前人的見解，例如歐拉 (Euler) 認為每 $12\frac{4}{5}$ 年，人口可增加一倍；佩悌認為十年可增加一倍。但馬爾薩斯則採用比較接近事實的例證，他指出，在美國北方各州，比諸近代歐洲的任何國家，生活資料都較豐富，人民風俗都較純樸，而且對早婚較少限制，在 1800 年以前的一世紀半中，已知每未滿二十五年，人口繼續增加一倍。根據這項事實，馬爾薩斯的結論是，如無限制，人口是每二十五年增加一倍，即以幾何級數增加。

就食物之增加來說，食物因受生產場所的限制，其增加率與人口增加率完全不同。馬爾薩斯指出，當時的歐洲決未充滿其最大限度的人口。在歐洲，人類的勤勞乃有得到最好指導的絕好機會。在英格蘭及蘇格蘭，不但還有廣大的未耕地，且農業已廣泛地被研究。因此，如果採取最理想的政策，且對農業大幅給予獎勵，且在最初二十五年間，土地生產物的最大增加幅度為一倍；但如果要求在次二十五年再使土地生產物為現在的四倍，將是超出我們的農業生產知識所能想像者。但是可以假定，每二十五年可以增加等於現生產額的分量。即使是這種增加率，在數世紀內可以使大不列顛的土地完全有如菜園。如把大不列顛的推論情況應用

於全地球，馬爾薩斯的結論是：不論在人類勤勞如何有利的狀況下，食物生產之增加每二十五年不能超過算術級數。

我們可以把上述有關人口及食物之增加狀況列如下表：

項目＼年份	25	50	75	100	125	150	175	200
人　口	1	2	4	8	16	32	64	128	256
食　物	1	2	3	4	5	6	7	8	9

根據上表可知，在一百年後，人口與食物的比數為 16 比 5；兩百年後則為 256 比 9；三百年後應為 4,096 比 13；兩千年後，這一差額將幾乎無法計算。

由於若不限制人口的增加，且盡人類最大的努力從事食物生產，在若干年後便會產生人口與食物間的缺口；同時，根據馬爾薩斯的第一項前提——食物是維持人類生存所必需者——食物不足乃成為人口的最後限制。根據馬爾薩斯的研究，對人口的限制可分為兩類：其一是積極的限制 (positive checks)，其二是預防的限制 (preventive checks)。

就積極的限制來說，種類極多，不論其由於罪惡或由於貧窮，實際包括了一切與縮短人類壽命不無關係的原因——各種不衛生的職業、過激的勞動與向寒暑的曝露、極端的貧困、嬰兒的營養不良、大都市各色各樣的縱慾、普通的疾病與各種流行病、戰爭、瘟疫與饑饉等。其中凡因自然法則而必然會發生的，都可稱為貧窮；凡是那些由我們自己所帶來的，如戰爭、不節制及其他種種為我們的力量所能避免者，乃是由罪惡帶給我們的，其結果則為貧窮。

預防的限制或者可稱為抑制結婚的道德抑制。馬爾薩斯指出，這種抑制若不產生罪惡，顯然是人口原則所能發生的最少弊害。但是，這種抑制一旦產生罪惡，則由此帶來的弊害是很顯著的。例如，亂交會使人類尊嚴大受損傷；性道德的頹廢一旦遍及社會各階級，其結果必然毒害家庭幸福的泉源，削弱夫婦父子的情感，使其在對子女的教育與保護上減退父母的協助與熱忱。

基於以上的分析，馬爾薩斯得到三點結論：第一，人口必然為食物所限制；第二，只要人口不為非常有力且明白的限制所阻止，就一定是隨食物之增加而增加；第三，人口快速增加會遭遇貧窮、罪惡及道德抑制的制止，直到人口與食物維持平衡為止。

根據人口論的原則，馬爾薩斯反對當時英國的救貧法，他指出救貧法使貧民

的環境惡化，其理由有二：第一，不增加可食的食物而使人口增加，因為幾乎或完全無希望可以支持家庭的貧民也將結婚。換句話說，救貧法為其自己創造必需扶養的貧民。第二，救貧所為了一般在社會上不算最有價值的人們所費的食物量，乃使本來可以給予比較勤勉而有德者的分配量減少，將使較多的人失去獨立；如若這種分配引起食物價格的上漲，會使救貧所以外的人受到更大的壓迫傾向。基於這種理由，馬爾薩斯進一步指出，貧民本身是貧困的原因；其救濟手段操在他們自己手中，不在其他人手中；若工資不足維持一家生活而結婚，這不是盡其對社會的義務，而是對社會增加無用的負擔。因此，他認為永久改善貧民境遇的唯一方法是限制勞動供給的增加，且由於他們是這項商品的所有者，故只有他們具有實行的能力。

第四節　分配理論

　　人口論的背後實際上反映著馬爾薩斯經濟理論的觀點。因此，我們尚須進一步探討馬爾薩斯的經濟理論，特別是與貧窮有關的國民生產物的分配問題。

　　我們在前一章討論亞當斯密的經濟理論時，就已經提到，分配論與價值論有密切的關係，且亞當斯密把交換價值歸因於投入勞動說及支配勞動說兩種見解。由於馬爾薩斯關心社會總生產的增減及其供需，因而乃根據支配勞動說，展開供需決定價值的理論。他說，「在任何時間，任何地點，商品之價值依其在當時當地所能交換或支配之標準勞動數量來計算。」在評論李嘉圖的投入勞動說中也說：「當您反對在商品價格中考慮需要與供給，且只提及供給的手段時，我認為您似僅注意及您的論題的一半。除非有需要，就不會有財富的存在：就大量商品來說，實際上需要不決定價格嗎？穀物的價格及被開墾之邊際土地的品質不是由人口及需要狀況所決定的嗎？金屬的價格又如何決定的？」反映這種見解的是，他主張抑制人口之增加，使工資可以提高，以挽救貧民的貧困地位，關於這一點，我們已在前一節有所說明。

　　隱藏在人口論背後的另一經濟思想是土地收益遞減律。由於地球表面面積有限，除非經由技藝改進，對同一土地投下相同的生產努力，必將產生較少的收穫。正因為如此，為增產糧食乃需投下更多的勞動，而增加人口則無此需要，才會擴大人口與糧食供給增加率之間的缺口。也由於此種差距存在，糧食（土地生產物）

價格才會上漲，故我們也可以說，收益遞減律引起糧食價格上漲。

糧食價格的高低與工資有密切的關係。根據馬爾薩斯人口論的主張，貧民救濟的貨幣支出不但會引起糧食價格的上漲，而且會使非貧民的分配份減少。同時，勞動供給增加會使其工資降低。這種情形反映著，馬爾薩斯接受了亞當斯密以來的工資基金學說，認為，除非工人能經由道德抑制人口增加率，將會使真實工資水準趨向於維持最低生活的水準。因為自亞當斯密開始，一般學者都認為資本存量與工資基金有一定的比例，除非資本存量之增加率大於或等於勞動供給增加率，工資水準當然會每況愈下。這種情形的反面是，資本存量的增加率若大於勞動供給增加率，則真實工資水準係可上升者。不過，他們都認為真實工資若高於生存費用，工人總是增加生兒育女，故長期間真實工資乃成為不能上升者。

在馬爾薩斯理論中，地租論也是與當時經濟環境有密切關係的一項論題。前面已經提到，拿破崙戰爭結束後，英國的地主們向國會要求提高穀物關稅，以保護他們的既得利益。這項政策論爭的主題是：為了少數地主的利益是否值得犧牲企業利益；同時，這項政策論爭也引申了地租理論的發展，馬爾薩斯首先展開了差額地租觀念，用於支持穀物關稅；而李嘉圖則採用馬爾薩斯的差額地租說，用於攻擊提高穀物關稅的見解，關於李嘉圖的學說將在下一章詳細說明，現在我們先討論馬爾薩斯的論點。

馬爾薩斯在 1815 年的論文《地租的本質與進步之研究》(*Inquiry into the Nature and Progress of Rent*) 中指出：「一國能以最少量之勞動與資本生產最大產量的最肥沃土地的生產量，就好像製造業中最好的機器一樣，從不能充分供應日愈增長之人口的有效需要。因此，農產品之價格自然會上漲，直到高得足以支付低劣機器及更昂貴之過程的生產成本為止；同時，由於同品質的穀物不能有兩種價格，較此產品需較少資本就能運行的一切其他機器，必然會產生與其良好程度同比例的地租。」換句話說，由於肥沃土地的稀少性，使土地擁有足以創造其需要的特性，地租乃由此而產生。

馬爾薩斯進一步指出，地租上漲的原因有四：第一，資本累積，因為資本累積之後，會增加對勞動的需要，而勞動則須有必需品才能維持，故會引申對食物需要的增加。第二，人口增加，其理由與第一項相同。第三，農產品需要增加，此項理由會引申次等土地之使用，因而使地租上漲。第四，農業改良或勞動效率提高，此項理由降低單位勞動工資，故使地租增加。

　　在分析地租之產生及其上漲原因之後，馬爾薩斯表明其支持穀物法的若干理由：第一，他擔心若取消關稅保護，英國對外國糧食之依賴會提高。第二，他相信高地租會促使地主對其土地進行恆常的改良。第三，他擔心製造業會以農業為代價而發展。關於最後一點，馬爾薩斯指出，製造業的發展不但把勞動自農業移出，提高對外國糧食的依賴，而且其發展本身是有害的，其理由有二：其一是製造業之發展，使受雇者集中在對健康不利的城市中；其二是製造業的就業本質上是不安定的，也反映著對奢侈品項目的不安定需要，故有導致工人騷動的可能性。基於這些理由，馬爾薩斯認為，在經濟進步過程中，地租不會降低；也應該以關稅保護來保障高地租。他甚至不明白，作為地主，且依地租過活的李嘉圖為何會反對穀物法。關於這種理由，我們在下一章尚要進一步說明。

🖋 第五節　經濟恐慌論

　　產業革命展開之後，生產力快速提高，對市場的依賴也日愈顯著。在拿破崙戰爭期間，由於英倫海峽的封鎖，市場受到限制，西歐及英國都陷於經濟不景氣情況。即使在拿破崙失敗後，海峽封鎖業已撤除，但 1815 年至 1818 年間經濟蕭條依然存在。在當時，對於這種經濟狀況有三種不同的解說，其一是歐文 (Robert Owen)❻、西斯蒙第 (Simonde de Sismondi)❼ 等社會主義者的生產過剩論；其二是賽伊❽、彌爾、李嘉圖等人否定生產過剩理論之可能性，常以賽伊法則 (Say's Law) 為名；其三是馬爾薩斯的消費不足論。關於社會主義者的經濟思想，我們將在第九章以後討論，現在則先說明賽伊法則及馬爾薩斯的反對論。

　　簡單地說，賽伊法則主張供給能為其本身創造需要，因而否定生產過剩的可能性及補充支出的必要性。當然，他們也承認可能發生局部過剩，因為某種商品可能暫時生產過多；但是，他們認為，經由競爭及生產要素的移動，可自動矯正這種情況：在市場上，若某商品生產過多，且遭受損失，必有其他商品生產不足，且有額外利潤。因此，生產因素必自前一產業移至後一產業，其結果是供需依然相等，暫

---

❻　請參閱本書第九章第四節。

❼　請參閱本書第九章第三節。

❽　請參閱本書第八章第三節。

時的生產過剩乃被消除。這種賽伊法則有兩項特點，第一，經濟社會或者是處於物物交換經濟，或者貨幣僅是面紗，不影響物品的真正交換價值。第二，李嘉圖認為未消費的儲蓄部分都會由資本家進行投資，而投資則表現在對生產因素的購買，因而總需要仍等於總供給，居間聯繫儲蓄與投資的乃是李嘉圖的利潤率。

　　馬爾薩斯則不同意賽伊法則，他指出三項重大理由。第一，事實證明生產過剩的存在。在拿破崙戰爭結束後，物價與利潤巨幅降低，貨物堆積如山，試圖出口這些貨品只不過使國外市場的貨品過多的現象更加擴大。同時，由於人口繼續增加，加上復員的士兵，使勞動供給增加，產生工資下降與失業。馬爾薩斯認為這種現象不宜視為自戰爭轉變到和平的過渡時期現象。第二，即使資本家進行投資，增加對生產性勞動的需要，也仍不足以購買所生產的物品。其基本理論是，勞動的需要乃是由對物品的需要所引申，僅增加對勞動的需要表示對必需品與便利品的需要增加，而奢侈品需要未能增加，其結果乃是有效需要不足，使勞動者失業。第三，馬爾薩斯認為，試圖維持高投資率，會趨使工資水準上升及利潤率下降，降低投資誘因，結果是經濟社會趨於停滯。當然，停滯論是古典學派的共同特色，但是馬爾薩斯追隨亞當斯密的見解，認為維持消費品生產的平衡，可增加國富，延緩經濟停滯的來臨，這乃與他的解決消費不足的政策見解有密切的關聯。

　　馬爾薩斯認為，為消除消費不足現象，宜鼓勵兩種人的消費。其一是地主階級。因為地租是差額收入，依地租而增加的支出，會增加有效需要，但不影響生產成本，而其他各種收入都同時表現著生產成本及購買力。這種見解乃與他主張以穀物法保障地主利益的見解相吻合，因為高地租收入，增加地主階級的支出能力，正可彌補有效需要之不足。其二是不生產階級的消費支出。馬爾薩斯所稱的不生產階級包括僕婢、政治家、醫師、法官、律師、店員等，這些人員的雇用不會增加物品的生產，但其支出則增加對物品的有效需要，可達成彌補有效需要缺口的目的。因此，為增加國富並維持經濟社會的穩定，生產性勞動及不生產性勞動的雇用宜維持適當的比例。

第六節　馬爾薩斯在經濟思想上的地位

在經濟思想史上，馬爾薩斯的人口理論與消費不足理論是偉大的貢獻，不但具有其時代意義，而且對後世的經濟思想也有巨大的影響。我們對其這兩項貢獻，不能不提出幾點評論。

就人口理論來說，面對著高出生率及低死亡率，引起人口成長快速，產生普遍貧窮問題，馬爾薩斯的人口理論至少對此問題提出片面的解釋。不過，這項理論因其指稱貧民該對自己的處境負責，使富人得以免除責任；且據而主張的廢棄救貧法與贊成穀物法，一方面減輕富人的救貧稅負擔，他方面保障地主利益，不無為土地階級辯護之嫌。特別重要的是，人口理論在理論及實證上均有其缺陷。在理論方面，人口理論係以收益遞減律為基礎，而收益遞減律係靜態的理論，以生產技藝不變為其前提；在技藝繼續不斷進步的社會，我們可以說，馬爾薩斯的悲觀論係起因於其低估農業增產的可能性。在實際方面，兩百年來，由於都市化、教育及提高生活水準顯得日愈重要，人口出生率有巨幅下降趨勢，這是馬爾薩斯始料所不及的。雖然如此，如眾所周知，人口問題一直是令人類困擾的問題，特別是今日，經濟學家依然不能免除人口過多、貧窮及饑饉的困擾。

就消費不足理論來說，馬爾薩斯是第一位討論失業問題的經濟學家，他同時也指稱經濟體系並非完全自我調整的。在理論方面，我們當然不能否認馬爾薩斯的創見，但是我們更應當瞭解，馬爾薩斯並未提出有體系的經濟循環理論，他僅討論由於消費不足，使經濟社會趨於長期蕭條的趨向，並未討論經濟活動的升降波動。在實際方面，消費不足理論固然因其與當時的經濟理論權威們（李嘉圖、彌爾等人）的見解不同，而不能獲得共鳴；也因當時英國資本主義正處於擴張期，經濟蕭條比較溫和，受影響人數較少，故其理論未能得到重視。二十世紀三十年代及七十年代，經濟蕭條情況比較嚴重，他的消費不足理論當然就又引起我們的注意。由此可知，馬爾薩斯的理論對現代經濟社會有其特別的重要性。

本章進修參考書目

1.張漢裕著：《西洋經濟思想史概要》，第三章第二節。

2.周憲文譯，T. R. Malthus 原著：《人口論》（臺北：臺灣銀行經濟研究室，五十六年）。

3.魯傳鼎譯，T. R. Malthus 原著：《經濟學原理》（臺北：臺灣銀行經濟研究室，五十四年）。

4.周憲文譯，A. Toynbee 原著：《十八世紀產業革命史》（臺北：臺灣銀行經濟研究室，五十九年）。

5.Mark Blaug, *Economic Theory in Retrospect*, chapter 3.

6.E. J. Burtt, Jr., *Social Perspective in the History of Economic Theory*, chapter 4.

7.Harry Landreth, *History of Economic Theory*, chapter 3.

8.T. R. Malthus, *An Essay on Population*, 2 vols. (1798) (London: J. M. Dent, 1914).

9.T. R. Malthus, *Principles of Political Economy* (New York: A. M. Kelley, 1951).

10.Jacob Oser and W. C. Blanchfield, *The Evolution of Economic Thought*, chapter 7.

11.I. H. Rima, *Development of Economic Analysis*, chapter 5.

12.Kenreth Smith, *The Malthusian Controversy* (London: Routledge and Kegan Paul, 1951).

第 7 章 李嘉圖

第 7 章　李嘉圖

一個藝術家倘能想到他的思想在世上所交結的不相識的朋友時，將是何等幸福，他的心將如何溫暖，他的勇氣將如何增加，……但事實往往不然：各人孤獨自處，以至於死，並且愈是各人的感覺越是鮮明，愈是應該互相傾訴的時候，便愈不敢把各人的感覺說出來。

《約翰‧克利斯朵夫》

第一節　生平與著作

　　李嘉圖 (David Ricardo, 1772–1823) 是英國經濟學家。1772 年 4 月 19 日生於倫敦的一個猶太裔的家庭，在十七個兄弟姊妹中，排行第三。李嘉圖的先祖世居伊伯利亞半島，在十五世紀末的宗教迫害期間，避居荷蘭，至李嘉圖的父親才移居倫敦，歸化為英國籍，為一成功的證券經紀商。李嘉圖在少年時代，曾在當地學校及家庭教師接受傳統教育。11 歲時，被送到阿姆斯特丹接受正統猶太人《聖經》及《猶太法典》的教育。兩年後，回倫敦。14 歲時，受雇於他父親的證券交易行，開始經營證券買賣。21 歲時，宣佈放棄他祖先的猶太教信仰，和一位教友派教徒 Priscilla Ann Wilkinson 女士結婚。此舉當然觸怒了李嘉圖的父親，使李嘉圖斷絕了家庭的經濟接濟。幸賴一位銀行家的協助，李嘉圖得以設立自己的證券交易行，因其超人的經營能力，他在證券交易上所獲利潤甚豐，據估計，在十年間，他大約賺進 200 萬英鎊。1814 年，他買下了加特康布邸園 (Gatcomb Park) 的鄉村地產，便漸從商場退休，過著鄉間紳士的悠遊生活。1819 年當選英國國會議員，積極從事議會活動。1823 年 9 月 11 日，因病去世。

　　李嘉圖的一生並未接受正式的教育。在經營證券交易行時，他曾利用餘暇研究數學與科學。1799 年，偶而有機會研讀亞當斯密的《國富論》，再加上其商場經歷，才興起研究經濟學的情趣，但在遇到老彌爾 (James Mill) 之前，他並未專心於經濟學。1808 年，他參加地質學會 (Geological Society) 作為會員，表現他當

時仍熱衷於科學研究。同年，他與老彌爾認識，再經由老彌爾的介紹，認識了邊沁 (Jeremy Bentham)❶、賽伊 (J. B. Say) 等當代傑出學者。更重要的是，由於老彌爾的鼓勵、討論及對初稿提供意見，李嘉圖才開始撰寫有關經濟問題的論文。他的巨著，《政治經濟學與賦稅原理》(*On the Principles of Political Economy and Taxation*, 1817)，便是在老彌爾的鼓勵與催促下始告完成的；該書刊後，又得到後來與李嘉圖曾有親密來往的蘇格蘭青年經濟學家麥考樂夫 (John R. McCulloch)❷，在《愛丁堡評論》(*Edinburgh Review*) 給予好評，始能立即揚名。甚至，李嘉圖的競選國會議員也是得力於老彌爾的鼓勵與敦促。可惜李嘉圖壯年早逝，不曾遺下更多的經濟思想上的遺產。

　　李嘉圖與馬爾薩斯生活在同一時代，面對相同的經濟環境與經濟問題，他們的經濟理論觀點有相同處，也有相異處，尤以對當時的政策見解，兩人的對立狀態最為明顯。不過，嚴格地說，當時有兩大相互有關聯的經濟問題，貧窮與財富分配，馬爾薩斯的根本興趣在於探討貧窮的原因與解決方法，李嘉圖的主要貢獻則在於確立財富分配的各項法則，這項貢獻也可以說，李嘉圖扭轉了經濟分析的重點，把經濟學家的注意力自生產轉為分配。

---

❶　邊沁 (Jeremy Bentham, 1748–1832) 是英國哲學家。生於倫敦一富有律師的家庭，在牛津大學受教育。1772 年曾執業律師，旋即放棄，轉而研究社會哲學。並創辦《西敏評論》(*Westminster Review*)。邊沁的功利主義思想 (utilitarianism) 對後世經濟學有重大的影響。他的中心思想不是個人幸福，而是功利原則 (principle of utility)——最大多數幸福原則——主張最大多數人的最大幸福。據此，他否定私利與公益調和之說。此外，他主張公共政策須有四大目標——生存、安全、豐饒及公平。邊沁的經濟論著不多。1952 年，英國皇家經濟學會刊行《邊沁經濟論集》(*Jeremy Bentham's Economic Writings*, ed. by W. Stark, 1952)。

❷　麥考樂夫 (John Ramsey McCulloch, 1789–1864) 是蘇格蘭經濟學家。生於蘇格蘭的維哲郡 (Withorn)。畢業於愛丁堡大學、初習法律，後來轉習經濟學。最初，在《蘇格蘭人》(*The Scotsman*) 與《愛丁堡評論》兩雜誌，撰寫經濟論文，共約二十年之久。最後，與當時的蘇格蘭知識分子一樣，於 1820 年移居倫敦。1828 年初，被當時新設立的倫敦大學 (University of London) 聘為政治經濟學教授，1832 年，到英王室服公職。麥考樂夫係在李嘉圖逝世前數年，才與李嘉圖謀面，但兩人間的通信甚多，他是李嘉圖經濟學的毫無保留的辯護者，故他沒有自己的創見，除了曾刊行《李嘉圖全集》外，他的著作甚多，較重要者有：《政治經濟學原理》(*Principles of Political Economy*, 1825)；《賦稅及資金制度之原理與實際影響》(*Treatise on the Principles and Practical Influence of Taxation and the Funding System*, 1845)；《政治經濟學文獻》(*The Literature of Political Economy*, 1845)。

　　我們在第五章已經提到，亞當斯密的國富論係以探討國富的本質與原因為主，認為一國的福祉決定於其總生產與參加分配的人口數。由於亞當斯密的時代，產業革命尚未展開，亞當斯密強調分工與生產的重要性，當然可說合乎時代的要求。在李嘉圖的時代，產業革命已經展開，英國工人的生產力迅速提高，分配才成為主要問題。因此，李嘉圖的《政治經濟學與賦稅原理》序言的第一段是這樣寫的：「土地生產物──由勞動、機器以及資本的結合使用，而自土地表面所取得的一切，被分配於社會的三個階級之間：即土地的所有者、其耕作上所需的資本的所有者，以及以其勞動耕種土地的勞動者。」這就反映著李嘉圖的理論重點。

　　李嘉圖重視分配論的原因有二：第一，經濟悲觀論。李嘉圖認為亞當斯密的世界可持續改善的樂觀看法是錯的，由於人口不斷增加，人們不得不開發劣等土地及在優良土地進行密集耕作，使生產有下降趨勢，生產技藝的進步不足完全抵銷這種趨勢，因而農業上的平均每人產出會趨於下降，使人類長期間變得貧窮。第二，參與當時穀物法論爭的結果（關於這一點，本章仍將深入分析）。因此，他乃以確立把有限生產分配於日益增多之人口的法則，為其研究的重點。

　　李嘉圖最主要的著作當然是《政治經濟學與賦稅原理》──中譯本有：潘志奇譯：《經濟學及賦稅原理》（臺灣銀行經濟研究室刊行）。在 1952 年，斯拉法 (Piero Sraffa) ❸ 重新校訂，並出版了《李嘉圖全集》，十卷 (*The Works and Correspondence of David Ricardo*, 1952)。

||||||||||||||||||||||||||||||||||||||||||||||||||||||||||||||||||||||||||||||||||||

🖋 第二節　勞動價值學說

　　亞當斯密把物品的價值區分為使用價值與交換價值，李嘉圖追隨此項見解，並特別指出，效用雖是交換價值所不可或缺者，卻不足以作為交換價值的尺度。若具有效用，物品之交換價值的來源有二：其稀少性及獲得該物品所需的勞動量。價值僅決定於其稀少性的物品，係起因於無法以任何勞動增加此類物品的供給量，例如，稀有的彫像、繪畫，珍本、錢幣，以及僅自面積極為有限之特別土壤上所栽培的葡萄得以釀造之特殊品質的葡萄酒，其價值乃與原來生產該物品所需的勞動量完全無關，而隨欲佔有此種物品者的財富及嗜好的變動而變動。在現實的世

---

❸　請參閱本書第二十一章第五節。

界中，這類不能再生產 (nonproducible) 的物品所佔的比例畢竟極小，絕大部分的物品是可再生產的，亦即，其數量得由人類勤勞的發揮而增加，其生產上競爭的作用是毫無限制的。這類物品的交換價值決定於體現在各該物品中的勞動量，勞動量每有所增加，其交換價值提高；而勞動量每有所減少，其交換價值則必降低。換句話說，李嘉圖承繼了亞當斯密的投入勞動說，認為不論是原始社會或資本主義社會，投入勞動量都可決定其交換價值。

同時，李嘉圖所謂的投入勞動量係包括體現於物品中的現在的勞動及過去的勞動，也就是說，除生產過程中所投入的直接勞動外，投入於協助勞動者進行生產的器具、工具及建築物的間接勞動亦包括在內。由此可知，李嘉圖把真實資本對生產的貢獻視同為勞動的貢獻，同樣對交換價值具有決定力。

這種勞動價值學說因真實資本所包含的投入勞動量較難設算，故隱含了兩個假定，其一，各產業有相同的資本勞動比率，其二，各產業的資本投資有相同的耐久程度。假若這兩項假定不存在，且各物品均以其投入勞動量決定其交換價值，則各產業的資本收益率就不相等了。以李嘉圖本人所舉例子來說，假設有兩人在一年間，各雇用一百人以建造兩架機器，又另一人雇用同數的人，以栽種穀物，在年底時，每架機器的價值將與穀物相等。設次年，兩架機器的所有者分別得到一百人的協助以生產毛織品及棉製品，而農民仍舊雇用一百人以栽培穀物。在第二年內，他們均雇用同一勞動量，但毛織品業者及棉製品業者的生產物及機器兩者合計分別為一年間使用兩百人之勞動的結果，且由於其第一年之資本的利潤已分別添加於其資本，故其價值應分別為穀物價值的兩倍以上。這就表示，因其資本耐久程度的差異（由於物品攜至市場所必須經過之時間有差異），其物品價值乃並不完全與其投入勞動量成正比例。

第三節　地租論

傳統上，我們都認為地租論是李嘉圖在經濟理論上的偉大貢獻之一。他說：「地租為土地的生產物中，因使用土地之原始的不能毀滅的力量，而付給地主的部分。」同時，亞當斯密及馬爾薩斯均認為「地租是自然的恩惠」，而李嘉圖則認為地租的發生係因自然的吝嗇而非因其豐饒。

在某一國家最初殖民時，若該國國內有甚多豐饒肥沃的土地，為扶養當時的

　　人口僅需耕種其甚少的部分，或以其人口所能支配的資本實際上僅能耕種甚少部分，則無地租。因為尚有大量土地未經佔有，凡願耕作者均可自由取用，故無人願為土地的使用而支付代價。對於此種土地不支付地租，其理由與對水及空氣之使用或其他有無限存量之自然恩賜物的不支付代價的理由相同。假設一切的土地有相同的性質，其數量無限，且品質是一致的，則除非其位置特別有利，不能對其使用收取費用。唯其因為土地的數量既非無限，品質亦非一致，且隨人口的增加，品質較劣或位置較不利的土地遂被耕種，故對土地的使用恆常支付地租。

　　換句話說，隨社會之進步及人口之增加，開始耕種第二等肥沃的土地時，第一等肥沃的土地就立即發生地租，地租額由此兩塊土地之品質決定。當開始耕作第三等的土地時，第二等的土地立即發生地租；同時，第一等土地的地租亦告上漲。地租的大小決定於第一等及第二等土地與第三等土地之生產力的差額。總之，隨著人口逐步增加，一國為提高糧食的供給，不得不依靠品質較劣的土地，一切較肥沃的土地，其地租即告上漲。

　　假設在第一、二、三各等土地使用等量的資本及勞動後，各生產穀物 100、90 及 80 夸脫的淨收穫，則第一等及第二等土地的地租分別為 20 及 10 夸脫。同時，在耕種第二、三等及更劣土地之前，更在第一等土地投入等量勞動及資本，其收穫雖未增加一倍，然可能增加 85 夸脫，此淨收穫量已大於在第三等土地投入等量資本及勞動的淨收穫量。對於這種在同一土地追加投資的生產差額，地主有力量迫使耕作者不得不繳納 15 夸脫的追加地租，因為利潤率不會有兩種。同理，若第三度把等量的資本與勞動投入第一等土地，可增加 75 夸脫的淨收穫，則第二次投入的勞動及資本的產量中，須支付 10 夸脫的追加地租，且第一次投入的勞動及資本的追加地租亦告上漲為 25 夸脫。換句話說，若肥沃的土地較供給增加中的人口之糧食生產所需者遠為豐富，或資本可無限地使用於舊土地而不致引起收益遞減，則地租當不致發生，或不致上漲。因為地租常由於使用次等土地及使用追加的勞動量而收益卻比例地減少，始告發生。我們可把李嘉圖所陳述的地租學說列表如下：

表 7–1

產量＼土地等級＼等量的資本與勞動	小麥總產量（夸脫）				小麥邊際產量（夸脫）				地租（夸脫）			
	I	II	III	IV	I	II	III	IV	I	II	III	IV
1	100	90	80	40	100	90	80	40	60	50	40	–
2	185	160	130		85	70	50		45	30	10	
3	260	215			75	55			35	15		
4	325				65				25			

　　此外，李嘉圖並進一步指出，在使用次等土地及在同一土地投入追加之勞動與資本時，地主將因生產困難程度提高而雙重受惠。第一，地主的地租收入愈來愈大；第二，穀物的價格日愈上漲。換句話說，貨幣地租之增加遠較穀物地租為快。舉例來說，假設在一定品質的土地上，十人的勞動量獲得小麥 180 夸脫，每夸脫值 4 鎊；追加十人的勞動量生產小麥 170 夸脫，則每夸脫值 4 鎊 4 先令 8 便士❹；若陸續追加十人的勞動量，其產量依序為 160、150、140 夸脫，則我們可把穀物地租及貨幣地租的變動程度列表如下：

表 7–2

產量及地租＼投入十人勞動量順序	邊際產量（夸脫）	穀物地租		每夸脫價格	貨幣地租	
		夸脫	指數		金額	指數
1	180	0	–	4£	0	–
2	170	10	100	4£ 4s. 8d.	42£ 6s. 8d.	100
3	160	20	200	4£ 7s. 10d.	90£	212
4	150	30	300	4£ 16s. 0d.	144£	340
5	140	40	400	5£ 2s. 10d.	205£ 13s. 4d.	485

　　由以上可知，李嘉圖的地租論有幾項重點，第一，邊際土地不支付地租。第二，地租是土地生產力或位置利弊間的差額所產生的，也就是所謂差額地租 (differential rent)，其形態有三，其一是土地品質的差異，其二是土地收益遞減律的作用，其三是土地位置的遠近，關於第三項形態，李嘉圖未作充分說明。第三，

❹　此價格之計算方法為 170：180 ＝ 4£：4£ 4s. 8d.，以下各種產量下之價格計算方法可類推。

地租是物價的結果，不是物價的原因。由於本國財富增加、或因人口增加、或因糧食增產困難，導致穀物價格上漲，才引起地租之上漲，故地租乃是物價的結果，並不加入於物品之價值中。第四，地主階級的利益與社會上其他階級的利益相衝突，因為其他階級希望藉改進農業生產技藝與自由進口穀物，以降低穀物價格而得到利益，而地主階級則希望人口快速增加及維持穀物法，以保障高穀物價格，因而使其享受高額地租之利益。

第四節　工資論

李嘉圖認為，勞動一如其他在市場上買賣之物品一樣，有其自然價格與市場價格。勞動的自然價格為能使全體勞動者維持生存，並無增加或減少而延續其種族上所需之價格。換句話說，勞動的自然價格決定於扶養勞動者及其家屬上所需之糧食、必需品以及便利品的價格。若糧食及便利品的價格上漲，則勞動的自然價格上漲；反之，勞動的自然價格下跌。勞動的市場價格則由其供給與需要所決定，但仍與一般物品價格一樣，有與其自然價格趨於相等的傾向。

就自然價格來說，李嘉圖認為，即使以糧食及必需品估計，亦不應認為絕對固定不變──在同一國家，因時代不同而發生變動；因國家不同而有甚大的差異。不過，隨著社會的進步，勞動的自然價格恆有上漲的傾向，因為決定其自然價格的主要物品之一（糧食），以其生產上的困難，有較為騰貴的傾向，僅有農業改良及能自該處輸入糧食之新市場的發現，才能暫時阻止必需品價格之上漲。

就市場工資來說，前面已經提及，社會每有進步，其資本每有增大，勞動的市場工資將趨於上漲。然其上漲的持續程度則決定於勞動的自然價格是否騰貴，這又決定於必需品的自然價格是否已上漲。由此可知，市場工資的決定因素有二：其一是勞動者的供給與需要，其二是勞動工資所支用之物品的價格。勞動需要的增長決定於資本累積，而資本累積必然決定於勞動的生產力。在肥沃的土地豐富時，通常勞動生產力最大。在此時期，資本累積往往最快，故勞動者的供給不能與資本同其速度。李嘉圖繼續指出，在有利的情況下，人口能於二十五年間增加一倍，但在同樣有利的情況下，資本可能於更短的期間增加一倍，其結果為勞動需要相對大於其供給，工資乃有上漲趨勢。但是這種情況不會長期繼續存在，因為土地的數量有限，品質迴異，生產收益遞減律的作用會降低資本累積能力，而

人口的增殖力則恆繼續不變，則生產不能與人口保持同一步調。在追趕不上生活資料時，則人口的減少或資本的更迅速累積乃是僅有的救濟方案。

由於必需品增產的相對困難，乃會引起自然工資的上升。從而，若貨幣價值不變，則地租與工資有隨財富及人口之增進而騰貴的傾向。然而，在地租騰貴與工資上漲間則有其本質上的差異。關於地租騰貴，前面已經提及，不僅其貨幣地租提高，且其穀物地租亦然。但勞動者的命運較不幸，他確實收到更多的貨幣工資，然其穀物工資則減少。不但其穀物工資減少，且其市場工資率愈難於維持在自然工資率之上，乃使其一般生活狀況惡化。簡單地說，穀物價格上漲 10% 時，工資上漲率常小於 10%，而地租上漲率則高於 10%。其結果是地主的生活狀態獲得改善，而勞動者則惡化。我們可用上節所舉例子，把勞動者生活惡化情況列如下表（假定勞動者最初所領取的穀物工資 6 夸脫，一半用於購買小麥，一半購買其他物品，而其他物品價格保持不變）：

表 7-3

每夸脫小麥的價格	貨　　幣　　工　　資			穀物工資（夸脫）
	購買小麥部分	購買其他物品部門	合　　計	
4£	12£	12£	24£	6
4£ 4s. 8d.	12£ 14s.	12£	24£ 13s. 7.28d.	5.83
4£ 7s. 10d.	13£ 10s.	12£	25£ 7s. 4.8d.	5.66
4£ 16s.	14£ 8s.	12£	26£ 8s.	5.50
5£ 2s. 10d.	15£ 8s. 6d.	12£	27£ 8s. 1.22d.	5.33

🖋 第五節　利潤論

如上所述，穀物價格係決定於不支付地租的資本部分在其生產上所需的勞動量。農業家及製造業者均不犧牲生產物的任何部分作為地租，因為地租始終由生產物之價格所決定，且必然歸消費者負擔。物品的價值僅分為兩部分，一部分構成資本的利潤，另一部分則為勞動者的工資，若工資隨穀物價格之上漲而上漲，則利潤必然下降。關於這種利潤下降情形，我們可根據第三、四節的例子，引申如下表（假定農業家最初的資本為 3,000 鎊，雇用十倍勞動者）：

表 7-4

每夸脫小麥價格	地　租　總　額		工　資　總　額		利　潤　總　額		利潤率(%)
	金　額	穀　物(夸脫)	金　額	穀　物(夸脫)	金　額	穀　物(夸脫)	
4£	0	0	240£	60	480£	120	16
4£ 4s. 8d.	42£ 6s. 6d.	10	246£ 14s. 12.8d.	58.3	472£ 17s. 3.2d.	111.7	15.7
4£ 10s.	90£	20	254£ 14s.	56.6	465£ 6s.	103.4	15.5
4£ 16s.	144£	30	264£	55	456£	95	15.2
5£ 2s. 10d.	205£ 13s. 4d.	40	274£ 1s. 0.2d.	53.3	445£ 15s. 7.8d.	86.7	14.8

由表 7-4 可以看出，隨著小麥價格的上漲，勞動者的貨幣工資固然上升，但其穀物工資則下降；同時，農業家的貨幣利潤與穀物利潤都下降；亦即，利潤率有隨穀物價格上漲而下跌之趨向；這就表現了地主與農業家的利益是相互衝突的。同時，由於在同一時期，各種產業的利潤率總是趨於一致的，故乃表現著地主與資本家間的衝突，最能具體表現這種衝突的是：1820 年代英國國會有關穀物法的爭論，李嘉圖之廢除穀物法的主張，也表示了他對資本家的支持。

在本例中，我們對利潤及利潤率的討論係假定農業家的資本額不變，這項假定與事實不符。李嘉圖進一步指出，在穀物價格上漲過程中，構成農業家之資本的物品，其價值必也上漲，故所需資本額會增加，這就是說，利潤率之下降，較上表所列者為速。他更進一步指出，在開始之際，由於土地上資本累積及工資上漲的結果，資本的利潤率無論如何下跌，利潤總額仍會上升；但在利潤率低至某一程度時，利潤總額則開始減少。

由此我們可對李嘉圖的利潤理論提出幾點結論：第一，工資的上漲並不提高物品價格，但恆降低利潤。第二，在所有國家、所有時代，利潤決定於在不產生地租的土地上（或以不生產地租的資本）對勞動者供給必需品所需的勞動量。

第六節　機器對勞動者的影響

李嘉圖在其原理的第三版中新加〈論機器〉一章，修正其有關機器取代勞動對分配影響的看法。在第三版刊行前，李嘉圖認為機器的使用僅會產生暫時的失

調──勞動及資本自一種用途移轉至另一種用途所產生的不便。但是，在第三版中，他則認為機器固然使該國淨收入增加，卻也使人口過剩，使勞動者的生活狀態惡化，對勞動者階級是有害的。

李嘉圖舉例說，設某一資本家投入 20,000 鎊的資本，兼營農業家及必需品製造業者的事業，其中 7,000 鎊為建築物、工具等固定資本；13,000 鎊為流動資本。假定資本利潤率為 10%，可獲取利潤 2,000 鎊。在每年年初，資本家擁有值 13,000 鎊的糧食及必需品，在生產期間付此金額的工資給勞動者，勞動者且以其收入購取這些糧食及必需品；同時，年底勞動者在受雇期間共生產值 15,000 鎊的糧食及必需品，即為該年的毛生產；其中 13,000 鎊補充流動資本，供次年再雇用勞動者從事生產之用；2,000 鎊為利潤，由資本家自行消費或以最適合於其快樂及滿足的方法予以處分，為淨生產部分。因而乃完成了循環流轉的生產狀態。

現在再假設，某年資本家將所雇用之勞動者的半數用於建造機器，其餘半數用於生產糧食及必需品。在該年年底，資本家的資本存量為 20,000 鎊不變，但其結構則已改變，固定資本為 14,500 鎊（原來的 7,000 鎊加上該年毛生產 15,000 鎊的半數），流動資本（糧食與必需品）則僅有 5,500 鎊（7,500 鎊減自行消費之 2,000 鎊）。因此，次年僅以 5,500 鎊雇用勞動者，先前以 7,500 鎊而受雇用的勞動者乃失業了。簡單地說，在這種場合，淨生產雖然不變，但毛生產卻從 15,000 鎊減至 7,500 鎊。同時，因毛生產決定一國扶養人口及雇用勞動量，故會發生人口過剩，使勞動階級的生活境況惡化。

雖然李嘉圖對這種情況未繼續作深入的分析，但卻成為後世有關資本家與勞動者利害衝突的思想來源。不過，李嘉圖不但未深入討論機器對勞動階級之利益的損害，甚且指出機器可改善勞動階級之生活境況的幾種途徑：第一，若使用機器後，使淨生產增加之際，大致不減少毛生產時，則一切階級的境況均能獲得改善。第二，資本家利潤增加之際，引起僕役需要增加。第三，資本家的儲蓄能力及實際行動均提高，增加流動資本的供給，有助於其後對勞動的雇用量的增加。第四，消費物品的價格趨於低廉，有助於提高勞動者的真實工資。

‖‖

第七節　貨幣數量學說

　　李嘉圖在分配論上的傑出貢獻，常使經濟學家們忽略其在貨幣理論上的貢獻。事實上，李嘉圖的研究興趣及其經濟論著都與當時的英國經濟問題有極其密切的關係。而在十八、九世紀交替之際，英國貨幣金融問題相當嚴重，故李嘉圖的著作乃以英國貨幣制度問題居多。且展示了相當嚴密的近代貨幣理論體系。

　　簡單地說，在英國實施複本位制度期間，固然曾多次暫停其銀行券的黃金兌換，但停兌期都甚短，且殊少產生是否恢復兌換的爭論。但是，十八世紀末年，因拿破崙戰爭加重英國軍費支出，加上一連數年的農產歉收，增加額外的小麥輸入，使英國貿易收支情勢轉惡，消耗英格蘭銀行的大量存金，自 1797 年乃開始較長期的停兌政策。尤其是，在停兌期間，英格蘭銀行銀行券發行量巨幅增加，同時，更發生以紙幣計算的金塊、外匯及商品等價格上漲現象，以致有金塊論者 (bullionist) 與反金塊論者 (anti-bullionist) 的論爭。李嘉圖是金塊論者的領袖，他們相信，當時英國確實存在著通貨膨脹現象，且強調英格蘭銀行銀行券超額發行為此種現象的根本原因，恢復紙幣的黃金兌換性乃是消除通貨膨脹及使經濟順利擴張的唯一良策。在論爭過程中，李嘉圖展示了貨幣數量學說的主張。

　　嚴格地說，李嘉圖同時提出兩種解釋貨幣價值的方法。第一種是承自他的勞動價值學說。他視貨幣為商品，主張幣材價值決定貨幣的價值。他指出，黃金與白銀有如其他商品一樣，具有其本能的價值，該本能價值並非任意規定的，而是決定於其稀少性、為生產而投入的勞動量及礦場所使用的資本的價值。因此，若生產的困難增加一倍，貨幣的價值也隨之升一倍。而紙幣的價值則完全建立在其可兌換性，假若由於超額發行或其他原因而使紙幣貶值，則其價值亦視其貶值程度而作同幅度下降。

　　他方面，李嘉圖又認為，貨幣的價值決定於貨幣數量的多寡。他認為，貨幣數量愈大，其價值愈低；貨幣數量愈少，其價值愈高。他更認為，各國在各個經濟階段所需要的貨幣有其一定的比例，若一國的貨幣因數量增加而貶值，則會導致黃金輸出，直到各國貨幣恢復其先前的比例為止。

　　由於搖擺於幣材價值與數量支配價值的見解之間，李嘉圖認為，一國所需貨幣數量的多寡，主要由下列四項因素決定：其一，幣材價值。作為本位幣的幣材

愈有價值，社會流通所需貨幣量愈少；反之，則貨幣需要量愈大。其二，支付對象的數量或價值。假若一國由於繁榮與工業化而使交易量增加，並且金銀的價值與貨幣數量不變，則貨幣的價值將因它所要完成之支付任務的增加而提高。其三，節省貨幣使用的工具。例如，支票的發達可節省貨幣的使用，當支票使用增加，而其他情形不變，其結果與貨幣數量增加相同。其四，貨幣流通速度。李嘉圖認為，貨幣轉手次數的多寡與貨幣需要有密切關係，轉手次數多，貨幣需要較少；轉手次數少，則貨幣需要多。

　　基於這些見解，我們可以說，李嘉圖已有交易型數量學說的主要概念。認為貨幣數量乃是價格水準（貨幣的價值）的主要決定因素，且貨幣數量變動會引起物價水準作同比例同方向的變動。雖然如此，李嘉圖並未深入對貨幣需要及其變動進行理論上的探討。同時，對貨幣數量，乃至於信用量變動所產生的經濟變動過程，也未積極加以分析。關於這種貨幣變動與經濟變動過程的分析，與李嘉圖同一時代的桑頓 (Henry Thornton)❺ 則有深入的分析，且對後世的貨幣分析有深遠的影響。

🖋 第八節　比較成本理論

　　李嘉圖體認，國外貿易的擴充雖並不立即增加一國物品的價值，對物品量，特別是享樂品總額的增加有很大的貢獻，因而國外貿易可增進一國的利益。至於如何享有這種利益，在李嘉圖之前，亞當斯密有絕對成本 (absolute costs) 的主張，李嘉圖最重大的貢獻之一是展開了比較成本理論 (the theory of comparative costs)。

---

❺　桑頓 (Henry Thornton, 1760–1815) 是英國銀行家。生於克拉漢郡 (Claham) 的一個富裕銀行家的家庭。在學校不用心讀書，但卻是成功的銀行家。曾經擔任英格蘭銀行的董事。當了三十年的英國國會議員，且是金塊委員會 (Bullion Committee) 的委員。十九世紀初年，英國金塊論爭時，他是反金塊論的領袖。此外，他反對奴隸貿易 (slave trade) 甚力；他更是一位大慈善家，他的全部收入，扣除家用外，七分之六係捐給慈善機構。他的主要著作是：《英國紙幣信用的本質與影響的研究》(*An Inquiry into the Nature and Effects of Paper Credit of Great Britain*, 1802)。他的貨幣思想比較接近現代思潮，大體上可歸納為下列五點：第一，主張貨幣間接作用過程論，亦即，貨幣數量先影響利率，再影響物價。第二，貨幣產出論，亦即，生產量的增加與貨幣數量的增減作同方向的變化。第三，銀行利率與商業利潤率（自然利率）有別。第四，物價上漲會產生強迫儲蓄。第五，國際短期資金會隨本國利率的升降而流入或流出。

因為根據絕對成本的主張，若一國的全部生產物的生產成本都低於外國，則該國將只有出口，而無進口；若一國的全部生產物的生產成本都高於外國，則該國將只有進口，而無出口，國際貿易乃無法展開。李嘉圖則認為，即使在這種情況下，兩國之間的貿易仍是相互有利的，因為生產條件最有利的國家可出口其比較成本最低的商品，進口其比較成本最高的商品，而享有貿易利益。生產條件最不利的國家，亦可就其商品中出口比較成本最低者，進口其比較成本最高者，而享有貿易利益，這是比較成本理論的要旨。

以李嘉圖的例子來說，若英國生產毛織物需一年一百人的勞動，釀造葡萄酒需一年一百二十人的勞動；英國藉輸出毛織物而輸入葡萄酒乃是有利的。若葡萄牙生產葡萄酒僅需一年八十人的勞動，生產毛織物亦僅需一年九十人的勞動，兩者的生產條件都較英國有利；但葡萄牙藉出口葡萄酒而輸入毛織物仍能增進其利益。因此，兩國乃能進行國際分工，經由貿易而享受比較利益。

李嘉圖繼續指出，若英國改良其釀造葡萄酒的技術，甚至達到使其居於比較有利的生產情況，則兩國互換職業並非不可能，且是有利的。但是，如僅改良至使葡萄酒的輸入停止的狀況，又將如何演變。以他的例子來說，若原來在英國葡萄酒價格每桶 50 鎊，一定量毛織物價格為 45 鎊；在葡萄牙葡萄酒價格每桶 45 鎊，同量毛織物價格為 50 鎊。在英國改良釀造葡萄酒技術後，其價格降為每桶 45 鎊，其結果是葡萄牙僅輸入毛織物而不能輸出葡萄酒。李嘉圖認為，在這種情形下，透過國際貴金屬的重分配，英國的貨幣量增加，引起物品價格上漲；而葡萄牙則貨幣量減少，引起其物價下跌，因而可使貿易重新進行，彼此享受國際分工的利益。在此，我們可以看出，李嘉圖已接受了休謨的價格與貴金屬流量之自動調整機能的理論。

因此，李嘉圖說：「在完全的自由貿易制度下，各國當然將其資本與勞動，撥充對各國最有利的用途。個別利益的追求，與全體普遍的幸福，美妙地結合著。由於刺激勤勉，獎勵機巧，並最有效地使用自然所賦與的特殊力量，個別利益的追求，將勞動作最有效和最經濟的分配。他方面，因增加一般的生產量，此種追求將一般的福利予以普及；並以一條共同的紐帶將整個文明世界各國的社會束縛在一起。決定葡萄酒應在法國與葡萄牙釀造、穀物應在美國與波蘭種植、金屬器具及其他財貨應在英國製造的，即為此種原理。」

在此，我們應當指出，李嘉圖的比較利益理論有幾項重大的假定：第一，兩

國間的貿易僅有兩種商品，亦即兩國兩商品模型 (a two-country, two-commodity model)；第二，自由競爭；第三，勞動價值學說或金本位制度的自動調整機能；第四，充分就業；第五，資本與勞動不作國際移動；第六，生產所需的勞動成本不變；第七，不考慮調整生產所需的時間；第八，其重大缺點是未討論兩種商品間的交換比率的決定因素，雖然根據他的理論，我們可訂出此交換比率的上下限。

本章進修參考書目

1. 張漢裕著：《西洋經濟思想史概要》，第三章第三節。

2. 潘志奇譯，D. Ricardo 原著：《經濟學及賦稅原理》(臺北：臺灣銀行經濟研究室，五十五年)。

3. 周憲文譯，A. Toynbee 原著：《十八世紀產業革命史》。

4. Irma Adelmam, *Theories of Economic Growth and Development*, chapter 4.

5. Mark Blaug, *Ricardian Economics* (New Haven: Yale University Press, 1958).

6. E. J. Burtt, Jr. *Social Perspective in the History of Economic Theory*, chapter 4.

7. W. E. Kuhn, *The Evolution of Economic Thought*, chapter 9.

8. Harry Landreth, *History of Economic Theory*, chapter 3.

9. Claudio Napoleoni, *Smith, Ricardo, Marx*, chapter 4.

10. Jacob Oser and W. C. Blanchfield, *The Evolution of Economic Thought*, chapter 6.

11. David Ricardo, *Principles of Political Economy and Taxation* (Cambridge: Cambridge University Press, 1951).

12. I. H. Rima, *Development of Economic Analysis*, chapter 6.

第 8 章 古典學派的終結

第 *8* 章　古典學派的終結

他正經歷著一個靈智的轉變時期，它的結果該是美滿而豐腴的——他將來全部的生命都在其中有了萌芽——但這種內心的充實豐滿，目前只有縱情放蕩的表露；這種洋溢的生命力所產生的眼前的結果，實在和最貧弱的心靈沒有多少分別。……沒有勇氣去願望、創造、生存。

《約翰·克利斯朵夫》

第一節　新經濟環境與新經濟學家

　　1848 年彌爾 (John Stuart Mill) 刊行的《政治經濟學原理》(*Principles of Political Economy*) 常被視為集古典學派理論之大成。而凱尼斯 (J. E. Cairnes) 在 1874 年刊行其《政治經濟學原理新論》，則被認為古典學派的結束。事實上，自李嘉圖刊行其《政治經濟學與賦稅原理》，將古典理論發展至最高峰後，英國經濟社會環境已經歷著顯著的變動，這種變動對彌爾的理論體系不無影響，故我們首先要說明這三十年間英國經濟社會的變動。

　　這段期間的英國經濟固然表現著產業革命的持續發展，但是在農業、工業、金融及政府政策措施上則表現著很大的變化。

　　在農業方面，農業資本家已慢慢地取代獨立自營農 (yeoman farmers)，產生了依賴工資維生的農業勞動者，其根本原因是：拿破崙戰爭後的十五年間英國發生農業大蕭條，小農不得不出售土地，進而使大農制成為英國農業的典型。在這種情形下，依賴工資維生的農業勞動者極易流入都市，對工資及都市貧困均形成新壓力。

　　在工業方面，工廠制度取代了散做制度，童工、女工、低工資、工作環境、工作時間乃成為新的社會問題；甚至，由於市場的盛衰，產生週期性的經濟恐慌；撇開 1810 年不談，1826、1837、1839 及 1847 年都發生了嚴重的經濟恐慌。

　　在金融方面，除了紙幣的普遍使用外，新銀行也開始出現，這種新銀行創造

了存款貨幣的新信用工具，有助於產業資金融通，也促進了資本集中。

在政府措施方面，1824 年廢止勞工結社禁止法、1844 年的皮爾法案、1846 年廢止穀物法等，都表示著政治經濟自由的進展。在這種巨大的經濟社會變動下，產生了社會主義思想，這種思想對古典學派的理論不無影響，因而作為集大成的彌爾不能不在其體系中對李嘉圖的理論體系作局部的修正。

除彌爾之外，尚有賽伊 (Jean B. Say)、辛尼爾 (Nassau Senior) 與凱尼斯 (J. E. Cairnes) 等經濟學家，對古典學派的經濟理論亦各有其獨特的貢獻。然而，他們都在舊架構上，對古典理論作枝節的修正，一旦其修改程序完成，整個古典理論便因燦然大備而不能再求進步，這也等於宣佈舊時代的結束了。

第二節　彌　爾

一、生平與著作

彌爾 (John Stuart Mill, 1806–1873) 是英國哲學家與經濟學家。1806 年 5 月 20 日生於蘇格蘭，是老彌爾的九個兒子中的老大。2 歲時，隨老彌爾遷居倫敦。老彌爾有計劃地一心一意教導及訓練彌爾，意欲使之成為大學者。自彌爾幼小時，即給予極其嚴格的訓練，不但幾乎不給玩具，而且彌爾在自傳上說，沒有愛，只有恐懼。3 歲時，由老彌爾親自講授希臘文及數學；8 歲時，學拉丁文；稍後，又學幾何學、代數學、化學及物理；12 歲學邏輯；13 歲學政治經濟學。14 歲時，被他父親送到法國，以便綜合完成他所受的教育。1821 年回英國。由於他父親的關係，彌爾得與當時英國著名的學者，如李嘉圖、邊沁等人保持極其密切的關係。1822 年，進入他父親所服務的東印度公司服務；1828 年，升為助理檢查官 (assistant examiner)；在 1836 年，老彌爾去世時，接替其父親的職務。1858 年，他在東印度公司服務三十五年後，該公司宣佈解散時，才退休，且得領年退休金 1,500 鎊，因而開始能過著悠遊的旅行及寫作生涯。1873 年 5 月 8 日，在法國亞威農 (Avignon) 去世。這十五年間，只有 1865 年至 1868 年的三年間，擔任英國國會議員，其餘時間都在亞威農度著寫作生涯。

除了老彌爾外，對彌爾的一生及其著述最有影響的是泰勒夫人 (Harriet Haldy Taylor, 1808–1858)。彌爾在 25 歲時，與泰勒夫人認識，那時泰勒夫人是 23 歲有

兩個小孩的婦人，他們之間建立了純真的友誼。1851 年，也就是二十年後，泰勒先生去世，彌爾才與泰勒夫人結婚。七年後，彌爾自東印度公司退休，才攜同泰勒夫人赴南歐旅行。但好景不常，泰勒夫人病死於亞威農，遺體葬在當地，彌爾也就長住亞威農，在當地度過十五年的孤獨的著述生涯。彌爾在他的著作及自傳上稱，泰勒夫人是他最佳著作的鼓勵者，也是部分的共同作者，雖然有些誇張的成分；但是，彌爾在《政治經濟學原理》修正版本中，對社會主義態度的轉變，則無疑是受到泰勒夫人的影響。

彌爾的著作甚豐，其中較重要的有下列幾種：

1. 《政治經濟學上未解決的問題》(*Essays on Some Unsettled Questions of Political Economy*, 1844)；
2. 《政治經濟學原理》(*Principles of Political Economy*, 1848)──中譯本有：周憲文譯：《經濟學原理》，兩冊（臺灣銀行經濟研究室刊行）；
3. 《論自由》(*On Liberty*)──嚴復譯為《群己權界論》；
4. 《政治、哲學及歷史論集》，四卷 (*Dissertations and Discussions, Political, Philosophical and Historical*, 1859–1875)；
5. 《功利主義》(*Utilitarianism*, 1863)；
6. 《自傳》(*Autobiography*, 1875)。

二、生產論

彌爾在其《政治經濟學原理》第一版的序文中強調，經濟學的研究應有兩個重點，其一是經濟學應是原理及其實際應用相配合；其二是經濟學須與當代知識的擴大及觀念的進步相適應。前者是亞當斯密《國富論》的特徵，後者則是十九世紀前半英國經濟社會問題論爭下的新產物。因此，彌爾以把當時已陳舊的《國富論》作現代化的敘述自許。基於這項目的，在其序論中，彌爾一開始就區別財富之生產與分配法則的差別；他認為財富的生產基本上決定於物理條件，而財富的分配則部分決定於人為的制度，政府或國民固然有決定制度的權力，卻不能任意決定那些制度能運行。以這種認識為基礎，生產論及分配論乃成為彌爾《政治經濟學原理》的重心。

先就生產論來說。生產當然決定於生產要素，彌爾首先指陳勞動和自然為根本的生產要素，資本是過去勞動生產物的積蓄，為決定產業進步程度的因素，故

亦為生產要素之一。根據彌爾，勞動雖然是生產所不可或缺者，但勞動的結果未必有生產物，因勞動係生產效用，勞動所生產的效用有三種：固定或體現於物品的效用、固定或體現於人類的效用及提供服務的效用，提供服務的效用僅包含在享受期間所存續的歡樂及在實行期間內存在的服務，並未創造財富，故這種勞動是不生產的。因為彌爾認為，累積乃是財富的必要條件，某種物品自生產至消費時為止，其間若不能保存，就不能算是財富。根據這項觀點，彌爾乃把勞動分為生產的與不生產的，生產的勞動是生產固定或體現於各種物質對象中之效用的勞動，可間接生產物質產品的勞動，如教師、政府官員創造了物品生產所需之環境，也是生產的勞動。未產生物質財富的勞動就是不生產的勞動。不過，不生產的勞動也是有用的，其有用程度也許會超過生產的勞動。

　　根據相同的推論方式，彌爾把消費區別為生產的與不生產的。他指出，對生產直接或間接一無貢獻者，都是不生產的消費者，只有生產的勞動才是生產的消費者。不過，生產勞動者的消費並非全部都是生產的消費，他們為維持或增進健康、體力與作業能力、或為教育可為其繼承人的其他生產勞動者的消費，是生產的消費；但是為了歡樂或奢侈的消費，不問其是怠惰者的所為或是勤勉者的所為，因為不以生產為目的，或對生產無所增進，故可視為不生產的消費。

　　自然物與勞動結合而生產生產物，分析兩者對生產貢獻的多寡是沒有意義的，這就好像以剪刀剪物而欲決定其上刃或下刃的貢獻何者較多一樣。自然要素的數量，有些是有限的，有些是無限的，這是最重要的。因為只要某種自然要素的數量實際上是無限的，且不許其有人為的獨佔，它就不能在市場上有任何價值，因為沒有人會以任何物品交換可以無償獲得的物品。但是，一旦其數量實際上有所限制，這種自然要素的所有或使用就具有交換價值。

　　資本既是過去勞動生產物的累積，其對生產的貢獻是對工作給予必需的建築物、工具與材料，並對工作中的勞動者給予糧食及其他生活資料，這些用途的物品都是資本。彌爾提出有關資本的四項根本法則：第一，勤勞受到資本的限制，只有資本增加，才會使勞動的雇用增加。第二，資本是儲蓄的結果。第三，資本雖為儲蓄的物品，但也是消費的物品，可是並非由儲蓄者本人所消費。因為若儲蓄物品供作將來使用，就是退藏，在退藏期間是完全不被消費的；但如果用作資本就會全部消費。據此項法則可知，資本的維持並非由於保存，而是由於不絕地再生產。第四，對於商品的各種需要不是對勞動的需要，這種需要只決定勞動與

資本應使用於何種生產部門，即決定勞動的方向；勞動數量、勞動的維持及勞動報酬的多少都是由直接用於維持及報償勞動的資本或其他基金的數量所決定的。

　　生產乃是這三種生產要素結合的結果或過程。有兩種原因使生產規模由小而大，第一，企業的性質可以高度分工，且市場亦大有希望，生產規模擴大就能享受分工的利益。第二，採用需要高價機械的生產方式。一般來說，大規模生產是否有利，端視其產品售價是否降低而定。彌爾認為，大規模生產因大量資本集中在少數人手中，其結果不必然會降低售價，因而對社會不必然有利。基於這種理由，他乃主張，類似自來水、煤氣等公用獨佔事業宜採取公營的經營方式。

　　彌爾繼續指出，生產並非固定不變，其增加依序取決於勞動、資本及土地。勞動之供給與人口之增減有密切關係，由於人口之增加並無阻礙因素，故勞動不會構成生產增加的障礙。資本的增加則決定於可供儲蓄之財源的大小及儲蓄誘因的強弱。相同的儲蓄誘因所能完成的資本累積因人、因社會之不同而大不相同，但資本利潤愈高則儲蓄資本動機愈強，這乃是利潤愈大，將來的福利愈多，可提高為將來的福利而犧牲現在的福利的意志。真正能限制生產增加的是土地及其生產力有限。彌爾認為，土地耕作的順序雖非始於最肥沃的土地，但是收穫遞減律必然在最後發生作用，唯有持續保持技藝進步，改良農業生產，才能抵銷收益遞減律的作用。由於自然的這種吝嗇，限制人口的增加乃有其必要性。

三、分配論

　　前面已經提到，彌爾認為，財富的分配完全是人為制度的問題。彌爾認為，在私有財產制度下，生產物的分配主要由競爭決定，但應考慮習慣所能產生的影響，作適當的修正。他特別指出，要是認為競爭對分配法則有唯一而無限制的支配力，就是大大地誤解了社會現象的事實過程。例如，經濟學上有同一市場不能有兩種價格存在的命題，但是誰都知道，在同一市場幾乎經常都有兩個價格存在。任何大都市的任何營業部門，都有價格便宜的商店與價格高昂的商店；不但如此，同一商店的同一物品也有因顧客而異其價格的。根據競爭與習慣的考慮，彌爾乃進而討論生產物如何分配給勞動者、資本家及地主的原則。

　　先就工資來說，工資主要是由勞動的需要與供給所決定，也就是由人口與資本的比例所決定。所謂人口，不是勞動階級的人數，而是被雇用者的人數；所謂資本，不是資本總額，而是直接用於購買勞動的流動資本部分，也就是工資基金。

彌爾甚至進一步指出，在任何時期，都有一定額的財富存在，供無條件支付工資之用。這一定額不能認為一定不變，它可因儲蓄而增加，也因財富之發展而擴大。但可視為，是在一定時期預先確定的金額，依賴工資而生活的階級在其同仁間的分配不能超過此一金額，也絕對不會取得低於此一金額。因此，由於可被分配的數額是一定的，各人的工資乃完全取決於除數，即參加分配的人數。這就是著名的工資基金說的註釋。

根據這種工資基金說，政府便不能把最低工資訂得高於均衡的平均工資水準，因為倘若政府採取這種政策，便會創造了失業。同時，工會也不能以集體力量抬高其工資水準，因為這樣會使其他工人工資下降。工資基金說的基本缺點是把工資基金視為事前已經決定的數額，才導致悲觀的看法。1869 年，彌爾在《雙週評論》(*Fortnightly Review*) 評論桑頓 (Henry Thornton) 的《勞動論》(*On Labour*) 時，則宣稱放棄工資基金說，認為勞動的價格並非由一定額的工資基金所決定，而是勞動的價格決定了工資基金的大小。換句話說，雇主若減少其消費支出，便能增加工資支出；雇主若願承負利潤之下降，亦能增加工資基金。因此，工資上升的真正界限乃是雇主不能忍受低利潤而放棄其企業之點。雖然如此，在其 1871 年的《政治經濟學原理》的最後版本中，則聲稱「這種論爭的結果加作經濟學概論的一部分為時尚早」，故他最後究竟持何種看法，實不易判斷。

就利潤來說，利潤是歸供給生產資金者所獲的利得，包括制欲的代價、風險的賠償及監督工資，也就是利潤係包括利息在內。永久存在的最低利潤率意指：在某一場所與某一時期對於因讓別人使用資本而當然產生的制欲、風險及努力，勉強足以提供相當抵償的利潤率。彌爾認為，若不考慮各種事業的風險及快適程度、自然的或人為的獨佔，各種事業的資本利潤率乃有歸於均等的傾向。

就地租來說，彌爾幾乎完全承繼李嘉圖的差額地租學說，並未加上新的見解。

四、價格論

彌爾認為經濟學的兩大部門是財富的生產與財富的分配，這兩大部門中，只有分配論與價值有關，而且僅限於以競爭決定分配時才有關聯，以習慣決定分配時，仍與價值無關聯，故他把價值論的討論延擱在生產與分配之後。尤其是，他甚至一開始就聲稱，有關價值的法則幸而已無任何有待於今天或今後的著述家研究的，因為這一問題的理論已經完成。

　　彌爾首先指出，價值由需要與供給決定，對物品的需要決定於其用處，亦即可供某一目的之用，可以滿足某一欲望，或者可稱之為效用。物品的供給決定於獲得該物品的難易程度。彌爾把取得物品之困難程度區分為三類。第一類是其供給有絕對的限制，例如，只能在特殊的土地、氣候、日照之下製造的某種葡萄酒；古代的彫刻、名畫、罕見的圖書、古錢及其他古董等。此類物品的價值決定於其有效需要 (effectual demand)——佔有欲望與購買能力的結合，為檢討需要強度對價值的影響，彌爾曾經討論需要表與需要彈性，但其討論方法與現代分析技巧仍有很大的距離。

　　第二類物品是沒有一定的勞動與經費就無法獲得的；但是，任何人如願負擔這種勞動與經費，就可無限量地增加這種生產物。換句話說，乃是供給成本不變的物品。這種物品的價值乃由其生產成本所決定。

　　第三類物品介於上列兩類之間，指稱在某一定成本下，只能生產有限的數量；如欲生產更多的數量就得支出更大的成本，也就是成本遞增的物品，如農業生產物、礦產等項。這類物品的價值決定於生產及輸送至市場的最大成本，也就是邊際成本。因為有這類物品，其結果乃產生地租的支付及有限制人口的必要。

　　以上所說明的是長期間物品價值的決定。在短期間，價格則根據供需而波動：需要增加，則價格上漲；供給增加，則價格下降。

五、貿易條件的決定

　　彌爾在經濟理論上的另一貢獻是：貿易條件的決定。上一章已經提到，李嘉圖的國際貿易學說並不完整，他只說明各國經由貿易如何獲得利益，但未能指出這種利益在各國間的分配。彌爾則指出，實際易貨貿易條件 (barter terms of trade) 不僅決定於國內成本，且決定於兩國對彼此之產品的需要強度及其彈性。

　　以彌爾的例子來說，生產十碼寬幅毛料所需的勞動在英國與生產十五碼亞麻布相同，在德國則與二十碼亞麻布相同，根據李嘉圖的理論，英國輸入亞麻布，德國輸入毛料可使彼此獲利，但是兩國兩種物品的交換比率究將是如何，李嘉圖並未作合理的說明。彌爾則指出，商品需要會隨價格變化而變化，在各種不同交換比率下，英國與德國對彼此之輸入物品的需要量會有增減變化，其中必有一種交換比率足以使兩國彼此對他國物品之需要恰好消化對方的供給，這個交換比率乃是實際可繼續進行交換的交換比率。這種情況得以下表說明：

交　換　比　率	英　國　供　需　表		德　國　供　需　表	
毛料換亞麻布	毛料供給	亞麻布需要	亞麻布供給	毛料需要
10：15	8,000	12,000	19,500	13,000
10：16	9,000	14,400	18,400	11,500
10：17	10,000	17,000	17,000	10,000
10：18	11,000	19,800	16,200	9,000
10：19	12,000	22,800	15,200	8,000
10：20	13,000	26,000	14,000	7,000

　　根據上表，若交換比率為十碼毛料換十六碼亞麻布，則英國願意供給的毛料少於德國對毛料的需要，而英國對亞麻布的需要也少於德國願意供給的亞麻布數量，故毛料的價格相對上漲，而亞麻布的價格會相對下跌；同理，若十碼毛料換十九碼亞麻布，則英國願意供給的毛料大於德國對毛料的需要，英國對亞麻布的需要亦大於德國所願意供給的數量，故毛料的價格會相對下跌，而亞麻布的價格會相對上漲。只有在十碼毛料易得十七碼亞麻布的交換比率下，雙方的供需恰好相等，這乃是實際的交換比率。

　　以上的討論，並未計及運輸費用及生產技藝之改良，若分別把這兩項因素考慮在內，僅使問題更為複雜，並不會改變以相互需要決定交換比率的原則。

六、經濟進步與靜態定型社會

　　彌爾自稱以上所討論的是靜態論 (statics)，動態論 (dynamics) 則必須考慮及社會進步。彌爾指出，社會進步有三項泉源：人口增加、資本增加與生產改良。我們將先說明這三項進步泉源個別發生的後果，然後討論其同時發生的後果。

　　在各項進步因素個別發生的場合。第一，人口增加，而資本及生產技藝不變，則由於勞動供給量增加，工資率趨於下降，利潤率乃因而上升；可是，由於劣等土地的利用，穀物價格及地租上升，工人的報酬亦將回升，因而利潤之上升乃是暫時現象。第二，資本增加，而人口及生產技藝不變，由於人口及勞動生產力不變，資本增加乃使工資上升，利潤下降。若工人因工資上升而增加糧食需要，則會引申使用劣等土地的後果，因而資本家所損失的利潤乃分別為工人工資、地主地租及劣等地耕作費用所獲取。第三，生產技藝進步，而人口及資本不變，由於各種物品生產成本都降低，若未發生其他不利的抵銷因素，則可達成提高工人生

活水準、提高總利潤（利潤率不變）及增加貿易量的結果。

　　在人口及資本同時增加，但生產技藝不變的場合，若兩種中之一種以相對較快的速率增加，則表現出增加率較快者單獨變動的後果，故彌爾乃討論兩者同速增加的情況。在這種情形下，因人口增加引申劣等地的使用，乃使穀物價格及地租上升，其結果為工人貨幣工資上漲，其損失則由資本家利潤減少來負擔。但是，利潤的損失並非全部由地主地租增加所獲得，而係部分被劣等地生產費增加所吸收，這種情況只有改良生產技藝才能抵銷其作用。

　　在上述三項經濟進步泉源都在增加與進步的場合，個別因素的增加速度當然有其影響力。但是，在通常的情形下，由於穀物價格上漲，引申出工資及地租上升，必然會趨於使利潤率下降。換句話說，由地主、資本家及工人三者所構成的經濟進步，有繼續使地主階級致富的趨向，而工人生活資料費用趨高，利潤趨降。特別是，由於資本累積，提高了社會安全及對未來的信心，使利息要求降低；同時，由於資本競爭趨使監督工資下降，因而利潤率乃趨於下降，且有降至最低程度的傾向。雖然我們不能確知其最低點的位置；但一旦達到此最低點，資本就不會再行增加，所謂的靜態定型狀態 (stationary state) 便會來臨。彌爾指出，生產技術改良、輸入廉價必需品及器具、輸出資本等為延緩利潤率降至最低程度的方法，但不能完全阻止其來臨。

第三節　賽　伊

一、生平與著作

　　賽伊 (Jean-Baptiste Say, 1767–1832) 是法國經濟學家。1767 年 1 月 5 日生於里昂，但係在日內瓦長大。及長，與其弟路易士 (Louis Aupuste Say, 1774–1840) 到英國作商業學徒。回法國後，在一家人壽保險公司工作，該公司經理 Claviére 後來擔任法國財政部長，賽伊則成為其秘書。1799 年，賽伊被任命為議員。1803 年，刊行其《經濟學汎論》，因書中若干見解與拿破崙不同，且又不願依拿破崙的意見而修改，故辭去議員職務，且被迫停刊該書。與其年幼子女共同經營一家小型棉紡工廠。十年間，業務發展甚速，居然成為擁有四、五百工人的中型工廠。1814 年，拿破崙下臺後，立憲政府委派他去英國，考察英國經濟狀況，供法國建

設之借鏡。在英國，他與當時英國著名的經濟學家有甚密切的往來。1815 年，他在亞德尼學院 (Collège de Athénée) 講授經濟學，是法國第一個經濟學講座。1819 年，在國立礦業專科學校 (Conservatoire National des Arts et Mótiers) 擔任工業經濟學講座；1830 年，則在法國學院 (Collège de France) 擔任政治經濟學教授，1832 年 11 月 15 日因病逝世。

　　賽伊的主要著作有下列兩種：

1. 《經濟學汎論》(*Traité déconomie Politique*, 1803)──中譯本有：錢公博譯：《經濟學汎論》(臺灣銀行經濟研究室刊行)。
2. 《政治經濟學全集》，六卷 (*Cowrs complet déconomie politique pratique*, 1828)。

二、市場論、生產與其分配

　　賽伊是《國富論》在歐洲大陸的第一位傳播者，他不但把比較散亂無章的《國富論》整理成有體系的論著，而且由他所提出的市場論 (theory of market)，最後且成為古典學派的理論基石之一，而以賽伊法則 (Say's Law) 之名著稱於經濟思想史。

　　賽伊首先指出，一個人勤勞地創造了物品的任何效用，生產了價值，只在他人有換取此物的方法時，才能希望這價值得以估定和償付，這些方法存在於其他價值、其他產品，他們的勞動、資本和土地的成果中。即或一個布商忠實地說：「我所要求交換的不是其他產品，而是銀錢」，我們不難給予證明，僅在他的顧客另一面售出自己的貨物時，才有用銀錢來支付的可能。換句話說，一種商品的購買只能用另一種產品的價值來完成。這便是賽伊的供給為其本身創造需要的基本原理。

　　賽伊根據這項原理推得四項結論，第一，在任何國家，生產者愈眾、生產種類愈多，則銷路愈容易、愈繁多、也愈擴大。第二，每人對眾人的發跡有利，有一類工業的興旺有利於其他一切工業的繁榮，因為不論人從事於那一類勞動，不論如何施展他的才能，愈被賺錢的所包圍，愈能覺得較好的就業工作，從此而獲得較好的利益。第三，外國產品的輸入有利於本國產品的出售，因為我們只能用我們的勞力、土地和資本的產品來購買外國的貨物，故國外物品的貿易引申擴大了本國物品的市場。第四，凡沒有其他目標，僅在激起新產品的消費者，是單純的消費，對地方的財富毫無補益，它破壞了另一面所產生的，為使消費變為有利，該完成它滿足人們需要的基本對象。基於這四項結論，賽伊認為，為鼓勵工業，僅藉單純的消費

是不夠的，該獎勵興趣與需要的發展，使民眾發生消費的渴望；同樣，為鼓勵出售，該幫助消費者賺得利益，改善他們的購買環境。這種一國普遍與固定的需要會刺激生產，使之有購買力而產生繼續不斷的重複消費，有利於家庭生活的改善。生產愈積極，一般產品的需要隨之愈活躍，乃係永久不變的真理。

因為重視生產，賽伊的《經濟學汎論》係以生產論為起點。他首先指出，人們對物品所能確定的價值乃以它所能提供的效用為第一基礎。有些用作糧食，有些用作衣物等，倘若一無用途，便不付予任何價格。因此，所謂效用便是指稱能滿足人類各種欲望的性能。創造有任何效用的物品就是製造財富，因為這些物品的效用是其價值的首要基礎，而其價值就是財富的由來。但是，人不能創造物質，組成世界的物質量是不能增減的。我們所能夠做的是把這些原料製造成另一種形式，給予它本來所沒有的任何功用，或僅增加它本來的用途。因此，生產不是物質的創造，而是用途的創造。

為進行生產，必須結合各種生產要素。在賽伊之前，學者們論及生產要素總是指稱土地、勞動和資本，而賽伊則是把企業家列為生產要素的第一位學者。他明確地指出，企業家就是自己負責為賺利或冒著遭遇損失的危險來製造任何商品的人，或者可說是運用他既得的知識，來製造合於我們需要的物品。這種人的基本特性在於：有明辨、毅力、認識人和事物。要恰當地鑑定某一產品的重要性、其潛在的需要與生產方法；有時也要支配一群人，該購買或使人購買原料、徵集員工、覓找消費者、有組織與經濟的觀念，也就是有管理的才能。由於把企業家列為生產要素，故賽伊乃在其分配論中把利息與利潤明確地分開，這也是他在經濟學上的另一項貢獻。

根據賽伊，資本的利率係由兩部分所構成，其一是付給利用資本的真租金，純屬簡單的利息。這部分利息隨著資本供給量愈小及需要量愈大而愈高；同時，資本的應用變得更容易和更具生產性，會引申對資本需要量的增加，而引起利率上漲。其二是資本所有者冒著損失部分或全部資金的保險金，這部分保險金由三項因素所決定：⑴應用上的安全感，⑵債務人的才能與品德，⑶債務人居住地區的行政狀況。各地區同一時期或者有相等的純粹利息，但保險金則因安全感不同而有別。

賽伊把利潤視為一般工作之所得的一種，與工資同一類討論。同時，他把利潤分為兩類，一類是科學家的收益，與近代的創新之報酬的觀念相類似；一類是

企業家的利潤，與近代承負風險之報酬的觀念相類似。賽伊也討論工資與地租，特別是對差額地租說有所批評，但他並未建立足以替代的新學說。

|||||||||||||||||||||||||||||||||||||||||||||||||||||||||||||||||||||||||||||||||||||||||||

🖋 第四節　辛尼爾

一、生平與著作

　　辛尼爾 (Nassau William Senior, 1790–1864) 是英國經濟學家。1790 年 9 月 26 日生於波克郡 (Berkshire) 的一個西班牙裔的牧師家庭。1803 年進伊頓學院；1807 年進牛津大學馬格達蘭學院 (Magdalen College)，1812 年以優等畢業；1815 年，得到碩士學位；1819 年，到倫敦執律師業務。自 1821 年開始，撰寫經濟評論文章；1823 年，參加經濟學會；1825 年，受聘為牛津大學第一任政治經濟學講座教授；1831 年轉任倫敦皇家學院政治經濟學教授，因宗教理由而去職。辛尼爾與當時執政的自由黨 (Whig) 政府有密切的關係。1832 年，被任命為皇家救貧委員會委員；1837 年，則任工廠委員會委員；1841 年，擔任愛爾蘭救貧法委員會委員；1847 年至 1852 年，再度出任牛津大學的政治經濟學講座教授；1857 年起，擔任皇家教育委員會委員；1864 年 6 月 29 日去世。

　　辛尼爾並非專業的經濟學家。1840 年以後，雖然常在《愛丁堡評論》發表論文，但以討論社會問題居多。但在經濟思想史上，他則以倡導利息的忍慾說而著名。他的代表作是《經濟科學綱要》(*An Outline of the Science of Political Economy*, 1836)（臺灣銀行經濟研究室刊有周憲文中譯本）。

二、在經濟思想上的貢獻

　　在英國諸經濟學者中，辛尼爾是第一位經濟學教授，也是首位試圖避開政策議論，以純粹理論建立經濟科學的經濟學家，不論他的目的是否完成，在當時這是一項新研究途徑則是無可置疑的。

　　辛尼爾首先指出，經濟學是討論財富的性質、生產和分配的科學。財富有三項構成要素，其一是直接或間接產生快樂或防止痛苦的力量，也就是效用 (utility)；其二是供給有限性，也就是稀少性；其三是可讓性，也就是具有交換價值；其中以供給有限性最為重要。因為辛尼爾認為，財富的價值決定於需要與供

給，前者表示對物品給予效用之原因的強度，後者則表示限制物品數量之障礙的
弱度。

　　基於這種認識，辛尼爾提出作為經濟學之基礎的四項基本命題的見解。他的
第一個命題是，每一個人都渴望以最小的犧牲取得最大的財富量。第二項命題是，
世界的人口只受道德的或肉體的罪惡，或各階級的住民們擔心其習慣上所需要的
財富（必需品）之不足的限制。第一項命題是意識的，辛尼爾幾乎是接受了邊沁
(Jeremy Bentham) 的見解；第二項命題是觀察的，辛尼爾接受了馬爾薩斯人口論
的悲觀看法。第三項命題是，勞動及其他生產財富的生產工具得因以其產品作為
再生產的手段而無限增加。在這項命題之下，辛尼爾展開了他著名的利息的忍慾
學說 (abstinence theory of interest)，下文特要加以說明。單純就這項命題來說，辛
尼爾展示了持續資本累積所能產生的生產力遞增法則 (Law of Increasing Produc-
tivity)。他指出生產要素有三：勞動、自然要素（其範圍大於土地）及忍慾，忍慾
指稱不以自己所能支配的物品作不生產用的行為，或有意選擇較長久的生產成果
而不選擇即時生產成果的行為。而所謂資本則指稱這三大生產要素的結合，資本
的利用則擴大了市場和提高了生產力。第四項命題是，若農業技術不變，在同一
地區土地內所投入的追加勞動通常會產生遞減的收益，也就是收益遞減法則 (Law
of Diminishing Returns) 會發生作用。他進一步指出，根據這四項命題推論而得的
有關財富的本質及其生產理論乃是恆久不變的定理；但推論而得的有關財富分配
理論，則會受時空環境的影響。雖然如此，他仍認為，可先建立一般法則，再進
而分析各種環境因素的影響。

　　資本的報酬稱利息，利息是忍慾的報酬，而忍慾則是享樂的延期，含有對不
愉快或負效用的補償成分。由於資本或者充當工具或者充當流動資本，均可增進
分工的利益，而分工愈細，生產的迂迴程度愈大，資本的報酬也愈高，這便是等
待的生產力，也是等待的負效用，故生產期間愈長，利息乃愈高，這便是辛尼爾
的忍慾說。通常對忍慾說有兩項重要的批評：第一，儲蓄（忍慾）不一定帶有痛
苦的成分，特別是高所得階級及企業為然。第二，忍慾說無以說明資本的稀少性。

　　辛尼爾在經濟學上的另一項貢獻是對獨佔的分析，他指出四種獨佔形式：第
一，獨佔者固然享有獨佔上的便利，且能以等成本增加生產，但無生產上的獨佔
能力，例如專利權。第二，獨佔者為唯一生產者，但不能無限增產，例如特殊風
味的葡萄酒。第三，獨佔者為唯一生產者，且可無限制增產，例如著作的版權。

第四，無生產上的獨佔能力，且成本遞增，如土地。辛尼爾特別指出，在獨佔的情形下，生產費用會與其價格背離，也就是其市場價格不必然與自然價格一致。換句話說，只有在競爭的情形下，市場價格才會與自然價格一致。

第五節　凱尼斯

一、生平與著作

　　凱尼斯 (John Elliot Cairnes, 1823–1875) 是愛爾蘭經濟學家。1823 年 12 月 26 日生於愛爾蘭的貝林漢城 (Castle Bellingham)。在中學畢業後，曾幫助其父親經營事業，故 1848 年才自都柏林大學的三一學院 (Trinity College) 畢業。1854 年修得碩士學位，並且取得律師資格。1856 年受聘為都柏林大學惠特萊政治經濟學講座教授 (The Whately Professorship of Political Economy)。1859 年，兼任伽畏 (Galway) 的皇后學院的政治經濟學及法理學教授。1866 年，任倫敦大學院 (University College) 的教授。1872 年因健康情形欠佳而辭職；三年後逝世。

　　凱尼斯是當時英國的首席經濟學家，也被認為是彌爾的最有力的繼承者。甚至，更被認為是古典經濟學的最後一位辯護者。

　　凱尼斯的主要著作有下列三種：

1. 《政治經濟學的本質及邏輯方法》(*The Character and Logical Method of Political Economy*, 1856)；
2. 《理論與應用政治經濟學論集》(*Essays in Political Economy, Theoretical and Applied*, 1873)；
3. 《政治經濟學原理新論》(*Some Leading Principles of Political Economy Newly Expounded*, 1874)。

二、工資與勞動論

　　在整個十九世紀，古典經濟學一直遭遇著急進派、社會主義者及社會改革者的批評，特別是人口論、差額地租說及工資基金說為然。前章已經提到，面對這些批評，彌爾曾經宣稱放棄工資基金說的見解，又聲稱作為定論為時尚早。彌爾的承繼者凱尼斯對此問題有所辯護，可說是古典學派最後的立場，本節特對此立

場略作說明：

　　簡單地說，工資基金說主張，在每一生產期結束之際，對勞動者需墊付一筆流動資本使勞動者能在次一生產期生活下去。這筆資本存量決定於前期勞動及資本的生產力、資本投入量等因素，這筆資本存量被工人數量除，得到該生產期的平均工資率。因此，工資基金說有幾項前提，第一，工資係由資本支付；第二，這項資本存量是前期決定的；第三，工資係真實工資 (real wages)；第四，這個學說僅表達平均工資率，未表達個別產業工人不同工資率的決定因素。在實際社會中，這些前提是不存在的，根本原因有二：其一，工資係以貨幣支付，一旦把工資基金視為貨幣資本，就不能把它視為先前已決定的數量，故工會乃可運用其力量改變其會員的工資。其二，各種不同產業之工人有不同的工資率。基於這種理由，彌爾才有放棄工資基金的說法。

　　面對這種情形，凱尼斯在其《政治經濟學原理新論》中，試圖為工資基金說作辯護，並重建古典經濟學。他首先指出，問題的焦點不在於工資基金是否先前已經決定，而在於作為資本家之資本在現實世界的實際行為。凱尼斯不認為資本家會提出一筆工資基金，但他指出，資本家一旦進行投資，投資基金就已存在，這項基金有三項決定因素，資本家的資本總額、資本家的時間偏好及其獲利機會；凱尼斯認為工資基金通常與其總資本保有某種比例關係，這項比例乃決定於：⑴一國產業的本質或其生產函數；⑵該國的資本總額；⑶特別是勞動供給量。由於生產函數短期內不致有所改變，故資本總額與勞動供給量乃成為工資的主要決定因素。基於這項觀點，凱尼斯認為長期間工資係固定的，在短期間若以真實工資來表達，也不改變此項結論；只有在貨幣工資的場合，工資基金才不固定。

　　凱尼斯進一步把各級勞動區分為四類「非競爭集團」(non-competition group)，第一類是各種未熟練的勞動；第二類是工匠團體，包括次要的熟練勞動及小零售商，他們的基本特點在於技術及小資產；第三類是高一等的生產者及商人，他們的特點是家資富饒及有良好的教育；第四類包括一般專門家、科學家、藝術家在內的資本家，他們擁有豐富的資產，使其選擇範圍更大。這些團體各自決定其工資率，第一類及第二類勞動者因人數較大，競爭程度較大，生活程度乃較低。因此，勞動者若要提高其地位及生活程度，只有抑制其人口的增加，或累積資本使其在非競爭團體中升級。但是，這是不容易實現的，故凱尼斯乃有廢除大資本家，建立「合作制度」(system of cooperation) 的主張。

||||||||||||||||||||||||||||||||||||||||||||||||||||||||||||||||||||||||||||||||

第六節　古典學派的理論遺產

一、諸經濟法則

　　經濟學上的古典學派一詞常泛稱，自 1776 年亞當斯密刊行《國富論》，至 1870 年代的一百年間，在著作上表達相同的經濟原則及運用相同的研究方法，導出有關財富之生產、分配、交換及消費之法則的經濟學家，他們大部分都把經濟學視為研究及發現不受時空限制之經濟法則的科學。在本節，我們特扼要說明他們所發現的各項法則，並對他們在經濟學史上的地位略作評論。

　　古典學派通常也稱為經濟自由論 (economic liberalism)，係以自由放任學說所導出的個人自由、私有財產、個人創意及個人支配企業為其基礎。他們所導出的主要法則有十項：自由放任法則 (law of laissez faire)、價值法則 (law of value)、比較利益法則 (law of comparative advantage)、收益遞減法則 (law of diminishing returns)、人口法則 (law of population)、工資法則 (law of wages)、資本累積法則 (law of capital accumulation)、地租法則 (law of rent)、利潤法則 (law of profits)，及市場法則 (law of markets)。

　　自由放任法則也可以說是私利行為法則 (law of self-interested behavior)。自亞當斯密根據自然秩序之哲學，導出私利與公益調和之學說以來，古典學派的經濟學家都同意，自由競爭之市場力量支配著生產、交換與分配，無需經由政府之干涉，社會能自我調整並趨於充分就業，故政府干涉愈少愈好。這種自由放任乃是指稱可任由個人追求其最大的利得，諸如企業家設法降低成本以使利潤極大或損失極小，工人想提高工資及減少工作時間，地主想獲得最高地租，儲蓄者想使利息收入極大化等都是。

　　價值法則說明物品價值之決定原則。古典經濟學把物品價值區分為長期與短期決定過程，在短期間，市場上的需要與供給決定市場價格，但他們不曾導出消費者行為的理論，不曾把邊沁的功利主義哲學應用在需要分析上，也就是不曾探討效用與需要間的關係。尤其是，他們都認為，在長期間，市場價格會趨等於自然價格（正常價格），而所謂自然價格乃是由投入勞動或生產費所決定，投入勞動或生產費乃是企業家所關心者，故我們可以說，在古典經濟學中，供給分析特別

被重視,而需要分析則被忽視。

　　比較利益法則陳述在自由交易下,交易的利益及原則。在國際貿易上,出口國內生產成本相對最低的物品,易取國內生產成本相對最高的物品,後者的價值決定於前者的生產成本,這乃是國內交換原則的應用。

　　收益遞減法則表達一項固定生產要素與一項可變生產要素間在生產過程中的關係。古典經濟學係自農業生產導出這項法則,固定要素為土地,可變要素為勞動,這項法則表達在土地不能增加的情形下,追加勞動的生產量有遞減的趨勢。

　　人口法則指出,若未加各種限制,人口有以幾何級數繼續增加的趨勢,而生活資料的有限性最後終將阻止人口的增加。根據人口法則與上述收益遞減法則,古典經濟學乃認為人口愈增加,生活資料之取得愈困難,停滯狀態乃成為不可避免的最後的經濟階段,這種悲觀的看法乃使卡萊爾 (Thomas Carlyle)❶把經濟學稱為憂鬱的科學 (dismal science)。

　　工資法則即工資基金說,古典經濟學把生產期間的工資基金視為由前期所決定,而使當時的工資率決定於該生產期間的受雇工人數;甚至進一步指出,若該生產期間之工資基金被受雇工人數除得的工資率大於勞動者的基本生活費用,勞動者會趨於增加其人口,而使工資率降至最低生活水準。關於這項法則,除前面已有詳細說明之外,在此,我們尚要進一步地指出,根據工資基金學說,勞動者若想提高其工資,一方面要勞動者本身限制人數的增加,他方面則有賴於資本家的資本累積。

　　資本累積法則是古典經濟學中最不明確者。如前所述,古典學派各經濟學家都重視資本在增加生產財富上的作用,可是資本該如何增加,其誘因何在,古典經濟學則未能提出有力的學說,其基本原因是大多數經濟學家混同了利息與利潤,因而認為利潤增加可自動地使資本累積加速。同時,在增加工資基金上,古典經濟學則強調削減非生產性消費的重要,但未說明其經濟誘因。

　　地租法則與收益遞減法則有密切的關係。如前所述,古典經濟學認為價值決定於投入勞動或生產費,可是由於土地的供給有限及肥沃程度不一,土地生產物

---

❶　卡萊爾 (Thomas Carlyle, 1795–1881) 是英國作家、歷史學家及哲學家。生於蘇格蘭。是十九世紀最有影響力的作家之一。他對英國社會有極其坦率的批評,他攻擊新產業秩序與古典經濟學,嘲弄經濟人的概念、指責自由放任哲學等等。就社會經濟觀點來說,在卡萊爾的許多著作中,《過去與現在》(Past and Present, 1843) 一書,最值得仔細玩味。

有成本遞增的現象，邊際單位的生產費總是高於先前各單位的生產費，而此項土地產物又不能有兩種價格，因而邊際以上的各單位乃產生差額的剩餘，此項剩餘則成為古典學派差額地租的根源。

利潤法則與工資法則及地租法則有密切關聯。就靜態意義來說，地租既不包括在生產費中，它與利潤並無關聯，而構成生產費之利潤與工資則為分配上的競爭因素，工資愈高，利潤愈低。因此，若要使資本家削減非生產性消費，以便增加工資基金，提高工資，便等於降低其利潤。就動態意義來說，由於人口增加，劣等土地的使用，使生產費提高，穀價及地租都上漲，並引申出工人生活費的提高，也會趨於降低利潤，這乃是古典學派停滯狀態的一項補充因素。

市場法則係由賽伊所展開，除馬爾薩斯外，各古典學派的經濟學家都接受此項命題。根據這項法則，某個別物品的供給可能大於其需要，而同一期間則另有其他物品的供給會小於其需要，但全部物品之供給大於其需要則屬不可能發生，因為物品生產不但創造了物品而且自市場上得到購買力，會對其他物品形成需要。即或部分所得係被供給物品者所儲蓄，透過利率之作用，此儲蓄會被企業家供作生產過程中的工資基金而作投資之用，故供給仍為其本身創造了需要。

二、經濟成長論

由前面所摘述的各項法則可以看出，古典學派的經濟學家們固然討論價值與分配問題，但是他們更關心工資、利潤及地租的長期趨勢及其與長期經濟成長的關係；如本書後文將要論及，有關價值與分配問題則是新古典學派的基本論題。

大體上說，在古典模型中，經濟成長被視為人口成長與資本累積的結果。在人口方面，可供利用的生活資料的充裕與否反映在市場工資率的升降，進而影響人口的成長，當市場工資率上升，反映著對勞動需要的增加，對人口成長亦有較大激勵。在資本方面，資本累積不但因增加工資基金而促進人口成長及經濟成長，且因其謀生技藝進步而推動經濟成長。因此，亞當斯密指出，經由分工及其所需的資本投資，平均每人產量乃能增加。馬爾薩斯則指出，人口快速成長會耗盡經濟成長果實的危險。李嘉圖亦指出，在利潤率或利率降至極低而使資本累積停止之前，即使人口增加，也僅有成長效果。而彌爾更進一步指出，經濟成長決定於⑴資本增加率，⑵人口成長率，⑶肥沃土地之供給，以及⑷農業生產技藝變動率。由於肥沃土地之供給有限，且利潤率之趨降有礙於資本增加，甚至有使之停止增

加的可能性，故經濟成長乃決定於生產技藝增加率與人口成長率之競賽，只有在前者超過後者的場合，經濟成長才有可能，否則便不能阻止停滯狀態的產生。大多數古典學派的經濟學家都多少認為停滯狀態是不能避免的。

　　雖然如此，彌爾根據十九世紀中葉英國的經驗指出，有四項途徑且以避開停滯狀態之來臨，第一，農業生產技藝進步速率高於人口成長率；第二，工業生產技藝之進步；第三，輸入糧食，降低食品價格；第四，國外投資。其實，這四項途徑完全只有一個作用──抵銷收益遞減律的不利效果。鑑於肥沃土地極其有限，且收益遞減律難以避免，故阻止人口的高速成長，為阻止停滯狀態來臨的惟一途徑，這或者可說是古典學派經濟學家的共同看法。

三、對古典經濟學的若干評價

　　作為現代經濟學之基礎的古典學派的經濟思想，一部分已為近代經濟學家所揚棄，另一部分則成為整個經濟思想的不可劃分的遺產，前者如工資基金學說，後者如分工論、比較貿易利益、經濟成長觀念等。因此，我們對這一學派的經濟思想宜給予若干評價，再指陳其缺點，以展示經濟學的另一個發展境界。

　　古典學派顯然接受了邊沁的最大多數的最大幸福的原則，且相信經由個人追求私利的自由放任政策，由不可目見之手的指引，可調和私利與公益，達到此項目標。在解除封建制度及重商主義之經濟管制束縛上，扮演著相當重要的角色；且在當時一般人都相當貧窮，而投資機會又甚為豐足的狀態下，資本家持續把其資本供作再投資之用，對於十九世紀的顯著經濟成長著有貢獻。

　　同時，古典學派試圖以簡單模型描繪當時的現實經濟世界，遠較重商主義者及重農主義者的模型為真實且有用。在工業革命初期，這項模型及其自動調整作用確實是合宜的；不過，隨著工業革命的進展，這個簡單化模型的有用性乃不免逐漸顯露其瑕疵。

　　在這些缺點中，最為顯著的是經濟制度的變遷及其影響。隨著生產技藝的開發、獨佔及寡佔成為市場結構的特色，因而產生之財富分配不均亦為生產過多或消費不足的根源之一。因此，自由放任思想所演繹而成的利益調和說是否有用，以及競爭程度的降低，都使古典經濟理論面對著新經濟環境的挑戰。

　　其次，古典學派經濟學家有對靜態定型狀態的悲觀看法，忽略了後世技藝進步，限制人口增加等有利的演變趨勢。不過，我們也應體認，正因為古典學派指

出靜態定型狀態的可能性及其趨向，使後世經濟學家特別重視資本累積、技藝進步及限制人口的研究，才使我們得以擺脫或延緩靜態定型狀態的來臨。

第三，古典學派的經濟學家以當時英國經濟發展經驗為其模型，認為所獲法則得以應用於世界各地。這種態度忽略了時空的影響，也就是忽略了經濟法則的相對性。例如，他們鼓吹自由貿易，對英國固然有利，但卻有害於當時的各開發中國家。這種情形便是下文即將討論的歷史學派誕生的基本原因。

第四，古典學派的自由放任思想，顯然忽略了當時所得及財富分配不公平及工人階級生活困苦的情況。因而乃有更激烈且欲根本改變當時已存在之經濟制度的經濟思想的誕生，這便是下一章所要討論的社會主義經濟思想的根源。

第五，古典經濟學中，有關需要、利率及貨幣的分析甚為貧乏，故其總體經濟理論並不完整。特別重要的是，雖然他們也重視經濟成長，但在其中扮演重要角色的資本的概念則一直未有明晰的意義。

本章進修參考書目

1. 周憲文譯，J. S. Mill 原著：《經濟學原理》（臺北：臺灣銀行經濟研究室，五十五年）。
2. 周憲文譯，N. W. Senior 原著：《經濟科學綱要》（臺北：臺灣銀行經濟研究室，五十八年）。
3. 錢公博譯，J. B. Say 原著：《經濟學汎論》（臺北：臺灣銀行經濟研究室，五十七年）。
4. 胡澤、許炳漢譯，Ingram 原著：《經濟學史》，第五章。
5. Irma Adelman, *Theories of Economic Growth and Development*, chapters 3 and 4.
6. Mark Blaug, *Economic Theory in Retrospect*, chapters 5 and 6.
7. Marion Bowley, *Nassau Senior and the Classical Political Economy* (New York: Augustus Kelley, 1949).
8. Y. S. Brenner, *Theories of Economic Development and Growth*, 2nd ed. (London: George Allen and Unwin, 1969), chapter 2.
9. E. J. Burtt, Jr., *Social Perspective in the History of Economic Theory*, chapter 5.
10. J. S. Mill, *Principles of Political Economy*, ed. by W. J. Ashley (London: Longmans Green & Co., Inc., 1923).
11. Jacob Oser and W. C. Blanchfield, *The Evolution of Economic Thought*, chapter 8.
12. I. H. Rima, *Development of Economic Analysis*, chapters 7 and 8.
13. Nassau W. Senior, *An Outline of the Science of Political Economy* (New York: Augustus Kelley, 1951).
14. J. B. Say, *A Treatise on Political Economy* (Boston: Wells and Lilly, 1921).

第 9 章 社會主義思想的誕生

第 *9* 章　社會主義思想的誕生

一個人，生在一個過於年老的民族中間是得支付巨大的代價的。他得擔荷過去、磨難、令人厭倦的經驗、智慧與愛情的失意。這種種重負，以及幾百年的生命的擔子，其中還剩留著煩惱的辛酸的渣滓。

《約翰・克利斯朵夫》

第一節　引　論

一、社會經濟環境的變化

　　十九世紀的經濟異端有兩個共同特點，其一是否定自由放任原則，其二是對古典經濟學展開批評。社會主義是這些經濟異端之一，且是直到今日最有影響力的異端之一。如下節就要提及，各社會主義派別彼此有甚多的異見，但他們都共具有下列三個共同的特點：第一，他們都否定自由放任及各不同階級間之利益調和的觀念。第二，他們都鼓吹集體行動及公有企業，以改善群眾的生活；至於公有企業的所有權可委諸中央政府、地方政府或合作企業。第三，他們都樂觀地相信人類的完美性，只要給予合宜的環境，人的高貴氣質就會炫耀其光輝。這種共有特點及其他異見，均是十九世紀歐洲經濟環境的產物，故我們首先要考察當時的經濟社會環境。

　　1789 年法國革命後，歐洲社會組織的重組是一項重大的變化。中古以來的封建制度逐漸消失，代之而起的新社會制度則建立在新經濟環境上，特別是工業革命後，資本集中情形愈明顯，故形成資本家與勞動者的新階級。同時，由於中古行會制度解體，新工會制度又未能順利演進，乃形成一種過渡時期現象。

　　第一項重大變化是工廠制度的發展。工業革命帶來大規模的機械生產方式，把原屬分散的工人集中到同一屋頂下工作，在生產力提高、減少童工女工、縮短

工時、提高工人生活水準方面的貢獻是不容我們忽視的。但是，由於工人集中於大都市，且其收入相對上難於因應大都市的生活水準；特別是，資本家階級的收入增加更為快速，乃形成貧富差距相對擴大現象。

另一項異見產生的原因是思想不同。大體上說，自洛克以來，英國一直保有個人主義的傳統；但是，在歐洲大陸，笛卡爾的理性主義❶、盧梭的共同意志說❷等都有重視集團意識的色彩。因此，作為反古典學派之自由放任經濟思想的歷史學派及社會主義，都充滿了集團意識，他們若不是發源於歐洲大陸，便是盛行在歐洲大陸。在本章及下一章，我們將討論社會主義的經濟思想；在第十一章至第十三章則分析歷史學派的經濟思想。

二、社會主義的類別

在討論社會主義的經濟思想之前，我們應當對各種社會主義作扼要的說明；同時，我們也要為資本主義作簡要的界說，因為社會主義者企圖以社會主義取代資本主義，我們當然須對資本主義的本質有所瞭解。

資本主義 (capitalism)。資本主義有兩項重要的特徵：私有財產和利潤動機。在資本主義制度下，資本與土地可以私有；生產和分配係依在市場形成的價格作為指導原則，也就是以利潤動機為激勵因素。但是，在資本主義制度下，仍然容許有控制或管制。例如，政府或獨佔組織控制企業，工業控制勞動市場等。在這種情形下，民營企業 (private enterprise) 取代了自由企業 (free enterprise)，但依然是資本主義。

國家資本主義 (state capitalism)。在資本主義的環境下，國家依照民營企業的極大利潤或最低損失的原則，持有並經營部分企業，可稱為國家資本主義。例如，

❶ 笛卡爾 (René Descartes, 1596–1650) 是法國數學家與哲學家。畢業於普瓦泰大學 (University of Poitiers)，曾在荷蘭的摩利士將軍 (Maurice of Nassau) 的軍隊服役。1628 年退伍後，到荷蘭從事研究與寫作。在數學上創解析幾何；在哲學上則闡明理性主義。

❷ 盧梭 (Jean-Jacques Rousseau, 1712–1778) 是法國哲學家，生於日內瓦。他出生時，母親死亡。10 歲時，被他父親所棄，開始過流浪生活。1741 年到巴黎，因認識狄德羅 (Denis Diderot)，而開始與高級知識圈有接觸；1749 年獲第戎學術院 (Dijon Academy) 論文獎而成名。盧梭對十八世紀經濟及社會思想有極重大的影響。他相信，人性本善，文明則使其墮落；因為有財產權之類的制度，才導致平等的消失。只有返歸自然，才能消除這些缺點。他的主要著作有：《愛彌爾》(Emile, 1762)；《民約論》(Le Contrat social, 1762)；《懺悔錄》(Congessions) 等。

俾斯麥 (Otto von Bismarck, 1815–1898) 把德意志鐵路收歸國有，只能稱為國家資本主義，不是社會主義。

國家社會主義 (state socialism)。在資本主義的架構裡，政府所持有並經營的企業若非以利潤，而係以一般社會目的為其原則，則屬於國家社會主義之列。就歷史上來說，若干資本主義國家基於客觀環境的演變，曾有若干措置是屬於此類行動的。

空想社會主義 (utopian socialism)。空想社會主義可追溯到 1800 年，聖西蒙 (Henri Comte de Saint-Simon)，傅利葉 (Charles Fourier) 及歐文 (Robert Owen) 等人是創始者。這項思想誕生時，產業革命剛發軔，產業工人地位甚低且未有組織，既被剝奪市民權，且又不自知其潛在力量。空想的社會主義者認為競爭性的資本主義市場經濟是不公平且不合理的，他們規劃了完全社會安排的計劃，請求全世界採用他們的計劃。他們鼓吹以普遍的兄弟愛替代階級鬥爭，希望資本家與他們的計劃合作，甚或給予財務上的支持。他們精心構設想像中的合作社會模型，其中有若干且付諸實施，但通常都未成功。關於這些社會主義者的思想與行動，我們將在本章中討論。

無政府主義 (anarchism)。普魯東 (Pierre-Joseph Proudhon) 為最早的鼓吹者之一。無政府主義者認為人性本善，國家及其制度使人變壞，因而主張廢棄政府及私有財產。他們並不鼓吹無秩序的社會，而是主張由自願或類似動機而組成的自我管理團體所產生的社會秩序，這種團體或者是共有資本以取代私人資本的合作團體，或者是消費者的團體；也可組成更大的團體以容納整個國家，乃至於數個國家。無政府主義者的社會以相互瞭解、合作及完全自由為其特徵；在這社會中，個人的創意會被鼓勵；但齊一性及中央集權則要有效地抑制。

馬克斯的社會主義。馬克斯有兩項主要理論根據：其一是由李嘉圖勞動價值學說發展出來的資本家對工人剩餘價值的剝削理論；其二是唯物史觀 (the material interpretation of history)，我們將在下一章深入分析這些理論，現在僅作扼要的說明。根據馬克斯，每一個時代的生產及交換方式建立其社會組織，且為法律、政治、文化及知識之上層結構的基礎，這種生產關係乃成為繼續進步的障礙，推翻舊社會，建立新生產關係的作用過程有賴於階級鬥爭 (class struggle)。同時，馬克斯更主張國家為一個階級壓迫另一個階級的工具；資本主義國家壓迫工人；工人階級應推翻中產階級國家，建立其無產階級專政的國家。在這種社會主義制度

下，可容許有消費財的私人財產，但資本與土地則由中央政府、地方政府或由國家所倡導且管制的合作社所公有，生產不依利潤動機及市場機能為指導原則，而係依計劃進行。在分配上，則以「各盡所能，各取所需」(from each according to his ability, to each according to his need)，取代社會主義的「各盡所能，各取所值」(from each according to his ability, to each according to his work)，這便是共產主義 (communism) 社會。在共產主義制度之下，因為各對立階級已經消失，故國家將消失，且以對事物的管理取代對人的管理。

||||||||||||||||||||||||||||||||||||||||||||||||||||||||||||||||||||||||||||||||||||||||||||||||||||||||

第二節　聖西蒙

一、生平與著作

聖西蒙 (Claude Henri de Rouvroy, Comte de Saint-Simon, 1760–1825) 是法國社會主義者。生於巴黎的一個衰落中的貴族家庭，接受私人的家庭教育。在 1776 年至 1782 年間，服務軍旅，參加美國獨立戰爭。回國後，曾提出若干大計劃，例如，建議開鑿馬德里運河，以連貫大西洋與太平洋，但都被指稱痴人說夢，未被採納。1789 年，法國革命後，聖西蒙因土地投機而致富。在巴黎設一沙龍，招待科學家、藝術家、銀行家等當時的傑出之士。因是貴族，在 1793 年至 1794 年的恐怖時代，曾被囚禁。1802 年，他開始寫作；1804 年已花去他全部金錢，自此便在飢餓邊緣，依賴寫作而生活，以至於死。

有人稱聖西蒙為法國社會主義之父。他的著述甚豐，比較重要者有下列三種：

1. 《產業論》，十卷 (*L'industrie, ou Discussions Politiques, morales et Philosophiques, dans l'intérêt de tous les hommes livrés á des travaux utiles et indépendans*, 1816–1818)；
2. 《產業制度論》，三卷 (*Du Systéme industriel*, 1821–1822)；
3. 《新基督教義》(*Le Nouvean christanisme*, 1825)。

二、新產業組織論

社會主義觀念固然可追溯至古代，但其近代發展則始於聖西蒙。聖西蒙與古典經濟自由主義最大的不同在於，他不相信自利心能自動地調和私利與公益。他

倡導以合作及階級利益一致替代自利心。雖然如此,他與古典學派同樣地體認科
學與產業乃是近代的里程碑。在近代之前,社會制度係以軍隊及宗教虔信為基礎;
在近代,就須以產業能力及自願接受科學知識為依據。自利心既然不能引導我們
實現私利與公益的調和,我們就需重新改造我們的社會,以消除科學與產業發展
的障礙,理性的合作與階級利益一致乃成為改造社會的準則。

　　根據這項準則,聖西蒙主張全體人民應依共同生產利益、工作安全及交易自
由之需要而組織起來,這種產業組織的唯一目的在於管理事物,而不是管理人們,
故不宜由傳統意義的政府去執行,而宜另行組織產業議會 (industrial parliament)。
這個產業議會係仿照英國政府的形式,由三個議院所組成,第一(發明)議院的
任務在於構設一項公共工程計劃,以增加法國的財富,並改善國民的環境。所謂
公共工程包括道路、運河及灌溉排水的建設與提供免費教育。這個議院由三百位
議員組成,其中二百位工程師、五十位詩人、二十五位藝術家、十五位建築師及
十位音樂家。第二(檢查)議院的任務在於評估第一議院所提計劃的可行性與必
要性,並展開公共教育的重大計劃。這個議院也由三百名議員組成,其中大部分
為數學家及物理科學家。第三(行政)議院的任務是對第一及第二議院提議及批
准的各項計劃票決其可行與否,同時並享有課稅權。聖西蒙未細列這個議院的議
員人數,但提出應包括各產業部門的代表。

||||||||||||||||||||||||||||||||||||||||||||||||||||||||||||||||||||||||||||||||||||||||||||||

🖋 第三節　西斯蒙第

一、生平與著作

　　西斯蒙第 (Jean Charles Leonard Simonde de Sismondi, 1773–1842) 是瑞士經濟
學家與歷史學家。生於日內瓦的一個貴族化的義大利家庭。因為幼年時,家庭破
產,不得不移居法國,且曾在里昂當過商店的學徒;又因為法國大革命的擾亂,
1793 年曾避居英國,得有機會研究英國的商業及政治制度。回到歐洲大陸後,曾
在義大利的他斯卡尼 (Tuscany) 一個農莊居住一段時期,根據這段生活經驗,在
1801 年發表《他斯卡尼農業即景》(*Tableau de l'agriculture tuscane*, 1801);1803
年,根據亞當斯密的觀念,刊行《商業的財富》(*De la Richesse commerciale*,
1803),因而成名。

　　1818 年他到英國旅行，親眼看到資本主義社會的弊害。同時，因接受《愛丁堡百科辭典》(*Edingburgh Encyclopaedia*) 邀約，撰寫政治經濟學一條，深入研究經濟學的典籍，才發現許多經濟學上被接受的觀念與實際不符，故乃有《政治經濟學新論》(*Nouveaux Principles d'économie politique*, 1819) 的刊行。此後，西斯蒙第深入研究社會及歷史。在歷史方面及社會方面都有豐富的著述。

二、經濟恐慌論

　　第一位在理論上對古典經濟學直接攻擊的社會主義者是西斯蒙第，他在 1819 年刊行的《政治經濟學新論》中，首先指出，自由資本主義企業不但未產生亞當斯密及賽伊所預期的效果，而且導致普遍的悲慘與失業。

　　西斯蒙第所指稱的悲慘乃係指勞工生活狀況的改善遠落後於財富的巨額增加，也就是相對所得差距的擴大。他認為資本與勞動的分離乃係這種現象的根本原因，甚至因而認為機器的採用不但會導致生產過多，而且使勞動者失業，降低工資及產生貧困。但是，他並非指責機器本身，而係指責那種使勞動者相互競爭的社會制度。特別是，他指稱這種社會制度難免會產生階級對立。他以總收入及淨收入來說明這種對立狀態，他認為社會利益在於使總收入增加，而手中擁有財富的人的利益則在於使淨收入增加。例如，一塊土地原可生產 1,000 先令的總生產，地主收到 100 先令的地租；若地主以此土地作牧場用，可得到 110 先令的地租，地主為增加 10 先令的收入，會遣散佃農，使佃農失業而無收入，同時全國則損失了 890 先令。雖然如此，西斯蒙第與馬克斯不同，他認為這種對立狀態並非恆常現象，而係當時的社會制度的產物，只要對那些制度作合理的調整，便可消除這種對立狀態。由於西斯蒙第並不反對私有財產制度，故他所指稱的制度調整包括保障工人足以生活的工資及最低的社會安全、課征遺產稅、取消專利制度以減少新發明等。

　　他所指稱的失業乃係他的生產過多的經濟恐慌論。他認為經濟恐慌的表徵為生產過多，其原因有三：第一，在近代制度下，生產者與消費者間有隔閡，不能獲得正確的商品市場消息，以致產生供需失調。第二，由於財富分配不均，集中於少數人手中的資本不能不用於生產，故生產不以消費為其標準，結果乃是生產過多。第三，工人的收入僅能維持其生活，故生產者對奢侈品的生產特別注重，其結果是舊產業萎縮，新產業發展較慢，新舊產業交替之際，工人就業量減少，

購買力更低，以致引起生產過多。

||||||||||||||||||||||||||||||||||||||||||||||||||||||||||||||||||||||||||||||||||||||||||||||

第四節　歐　文

一、生平與著作

歐文 (Robert Owen, 1771–1858) 是英國的社會改革家。1771 年 5 月 14 日生於北威爾斯的紐頓 (Newton) 的鐵器商家庭，兄弟七人中排行第六，少年時輟學，曾經有十年間經歷學徒及店員的生活。1799 年，與朋友合夥購入蘇格蘭富商德爾 (David Dale) 在新蘭納克 (New Lanark) 的紡織廠；同年，並與德爾的女兒結婚。

在新蘭納克工廠，歐文本著公平仁慈的原則，廢除當時通行的對工人的懲罰制度，建立新管理制度。他引進新生產技巧，為工人建造模範宿舍，不雇用 10 歲以下的兒童，但給予免費教育，為工人提供娛樂設備，創辦員工福利，平價供應日常用品，縮短工時及提高工資，引進疾病與老年保險。甚至，在 1806 年的經濟衰退期，工廠停工達四個月，但工人們都照領工資。在這種新制度下，工人的道德水準有效地提高，乾淨、有節制、勤儉及守秩序。

1824 年年底，歐文赴美國，在印地安那州買地兩萬英畝，移住九百人，設實驗村，名為「新和諧」(New Harmony)，實驗村因財務損失慘重，不得不於 1828 年宣告失敗而解散。1830 年，歐文回英國，開始其每星期天的公開演講，宣傳合作思想。1832 年，創設「勞動交易所」(National Equitable Labor Exchange)，根據工時發行「勞動券」(labor notes)，供購置物品之用，但因滯銷存貨過多而失敗。1833 年，領導各工會，組織「全國工會同盟」(Grand National Consolidated Trade Union of Great Britain and Ireland)，次年，因政府干涉而解散。雖然如此，歐文仍繼續為其理想及宣揚合作思想，到處演講，進行宣傳。1858 年 11 月 17 日逝世，享年 87 歲。

歐文的理想、期望與意見，主要表現在下列三書中：

1. 《社會新論》(*A New View of Society*, 1813–1816)——臺灣銀行經濟研究室刊有周憲文中譯本；
2. 《新道德世界》，六卷 (*The Book of New Moral World*, 1836–1844)；
3. 《什麼是社會主義》(*What is Socialism*, 1841)。

二、機器與失業

　　歐文是工廠改革家、空想社會主義之父、合作主義的鼓吹者、工會領袖、教育理論家，甚至「社會主義」(Socialism) 一詞的現代意義也是歐文首先倡用的。歐文的中心觀念是：人性乃係環境的產物。他認為若能改善社會環境，就能改善人類的性格。他指出，社會不幸的原因有十四項因素：(1)現存的世界各種種族；(2)現存的各國政府；(3)現存的各種職業；(4)貨幣制度；(5)金錢利益的交易方法；(6)爭奪的習慣；(7)財富的生產及分配方法；(8)人類性格形成的方法；(9)國家、部門間的暴力與詐欺；(10)家族利益；(11)歧視女性的教育；(12)違反自然情感的人為結婚；(13)不平等的教育；(14)不公平的稅負。因此，他在新蘭納克工廠中，不但禁止童工工作，且給予他們教育的機會；不但提高工人工資、縮短工時，而且改善其居住環境。他甚至組織共同合作社、設實驗村，更創設勞動交易所，以改善工人的收入。要言之，他是一個實行家，而不是一個理論家。

　　歐文經濟理論中最值一提者是對當時失業的解說。他認為生產與消費不調和是失業的根本原因，此與西斯蒙第相似，不過他認為這種失調乃是機器發達與生產增加及勞動價值下跌的結果——在機器未發明，體力勞動為財富之唯一根源時，生產與人口比例為一比一，供需均衡；在使用機器後，由於生產增加，乃使生產與人口比例改變為十二比一，故導致生產過剩與失業問題。他認為，解決這種失業問題的方法有三：第一，放棄機器生產；第二，聽任幾百人挨餓；第三，為貧困的失業者找工作。在此，我們應當指出，這種推理方式須以工人未能分配到生產力增加之果實為其前提，若生產增加能同時改善分配狀況，則生產與人口之比例便不致於有懸殊的缺口存在了。

第五節　傅利葉

一、生平與著作

　　傅利葉 (François Marie Charles Fourier, 1772–1837) 是法國空想的社會主義者。1772 年 2 月 7 日生於法國東部的柏桑杉 (Besancon)。家庭原甚富裕，在學徒生涯後，由其父親資助，在馬賽行商。法國大革命期間，商業失敗，甚至幾乎上

斷頭臺。後來曾短期服公職。1816 年，因獲得意外的遺產，乃能專心研究及著述。1823 年，遷居巴黎，並坐等有見識的企業家來資助他實現他的理想，1837 年 10 月飲恨而終。

　　傅利葉對產業革命後的社會狀況非常不滿，特別輕蔑商業。這與他幼年及青年時期的經驗有關。據說，在他 5 歲時，因把貨物瑕疵真象告訴顧客，而被他父親斥罵；19 歲當店員時，奉雇主命令，把糧食投海，以抬高糧價。這些經驗，使他期望並鼓吹建立一個和諧社會。但他卻缺乏行動所需資金，仍不能不陷於空想狀況。

　　傅利葉的主要著作有下列幾種：

1. 《四運動及一般命運的理論》(*La Theorie des quatre mouvements et des distinées générales*, 1808)；
2. 《新產業的及社會的世界》(*Le Nonveau monde industriel et sociétaire*, 1829)；
3. 《普遍統一論》(*Théorie de l'unité universelle*, 1843)。

二、理想新村

　　傅利葉指責資本主義的主要罪惡在於個人利益的衝突，故他不喜歡大規模生產及各種形式的機械化及集中化。他甚至認為，競爭增加了銷售上的浪費。他認為，合作生活乃是創造全新而高貴人類的改變環境的途徑。因此，他主張組織他稱之為「理想新村」(phalansteries, or phalanxes) 的合作社會，以解決社會問題。

　　他以為人類所必需的是，盡量發揮他們的十二主要情感——屬五官的為視、聽、嗅、味、感；屬團體情感的為友情、愛情及事業心；屬支配情感的為奸詐、聯結心及喜新厭舊——他認為這些情感發揮會產生團結與和諧。他用數學方法演算出這十二情感在人群中共有八百二十種不同的結合方法，而一個理想社會應擁有足夠的人數，使能包括這八百二十種的結合方法。他指出，人數應在二千人以下，一千五百人以上，亦即約四百戶，他的理想新村計劃便是根據這種計算結果的一種組合。

　　傅利葉的理想新村不僅是消費者的聯合，也是生產單位，產品以農業及手工藝品為主，原則上以必需品及舒適品的自足為目的；個人得依其志趣從事生產工作。例如，小孩子好戲要，且愛骯髒，故可從事「骯髒的工作」(dirty work)。至於住居，每個人都可居住三樓高有如皇宮的住宅；但是，為著便於防火，他建議

築一個宏大的房子，其中包括能適於各種人之好尚的住屋、公用食堂、戲院、音樂室及圖書館的設備。在這理想新村中，人人的最低生活資料都獲得滿足之後，則根據「各盡所能，各依其勞動、資本及才能而分配」的原則，把剩餘分配給勞動、資本及才能（理想新村中的各項管理職務），分配比例依序為十二分之五、十二分之四及十二分之三。他曾向全世界宣稱，他每天中午在家裡等待資本家合作投資他的理想新村，可惜終其一生，他都白等了。

||||||||||||||||||||||||||||||||||||||||||||||||||||||||||||||||||||||||||||||||||

🖋 第六節　普魯東

一、生平與著作

　　普魯東 (Pierre-Joseph Proudhon, 1809–1865) 是法國無政府主義者。生於柏桑杉一個貧苦的家庭。幼年曾作牧牛童，及長，完全依賴獎學金而在當地的大學求學。19 歲，因無力繼續求學，成為印刷工及校對。1832 年，開始撰寫反宗教的文章。與友人合夥開設印刷廠，倒閉且合夥人自殺，乃遷居巴黎，依賴寫作維生。1840 年，因發表《何謂財產》(*What is Property*, 1840) 小冊而成名。1848 年，當選制憲議會的代表；1849 年創設「人民銀行」，在銀行開始營業前，因違反新聞檢查條例而被捕入獄。出獄後，因再犯而逃亡比利時。1860 年，獲特赦始返法國。

　　普魯東的主要著作有二：
1. 《何謂財產》(*What is Property*, 1840)；
2. 《貧困哲學》(*Philosophy of Poverty*, 1846)。

二、無政府主義

　　普魯東認為理想的制度是無政府主義，這並非意指無秩序，而是指稱無主人、無君王的制度。個人自由及公正為此制度的目標。

　　普魯東對自由有其狂熱，他所需要的自由是絕對的，無時間與空間的限制，故他對私有財產制度有嚴苛的批評。他指出，「財產是一種權利，或者可以享受一己勤勞的結果，或者可以享受他人勞力的結果，或者可以將這些結果用遺囑轉讓於他人。」他雖然指稱：「財產是強盜行為，財產所有人都是強盜。」但是，他並

不反對私有財產,因為若使私有財產普及於每一個人,則會增進自由的保障程度。因此,我們可以說,普魯東並不主張廢除私有財產,而是反對源於財產的地租、利息或利潤的不勞而獲的收入。

　　普魯東認為,這種強盜行為係因古典經濟自由主義對價格機能之依賴的結果。因為市場力量的分佈極端不平均,與古典經濟學家的假設有很大的出入,故價格機能乃成為壓迫的工具,有如法律與政府一樣。因此,他認為經濟學家的任務在於創造更適當的競爭環境,俾能表現出其有利的效果。他的理想世界是人人在追求欲足中,無須彼此相互討價還價,這就有賴於人人有平等的市場力量。基於這種理由,他建議分散財產,並對全體消費者給予免息貸款,故乃有交易銀行 (Bank of Exchange) 的建議。

　　他建議的交易銀行先係由千名股東組成,該銀行所發行的紙幣數量與股東們的生產毛額成比例,且僅在股東們之間供作交易之用;在股東人數增加後,紙幣流通範圍乃擴大,最後終會使全法國都納入此體系。在這體系完成後,根據普魯東的構想,由於紙幣發行量係與產品流通量成比例,故不會發生通貨膨脹;且由於工人或工人集團都可以獲得免息貸款以購買機器,故既可免於利息之剝削,財產與勞動重新統一,社會的階級結構亦可消滅。

||||||||||||||||||||||||||||||||||||||||||||||||||||||||||||||||||||||||||||||||||

第七節　布　朗

一、生平與著作

　　布朗 (Jean Joseph Charles Louis Blanc, 1811–1882) 係法國的社會改革家、新聞記者及歷史學家,常被認為是國家社會主義的創始者。1811 年生於西班牙的馬德里。為法國保皇黨家庭的後裔,其祖父為一成功的商人,在第一次法國革命時上了斷頭臺;拿破崙失敗後,其家庭即陷於貧困之境。故布朗幼年係由科西加的母親撫育。1830 年至巴黎深造,1837 年主編《進步評論》(Revue du Progress),鼓吹民主思想。1839 年在《進步評論》上開始刊載其《勞動的組織》一書,使布朗博得聲名,且成為社會主義運動的領導者;1848 年參與 2 月的臨時政府,推動政府組織全國性的工場,給予失業者工作機會,但經營者經營失當。在 1848 年 6 月暴動後,布朗逃至英國,至 1870 年始重返法國。1871 年當選為國民議會

(National Assembly) 議員，其後乃逐漸轉變為溫和的社會改革家，至 1882 年逝世，享有國葬之哀榮。

其主要著作有二：

1. 《勞動的組織》(*Organization du travail*, 1841)；
2. 《十年的歷史》(*Historie de dix ans*, 1830–1840，共五卷，1841–1844 陸續刊行)。

二、國家社會主義

布朗認為，自由競爭是社會弊害的根源。貧困、道德淪落、犯罪增加、產業恐慌、國際紛爭都是自由競爭制度的結果。他進一步指出，幸福與進步為人生的兩大目的，每一個人都必須具備為養成其知識、道德、身體所必需的一切方法，始能達成這兩項目的。然而，當時的社會係以自由競爭為基礎的各行其是的社會，人人為自己打算，絕不顧他人的利害休戚。他認為，若要消除或避免競爭的惡果，最好連根帶枝把它拔去，以聯合 (association) 為基礎，重新建造社會。

布朗所主張的聯合與空想社會主義者所主張的新村組織大不相同。他主張創辦社會工場 (social workshops)，這種社會工場，是一種把同一產業職工組織起來的生產合作組織，不是自給自足的閉鎖經濟單位。它與一般工廠不同點在於，工人係以民主、平等為基礎的經營者。但是，其財務則仰賴政府支持，且在創辦時，因工人無法彼此瞭解其才能，故須由政府官員參與實驗及領導；次年乃能擺脫政府而自立，且相互選舉各種領導人員。工場與工場之間應結成聯盟 (federation)。工場的生產物分為三部分，其一為勞動工資，其二為資本折舊準備，其三為權利，以供津貼工資之用。分配的原則是「各盡所能，各取所需」，故工資一律平等。為促使各人能盡其天賦才能，乃用道德力量約束怠惰，在每一工場貼出告示：「在勞動的兄弟團體間，怠惰者就是盜賊。」總之，人們應按其能力參與生產，針對需要從事消費，自會促進分配公平，增進社會的幸福與進步。

在社會工場之上尚要建立國家工場 (national workshops)，這乃是由各生產部門參加而完成。因為若同類職工都參加個別生產物的生產組織，各類生產組織乃能結合成全國性的生產組織，同受共同中心的支配。這種國家工場便能消除私人企業，排除競爭。由此可知，社會工場乃是一個細胞，據此而滋長出國家工場。國家工場的資金來源係由政府撥付，其淨收入分為三部分：其一是供各類聯合會

員作提高工資之用；其二是供作救濟老年、疾病、殘廢者之用；其三是備作未來
擴充資本設備之用。這便是布朗的集產社會主義的藍圖。

本章進修參考書目

1.趙迺博著：《歐美經濟學史》，第六篇第三章。

2.張弦、吳演南編著：《西洋經濟思想史》，第五章第一節。

3.周憲文譯，Robert Owen 原著：《社會新論》（臺北：臺灣銀行經濟研究室，六十一年）。

4.R. B. Ekelund Jr. and R. F. Hebert, *A History of Economic Theory and Method*, chapter 6.

5.L. H. Haney, *History of Economic Thought* (New York: The Macmillan Company, 1947), chapters 20 and 24.

6.Jacob Oser and W. C. Blanchfield, *The Evolution of Economic Thought*, chapter 9.

7.H. W. Spiegel, *The Growth of Economic Thought*, chapter 19.

第10章 馬克斯

第 *10* 章　馬克斯

他便這樣喚起各式各種幻夢，一個比一個荒唐。幾個月來，思想積聚不曾運用過，他此刻要發掘這些寶藏來使化了。但一切都混亂不堪，他的思想賽似一個雜貨棧，賽似猶太人的古董店；稀有的寶物，珍奇的布帛，破銅爛鐵、古書舊紙，統統堆在一間屋裡。

《約翰‧克利斯朵夫》

第一節　生平與著作

　　馬克斯 (Karl Heinrich Marx, 1818–1883) 是德國經濟學家。生於德國的特里爾 (Trier) 的一個猶太家庭。他父親是一位已有成就的律師，故他在波昂大學主修法律。稍後，當他轉學到柏林大學時，與當時許多青年知識分子一樣，著迷於黑格爾哲學，乃轉而研究哲學與歷史。自此以後，窮其一生，馬克斯始終未曾擺脫黑格爾 (George Wilhelm Friedrich Hegel)❶。1841 年，他獲得耶拿大學 (University of Jena) 的哲學博士學位。他的博士論文是討論德謨克里特 (Democritus)❷與艾庇顧拉斯 (Epicuras)❸學說中的理想主義與唯物主義的因素。在論文的字裡行間就表現著他對現實的反叛觀念。同樣情形也出現在希爾德布朗 (B. Hildebrand)❹及克尼

---

❶ 黑格爾 (George Wilhelm Friedrich Hegel, 1770–1831) 是德國哲學家。生於德國西南部的司徒加 (Stuttgart)。畢業於杜賓根大學 (University of Tübingen)，主修神學。曾經執教於耶拿、海德堡、柏林等大學。主要著作有《哲學百科辭典》(*Encyclopedia of the Philosophical Science*, 1817) 等。

❷ 德謨克里特 (Democritus, 460?–362? B.C.) 是希臘哲學家。其生平與著作都已散佚。因西塞羅 (Marcus Tullius Cicero, 106–43 B.C.) 稱讚其著作而著名。其學說輕感覺而重思維，認為真知的來源須由思維而得，有「歡笑哲學家」(The Laughing Philosopher) 之稱。

❸ 艾庇顧拉斯 (Epicuras, 342?–270 B.C.) 是希臘哲學家。曾研究柏拉圖及德謨克里特的學說。36 歲，在雅典授徒。創艾庇顧拉斯學派。主張自樂其樂，即享樂主義。不過，所謂「樂」，重精神之樂，而輕物質之樂。

❹ 請參閱本書第十二章第二節。

斯 (K. Knies)❺的著作內，但這兩位歷史學派的大師因在學術上找到合適的職位，這種反叛因素乃漸隱晦不見。但是，當馬克斯剛要獲得學術上的初級職位之際，普魯士當局恰好轉而取締黑格爾黨的左翼，馬克斯乃無法進入學術機構服務。

　　自此之後，馬克斯便開始其長期而偏激的新聞工作。他首先是充當科倫 (Cologne) 的《萊因日報》(*Rheinische Zeitung*) 的編輯，因撰文批評蘇俄政府，被報紙檢查員停刊。從此，馬克斯便沒有固定職業。1843 年，他與他太太威斯特華倫 (Jenny von Westphalen) 逃至巴黎，他擔任《法德年鑑》(*Franco-German Year-book*) 的編輯，開始接觸法國社會主義思想，並且認識了恩格斯 (F. Engels)❻，使其下半生得免於飢餓。由於普魯士當局的抗議，1845年他被法國驅逐，轉到布魯塞爾。在那裡，應一個名為「公正聯盟」(the League of the Just) 的工人組織的要求，撰寫了《共產黨宣言》(*Communist Manifesto*, 1848)。1847 年，他刊行《哲學的貧困》(*Misére de la philosophie*) 嚴屬地批評普魯東的《貧困哲學》一書的思想。1848 年，比利時當局把他驅逐出境；他回科倫辦《新萊因日報》，不久又被停刊；再度到巴黎，又被驅逐。1849 年，轉到英國，並定居於倫敦，直到 1883 年逝世為止。

　　在倫敦，他全家係依賴《紐約論壇報》(*New York Tribune*) 的不定期的微薄的通訊員的收入，以及恩格斯的接濟，過著貧困的生活。在這種情形下，他在倫敦圖書館完成了《政治經濟學批判》(*Grundriss der Kritik der politischen Ökonomie*, 1859)；《資本論》(*Das Capital*) 等著作。《資本論》第一卷係 1867 年刊行；第二及第三卷則係馬克斯死後，由恩格斯編輯，分別於 1885 及 1894 年刊行。

🖋 第二節　經濟思想的來源

　　馬克斯的經濟思想是經濟理論上的異端，有三項重要的思想來源：社會主義思想、黑格爾哲學及李嘉圖經濟學，在討論馬克斯經濟思想之前，我們須對其思

---

❺　請參閱本書第十二章第二節。

❻　恩格斯 (Friedrich Engels, 1820–1895) 是德國商人及社會主義者。生於巴門 (Barmen)，他父親在英國曼徹斯特經營紡織廠，由他接辦，獲利甚豐，故 40 歲時便退休而專事寫作。他的主要著作有：《英國工人階級的情況》(*Condition of the Working Class in England*, 1845)；《科學社會主義的里程碑》(*Landmark of Scientific Socialism*, 1878) 等。

想來源作扼要的說明。

　　嚴格地說，馬克斯的理論以資本主義發展理論的成分居多，社會主義的成分有限。不過，他的理論顯然深受十九世紀上半社會主義的社會改革運動的影響，尤以財產制度為然。在當時，由於工業革命帶來各種社會問題，對於如何重建人類社會，以促進人類的最大利益與幸福，已有兩項不同的主張，第一，保持古典自由主義的傳統，主張任由每一個人追求其最大利益，能促進社會的最大利益，也能自動地確保整個社會的理想運行，這派人士主張在最少的政府職能下，保留私有財產及私營企業。第二，如第九章所述，社會主義者認為，為達成公平的所得分配，生產工具公有為必要的基礎；無政府主義者甚至認為，一旦廢除私有財產制度，政府就無存在的必要。這些社會主義者對他們的主張常訴諸於知識分子的支持，故馬克斯稱之為「空想的社會主義」(utopian socialism)。馬克斯同意那些社會主義者的理想目標；不過，他不但認為訴諸理性是不實際的，而且認為當時的工人階級也尚不認識他們處境的惡化及不能適應另一個極端不同的社會。因而，馬克斯試圖以理論推理，展示工人階級境況的惡化、資本主義的崩潰及社會主義的實現，均係資本主義演進過程的必然結果，他乃自稱為「科學的社會主義」(scientific socialism)。為著演論資本主義的崩潰，馬克斯借用了兩項分析方法——黑格爾哲學及李嘉圖經濟學。

　　黑格爾哲學是理想型，且本質上是保守的，黑格爾強調文化的各方面的相互關聯，任一事件僅能依其歷史及整個文化來瞭解。關於文明的發展，他相信社會演進乃係社會結構及其文化中的絕對理念 (Absolute Idea) 的逐漸實現。他也提出一項社會變遷理論：所謂存在僅係存在於正轉變成另一存在之過程中。黑格爾的辯證法乃是變化律，亦即正反間相衝突並轉變成「合」的過程。這種辯證法係希臘哲學早已存在者，黑格爾僅不過把原應用於個人的爭論及其調和的哲學應用於全體。馬克斯則更進一步把黑格爾的理論轉變成唯物哲學。他接受了社會現象的相互關聯性及經由衝突的變動觀念，但是他揚棄社會演進的理想概念。他把絕對理念為社會之原動力的觀念倒轉，認為社會的真正基礎為經濟的生產模式，這乃是社會及政治上層結構的真正基礎。當生產模式有所改變，整個上層結構多少會迅速隨之而改變。同時，他依據黑格爾的社會變化的辯證過程，認為生產模式之變動與社會之非經濟的上層結構要素之變動之間的關係，乃係衝突（特別是階級鬥爭）的結果。生產模式之變動有大有小，但是馬克斯所關心的是大的生產模式

變動，在過去有兩項：一項是封建制度 (feudalism) 的發展，一項是自封建制度而資本主義；在未來則為自資本主義而社會主義。

階級鬥爭觀念則源於李嘉圖經濟學。如前所述，李嘉圖一方面主張勞動價值學說，他方面又指出工資與利潤之間的衝突。馬克斯係依生產模式中的職能來指稱其經濟階級之別，李嘉圖經濟學正好派上用場。在他的經濟分析中，他試圖說明反映在生產制度之矛盾本質的階級衝突。據此，我們必須指出，馬克斯的經濟思想有三項特點：第一，他把資本主義視為一種歷史上的制度，有其起點，也有終點。第二，他假定各社會階級的構成員多少會依其階級利益而行動。第三，他對資本主義的演進試圖作動態的說明。

||||||||||||||||||||||||||||||||||||||||||||||||||||||||||||||||||||||||||||||||||||||||||||||||||||||||

🖋 第三節　經濟史觀──唯物史觀

馬克斯認為歷史的原動力在於個人謀生的方式，也就是他們滿足其物質欲望的方式。因此，第一件歷史行為乃是生產滿足這些需要的手段。不過，生產不僅為歷史行動，也是經濟行動，馬克斯據此乃把經濟與歷史聯在一起，且認為社會變動的原動力在於生產模式的變動。他說，物質生活中的生產模式決定了生活之社會、政治及精神過程的一般特質。並非人的意識決定其存在，而是他們的社會存在決定了其意識。在其發展的某一階段，社會中之物質生產因素與其現存生產關係相衝突，經由生產因素之發展的形式，這些關係乃轉變成其鎖鍊，緊接著乃是社會革命時期。由此可知，馬克斯認為社會變動的原動力在於生產模式，在每一時期所存在的生產模式，都與反映著所有權之一定社會關係及社會生產過程中所展開的物質生產手段的運用相結合。一旦生產模式有所改變，就需有更適合於已改變之生產關係的新社會關係。正由於已改變的生產模式與現存社會關係展開了衝突，才會產生變動。在這裡，我們應指出，馬克斯的生產模式概念不僅包括物質生產手段所含有的技藝成分，而且也包括各發展階段之整個社會、經濟、政治及文化制度所導出的諸社會關係。

根據這項觀點，馬克斯認為，為著展示資本主義的過渡時期的本質，必須把資本勞動關係自其他社會關係中析出，單獨檢討其基本特徵。資本勞動關係的最簡化形式乃是交換之一種，交換的客體是勞動力。這種勞動者唯一可供出售的商品乃是許多商品中的一種，故出售勞動所產生的交換關係也是許多種交換中的一

種。在資本主義下，生產工具由資本家所持有，工作則由無產階級承擔，故生產工具及勞動力都是商品形式，交換關係則包括在其買賣之中，馬克斯認為這是資本主義之生產模式的典型。

由此可以看出，根據馬克斯的分析，資本主義生產有兩項條件：第一，基本生產工具私有及集中，第二，不得不在出售其勞動力或餓死之間作抉擇的無產階級的存在。在封建莊園經濟下，生產工具是土地；在資本主義社會則為土地及機器。自封建莊園經濟轉變成資本主義係經歷兩個階段，第一階段是同時產生財富累積及無土地之工資工人階級的過程；第二階段是經由工廠制度所產生的加速累積過程。在資本主義誕生後，在其最基本的社會交易中就已存在著矛盾，他的《資本論》乃是在於說明這些矛盾，本章將仔細加以評述。

第四節　價值與剩餘價值

首先我們必須指出，馬克斯所要分析的主要問題有三：第一，商品的市場交換形式如何會導致對勞動的剝削及階級衝突；第二，商品體系如何將因其內在矛盾而終將無法運行；第三，資本主義下的階級衝突，最後為何係由先前被剝削之階級所統治，而非由新統治階級來統治。前兩項問題係以價值問題為其出發點，故我們乃先討論價值。

正如亞當斯密及李嘉圖一樣，馬克斯首先指出，每一件商品都有使用價值與交換價值。但是他認為，經濟學僅討論社會關係，使用價值係分析消費者與消費客體之關係，故不在經濟學的範圍內；商品間的交換價值固然不似含有社會關係，卻因商品交換也是勞動交換，故乃為經濟學所特別關心。

馬克斯認為價值與價格有別，因為價值反映著投入勞動量，也就是價值係源於勞動。但是，與古典學派諸經濟學家所遭遇的問題一樣，各種勞動並非同質的，他認為可依據各種勞動的實物產量測出其比較效率，而以「純粹人力勞動」(human labor pure and simple) 概念來表達其互異的效率。同時，他復認為用於比較物品之相對價值的投入勞動量係勞動時數，亦即勞動時數比率與物品生產及其交換比率一致。可是，投入物品生產的勞動並非全係為生產該物品所需，也就是部分勞動時間並不能提高其產品的價值，只有「社會所需勞動時間」(socially necessary labor time) 才對物品價值有貢獻。據此，馬克斯乃認為，物品間的交換

比率係由各該物品所投入的社會所需勞動時數決定。但是，若交換價值與所投入勞動時數比率不一致時，究竟會發生何種現象？馬克斯乃不得不訴諸於價格機能，認為經由供需調整而會使其趨於一致。關於這種對價格機能的依賴，在馬克斯理論中是常見到的事實。

根據上述交換價值觀念，馬克斯指出生產方式的變化，產生了剩餘價值 (surplus value) 問題。他首先指出，在生產者擁有自有生產工具，且自行出售其產品的簡單商品生產方式中，生產者以商品 (C) 易得貨幣 (M)，再以貨幣易得商品，貨幣僅是交換媒介，不會產生剩餘價值問題，此種生產方式得以 C–M–C 來表示。可是，在資本主義下，生產工具係由一群人（資本家）持有，卻由另一群人（工人）使用。資本家乃以貨幣 (M) 購買生產工具及勞動，再把所生產之物品 (C) 出售，轉變為貨幣 (M′)，其生產方式為 M–C–M′。為使生產值得進行，M′ 當然須大於 M，M′ > M 的部分乃是剩餘價值，為資本家的所得，且為生產過程的目標。

由此可知，剩餘價值乃是工人所產物品之價值與工人對資本家出售其勞動之價值的差額。在此交換過程中，資本家既未以高於其真實價值的價格出售物品，也未以低於真實價值的工資雇用工人，因而不能視為資本家不誠實、獨佔、專買的結果。馬克斯認為這是資本主義運行的必然結果。因為在資本主義制度下，資本家擁有生產工具，而工人則不得不出售其勞動力，在這種生產制度下，資本家獲得工人全工作日 (entire working day) 所生產的價值，剩餘價值乃由此而產生。因為工作日可區分為兩部分，一部分稱為必要勞動 (necessary labor)，此部分之產量係以工資名義支付給工人；另一部分稱為剩餘勞動 (surplus labor)，此部分之產量則以剩餘價值形式而支付給資本家。支付給工人的工資通常都是維持生活所必要者，其工資乃得以生產這些物品所需的勞動時間來表示，故稱為必要勞動，此部分經常都係小於工作日，故剩餘價值乃是必然會產生的。剩餘價值佔必要勞動的比例，稱為剩餘價值率 (the rate of surplus value)，資本家所實現的剩餘價值乃是剝削程度 (the degree of exploitation) 的象徵。例如，若平均工作日為十二小時，必要勞動為八小時，剩餘勞動為四小時，則剩餘價值率為 50%。

由此可知，資本家可運用兩種方式來增加剩餘價值，第一，延長工作日的工作時數，由此所獲之剩餘價值增量稱為絕對剩餘價值 (absolute surplus value)；第二，減少生產一定物品所需的必要勞動時數，亦即改善組織或改進機械，由此所獲之剩餘價值增量稱為相對剩餘價值 (relative surplus value)。馬克斯認為，資本家

最初係以第一種方式搾取剩餘價值，後來由於勞動者日愈團結，且開始反對資本家的剝削，資本家乃以第二種方式取代第一種方式，在減少工人的工作時數之餘，仍能使其剝削程度增加。相對剩餘價值的發展共分三個階段，第一個階段是資本家單純的合作，集中勞動者，並改善其監督；第二個階段是製造業的分工，減少工人工作時間的浪費；第三個階段是引進機器的工業，擴大剩餘價值的產生。據此，馬克斯乃指出，資本家為著追求相對剩餘價值，乃熱衷於開發科學與技藝，且因而促進了進步。

由此可知，剩餘價值係決定於三項因素：工作日的長度、勞動生產力及構成工人真實工資的物品量。資本家係經由調整這些因素而增加剩餘價值，故只有勞動才能產生剩餘價值，在生產過程中所消耗的機器工具與所使用的原料都不能產生剩餘價值，僅能把其價值移轉至最終產品。據此，我們得以符號表達前述的剩餘價值率的概念如下：

$$s' = \frac{s}{v} \tag{10-1}$$

式中 s′ 表示剩餘價值率；s 表示剩餘價值；v 表示變動資本，即對勞動的支付且總是趨等於必需的生活費用部分。由於勞動者總是會自低工資領域移轉到高工資領域，且生產者經由競爭對其生產技藝的使用會有同等效率，故馬克斯認為，各產業內的各廠商、全國各產業都會有相同的剩餘價值率。可是，全國各產業的資本結構並不一致，剩餘價值率的均等並不能保證生產的均衡，故馬克斯乃轉趨於利潤率的討論。

||||||||||||||||||||||||||||||||||||||||||||||||||||||||||||||||||||||||||||||||||||||||

🌾 第五節　資本利潤率均等法則

資本家與其說關心平均每單位勞動成本的利潤，不如說是關心其平均每單位投資總額的利潤，故經由競爭的結果，應是利潤率趨於均等，而非剩餘價值率趨於均等。馬克斯以下式表示利潤率 (π)：

$$\pi = \frac{s}{c + v} \tag{10-2}$$

式中 c 表示固定資本，由機器工具及原料所構成，這部分資本不能創造剩餘價值，

只能把其在生產過程中所耗用的部分等值地移轉到最終產品中。若以 c' 表示在生產過程中固定資本的耗用部分，則 c'+v+s 便是物品的總價值了。

　　由於利潤率不僅決定於剩餘價值率，且也決定於資本的有機結構 (the organic composition of capital) ❼ ——變動資本與固定資本間的比例關係，馬克斯認為固定資本所佔比例愈高，該產業的資本有機結構愈高級。因此，資本有機結構愈高級的產業的利潤率似將永遠低於資本有機結構較低的產業，故根據馬克斯的推論，資本有機結構將往低級發展，因而會與資本主義的實際發展過程相反。例如，有 I 及 II 兩產業，其剩餘價值率均為 200%，但 I 及 II 的固定資本佔總資本的比例分別為 90% 及 60%，則 I 產業及 II 產業的利潤率將分別為 20% 及 80%，資本有機結構較低的 II 產業有較高的利潤率，資本家基於自利心，自然會放棄高資本有機結構的 I 產業，而趨於低資本有機結構的 II 產業。因此，在討論利潤率如何趨於一致之前，須先解決此項矛盾。

　　馬克斯訴諸價格機能來解決此項問題。他指出，資本有機結構較低的產業既然有較高的利潤率，廠商的投資會增加，形成超額供給，迫使其市場價格降低，資本有機結構較高的產業因利潤低，廠商投資少，形成供給不足，迫使其市場價格上漲。因此，物品的市場價格乃與其價值背離，直到各產業的利潤率趨於相等為止。同時，由於利潤總額等於剩餘價值總額，故能使利潤率趨於相等的市場價格便由 c'+v+p 所決定，其中 p 表示資本的平均利潤率乘該產業資本總額之數值，這項市場價格當然與該物品的總價值 c'+v+s 有所不同了。特別重要的是，在這種過程中，由於資本有機結構較高的產業，相對上分配得較大的剩餘價值，乃促使資本家積極進行生產技藝的改進，這種過程因提高勞動生產力，長期間當然會提高工人的生活水準。但是，馬克斯認為，這正也是資本家們自掘墳墓，因為以機器代替勞動，正是以無剩餘價值替代剩餘價值，或者會導致資本主義的解體，或者會導致階級矛盾的擴大，兩者都會促使資本主義崩潰，下文將續有申論。

　　由此可知，在馬克斯的利潤率模型中有三項特點：第一，在討論價值問題時，未曾考慮產出問題，因而未能測度生產力的變動，因為 c+v+s 只表示了實際的、

---

❼　若以 q 表示資本的有機結構，則利潤率之決定因素可依下式推論而得：

$$\pi = \frac{s}{c+v} = \frac{\dfrac{s}{v}}{\dfrac{c}{v} + \dfrac{v}{v}} = \frac{s'}{q+1} \tag{10-3}$$

具體的勞動，並非全部產出。因此，若各項投入要素的生產力都提高，勞動與資本的淨收入 (v + s) 都上升，但總值則未變。第二，利潤及利潤率的定義，與我們所習見者或常用者不同。馬克斯的利潤因以剩餘價值作為分母，因而不僅表示了資本的收益，且尚包括了利息、地租、管理報酬等。而計算利潤率的分母 (c + v) 則為一種流量，而非存量，須把流量轉化為存量概念的資本，才能表示現代意義的利潤率概念。第三，在討論利潤率與資本有機結構的關係時，已展示了價值與價格不等的現象，這與其所接受的勞動價值學說已有所背離，下一節將續有所說明。

　　馬克斯認為資本累積是資本主義社會的根本目標，他對資本累積進行分析的目的在於闡明資本主義的歷史發展，及展示其對資本家與工人的經濟影響。為著便於分析，馬克斯區分了單純再生產 (simple reproduction) 與擴大再生產 (extended reproduction)。在前者的場合，資本家把所收到的剩餘價值全消費掉，新儲蓄與新投資都為零；在後者的場合，資本家則持續擴大其資本，亦即有資本累積的情況。

　　他同時又區別了原始累積 (primitive accumulation) 與資本家的資本累積 (capital-ist accumulation)。原始累積發生在資本主義生產模式之前，故為最初的資本累積。這個時期包括歐洲經濟史上的農業革命與商業革命兩個階段，其原因包括黃金發現、使用奴隸、殖民制度、公共債務與金融制度的發展，其特點是商人與工匠累積私人財富，把農人及自營農驅離土地，成為無財產的勞動階級，結果乃形成了資本主義。在資本主義社會，資本家把雇用自由勞動所獲之剩餘價值投資而進行資本累積。他指出，在生產技藝改進後，為獲得擴大分工之降低成本的利益，資本家乃投資在機器、工廠及固定資本。其結果是資本家間的競爭日愈劇烈，資本乃集中於少數資本家手中；且由於大資本家愈能享有新發明、新發現乃至於比較利益，故更會加速資本累積的過程。下文即將討論這種累積過程的理論，在此，我們要討論累積過程的結果，亦即利潤率的下降問題。

　　馬克斯認為，在資本集中的過程，固定資本的存續期間愈長，且資本的有機結構會日愈提高。根據 (10–3) 式，若剩餘價值率不變，當資本有機結構提高，資本利潤率就會下降，因而資本利潤率下降乃為資本主義資本累積的必然結果之一。這種利潤率下降有下列三項特點：

　　第一，馬克斯認為，即使利潤率下降，利潤總額不必然減少。若剝削率不變，利潤會與工資（變動資本）作同方向的變動，即使其差額佔資本總額的比例趨小，但因資本總額的增大，故利潤總額乃趨於繼續上升。

　　第二，(10–3) 式的 q 係價值，非為產量。由於生產力會提高，雖然剩餘價值下降，此物品表示的利潤仍會上升。簡言之，利潤率下降乃是與資本家階級真實經濟情況改善相一致，並無矛盾之處。不過，馬克斯不認為這是資本家進行累積的原動力。

　　第三，資本利潤率並非逐漸降低，而係呈波動狀態，在每一利潤循環都有所不同。根據馬克斯的推論，個別資本家可藉提高資本勞動比率而獲得相對利益，但其他資本家跟進之後，此相對利益會告消失，而達成新均衡下的較低利潤率。如此反復進行，利潤率當然會有循環波動。

　　此外，馬克斯認為，資本累積除產生資本集中與利潤率下降外，尚會提高勞動者的悲慘程度。關於這一點，或者指稱失業人數，即所謂產業預備軍 (the industrial reserve army) 的增加；或者指稱工資佔總生產物分配比例的降低。下文均將有所討論。

第六節　資本累積論

　　馬克斯對資本累積過程的推論多少受到揆內的《經濟表》的影響，但是他所要分析的是資本家與工人在生產財產業與消費財產業中的物品與貨幣的總流量，他的目的在於，檢討在經濟社會之再生產與資本累積中，分配為消費及資本投資之物品與貨幣支出總流量的諸關係。為著進行這項分析，馬克斯把社會的生產區分為兩個部門：第 I 部門生產生產工具，即固定資本與原料；第 II 部門生產消費財❽。每一個部門的生產總值（以 G 來表示，第 I 部門為 G_1，第 II 部門為 G_2）分別等於其所生產之固定資本、變動資本及剩餘價值，前兩者或者用於替換生產過程中消耗的部分，或者作為資本累積的基礎。我們乃能得到下列等式關係：

$$G_1 = c_1 + v_1 + s_1 \qquad\qquad (10\text{–}4)$$

$$G_2 = c_2 + v_2 + s_2 \qquad\qquad (10\text{–}5)$$

　　在單純再生產的場合，由於沒有淨投資與淨儲蓄，資本家為要收回其最初投

---

❽　馬克斯甚至進一步把第 II 部門再區分為工資財部門與奢侈消費財部門，本書不加以討論。

入的資本 $(c_1 + v_1 + c_2 + v_2)$，須滿足兩個條件：第一，第 I 部門的產值應等於兩個部門所消耗的固定資本，即

$$c_1 + c_2 = G_1 \tag{10-6}$$

第二，資本家與工人的消費支出額應等於第 II 部門的產值，即

$$v_1 + v_2 + s_1 + s_2 = G_2 \tag{10-7}$$

把 (10-6) 式代入 (10-4) 式，或把 (10-7) 式代入 (10-5) 式，可得到表示單純再生產均衡的下式

$$v_1 + s_1 = c_2 \tag{10-8}$$

換句話說，為著維持均衡狀態，兩個部門間必須有交換，第 I 部門對第 II 部門出售固定資本，其價值恰等於其變動資本與剩餘價值。這種單純再生產模型得以現代投入產出表表示如下：

產出 投入	第 I 部門	第 II 部門	總　產　出
第 I 部門	c_1	c_2	$c_1 + c_2$
第 II 部門	$v_1 + s_1$	$v_2 + s_2$	$(v_1 + s_1) + (v_2 + s_2)$
總　投　入	$c_1 + v_1 + s_1$	$c_2 + v_2 + s_2$	$(c_1 + v_1 + s_1) + (c_2 + v_2 + s_2)$

　　雖然如此，馬克斯認為，若計及整個社會的貨幣與物品的循環流量，則這種靜態均衡不必然是靜止的。例如，為資本折舊而保存並累積的貨幣量與生產過程中所實際消耗的固定資本會有差距，因而乃使均衡破壞。在資本主義下，並無自動平衡力量可使之趨於平衡，因而亦會有經濟循環波動。

　　在擴大再生產的場合，由於資本家將所收到之剩餘價值的全部或一部加入資本內，使生產得以擴大進行，故 (10-8) 式便不能存在，而轉變成

$$v_1 + s_1 > c_2 \tag{10-9}$$

(10-9) 式的差額表示資本累積量。導致 (10-9) 式的根本理由如下：為著進行資本累積，本年生產財部門的供給必須大於本年所消耗的生產財，即

$$c_1 + v_1 + s_1 > c_1 + c_2 \tag{10-10}$$

故可推得 (10–9) 式。由另一個角度來觀察，為著有再投資財源的儲蓄，本年的所得須大於本年的消費財生產，即

$$v_1 + s_1 + v_2 + s_2 > c_2 + v_2 + s_2 \tag{10–11}$$

這樣也能推得 (10–9) 式。

　　同時，根據先前我們所提及的馬克斯的推論，在資本家進行資本累積的過程中，資本有機結構會提高，亦即固定資本的增加速率快於變動資本，這是馬克斯的資本累積律 (the law of capital accumulation)。據此，生產財部門的擴張會大於消費財部門的擴張，亦即

$$\Delta c_1 + \Delta c_2 > \Delta(v_1 + s_1) + \Delta(v_2 + s_2) \tag{10–12}$$

$$\Delta c_1 > \Delta c_2 \tag{10–13}$$

同時可知，生產財部門的資本累積會快高於消費財部門，這乃是資本累積的本質。

　　在此，我們特別要指出，馬克斯分析資本累積的目的並非用於展示資本主義經濟可以持續成長，而是在於說明成長過程中的自我矛盾，終使經濟危機無可避免。

第七節　資本主義的危機

　　根據馬克斯的說法，資本主義危機的主要根源有三：第一，利潤率的下降；第二，生產過剩；第三，獨佔資本主義。我們根據前面的推論對這三項論調作扼要的說明。

　　就利潤率下降來說，馬克斯曾有兩項說明：其一，前面已經提及，他不認為利潤率下降就是剩餘價值總額的減少；他甚且指出，資本家為抵銷利潤率之下降而會加速資本累積，但是他進一步認為，資本有機結構的改善，只會加速資本利潤率的下降。其二，他提及六項足以阻止利潤率下降的因素：提高剩餘價值率（如延長工作日、降低工資財價格）、降低工資水準、相對降低固定資本價格的技藝進步、高度的技藝進步以產生大量產業預備軍、對外貿易及降低利率。但是，他不認為這六項因素足以阻止利潤率的下降，因為這些因素在長期間都會提高資本有機結構，故會加速利潤率的下降。由於利潤率持續下降，乃會使資本主義崩潰。

　　就生產過剩來說，馬克斯不似認為總需要會有所不足，因為他認為工人不會有儲蓄，資本家的儲畜全部供作投資之用，不論資本家或工人的收入都會用於支出，故經濟恐慌問題絕不發生在總需要。他認為，由於利潤率的下降，資本家為競爭利潤而進行資本累積與擴大生產，乃使資本有機結構繼續提高，為生產更多的物品，所需勞動量愈少，產業預備軍日多，終於形成生產過多，導致經濟恐慌；在每一經濟蕭條期間，因消費品缺乏銷路，且生產成本亦較低，若干工廠乃有機會復工，提高就業量，但只不過成為另一循環的起點。大規模生產財產業及技藝改進的發展，因其減少對勞動者的需要，終會導致大量失業，使工人境況愈悲慘、愈貧窮。不過，他認為工人之窮化乃是相對的，而非絕對的。

　　就獨佔資本主義來說，前面已經提及，資本集中的原因在於廠商間的利潤競爭，資本主義下的信用機構（包括銀行及各種金融機關）促進了大公司的發展，甚至為控制生產及價格而組成了卡特爾 (cartels)、托拉斯 (trusts) 及合併等。同時，由於銀行及產業間的密切關係，資本乃有集中於貨幣形式並經由銀行而到達生產廠商的趨勢，這便是所謂獨佔資本主義 (monopoly capitalism) 階段。獨佔趨於加速資本累積，獨佔者也趨於擴大其投資領域，趨於使利潤率之下降遍及各個部門；更進一步地鼓舞能節省勞動之機器的使用，因而擴大了產業預備軍，加重生產過多的趨勢。因此，獨佔乃使資本主義的內在矛盾擴大，加強導致社會革命的因素，最後乃使無產階級自資本家手中奪得資本，化資本家的財產為社會財產。換句話說，資本主義生產模式成為人類社會生產因素進一步發展的桎梏。生產工具之集中與勞動之社會化乃達到不能與其資本主義外衣相容之點。這個外衣乃炸得星散。這乃是資本主義資本累積的歷史趨勢。可是，資本主義之後的經濟社會又是何種情況，馬克斯則未描繪一個遠景。

第八節　馬克斯經濟理論的評價

　　馬克斯的經濟理論慣用動聽的詞句，諸如「資本主義私有財產的喪鐘響了」、「剝削者就要被剝削了」等，且以上的各項推論有若干隱含的假定，倘若我們不細究這類隱含假定的妥當性，便不容易發現其理論上的缺陷。在此，我們要申論幾項評論：

　　第一，勞動價值學說的不妥當。撇開所謂社會必需勞動理論的難測性不談，

物品價值並不源於其含有勞動，而係源於其有用性，即商品的效用。尤其是，馬克斯不但忽略稀少性在物品價值決定上的影響力，且也否定以市場因素為基礎的供需分析，與市場價格決定過程及其法則相背甚遠。我們在討論彌爾時已經提及，在邊際效用學派興起後，有關交換價值決定理論產生了革命性的變化，作為馬克斯理論基礎的勞動價值學說乃被揚棄。關於這一點，我們將在討論邊際效用學派的各章中繼續說明。

第二，利潤率之下降不必然伴隨資本有機結構的提高。如前所述，古典學派諸經濟學家已經提及，隨著資本累積的進行，資本利潤率會下降；後文也將提及，近代經濟學家們也強調資本邊際效率的下降的趨向。但是，他們大多強調投資機會對資本利潤率的限制，而不承認資本有機結構提高與資本利潤率的關聯，因而危機並非必然而不能挽救的經濟問題。

第三，工人階級窮化理論與百年來資本主義之發展事實不符。馬克斯指出工人階級窮化趨向的主要理由有二：其一，因資本有機結構提高，產業預備軍會增加。關於這一點，若資本累積及投資擴大了引申勞動需要，有如近五、六十年的情況，則窮化與失業就非必然了。其二，馬克斯固然承認絕對工資水準會上升，但因真實工資之增加率常低於勞動生產力之成長率，故工資佔總生產之比例會下降。關於這一點，在近代各國國民所得統計中都可以看到，長期以來工資佔國民所得之比例並未下降，也就是馬克斯的預言不曾實現。尤其是，根據顧志耐 (Simon Kuznets)❾的研究，此項工資比例在繁榮期固然下降，在衰退期卻是上升的，這是馬克斯始料所不及的。

總之，馬克斯既不曾證明資本主義係過渡時期的經濟制度，也不曾證明經濟循環會日趨嚴重。不過，我們不得不承認馬克斯重新打開了被古典經濟學家所關閉的市場經濟下的經濟循環的研究、在經濟分析上引進動態過程的討論及展開所得、消費、儲蓄及投資之總計數分析等成就。

---

❾　請參閱本書第十三章第四節。

本章進修參考書目

1. 張漢裕著：《西洋經濟思想史概要》，第五章。
2. 張弦、吳演南著：《西洋經濟思想史》，第五章第三節。
3. W. J. Barber, *A History of Economic Thought*, chapter 5.
4. Mark Blaug, *Economic Theory in Retrospect*.
5. Y. S. Brenner, *Theories of Economic Development and Growth*, chapter 3.
6. E. J. Burtt, Jr., *Social Perspectives in the History of Economic Theory*, chapter 6.
7. L. H. Haney, *History of Economic Thought*, chapter 24.
8. H. Landreth, *History of Economic Theory*, chapter 5.
9. Ronald L. Meek, *Smith, Marx and After* (London: Chapman & Hall, 1977), part II.
10. Claudio Napoleoni, *Smith, Ricardo, Marx*, chapter 5.
11. Jacob Oser and W. C. Blanchfield, *The Evolution of Economic Thought*, chapter 10.
12. I. H. Rima, *Development of Economic Analysis*, chapter 9.
13. R. B. Ekeland, Jr. and R. F. Hebert, *A History of Economic Theory and Method*, chapter 7.
14. J. A. Schumpeter, *Ten Great Economists* (New York: Oxford University Press, 1951), chapter 1.
15. B. B. Seligman, *Main Currents in Modern Economics*, chapter 2.
16. H. W. Spiegel, *The Growth of Economic Thought*, chapter 20.

第
11
章

李斯特

第 *11* 章　李斯特

他們承受苦難，並非一下子傷害他們生命的大難，而是循環不已的厄運，從生命之初到生命
末日，點點滴滴地來的小苦難，在這種磨蝕中，他們變形了……多大的悲苦啊！因為在這些
令人憎厭的外表之下，藏著多少的珍寶，多少的正直、善心、默默無聲的英雄精神！……那
是整個民族的生命力，整個民族未來的元氣。

《約翰・克利斯朵夫》

第一節　生平與著作

　　李斯特 (Friedrich List, 1789–1846) 是德國經濟學家。1789 年 8 月 6 日生於德
國的魯凌根城 (Reutlingen)。他父親是製革匠，家道僅小康。17 歲開始擔任公職，
自城市的基層公務員而進入符天堡邦 (Würtemberg) 內政部的部長助理，因為學識
優異，奉派擔任杜賓根大學 (University of Tübingen) 行政學教授。

　　在十九世紀初年，德國仍為農業國家，而各邦間的釐金制度則阻礙貿易發展，
也妨礙德國經濟及政治統一。特別是拿破崙戰爭結束後，各邦均有「工商同盟」
的組織，李斯特則擔任「德國工商同盟」(German Commercial and Industrial
Union) 的主席，旅行全德各邦，除鼓吹取消釐金制度外，並倡導政治革新，採取
對外貿易保護之主張等。這些主張與當時各邦的政策大為背悖。故 1822 年，符天
堡邦的部長會議，取消李斯特新當選的國會議員資格，且經由邦法院判十個月的
徒刑。1825 年，乃離開普魯士赴美。

　　在美國期間，經由拉法埃脫將軍 (Marquis de Lafayette, 1757–1834) 的介紹，
與傑克遜總統 (Andrew Jackson, 1767–1845) 等當時的美國名流有密切的交往。在
礦業及農業投資之外，且創辦一份德文報紙，鼓吹保護貿易思想。1827 年，刊行
《美國政治經濟學綱要》(*Outline of American Political Economy*)，其主要經濟思想
已浮現在這本著作中。

李斯特在美國雖過著悠遊的生活，但其心仍在故國。1832 年，美國的傑克遜政府派他擔任美國駐萊比錫的領事。到任後，他開始鼓吹建立全德國鐵路的重要性，同時並繼續撰文宣揚保護貿易的主張。1841 年，刊行其《政治經濟學的國民體系》(*Das Nationale System der Politischen Ökonomie*) 的前三篇；1844 年，刊行第四篇〔本書中譯本有：程光衡譯：《國民經濟學體系》（臺灣銀行經濟研究室刊行）〕。全書出版後，李斯特的國際聲望大為提高，且獲得符天堡邦邦王的諒解，重回符天堡定居。但因終年奔波，健康情況欠佳，1846 年 11 月 30 日竟自殺身死。

🖋 第二節　古典經濟學的缺點

李斯特的經濟思想表現在其巨著《政治經濟學的國民體系》。該書分四篇，依序為〈歷史篇〉、〈理論篇〉、〈學說篇〉及〈政治篇〉。可見李斯特係以檢討各主要國家經濟發展史的教訓，建立其經濟理論，並據以評論當時各經濟學派，再提出其經濟政策主張。因此，探討李斯特的經濟思想宜由其經濟發展史作為起點。

李斯特認為，各國的經濟發展都可區分為五個階段，即野蠻時代 (the savage state)、漁獵時代 (the pastoral state)、農業時代 (the agricultural state)、農工時代 (the agricultural and manufacturing state) 及農工商時代 (the agricultural, manufacturing and commercial state)。一國若要增進其獨立與安全，就要努力盡快地自低文明階段提升至較高的階段，盡快地聯合並完成其農業、製造業、航運及商業。但是，經驗告訴我們，風力把種子自一國傳播至他國，沙漠因而乃能轉變為森林，可是地主若等待數世紀，讓風力來完成這種傳播及種植的角色，則未免太愚昧。因此，他指出，歷史告訴我們，凡得天獨厚的國家，因擁有豐富的資源，必具有達成高度財富與國力的基本條件，這類國家不可因其天賦條件而無所企圖，必得就其本身進步之程度，隨時調整其所採制度。在第一階段，這類國家應以較先進之國家為對象，採行自由貿易制度，藉以從野蠻狀態中脫穎而出，並使其農業有所進步；在第二階段，這類國家應採商業限制制度，以促進其工業、漁業、航業及對外貿易；至最後階段，這類國家在既已擁有高度財富與國力後，應於其國內外市場逐漸恢復自由貿易與不加限制的競爭，藉以使其從事農業、工業與商業之工作人員不致怠惰，並刺激各業保持其既得的優勢。李斯特並指出，當時的德國僅處於第二階段，而英國則為唯一到達最後階段者。

　　李斯特進而指出古典學派經濟學有三項缺點：第一，此一體系受到漫無限制之世界經濟主義的損害，因為他們既不承認各國皆各有其特性，且又未考慮各國利益之滿足。第二，此一體系受到完全唯物主義的損害，因為他們處處僅以物品的交換價值為主，而對精神與政治上目前與將來的利益、對國家的生產力均未加考慮。第三，此一體系受到無組織之利己主義與個人主義的損害，因為他們忽視社會勞工的天然本質、生產力結合運用的較高效果，而認為唯有在私人企業與社會自由交易的前提下，人類始不致於被分割為若干個國家社會。據此，李斯特的經濟理論乃區分為四項相互關聯的體系：首先要建立國家 (nationality) 概念，以代替世界主義；其次要建立生產力概念以代替交換價值體系；再則要建立整體聯合概念以代替個人主義；最後則申論獲致整體聯合利益的經濟政策主張。

第三節　國家概念

　　就國家概念來說，李斯特指出，在各個個人與整個人類之間，事實上有國家存在：這些國家各本其本身的語言與文學、本其特有的起源與歷史、本其特殊的風俗與習慣、法令與制度，本其各種為求生存、獨立、進步以及將來延續所必備的條件，並本其領土而存在。同時，各國的環境與情況亦大不相同：其間國力有強弱之分；組織有健全與殘缺之別；文明程度有更開化、半開化與野蠻之別。但就所有國家來說，任一國家均如個人一樣，各具有自保生存的本能、力求進步的動力，這些本能與動力都是天賦的。因而此一社會必須以其本身之權力與資源作為手段，才能在世界現況下謀求生存與獨立。

　　由於個人主要係藉國家的助力，自國家的精神文明中獲得其生產力、安全與繁榮，故人類固必須藉各國文明的進步，然後始有文明可言。政治學的功用在於使野蠻國家轉變為文明國家，使弱小的國力轉變為強大的國力，但其最後的目的則在於鞏固生存與延續。至於國家經濟學的功用則在於完成一國的經濟發展，並為該國將來參加世界性社會預作準備。

|||||||||||||||||||||||||||||||||||||||||||||||||||||||||||||||||||||||||||||||||||||||

🖋 第四節　生產力概念

　　就生產力概念來說，李斯特首先指出，財富的原因不同於財富本身。一個人可以保有財富，亦即保有交換價值；但若此人未能保有足夠的生產力，使其生產物品的價值大於其所消費者，則此人勢必貧困。反之，若一窮人保有的生產力足使其生產物品的價值大於其所消費者，則此人勢將轉變為富裕。由此可知，生產財富之力顯然較財富本身重要得多，因為前者不僅可使過去所獲得者能予以保持並告增加，同時亦可使過去所損失者亦能有所換新。例如，德國在每世紀都遭到瘟疫、饑荒或內外戰爭的蹂躪，但幸而每次都能保有其生產力的大部分，故事後迅即再度獲致若干繁榮。至於國勢富強但為暴君與僧侶統治壓迫的西班牙，雖其國內可享較多的和平，但此一國家逐漸喪失其生產力，遂因而日益貧弱。美國為其獨立戰爭所犧牲者何止億萬，但由於獲得獨立，其生產力大為增強，乃於獲致和平後數年之間獲得其前所未有的大量財富。

　　李斯特認為亞當斯密並非不明白上述道理，因為《國富論》序言上就已明白指出：「勞動乃一國據以孳生其財富的基石；而財富的增加首須視勞動之生產力——亦即技能與熟練的程度，以及判斷全國勞動能為普遍使用的程度——其次則依其從事生產者與坐食者之人數比例而定。」問題乃在於亞當斯密集全力闡明分工原理，未能貫徹其生產力觀念。眾所周知，所有財富全係因精神與身體的勞動而獲得，但是否能自此個人之原則推得適於國家的結論則有疑問。李斯特認為，在國家經濟中可能為智慧的行為，在私經濟中可能為愚蠢的行為；在私經濟中可能為智慧的行為，在國家經濟中可能為愚蠢的行為。根據歷史的記載，有些國家的人民雖都勞心勞力，且都崇尚節儉，而該國仍有陷於貧苦之境者。在探究一國如何自貧窮野蠻轉變成富足繁榮，以及他國如何自其富足幸福之境轉為貧苦者，所羅門王早在亞當斯密之前就已說過：勞動乃是富足的原因，而怠惰則為貧窮的原因。可是勞動的原因及怠惰的原因又是什麼？

　　李斯特繼續指出，以人類的手足頭顱喻為財富的原因更為恰當，但仍有下列問題：致人類的手足頭顱成長者為何物？而使其活動以成為勞心勞力者又為何物？此問題的答案有三：激勵個人振作有為的精神，保障個人努力必能有所成果的社會秩序，與人類在現況下所能利用的自然力量。他指責亞當斯密忽略此種力量，

以致本質上竟未把維持法律秩序與倡導促進教育、宗教、科學與藝術的勞心者包括在生產性勞動之內。他認為作為生產者的養豬者所生產的是交換價值；作為生產者的教育家所生產的則是生產力，亞當斯密因重視交換價值而忽略了生產力的生產性，其實生產力的生產性更高於交換價值的生產。李斯特並以各有五子之兩個地主家庭為例，說明生產力的重要。若這兩個家庭每年各有 1,000 元的儲蓄，假定其中一人係以其積蓄生息，並使其子皆從事一般辛苦工作，而另一人則以其積蓄用於培植二子，使其成為技能高超精明過人的地主，其餘三子則各依其興趣使之習商。前者係據價值理論的行動，後者係以生產力理論為依據。就交換價值來說，前者臨終之際所保有的交換價值或遠超過後者；但就生產力來說，則情況大不相同。因為後者的財產分為兩部分，每一部分均將因管理改良的助力，致使其總生產較過去的全部生產為多，而其餘三子亦均因其才能而擁有無限的謀生資產。在這一家庭中，其所激發並滋長的精神力量與才能不可勝計，且世代有所增加，以致其後一代所獲致物質財富的能力都較前一代為大。至於前者之家庭財富雖分為五部分，但每一部分的運用方式都與過去一樣低劣，其後代因地產之愈分愈少，愚蠢與貧窮勢必與日俱增。李斯特甚至進一步指出，勞心者產生生產力的來源有七項：(1)使其後代之國民變成生產者，(2)促進現代國民的道德與宗教品格，(3)提高人類精神力量，使之愈為高貴，(4)保全病者的生產力，(5)保障人權與正義，(6)建立並保障公共安全，(7)以藝術與育樂使人類獲得較好感受，因而產生交換價值。

🖋 第五節　整體聯合概念

就整體聯合概念來說，李斯特指責亞當斯密未澈底研究分工的重要本質。例如，若有一農人在同一日內從事狩獵、捕魚、伐木、修屋、製箭、織網、製作衣服等工作，以亞當斯密的概念亦可稱為分工，可解釋為客觀分工；而由十個人分擔不同工作合力製作一針亦為分工，可解釋為主觀分工。前者有礙於生產，後者則促進生產。他更進一步指出，分工的重要特性不僅為「分」工，而是指所有個體之間各種不同商業活動的分工；同時亦兼具將各種精力、智力與權力加以結合，以有利於一般生產之意。因為此類活動之所以產生生產力，關鍵固不僅在其分工，而主要是在其「結合」。深入考察亞當斯密證明分工有益之製針一例，李斯特認為，商業活動之分工，若無「結合各種生產力，共同致力於同一生產」作為前提，

則雖可促進生產，但其效果必甚微小。

如欲達成大量促進生產之目的，各個不同的個人必須以其體力、心力合作共同工作。一個負責製針頭者，如不欲其所做之針頭無效，必須獲得作針眼者的合作。所有勞力活動彼此間必須有一適當比例：工人與工人之間住所必須盡可能接近，其合作必須獲得保證。例如，上例中十人係居住在不同國家內，則其間的合作豈不經常將因戰爭、交通斷絕與商業危機之影響而告中斷？其所製成的產品成本豈不增高甚多？所謂活動分工的利益豈不繼之日益下降？同時，如十人中有一人脫離此一聯合，其餘九人豈不要全部停工？

製針工業既須在各個個人生產力結合之前提下始克臻於繁盛，然則任一製造行業的繁盛，自必須以其生產力與其他行業的生產力加以結合為前提。例如，以機器製造業為例，其欲達成功之境，固必須有礦場與五金工廠供給其所需原料，且必需有需用其產品的工業購用其產品。同理，一國整個工業如能配合其農業利益，而其農業利益又能配合整個工業，則該國必臻繁盛；且兩者的配合愈為密切，兩者間的相互交換阻礙愈小，其繁盛程度必愈高。

然而，我們必須注意，繼分業與各個個人力量合作之後，生產力究係如何自各個工業開始增大，以致擴展至全國。原來商業活動之分工愈細，工人的結合愈緊密，團體合作之基礎愈穩固，則該工廠亦必愈為繁榮。每一工廠生產力的增加，乃與全國製造力發展於各行業間的情況成比例；且如該業與他業之聯繫密切，其生產力必增加愈多。如某地工業製造力之發展於各行業能在地方、商業、政治方面皆與農業配合，則該地的農業生產力也必愈大。當工業製造力既經發展，則在農業生產力方面的商業活動分工與合作，亦將發展至一極為完善的程度。由此可知，若一國能在其境內開發各種製造工業，以使其臻於完善之境，而其領土之大與農業生產之豐富又足以自供其工業人口所需日用品與原料之極大部分，則此一國家勢必擁有極大生產力，結果必至為富裕。

因此，李斯特認為，一國如僅從事農業，其情況有如一獨臂者之從事於物質生產。商業不過是農業力量與工業力量及兩者之各行業間的交換媒介而已。一國如以其農產品交換他國的工業品，其情況有如一獨臂者係以外人的手臂支持。此種支持可能對其有益，但究不如本身具有雙臂，因為外人的手臂畢竟係依外人的意志而操作。如一國擁有本身工業，則其糧食與原料的生產可應國內工業所需而決定數量；如依賴外國工業，則農業生產乃取決於外人不願自行生產與其必須購

自他國之數量。據此，李斯特認為，為抑制一國農業力量之繼續低落，並就過去制度所形成之弊害加以補救，除促進對外移民外，其最佳方法是建立國內工業製造力，使其新增人口漸從事於工業，產生對農產品的較大需要，同時並使土地耕作面積加大，收穫較豐，而耕種者更為此激發，努力將其耕地的產量提至最高。

🪶 第六節　保護幼稚工業論

　　基於這種認識，李斯特認為，一國經濟發展至某種程度時，就應採取促進國內工業的措施，這些措施包括建立教育機構（尤其是工業學校）、展覽工業、設置獎金、改良交通、賦予專利權、關稅制度等。其中，李斯特僅討論關稅制度。

　　李斯特指出，本國的新建工業在與外國歷史悠久的工業從事自由競爭時，決無倖致勝利的希望；其本國的漁業、商業乃至於海軍力量的基礎，若不予以特權保障，決不能有成功的進步；其本國商人的企業精神，在資本雄厚，見識與經驗宏深的壓倒優勢下，必將日趨消沈。因此，各國乃採限制、獎勵與鼓舞的措施，希望藉以把外人的財富、人才與企業精神移植於本國。所謂先進國家固無天賦獨佔工業的永久權利，僅係在某一時期其工商業與文化較他國為優；因此，保護政策為文明落後國家達成與先進國家並駕齊驅的唯一手段，也為促進世界貿易真正自由的有效手段。

　　一國為獲得文化、技能與聯合生產的力量，必須犧牲並放棄一部分物質繁榮；同時，亦必須犧牲若干目前的利益，以鞏固其將來的利益。將一國工業製造力發展至所有行業，此一力量即為該國獲得高度文明、物質繁榮與政治力量的基本條件。然而，在採行保護關稅之初，將提高製造品的價格，為不容爭辯的事實。然若假以時間，俟該國能充分發展其生產力，則本國所製此類物品價格當較進口者為廉。由此可知，若交換價值之犧牲係因保護關稅而產生，由此而獲得的生產力實足以補償而有餘，因為此項生產力不僅可使該國獲得無數物質物品，且可使其工業在戰時亦可獲得獨立。

　　不過李斯特更特別指出，在採行保護措施時，有七項須特別注意者：第一，保護措施的目的僅在於促進並保護國內工業製造力，只有部分國家適於採行，這些國家乃是指稱領土廣大、人口眾多、資本豐富、農業進步及文明與政治均已高度發展者。第二，保護的方式可採逕對某類工業製品的禁止輸入，亦可藉稅率高

低，而全部禁止或部分禁止輸入，亦可採適度關稅，此三種方式可因本身利益而變更，也可因目的不同而調整，其決定因素為國家之特殊情況及受惠工業之情況。第三，應區別國家政策之處境，該國究係由自由競爭轉採保護政策，或係自禁止政策轉趨於緩和的保護。在前者的場合，稅率宜自輕而重；在後者的場合則宜自重而輕。第四，在開始關稅保護之際，首先應致力於發展一般消費品工業，以增進生產力與資本累積。第五，製造業與工廠之發展係逐漸進步而來，故若因採行保護關稅而致現有商業聯繫均告中斷，原欲有利於國家者，適足有害於國家。第六，對奢侈品工業之保護宜降低。其一，因此類工業生產須先有高度技術與技工；其二，此類工業生產總值佔全國生產總值之比例甚低；其三，即或不輸入此類物品，不足引起任何重大不便；其四，若對此類物品課稅過高，極易引致商人以走私方式逃避關稅。第七，對農產品不採保護關稅。原因有二：其一，保護工業乃間接保護了農業；其二，原料及糧食價格漲價有害於工業發展。

本章進修參考書目

1. 張漢裕著：《西洋經濟思想史概要》，第四章。
2. 程光衡譯，F. List 原著：《國民經濟學體系》（臺北：臺灣銀行經濟研究室，五十九年）。
3. 胡澤、許炳漢譯，Ingram 原著：《經濟學史》，第六章。
4. R. B. Ekelund, Jr. and R. F. Hebert, *A History of Economic Theory and Method*, chapter 8.
5. L. H. Haney, *History of Economic Thought*, chapter 21.
6. F. List, *National System of Political Economy* (Philadelphia, Pa.: Lippincott, 1856).
7. Oser and Blanchfield, *The Evolution of Economic Thought*, chapter 11.

歷史學派

第 *12* 章　歷史學派

但狂飈過後，當他重新想去找那泉源止渴的時光，便什麼都找不到了。一片沙漠，沒有一條流水，心靈枯萎了。他白白地墾掘沙土，想使地下的潛流湧躍，白白地不惜以任何代價去創造：精神的機械不聽你指揮。他不能乞靈於習慣，那忠實的盟友，它是當我們所有的生活意志逃掉之後，始終有恆地、頑強地跟著我們的。

《約翰・克利斯朵夫》

🖋 第一節　歷史學派的若干共同見解

　　部分經濟學家或者特別重視經濟法則與經濟制度的相對性，或者採用歸納法的推理，根據具體的史料推論其相對的經濟法則，或者強調人類動機的相互關係與社會科學間的相互關係，大體上都可歸入歷史學派 (Historical School) 之列。實際上，這些學者係對古典學派、邊際效用學派與新古典學派根據單純前提演繹經濟理論的反向表現，這個學派係十九世紀中葉誕生的，主要學者以德國居多，與當時德國的經濟社會環境有密切的關係。

　　在德國，自拿破崙戰爭 (the Napoleonic Wars) 後，就已分裂為三十九個城邦，國家統一乃是一世紀後的事情。同時，十九世紀德國經濟情況及經濟制度與英國有很大的差別，古典經濟學家所共認的企業競爭與經濟自由在德國受到嚴重的限制，理論經濟學尚未在德國生根；公共行政學則相當發達，龐大的文官制度多方面支配並管制德國的經濟生活。要言之，歷史學派誕生時之德國係分裂的、衰弱的及以農業為主的經濟社會。國家主義、愛國主義、軍國主義、開明專制、認真負責及有力的政府干涉共同在促進工業成長。由於十九世紀德國工業發展落在英國之後，為迎頭趕上，乃須政府的協助。在這種情形下，當時德國的學界，對因英國經濟環境而產生的古典經濟理論便有其排拒傾向，並進而根據當時德國經濟社會環境，開創新的經濟學說，這便是經濟思想史上的歷史學派。

　　德國歷史學派經濟思想固然有新舊之分，但是屬於這一學派的經濟學家都有下列四項共同的基本原則或見解。

　　第一，採用演進論分析經濟社會。他們採用達爾文生物天演論的觀點，重視經濟社會的累積發展，甚至認為社會有機體亦有其出生、發展、成長、衰老及死亡。由於社會係持續變化著，故適用於一國一時期之經濟學說乃可能不適用於他國或另一時期。據此，他們乃認為各種經濟法則都是暫時的、有其存在條件的，反對古典經濟學的普遍主義 (universalism)，強調相對主義 (relativity)。

　　第二，主張國家主義。他們認為社會是有機體，且係動態發展著，故他們認為經濟學研究的主體應是社會及國家，而非個人，因而反對古典學派的個人主義及世界主義 (cosmopolitan)。這乃是由於當時的德國，國家正在推動工業、運輸及經濟成長，且在爭取國家統一的過程中，當然易於展開激烈的國家至上的情操。歷史學派諸經濟學家極其重視國家對經濟事務加以干涉的必要，強調社會利益，而非個人利益。

　　第三，重視人類經濟生活的整體研究。歷史學派的經濟學家認為經濟現象與其他社會現象是相互依存的，經濟學若不與其他社會科學併同研究，則將難以作適當的討論。他們批評古典及邊際效用學派的抽象的、演繹的、靜態的、不實際的及非歷史的研究方法，他們使用原始資料及研究變動中的社會制度，以進行大量的歸納分析。他們認為，他們的歷史方法 (historical method) 不僅能研究歷史邏輯，且能研究經濟現象的各種因素，及經濟行為的各個角度。部分歷史學派經濟學家且據此而否定經濟法則的存在，但他們又認為發展型態係存在於歷史中，且能歸納為「發展法則」(laws of development)。甚至歷史學派的大部分經濟學家都就歷史上的重大因素，分別歸納其自認合理的經濟發展階段論 (stage theory of economic development)。

　　第四，倡導社會改革。他們認為經濟學有其重大的倫理任務，故不僅須分析動機及促進經濟活動，且須權衡道德利益。他們甚至認為須合理地決定財富的生產與分配標準，以滿足公正與道德需要。他們更希望經由社會改革也能使工人階級捨棄社會主義的意識。

|||||||||||||||||||||||||||||||||||||||||||||||||||||||||||||||||||||||||||||||||||

🪶 第二節　舊歷史學派

　　羅夏 (Wilhelm Roscher)、希爾德布朗 (Bruno Hildebrand) 及克尼斯 (Karl Knies) 是舊歷史學派的代表人物，他們強調研究經濟制度的成長與發展的必要。他們在嘗試任何論述之前，要先收集各種有關資料；他們確信，這種方法會使他們的結論，較古典經濟學的冷酷、無情的演繹法更合情理。羅夏力陳重回經驗論，以克服古典學者的有害影響；希爾德布朗則關心經濟成長，想把政治經濟學轉變為科學；而克尼斯則完全否定經濟法則的妥當性。在本節，我們將對他們的經濟思想略加介紹。

一、羅　夏

　　羅夏 (Wilhelm Georg Friedrich Roscher, 1817–1894) 是德國經濟史學家，舊歷史學派創始者。1817 年生於德國漢諾威 (Hannover)；在哥丁根大學 (Göttingen) 及柏林大學攻讀歷史及政治學。1840 年任哥丁根大學講師，1843 年任額外教授，1844 年升正教授，1848 年轉任萊比錫大學教授，直到 1894 年逝世為止。羅夏的著作包羅甚廣，包括歷史、哲學、政治、政治經濟學及經濟史料，其中最重要的為：

1. 《國家經濟學講義》(*Grundriss zu Vorlesungen über die Staatswirtschaft nach geschichtlicher Methode*, 1843)；

2. 《16 及 17 世紀英國經濟學說史》(*Zur Geschichte der englischen Volkswirtschaftslehre im sechsehnten und siebzehnten Jahrhundert*, 1851–1852)。

　　羅夏首先指出，政治經濟學是要研究一國經濟社會或國民生活的發展法則。正如各種生活一樣，國民生活是一整體的生活，各種現象都彼此密切關聯，故為對其一面作科學的瞭解，須認知其各面。但是，特別重要的是要注意下列七項：語言、宗教、藝術、法律、科學、國家及經濟社會。他認為，在一國的公經濟部門，假若我們瞭解經濟立法、政府對民間經濟的指針，公經濟科學乃成為政治科學的一部門。正如生理學家若不瞭解人頭，便不能瞭解人體的行動一樣，假若我們不考慮國家，我們便不能掌握國民經濟的有機體。換句話說，羅夏認為經濟學乃是整個科學研究的一部分。

據此，羅夏認為經濟學的目的在於描述人的經濟本質與經濟欲望，研究被選用於滿足這些欲望之制度的法則與特質，以及他們實現目標的程度。因此，他認為自然、勞動與資本等三項主要經濟因素支配著各國的進化，而進化的歷程與生物相似，有其幼年、青年、成年及老年階段。在國家經濟進化方面，第一期是地廣人稀、天然物產豐富的古代經濟，當時自然的支配力最大。第二期為中古都市行會時代，勞動地位漸重要。第三期為工業革命後，機械取代人力、國民財富日增，此際資本地位最為重要。但他認為這種快樂境界不會永久存在，最後仍會衰亡，而又需從頭開始。

二、希爾德布朗

希爾德布朗 (Bruno Hildebrand, 1812–1878) 是德國經濟史學家。1812 年生於德國腦恩堡 (Naumberg)。他曾在萊比錫大學攻讀，初主修神學，後改習哲學及歷史。1836 年任布列斯留 (Breslau) 大學歷史學講師，1839 年任額外教授。1841 年，出任馬爾堡 (Marburg) 大學經濟學正教授；1846 年曾往英國研究勞工及工業狀況。1850 年至 1860 年間，先後出任蘇黎士 (Zurich) 大學及柏恩 (Bern) 大學經濟學教授。1861 年任耶拿 (Jena) 大學正教授；1864 年出任屠鈴根 (Thüringen) 聯邦統計局局長。自 1862 年以後獨力主編「國民經濟學及統計學年鑑」(Jahrbücher für Nationalökonomie und Statistik)，且創辦耶拿寡婦年金、鐵路、柏恩儲蓄銀行。其主要著作包括：

1. 《現在及將來的國民經濟學》(*Die National-Ökonomie der Gegenwart und Zukunft*, 1848)；
2. 《自然經濟、貨幣經濟及信用經濟》(*Natural-, Geld- und Kreditwirtschaft*, 1864)。

希爾德布朗試圖把經濟學用歷史方法進行研究，且視之為國家經濟發展法則 (the laws of the economic development of Nations)。他認為古典學派經濟學有幾項重大的缺失，第一，意欲創造一種適用於任何時空的自然經濟理論；第二，忽略人係社會動物，其欲望、品格、利害等都經常在變動中；第三，忽略道德、文化問題，趨於唯物主義。他指出，歷史不僅能使經濟科學有生命、有活力，使之臻於完善，且能助經濟科學重新創造，故他說，經濟科學無需試圖在複雜的經濟現象中覓找恆久不變的法則；其任務在於顯示，雖有經濟生活的各種轉變，而人類

係如何進步著，以及這種經濟生活對人類的完美作何種貢獻。其任務在於追究各國及整個人類的經濟演進，以發現當前經濟文明的基礎及等待解決的問題。

因此，他不同意李斯特及羅夏以生產觀點對歷史階段的分期，他以交換媒介所表示的社會文化發展程序來劃分人類的進步階段，故乃分為物物交換經濟 (barter economy)、貨幣經濟 (money economy) 及信用經濟 (credit economy) 三階段。這種分類法所隱含的順序是商業剛性日降。每一階段各有其社會組織及制度架構。在物物交換經濟中，就不會有高度分工；在純貨幣經濟中，就不會有大規模生產、公司組織等。不過，希爾德布朗並不曾說明自一個階段如何轉變至另一個階段的過程。

三、克尼斯

克尼斯 (Karl Gustav Adolf Knies, 1821–1898) 為德國經濟史學家。生於德國馬爾堡 (Marburg)。1846 年任馬爾堡大學歷史及國家學講師；1849 年任加塞爾 (Cassel) 的工藝學校 (Polytechnische Schule) 國家學講師；1855 年任弗來堡 (Freiburg) 大學經濟學教授；1861–1865 年任巴登 (Boden) 國會議員；1865 年任海德堡大學教授；1896 年退休；1898 年逝世。其主要著作有：

1. 《以歷史方法為基礎的經濟學》(*Die politische Ökonomie vom Standpunkte der geschichtlichen Methode*, 1883)；
2. 《貨幣與信用》，三卷 (*Geld und Kredit*, 1873–1879)。

克尼斯認為，在任何時代，一個社會的經濟制度與其經濟理論，都是歷史演進的產物。經濟制度與經濟思想都是與該時代全部社會機體有密切關聯，且伴隨著發生進化與發達，且受同一時間、地域與國性的支配。因此，經濟制度與文化演進大體上是一致的，在其演進過程中，都不能視為完美而固定的形式。現代社會的經濟組織及古代的經濟組織都沒有絕對的好壞，都是歷史演進過程中的一部分。同理，流行的經濟學說並非完美的最終的學說，只是代表著真理繼續進展過程的一個階段。

據此，克尼斯堅決反對古典學派的絕對主義，他甚至認為私有財產、生產力等概念都是變動的概念，會因社會情況的變遷而改變，故宜採取相對於時代、地域、人民的態度去研究。因此，他懷疑有關發展的自然法則是否有其存在的可能性，而只承認發展過程中可能會有相似性。

他認為，由於各國氣候不同，各國民勞動力的差異，甚至土地的豐饒、廣狹、外圍狀況、各國在世界市場的特殊地位等差異，都使各國經濟狀況各具特殊性。更重要的是，經濟現象深受各國政治的、法律的、宗教的、哲學的思想的影響，經濟生活不過只佔有國民生活中的經濟的一面。因此，以經濟現象為研究對象的經濟學，不與其他文化現象發生關係是不可能的；在觀察及研究經濟現象時，自然就必須捨棄特殊性了。

第三節　新歷史學派

一、施謨勒

施謨勒 (Gustav von Schmoller, 1838–1917) 為德國經濟史學家，為新歷史學派創始人，生於吳騰堡 (Würtemberg) 的海布隆 (Heilbronn)。1861 年自杜賓根 (Tübingen) 大學畢業後，即參加該年的工業調查工作；1864 年進哈爾 (Halle) 大學任教，1872 年任史特勞斯堡 (Strassburg) 大學教授；1882 年轉任柏林大學教授，1912 年退休。其主要著作為：

1. 《法律及國民經濟的根本問題，給 Heinrich von Treitschke 博士的公開信》(*Über einige Grundfragen des Rechts und der Volkswirtschaft, ein offenes Sendschreiben an Herrn Professor Dr. Heinrich von Treitschke*, 1875)；

2. 《重商主義與其經濟意義、都市、領邦及國家的經濟政策》(*Das Merkantilsystem in seiner historischen Bedeutung, stattische, territoriale und staatliche Wirtschaftspolitik*, 1884)；

3. 《17–18 世紀普魯士的國制史、行政史及經濟史研究》(*Umrisse und Untersuchungen zur Verfassungs- Verwaltungs- und Wirtschaftsgeschichte, besonders des preussischen Staates im 17. und 18. Jahrhundert*, 1898)；

4. 《一般國民經濟學原理》(*Grundriss der allgemeinen Volkswirtschaftslehre*, 1900)；

5. 《國民經濟、國民經濟學及其方法》(*Volkswirtschaft, Volkswirtschaftslehre, und-Methode*, 1911)。

施謨勒一向被認為是新歷史學派的代表人物。他一方面與孟格 (Carl

Menger)❶捲入 1880 年代的方法論論戰 (Battle of Methods)，他方面則指責舊歷史
學派把歷史教訓應用得太快，他認為，為著為國民經濟理論建立一項經驗基礎，
須進行更多的歷史研究。根據此項原則，他進一步認為，第一，社會科學不能用
數學，因為人的反應太複雜以致於不能作微分分析；統計資料因而乃僅能視為附
錄。第二，假若經濟學能成功地與倫理學、歷史學、社會學及政治科學建立必要
的科學關係，就能真正地把經濟學轉變成主要的社會科學。

　　施謨勒在其主要著作《一般國民經濟學原理》中，特別強調社會有機體與經
濟社會之道德與倫理面，而非重視其交易分析面，故他首先研究溝通的心理、倫
理及法律基礎，繼之分析經濟學的起源及家庭、社會團體與共同體的概念與財產、
階級及各種企業形式之概念的關聯，然後才以歷史及社會觀點敘述市場、交易、
價值、地租、信用、勞動及經濟危機等概念。他認為社會目標僅能依兩性關係及
利害集團來探討，足以反映這些關係的乃是習慣、道德、宗教及法律。據此，他
認為倫理品質最為重要。因而他覺得，在人的發展過程中，雖有許多相互敵對的
證據，但通常以美好生活及提高思想的倫理習慣的方向為主。

　　其次，施謨勒認為，人不能與自然因素分離，且與自然因素相結合而影響地
球表面的改變。他認為，經濟學乃是瞭解文化變遷的基礎，經濟學的研究會有助
於我們對未來的理解。不過，雖然施謨勒提及自然因素為經濟秩序的決定要素，
他並不是意指重視地理、地形及技藝的唯物觀點，也不是否認思想與環境有密切
關聯的理想分析法。

　　第三，施謨勒雖然重視心理基礎的分析，且以苦樂的感受來分析價值的成因，
但與邊沁的享樂主義稍有不同。除政府規費及有關管制價格係以類似於中古之公
正價格為基礎之外，他係以平常的供需觀念來分析價格的決定，且每一項問題係
就其起源、統計及理論而討論，甚至於要使之與經濟政策有所關聯。

　　第四，正如其他歷史學派學者一樣，施謨勒認為，經濟政策及行為缺乏妥當
的普遍法則，因為動機係因許多成因所引起，以純粹邏輯方式來分析人的行為乃
是不可能的。理論不能完全超然於動機之外，一旦我們接受此命題，社會科學的
本質乃能以社會因果關係的演進來展示。他認為，社會乃一整體，孤立現象分析
僅能獲得經濟社會本質的片面觀點。其相互關聯應以因果分析作為支柱。據此，

他進一步認為，經濟學尚未進步到足以有系統地陳述所謂「法則」(laws)，而僅能提及「規則性」(regularities)。關於這一點，他的學生，斯匹托夫 (Arthur Spiethoff)❷在討論經濟循環時，有更精闢的分析。

第五，施謨勒曾經把經濟發展區分為五個階段：家庭經濟時代 (the epoch of domestic economy)、都市經濟時代 (the epoch of urban economy)、區域經濟時代 (the epoch of territorial economy)、國家經濟時代 (the epoch of national economy) 及世界經濟時代 (the epoch of universal economy)。關於這一階段論，歷史學派的經濟學家布希 (Karl Bücher) 有更深入的分析，我們將續加說明。

二、布　希

布希 (Karl Bücher, 1847–1930) 是德國新歷史學派經濟學家。生於德國黑森 (Hessen)。1866 年至 1869 年間曾在波昂及哥丁根兩大學研究歷史、語言學及國家學，畢業後任中學教員七年，1878 年至 1880 年任《佛蘭克福日報》的社會政策及經濟政策記者，1881 年任慕尼黑大學經濟學及統計學講師，1883 年任瑞士巴賽爾 (Basel) 大學統計學教授，1890 年任卡茲魯 (Karlsruhe) 工學院經濟學教授，1892 年任萊比錫大學經濟學教授。其主要著作包括：

1. 《國民經濟學之誕生》(*Die Entstehung der Volkswirtschaft*, 1893, 2 Aufl.)；
2. 《勞動與韻律》(*Arbeit und Rhythmus*, 1896, 6 Aufl.)。

在二十世紀初年，布希的階段論相當流行。他的架構不如施謨勒，僅把經濟發展區分為三個階段：即家庭階段 (domestic stage)、都市階段 (urban stage) 及國家階段 (national stage)。

在家庭階段，社會缺乏制度化的有組織的交換模式，這當然不排除中古時期的鹽鐵對外交易。布希認為這個時期缺乏重量及尺度的概念、交通不便，且通訊設施落後，甚至個人沒有交易行動的自由。

都市階段是演進而來。在中古莊園組織 (manorial organization) 解體後，產生了新分配制度。首先僅是那些適合於交通不便的交易，亦即昂貴但易於運輸之物品的交易，諸如鑽石、貴金屬及精美衣物。在這些交易更普遍後，參與生產這種須較高級技藝之產品的生產者日多。最後乃重組了交易與勞動的組合。最後，中

---

❷　請參閱本書第二十三章第四節。

古城市當局為抵制武裝入侵，城市居民乃習於合作抵禦外力，且把這種合作擴及其他生活領域，因而產生反映著其新社會組織模式的新制度，進而產生經濟發展的都市階段。雖然如此，這個階段的生產仍限於消費品。

在國家階段，生產變成大規模的，且生產者不再直接與消費者聯在一起。不過，布希認為，當政治變遷發生，國家階段仍僅係過渡時期。作為新政治結構的國家會使個人利益屈服於國家趨勢，因而使經濟社會完成變形。

根據以上所述，布希的階段論係以外在的政治因素為根據，因而不能應用於經濟成長理論，僅能視為歐洲經濟發展史來看待。因此，宋巴特 (Werner Sombart)❸乃批評布希的理論為機械的、欠真實的、規避資本主義演進之複雜性的分析。關於這一點，下文將續有申論。

🖋 第四節　英國經濟史學家

一、英格拉姆

英格拉姆 (John Kells Ingram, 1823–1907) 是愛爾蘭經濟學家。1823 年 7 月 7 日生於愛爾蘭的唐尼加 (Donegal) 的一個英國國教牧師的家庭。17 歲，進入都柏林大學的三一學院，曾經研習法律、語文、古典文學、哲學，且也是一位傑出的數學家。在年輕時，醉心於孔德 (Aüguste Comte)❹，1855 年且專誠到巴黎晉謁這位哲人，在其後的半世紀，始終不減對孔德的仰慕與忠誠。

英格拉姆自 1885 年即開始在其母校三一學院執教，先後講授英國文學、希臘文、政治經濟學等。1847 年，被選為皇家愛爾蘭學術院 (Royal Irish Academy) 院士。同年，創建「愛爾蘭統計暨社會研究社」(The Statistical and Social Enquiry Society)。1907 年 5 月 1 日逝世。當時，倫敦《泰晤士報》曾引述他的同事們頌揚他的話，稱他為「歐洲最有教養的人」(The best educated man of Europe)。

英格拉姆在學術上有其多方面的興趣，經濟學的研究僅係其中的一部分，故

---

❸　請參閱本書第十三章第一節。

❹　孔德 (Auguste Comte, 1798–1857) 是法國哲學家。著有《實證哲學教程》(*Cours de philosophie positive*, 1842)。主張排拒形上學，而以實證科學方法建立哲學體系。

其經濟論著不多，其中風行最廣，影響最大的是 1888 年刊行的《政治經濟學史》(*A History of Political Economy*)，曾被譯為十數國語言，直到 1920 年代仍是普遍被採用的經濟思想史的教本。在我國，也有商務印書館的中譯本。

英格拉姆除承受孔德的實證哲學 (positivism) 的影響外，多少也受到當時尚在風行的德國歷史學派經濟學的影響，因而對古典學派經濟學有猛烈的攻擊，並有主張歷史學派經濟學的意向。

他認為，古典經濟學有四項缺點：第一，古典經濟學把社會的經濟現象與其他知識的、道德的、政治的等方面分開。第二，古典經濟學運用謬誤的抽象的概念。第三，古典經濟學過分誇大演繹法的功能。第四，古典經濟學把他們所提出的結論視為絕對的。這四項批評當然有其相互關聯，且其中以第一項批評最為重要，因為經濟觀一旦被孤立，不但要忽略了社會的其他各方面之變化的影響，且必須承認當時的各種社會安排的合理性。

因此，英格拉姆認為，古典學派依其假定與方法所完成的各種假說的命題，只不過是掩飾其與事實不調和的一件外衣。矯正這種缺點的方法在於歷史歸納法的運用。這並不意味，他接受了歷史學派方法論的見解。事實上，他對與他同時期的克尼斯亦有所批評。同時，他的歷史歸納法是較接近孔德的社會學比較法。簡單地說，英格拉姆認為，經濟學的研究宜與社會生活的其他各面作有體系的聯繫；宜遏制過分抽象的趨勢；宜以歸納法取代演繹法；作為經濟學之基礎的經濟法則及其實際說明，宜以較少絕對的方式來表達。

二、白芝浩

白芝浩 (Walter Bagehot, 1826–1877) 是英國銀行家及經濟學家。生於英國的索美塞得郡 (Somersetshire)。他父親是一神教派的銀行家，不願他接受當時牛津大學必考的宗教測驗，故把他送進倫敦大學的大學院 (University College) 攻讀法律。畢業後，白芝浩曾短期執行律師業務；不久，則進入他父親的銀行服務。因與《經濟學家》(*The Economist*) 雜誌創辦人威爾遜 (James Wilson) 的女兒結婚，1860 年，當威爾遜去世後，白芝浩乃順理成章地接任了此大型金融週刊的主編職務。由於這種家族關係，他得以參與並直接觀察英國最高金融圈與政治圈的活動，故能對英國金融制度及政府體制進行深入的分析。可惜，他數度競選國會議員，始終未見成功。

更重要的是，他英年早逝，使他未能完成他的經濟學研究計劃。根據他的著述，他的經濟學研究計劃包括：經濟理論、經濟學說史及著名經濟學家年譜研究等。事實上，他有生之年僅完成了一些斷簡殘篇。根據這些零星著作，因他對經濟環境特別重視，故我們把他歸入歷史學派之列。

白芝浩的主要經濟著作有下列兩種：

1. 《倫敦貨幣市場》(*The Lombard Street*, 1873)——中譯本有：楊承厚譯：《倫敦貨幣市場》（臺灣銀行經濟研究室刊行）；

2. 《經濟研究文集》(*Economic Studies*, collected by R. H. Hutton, 1880)。

《倫敦貨幣市場》一書一向被認為是近代中央銀行理論的基礎，也是白芝浩最主要的貢獻。嚴格地說，在這本書中，白芝浩不但展示了中央銀行功能論，而且也提出了經濟循環理論的雛型。

在中央銀行功能論方面，十九世紀七十年代，英格蘭銀行的業務依然與一般銀行無很大的差異。白芝浩則指出，面對經濟循環波動危機時，加強英格蘭銀行的功能可有效地處理這些危機。在經濟危機係起因於國內的銀行現金外流的場合，應趕緊抓住最初發生信用困難的產業，給予充裕的資金融通。在起因於對外黃金外流的場合，則英格蘭銀行應提高利率，以吸引國外資金流入。同時，白芝浩更指出，英格蘭銀行應調節其再貼現率，以緩和因國際金本位制度不能完全自動調整所產生的匯率壓力。此外，在近代貨幣市場上扮演甚為重要之角色的國庫券，也是白芝浩根據商業本票為模型，作成建議而被採行的。

在經濟循環理論的雛型方面，白芝浩則指出，各產業彼此互有關聯。當某一產業發生營業困難，便會透過這種產業關聯，影響與其關係密切之產業的營運，進而影響及全部經濟社會的經濟景氣的呆鈍。相反地，某一產業的擴張，會經由類似的程序，產生繁榮的經濟景氣。面對這種現象，白芝浩一方面以產業界預期狀態（心理因素）的變化來解釋循環變動的原因，他方面則又強調信用脹縮的影響，但未進一步作具體的說明。

三、湯恩比

湯恩比 (Arnold Toynbee, 1852–1883) 係英國經濟史家、社會改良家。1852 年 8 月生於倫敦，少年時代古怪而孤獨，個性內向。1872 年春進入牛津大學，最初係依賴其父親遺產中可自由支配之少額金錢完成教育。1878 年 10 月自該大學巴

利奧爾學院 (Balliol College) 取得學位，並受該學院聘為講師。約自當時開始收集英國產業革命史的資料，及根據這些資料進行研究。自 1881 年 10 月至 1882 年 5 月，在牛津講授 1760 年至 1840 年的英國經濟史；1883 年 3 月不幸逝世，享年僅 31 歲。其夫人在其逝世後，根據演講筆記，刊行《十八世紀產業革命史》(*Lectures on the Industrial Revolution of the Eighteenth Century in England*) 一書，為其唯一著作。

　　湯恩比重視自亞當斯密、馬爾薩斯、李嘉圖，乃至於彌爾，整個古典學派的經濟法則與英國當時經濟史的關係。他並不贊成當時對經濟學之抽象的演繹法的攻擊；但他引述白芝浩的評論，指陳抽象經濟學的假定，表示其立場與白芝浩係一致的。根據白芝浩，抽象經濟學只有以某些假定為基礎始能成立，這些假定即使時常並不完全正確，但其結果也會近乎事實。亦即，經濟學家們第一只是觀察人性的一面，把人類視為只創造金錢的動物；第二忽視習慣的影響，只考慮及競爭。

　　湯恩比認為，歷史方法追求不同的研究方針。一則研究經濟發展的各種實際原因，及一國政治組織的各種制度對財富分配之決定的影響。二則在研究一國經濟發展的各個階段之外，且以此與其他各國及其他時代的各個階段相比較，試圖由這種比較，發現一種可以適用的法則。三則可告訴我們，經濟學上的各種法則及各種教訓的相互關係，並證明其大部分在文明的特殊階段是相對的。

　　湯恩比並指出，經濟學與歷史的結合研究可有雙重好處，第一，使經濟學更易於理解。第二，也使歷史更易於理解。例如，如無經濟學與歷史的相互運用，就無法瞭解圈地與機械所發生的許多現象，或各種貨幣制度所產生的各種結果。

四、亞西利

　　亞西利 (Sir William James Ashley, 1860–1927) 係英國經濟史學家。1860 年 2 月 25 日生於倫敦，1878 年入牛津大學巴利奧爾學院研究歷史，適湯恩比在此擔任講師，深受彼之影響，而從事英國中世經濟史之研究，故亞西利的第一部著作係題獻給湯恩比。1883 年赴德國海德堡大學留學，再受施謨勒及布連塔諾 (Ludwig Joseph Lujo Brentano)❺等德國新歷史學派學者的影響。1885 年回牛津大

❺　布連塔諾 (Ludwig Joseph Lujo Brentano, 1844–1931) 是德國經濟史家。曾執教於布列斯留、史特勞斯堡、維也納、萊比錫、慕尼黑等大學。主要著作包括：《英國基爾特史及其發展》(*History and Development of the English Guilds*, 1870)；《價值理論的發展》(*The Development of Value*

學講授歷史；1888 年任加拿大多倫多大學 (University of Toronto) 經濟學教授；1892 年任美國哈佛大學經濟史教授，為全世界第一位經濟史教授；1901 年回英國，任伯明罕大學 (University of Birmingham) 商業史教授；1903 年獲選為工業與貿易委員會 (The Committee on Industry and Trade) 委員；1918 年任伯明罕大學副校長，兼商學院院長；1913 年任國際歷史學會經濟史部主席；1926 年為首任經濟史學會 (The Economic History Society) 會長；1927 年 7 月 23 日逝世。其主要著作如下：

1. 《英國經濟史及經濟學說導論》(*An Introduction to English Economic History and Theory*, vol. I, part I, 1888; part II, 1893)——本書有中譯本，鄭學稼譯，幼獅文化事業公司出版，六十三年八月。

2. 《英國的經濟組織》(*The Economic Organization of England*, 1914)。

3. 《經營經濟學》(*Business Economics*, 1926)。

4. 《我們祖先的麵包——經濟史之研究》(*The Bread of Our Forefathers: An Inquiry into Economic History*, 1928)。

　　亞西利在經濟思想史上的基本貢獻在於把經濟學與經濟史的結合研究。他甚至認為，近世的經濟學說並非普遍適用的法則，除非是靜態定型狀態 (stationary state)，這些學說不適用於過去，因為他所根據的狀態為前所未有；也不適用於未來，因為這些狀態在未來仍會變化。這種見解，在他的《英國經濟史及經濟學說導論》的序文中說得最為明白。

　　他首先指出，歷史研究的逐漸重要及進化觀念的應用於社會，逐漸改變了經濟科學的本質，且產生了指導研究的新原則。這些原則共有六項：第一，政治經濟學不是始自十八世紀末方才開始的絕對真學說，而僅能視為具有若干價值的理論與概論。第二，自人類開始思考以來，每一個時代都有其經濟概念，經濟學之作為一種獨立科學而出現，僅表現經濟學與哲學及政治學相分離的意義。第三，人類經濟思想史存在著有秩序的進展。第四，正如近代經濟學家採用現狀作為假定，早期經濟思想當然係以當時之狀況為假定，故應用於過去之事實的舊學說，不得用現在的事實去評論。第五，實際上對社會有其長期影響的偉大的學說體系，對於當時的環境也有其價值。第六，近代的經濟理論不是普遍真理，特別是其假

Theory, 1908) 等書。

定不存在時為然。

五、陶　尼

　　陶尼 (Richard Henry Tawney, 1880–1962) 係英國經濟史家。1880 年在印度加爾各答出生，其父為英國公務員。陶尼曾在牛津大學的巴利奧爾學院及格拉斯哥大學受教育，終生從事教課與撰述，1913 年，他擔任倫敦經濟學院為研究貧窮而設立的拉坦達達基金會 (Ratan Tata Foundation) 董事；1918 年，獲選為牛津大學巴利奧爾學院院士。1931 年至 1949 年任倫敦經濟學院經濟史教授，同時為許多政府委員會工作。他對英國工黨及費邊社 (The Fabian Society) 有深遠影響。1962 年逝世。他的主要著作如下：

1. 《十六世紀的農業問題》(*The Agrarian Problem in the Sixteenth Century*, 1912)；
2. 《貪得的社會》(*Acquisitive Society*, 1921)；
3. 《都德王朝經濟文獻》(*Tudor Economic Documents*, 1925)；
4. 《宗教與資本主義的興起》(*Religion and the Rise of Capitalism*, 1926)；
5. 《中國的土地及勞工》(*Land and Labor in China*, 1932)；
6. 《克雷菲爾德傳》(*Lionel Cranfield*, 1958)——克雷菲爾德係詹姆士一世的財政大臣；
7. 《論平等》(*Equality*, 1958)。

　　就中古神學教授的高利貸概念與喀爾文教義之把營業轉變成「天職」(calling) 的例證來說，陶尼同意並承繼了偉伯 (Max Weber)❻的神學對經濟有重大影響的見解。不僅宗教影響營業，而經濟與社會的變動也影響宗教，但是陶尼的目的係以英國的史實研究偉伯的論題。他承認，許多營業管制係源於宗教及道德的考慮。在中古時，經濟利益顯然附屬於主要的救助事務。但是，一旦社會發生變動，各種知識部門就開始彼此分開，故陶尼認為，社會理論自道德分開，且開始展開自然主義色彩，乃使資本主義能獲得長期的認可。在聖安東尼 (St. Antoninus, 1389–1459) 所引進的修正中，明白表現，中古的苦行主義已不再足以作為行為的準繩，理論與實際開始分家，教會固然譴責高利貸者，本身卻不反對高利融資。

---

❻　請參閱本書第十三章第二節。

　　陶尼繼續指出，十五世紀發生經濟及知識革命。當歐洲商業中心北移之際，威尼斯的重要性降低；礦業與紡織業成為資本主義活動的重點；在貿易公司以大量資本支配其指定區域之際，他們乃快速成長；當中古社會在農民戰爭的激盪中崩潰之際，國家成為主要的政治勢力。新時代的象徵乃是安特衛普 (Antwerp)。不過，陶尼認為，在整個時期中，宗教原則仍超越經濟觀念。路德教派仍無意放鬆其嚴格的教義，且假若資本主義已受前景改變的影響，這並非基督新教改革家的本意。事實上，北義大利城市的貪財乃是激動瑞士人及日耳曼人之態度的主要因素。

　　若宗教改革的社會理論曾被嚴格地應用，就會如路德 (Martin Luther, 1483–1546) 所期望那樣地阻礙資本主義，因為他認為商業乃是異教的復發。但是因不願意把這些攻擊施諸貿易，故乃展開了「播下了路德所討厭的會開出新自由之花的種子」。他方面，喀爾文則意欲完全重建社會，使之整個成為都市。喀爾文教派坦白地認可了經濟生活的事實。商業文明不再與其精神生活不協調，且各種經濟利益都獲得讚揚。節儉、勤勉、嚴肅及儉樸乃成為基督教徒的德行，經濟成就乃符合了神學德行的需要。瑞士的喀爾文教徒不僅尋求社會改革，而且是道德的再生，抓住營利生活所培養的癖性，給他們以新的聖潔，以之為社會的經緯。因為這不僅是權宜問題，而且是上帝的新旨意，故中產階級乃結合成一支強有力的社會勢力。紀律與苦行主義乃成為經濟革命的先鋒。因而企業界乃願意以求助者而非征服者的身分投入喀爾文教會。

　　陶尼繼續指出，同一期間，對外貿易及資本主義的營業方式在荷蘭與英國迅速展開。這些國家所展開的經濟學的討論，顯然地力圖使當時的實務合理化。洛克的財產概念終於成為經濟自由的基礎，作為客觀科學的經濟學開始其覺醒的生涯。一旦認為經濟學與倫理宜分開研究的學者愈來愈多，以宗教為基礎的社會理論的概念乃被懷疑。教會放棄了其社會批評者的功能，且默許了新個人主義，至少在商業事務上是如此。就清教徒來說，宗教與貿易乃成為同一事物：宗教為資本主義精神之勝利而歡呼，個人責任與性格乃是存在的終極目標，環境毫無意義，貧窮成為有罪而非值得憐憫的道德上的失敗。清教資本家成為有利可圖之上帝的支持者，以不顧一切投入營利企業的陳舊理想主義來報答自己。不久社會罪惡乃轉變成道德上的美德，實際生活面乃有其新宗教的堅實基礎。就當時而言，宗教不得不為經濟辯護，且仍為人類事務的外圍。

　　陶尼認為，歌頌資本主義之興起的人不是粗俗的唯物主義者，而是自暴君爭

取新自由的鼓吹者。他方面，十九世紀的自由主義乃是不同秩序的哲學，因缺乏批評精神，它乃變成為財產權絕對論而辯護的教條。陶尼極力反對這種教條，他認為，源於農業社會的繼承權制度，在以工業化原則為基礎的社會中，完全無用，甚且是有害的。購買力的增加不足以提高人類大眾的生活品質。必須大量擴張公共部門，以提供私人產業所不能提供的醫院、學校、道路、公園及許多勞務。簡單地說，私人所得的剩餘部門宜轉變為社會所得，這些措施且須在重視人權之工業民主下進行，這乃不單純是政治或經濟的事務。故陶尼乃認為，建造更美好社會乃是一項道德問題，為假神與真神間的抉擇，否則我們將經常會遭遇到循環波動的侵襲。

本章進修參考書目

1. 趙迺博著：《歐美經濟學史》，第四編第五章。
2. 胡澤、許炳漢譯，Ingram 原著：《經濟學史》，第六章。
3. 鄭學稼譯，W. J. Ashley 原著：《英國經濟史及經濟學說導論》（臺北：幼獅文化事業公司，六十三年）。
4. 樓桐孫譯，C. Gide 原著：《經濟思想史》（臺北：中華文化出版事業委員會，四十四年）。
5. 周憲文譯，A. Toynbee 原著：《十八世紀產業革命史》。
6. Y. S. Brenner, *Theories of Economic Development and Growth*, chapter 5.
7. R. B. Ekelund and R. F. Hebert, *A History of Economic Theory and Method*, chapter 8.
8. L. H. Haney, *History of Economic Thought*, chapter 27.
9. W. C. Mitchell, *Lectures Notes on Types of Economic Theory*, vol. II.
10. Jacob Oser and W. C. Blanchfield, *The Evolution of Economic Thought*, chapter 8.
11. B. B. Seligman, *Main Currents in Modern Economics*, chapter 1.
12. H. W. Spiegel, *The Growth of Economic Thought*, chapters 17 and 18.
13. R. H. Tawney, *Religion and the Rise of Capitalism* (New York: Harcourt Brace Jovanorich, Inc., 1926).

第13章 近代資本主義成長階段論

第*13*章　近代資本主義成長階段論

我們曾經是最幸福的人。我們爬上了奈波山，山腳下躺著我們不曾進去的地帶。但我們比那些將來進去的人更能享受。凡是下降到平原中去的人，就看不見平原的廣大與天涯的遼遠了。

《約翰‧克利斯朵夫》

第一節　宋巴特

一、生平與著作

　　宋巴特 (Werner Sombart, 1863–1941) 是德國經濟史家。1863 年 1 月 19 日生於哈茲 (Harz) 的恩斯利本 (Ermsleben)。自 1882 年起在比薩 (Pisa) 及布列斯留大學、柏林大學攻讀法律及經濟學。曾在德列斯登 (Dresden) 商務部任職；1890 年任布列斯留大學額外教授，不久任正教授；1909 年任柏林商學院教授；1917 年繼華格納 (Adolf Heinrich Gotthilf Wagner)❶擔任柏林大學教授，1931 年退休。其主要著作包括：

1. 《近代資本主義》，三卷六冊 (*Der Moderne Kapitalismus*, 1916–1927)；
2. 《社會主義與社會運動》(*Sozialismus und Soziale Bewegung*, 1920)；
3. 《經濟學的三部門，經濟學的歷史與體系》(*Drei National-Ökonomien,*

---

❶　華格納 (Adolf Heinrich Gotthilf Wagner, 1835–1917) 是德國經濟學家。在柏林大學執教達四十六年之久。為基督教社會黨員。曾當選普魯士國會 (Prussian Diet) 議員；也曾被指派為普魯士上議院議員。主要著作《財政學》四卷 (*Finanzwissenschaft*, 1877) 及《政治經濟學原理》(*Grundlegung der Politischen Ökonomie*, 1876) 都曾風行一時。

Geschichte und System der Lehre von der Wirtschaft, 1930)。

二、資本主義演進論

二十世紀初年，斯匹托夫 (A. Spiethoff)❷根據 1822 年至 1913 年歐洲的經濟經驗，認為資本主義社會必然會發生經濟循環波動。然則，資本主義係如何演進的？宋巴特與偉伯分別提出有力而互異的解說。

宋巴特的經濟思想多少受到施謨勒及馬克斯的影響，然而他反對普遍法則的觀念，認為經濟制度因時空而改變。他試圖完成演繹的一般法則，但卻未能成功地調和歷史與理論。他認為，歷史是過去之片斷的經驗的重建，故歷史為一種創造性的活動。人必得在其社會、政治及經濟架構中重新創造，故經濟史的必要資料在於人必得賺取生活資料。但這種情況也是社會的，因為生產及分配的本質須先建立社會關係，法律與私有財產權因而存在，且導入了政治與法律面，對這種情況就會有不同的解說。宋巴特則採用「文化說」，意欲發現各經濟社會的特有目的。

從實證觀察中，宋巴特提出三項因素：社會組織的形式、經濟體系的本質及經濟活動的目標，把資本主義的演進區分為三個階段。就社會組織的形式來說，資本主義組織係以個人主義及自由主義之原則為基礎。就經濟體系的本質來說，資本主義必得使用迂迴生產方式、高級技藝及仔細的計劃。就經濟活動的目標來說，資本主義的經濟活動當然在追求利潤。因此，宋巴特認為企業家是發明者、發現者、組織者、商人及征服者，沒有企業家的資本主義乃是不可想像者。

他進一步指出，資本主義誕生前，物品生產目的係為使用價值，在資本主義下則以增加交換價值而產生貪得的本能。貪得本能則為社會經濟時期的特徵。在社會經濟時期之前另有個人經濟時期及過渡時期。前者係指稱經濟單位間極少關係的時期，後者則指稱表現在交換的人際關係的擴大。社會經濟時期則產生分工以博取生產力提高的利益，奴隸制度及資本主義都是社會經濟時期的制度。撇開奴隸制度不談，資本主義誕生後可分為三個階段。

第一階段是個人資本主義 (individual capitalism) 階段。這一階段始於西元 1200 年至 1750 年，即產業革命之前，其主要特徵為小規模生產單位、手工生產、封建態度及傳統主義。其組織結構係由工匠行會、非正式關係及非科學的產業及

---

❷　請參閱本書第二十三章第四節。

貿易所支配。

　　第二階段是盛期資本主義 (full capitalism) 階段，也是資本主義的過渡時期。
這個階段包括整個工業革命時期，其主要特徵為合理決策、營利及競爭精神。早
期的封建及傳統態度業已消失。

　　第三階段為後期資本主義 (late capitalism) 階段。始於第一次世界大戰結束之
際。其主要特徵是早期工業家的盛期資本主義的利益消失，卡特爾、合併及獨佔
盛行，有政府管制的必要。雖然政府管制擴大，民間部門仍佔較大比例。

第二節　偉　伯

一、生平與著作

　　偉伯 (Max Weber, 1864–1920) 是德國經濟學家、法制史家及社會學家。1864
年 4 月 21 日生於艾爾福 (Erfurt)。先後在海德堡、史特勞斯堡、哥丁根、柏林等
大學攻讀經濟學、法律學及法制史。1889 年畢業於柏林大學；1892 年任該大學講
師，授羅馬法與商法；次年任額外教授，擔任商法及德國法講座；1894 年繼菲律
波維茲 (E. von Philippovich)❸擔任弗來堡大學經濟學正教授；1897 年繼克尼斯擔
任海德堡大學經濟學正教授；1903 年因病辭職，被聘為名譽教授。此後主編《社
會經濟及社會政策季刊》(*Archiv für Sozialwissenschaft und Sozialpolitik*)，並在此
撰述經濟史及一般社會方面之論文。1919 年因健康恢復，擔任慕尼黑大學教授。
1920 年 6 月 14 日逝世。其主要著作包括：

1. 《基督新教的倫理與資本主義精神》(*Die Protestantische Ethik und der Geist
   des Kapitalismus*, 1904–1905)——有張漢裕中譯本，協志叢書；
2. 《社會科學認識及社會政策認識的客觀性》(*Die "Objektivität"
   sozialwessenschaftlicher und sozialpolitischer Erkenntnis*, 1904)；

---

❸ 菲律波維茲 (Eugen von Philippovich, 1858–1917) 是奧地利經濟學家。是孟格 (Carl Menger) 的入門
弟子。曾擔任弗來堡大學及維也納大學教授。他曾試圖調和奧地利學派及德國歷史學派的爭論。
他著有：《經濟學原理》(*Grundriss der Volkswirtschaftslehre*, 1893–1899)，該書在德語世界曾風行
一時。

3. 《古代的農業狀況》(*Agrarverhältnisse im Altertum*, 1909)；

4. 《世界諸宗教的經濟倫理》(*Die Wirtschaftsethik der Weltneligionen*, 1920–
　1921)；

5. 《經濟與社會》(*Wirtschaft und Gesellschaft*, 1921)；

6. 《經濟史，一般社會經濟史概要》(*Wirtschaftgeschichte, Abriss der universalen
　Sozial- und Wirtschaftsgeschichte*, 1923)——有中譯本，商務印書館。

二、基督新教與資本主義精神

　　偉伯對資本主義的起源及其運行的解說，與馬克斯、施謨勒及宋巴特均有所
不同。偉伯認為資本主義乃是合理行為的縮影，他重視觀念的自主運行，且以之
作為經濟成長的基礎，為使資本主義有效運行，須有一種精神與物質之苦行主義
本身俱有價值的個性，而他在喀爾文教徒 (The Calvinist) 中發現了這種個性，因
為喀爾文教徒試圖以其企業之成功證明其價值作為主要目標。喀爾文教義教誨人
們無休止地辛勞工作，但不許享受生活；收益僅能供再投資之用，因這種苦行行
為乃產生了資本累積。那種宗教風氣僅包括著合理的行為、無休止的工作、正確
的計算及和平的交易。這乃是把資本主義經濟行為視為「天職」(calling) 的資本
主義精神之所在。關於這種以宗教因素討論資本主義之起源的學說，宋巴特與陶
尼 (R. H. Tawney) 也各有其見解，關於陶尼，我們已在上一章說明。在此，先就
偉伯與宋巴特的爭論略作說明：

　　宋巴特認為猶太人在十六世紀把資本主義精神自地中海傳至北海、再傳至英
倫。因為猶太人多少展示了知識、節儉、合理行為及營利等資本主義精神，且在
控制中古商業中展示了其經驗。但是，偉伯認為猶太人既未發明匯票、股票或公
司組織，又是當地政治社會的「客民」，完全不受當地社會的影響，故不宜視為資
本主義精神的傳播者。換句話說，現代資本主義的創造者須不懼發明，願捨棄傳
統，這只能在基督新教中找到。

　　因為重視這種內在因素在資本主義中所扮演的角色，故偉伯把傳統上被認為
與資本主義發展有關的若干外在因素視為僅扮演間接且局部的角色。例如，因殖
民地貿易而累積財富，但卻不曾促進合理的勞動組織；人口增加除產生易於雇用
工人外，未有其他貢獻；金銀礦的發現及其所引發的價格革命 (price revolution) 固
然有助於資本主義之發展，但僅限於勞動組織已合理化的場合。軍事物質及奢侈

品需要增加也都被偉伯視為次要因素。他甚至認為這些因素僅有屬地區性質的重要性。

由於特別重視資本主義的起源，偉伯雖然也以階段論來說明前資本主義社會，但他與德國歷史學派的關聯甚為微小。他分別以階段論討論前資本主義社會的農業、貿易 (trade) 及工業的發展。在農業方面，家庭農業係第一階段，在此階段，分工係以性別為基礎，婦女為最早的農業家。其次為部落農業 (clan agriculture)，各個家庭依合作基礎結成團體而耕作，其結合要素或者係血緣的、或者係軍事的。再次則為主從關係的領主農業制度，但領主制則因地而異。

在貿易發展方面，第一階段係種族間的物物交換；第二階段是部落間的小販及專業化的貿易，不過這種專業化係與非經濟因素有關。第三階段則為有剩餘品的領主貿易制。最後則為城鎮貿易，包括小販、行商、合夥、聯商等。貿易發展有三項主要決定因素，其一是運輸，其二是安全與保護，其三是商品需要及固定的市場。因而年市 (fairs) 的發展乃是前資本主義時期的特色。

在工礦業發展方面，第一階段也是為自己使用而生產的家庭工業；第二階段是部落工業的發展，其主要因素係發生在原料或產品的獨佔，故其間有甚大的差異。第三階段為領主制，為市場而生產已較普遍，但其形式則因取得及保存奴隸的難易及剝削工匠程度的不同而有所不同。最後階段為城市工業，其特色係為工資生產，最後終於演變成資本主義生產。

以上三種產業發展的第三及第四階段是中古經濟的特色，含有資本主義演進所須克服的因素。偉伯有關資本主義誕生的理論乃係在於解說這兩個階段的困難是如何被克服的，也是偉伯在經濟思想史上的主要貢獻。

此外，偉伯並把資本主義區分為五種：第一，政治資本主義 (political capitalism)，以戰爭及征服來取得利潤，冒險、殖民權力及掠奪為其特色。第二是流氓資本主義 (pariah capitalism)，為若干邊際經濟集團，諸如猶太人及祆教徒等的經濟活動所特有。第三是帝國主義的資本主義 (imperialist capitalism)，係與政治擴張主義相結合者，如大英帝國。第四是財政資本主義 (fiscal capitalism)，係若干古代社會的典型，通常係對農業課稅，如古羅馬帝國。第五是工業資本主義 (industrial capitalism)，以大量固定資本投資為基礎，重視使用自由勞動 (free labor) 的工廠生產制度，乃係今日所看到的特有形式。

||||||||||||||||||||||||||||||||||||||||||||||||||||||||||||||||||||||||||||||||||||||||||||||||||||||

第三節　羅斯托

一、生平與著作

　　羅斯托 (Walt Whitman Rostow, 1916–2003) 係美國現代經濟史學家。1916 年生於紐約市。耶魯大學哲學博士。1936 年至 1938 年得到羅德訪問學人獎金到牛津大學巴利奧爾學院研究。1940 年至 1941 年執教於哥倫比亞大學,並擔任國務院德奧經濟組 (German-Austrian Economic Division) 助理組長;1945 年至 1946 年執教於倫敦大學與劍橋大學;1950 年升任麻省理工學院經濟史教授;曾任艾森豪政府的顧問;甘迺迪政府及詹森政府期間,擔任國務院顧問兼計劃委員會主席;1969 年任德州大學教授。他的主要著作有下列幾項:

1. 《美國外交革命》(*The American Diplomatic Revolution*);
2. 《英國經濟論文集》(*Essays on the British Economy*);
3. 《1790 年至 1850 年英國經濟之成長與波動》(*The Growth and Fluctuation of the British Economy, 1790–1850*,與 A. D. Gayer 及 A. J. Schwartz 合著);
4. 《美國亞洲政策論》(*American Policy in Asia*);
5. 《蘇聯社會之動態》(*The Dynamics of Soviet Society*,與 A. Levin 等人合著);
6. 《有效外交政策要論》(*A Proposal: Key to Effective Foreign Policy*,與 M. F. Millikan 合著);
7. 《經濟成長過程論》(*The Process of Economic Growth,* 1952; 1960)——本書有中譯本,林鐘雄譯,協志工業叢書出版;
8. 《經濟發展階段論》(*The Stages of Economic Growth－A Non-Communist Manifesto*, 1960)——本書有中譯本,饒餘慶譯,今日世界社出版;
9. 《政治與經濟成長階段》(*Politics and the Stages of Growth*, 1972)。

二、經濟發展階段論

　　正如歷史學派諸經濟學家一樣,羅斯托把人類經濟發展的過程區分為幾個成長階段,探討近代經濟史的各個時代經濟成長係如何發生的。在 1956 年,他提出此項主張時,僅把成長過程區分為三個階段,1960 年則修正擴大為定型的五個階

段：傳統社會 (the traditional society)、過渡時期或起飛前期 (the transitionary society or preconditions for take-off)、起飛期 (the take-off)、成熟社會 (the drive to maturity) 及大量消費時代 (the age of high mass consumption)。

傳統社會係以牛頓 (Issac Newton, 1642–1727) 以前的科學技藝為基礎，且以牛頓以前之態度面對自然世界的低生產力時期。其主要的經濟事實是，生產力有最高限制。以牛頓來代表歷史上的一個分水嶺，過此之後，人類乃相信其外在世界是受一些可知的法則所支配，且因而可作生產性的操縱。但是，傳統社會並不是靜止不變的，農業、製造業、交通、貿易都經常變動著，只因缺乏現代的科學知識，其生產水準始終受到限制。由於生產力的限制，這些社會都以大部分的資源投資於農業，為生產糧食乃動用了四分之三以上的勞動力。同時，因以農業為主，乃產生了一種世襲的社會結構，各階級間很少有調整的範圍，財富與權力集中於那些控制土地的人手中。社會的價值觀念限於人們能夠想像的水平線上；超過最低消費水準以上的所得大都用於不事生產或生產力小的支出上；家屬關係很重要，政治權力分散在地方，地主對中央政府有極大的影響力。基於這種認識，若要擺脫傳統社會，邁向現代社會，須先有多方面的改革，自農業經濟形態轉變為工商經濟形態；由自給自足轉變為交換經濟；改變生兒育女觀念，降低出生率；儲蓄須用於資本形成而不用於廟宇牌坊等等。

在起飛前期，社會因正漸次發展起飛的準備條件，故正在轉變中；且由於傳統社會若要享受近代科學的果實，須有若干時間才能完成其轉變。西歐國家係在十七世紀及十八世紀初年發展這一階段；在當時，新科學知識已被應用於農業與工業，且世界市場與競爭都在擴大中。非西歐國家通常係因其傳統社會面對著侵略的震撼而完成此一階段。大體上說，這個階段有下列幾項特點：社會日愈認為經濟進步係可能的、好事的，且是必要的；教育普及且擴大以適應近代經濟活動的需要；出現願承擔風險及追求利潤的新企業家；商業擴張、投資增加，且出現若干近代的製造業；在政治上出現新民族國家及強有力的中央政府。

起飛期是有礙持續成長之因素已完全掃除，且產生真正產業革命的階段。自此之後，經濟社會乃以複利自動成長。起飛期的特徵是發生了下列三項決定性的轉變：第一，投資率自國民所得的 5%，提高為 10% 以上。第二，有一種或幾種重要的製造業部門有特別高的成長率。第三，政治、社會和制度的迅速改變，足以利用現代化經濟部門的擴張衝力，和起飛時所造成的潛在外部經濟，使經濟成

長能夠自行繼續下去。羅斯托指出，英國約自 1783 年達到起飛期，法國、美國及德國各約始於 1830 年至 1870 年間；日本始於 1878 年至 1900 年間；蘇聯及加拿大各約始於 1890 年至 1914 年間。但各國的領導部門 (leading sectors) 不盡相同，或者為紡織業，或者為鐵路，或者為木材業，或者為軍用品業，不一而足。但是，領導部門通常須具備四項基本因素：第一，其產品必須已有廣大的市場；第二，必須已採用新生產技能，具有龐大的生產能力；第三，社會須具備發動領導部門所需的初期資本；第四，該部門須能引申其他部門的連鎖反應。

　　成熟社會是起飛後已自力持續成長的經濟社會，將近代技術推廣應用至整個經濟活動的各個部門後的新階段。在邁向這種技術成熟階段的過程中，經濟社會固然免不了有循環活動，但其整個方向基本上是持續進步的。簡單地說，成熟社會有下列幾項特徵：第一，國民所得的 10% 至 20% 用於再投資，以使生產增加超過人口成長。第二，起飛期的領導部門開始衰微，經濟活動領域已擴大至更精密更複雜的技術過程。第三，社會能吸收並有效應用當時最先進的技術，以開發其大部分資源。第四，領導人的本質有所改變，創業人變成了經理人。第五，勞動力的結構、真實工資、技術、思想等都已改變。第六，社會調整其價值觀念及制度，以適應新經濟環境的需要，以免阻礙經濟發展。

　　大量消費期係成熟社會的許多出路之一，是美國式的發展過程，並非唯一的出路。根據羅斯托的看法，處於成熟社會的國家，對其往後的發展會有不同的計劃，此類計劃係決定於該社會的地理、資源、價值判斷及當時的主要政治領袖，但不外有四條出路：其一是向外擴張勢力。其二是成為福利國家，亦即優先考慮緩和經濟循環所引起的困難、提高社會安全、改善所得分配和挽救貧困等，而把私經濟部門的擴張列為次要。其三是提高大眾消費水準，在追求更好的衣食住外，且增加耐久消費品及勞務的享受。其四是增加閒暇，解除勞動的緊張。自 1913 年後，美國所走的是第三條出路，戰後的西歐及日本亦有此種趨向。

　　在此，我們要特別指出，以上五個階段並非完整的人類歷史的發展過程。大量消費期之後究將如何發展及演變，則未有明顯的趨向。以羅斯托的話來說：「美國社會的經濟結構必須維持相當高的消費水準和大量的社會基本設施資本；其國力的大部分又須用於保衛其本國及盟國的利益；最後，美國由於其內在動力，人口不斷迅速增加，而工作人口所需供養的人數也愈來愈多……像這種社會，必須盡量合理地把其資源用於生產用途。經濟學上的匱乏問題仍未解決。」在目前，

美國依然處於這種情況中。

三、與馬克斯的比較

羅斯托認為，經濟發展的各個階段並非靜態的，且含有體系一致之一種生產動態過程，各個階段終將引導至更高的發展階段。羅斯托並不諱言其階段分析與馬克斯有若干相似之處，但其「經濟發展階段論」以「非共宣言」為副題，則表示他特別重視他與馬克斯的不同。簡單地說，兩人最大的異處在於對人之因素有不同的處理態度。馬克斯體系完全像古典經濟學，係以利潤極大觀念發展出來的邏輯；但羅斯托則指出，人是複雜的個體，不但追求經濟利益，同時也受權力、社會、文化等因素的影響，故人的行為是若干利害不一致之目標的權衡結果，並不是單純的經濟計算。

換句話說，經濟決意決定了成長率與勞動及資本的生產力，但在利潤極大之外，仍有其他重大的人類目標足以支配經濟決意。羅斯托曾列舉六項傾向──發展基本科學（自然及社會科學）的傾向、將科學應用於經濟目的的傾向、接受創新的傾向、追求物質進步的傾向、消費傾向、生兒育女的傾向──代表其他重要的人類目標；並且指出，諸傾向摘述了被認為與產出水準及經濟成長率有直接關聯的那些社會及政治行為；諸傾向的強度及其變動過程，不僅是真實所得水準或其變動的函數，它係決定於一個社會的經濟、社會及政治因素之間的複雜的內在關係，這些關係本質上是長期間緩慢地變動著。

第四節　顧志耐

一、生平與著作

顧志耐 (Simon Smith Kuznets, 1901–1985) 是俄裔美籍經濟學家。1901 年生於蘇俄，曾在蘇俄卡爾可夫大學肄業，1921 年移民美國。1923 年獲得哥倫比亞大學理學士，1924 年獲得碩士，1926 年獲得博士。曾任教賓夕凡尼亞大學及約翰·霍布金斯大學；也擔任過美國全國經濟研究局 (National Bureau of Economic Research) 研究員，美國政府顧問；1946 年曾任我國國民政府經濟顧問；1960 年以後任哈佛大學教授。1971 年得到瑞典皇家科學院的諾貝爾經濟學獎。同時，並

享有「國民所得之父」的美譽。顧志耐的著述甚豐，其中較重要者有：

1. 《生產與價格的長期波動》(*Secular Movements in Production and Prices*, 1930)；
2. 《1919 年至 1938 年國民所得及其構成》(*National Income and Its Composition, 1919–1938*, 1941)；
3. 《經濟變動論》(*Economic Change*, 1953)；
4. 《高所得群的所得與儲蓄比例》(*Shares of Upper Income Groups in Income and Savings*, 1953)；
5. 《經濟成長六講》(*Six Lectures on Economic Growth*, 1959)；
6. 《美國經濟中的資本》(*Capital in the American Economy*, 1961)；
7. 《戰後經濟成長四講》(*Postwar Economic Growth: Four Lectures*, 1964)；
8. 《近代經濟成長──其成長率、結構與擴散》(*Modern Economic Growth: Rate, Structure and Spread*, 1966)──中譯本有：洪瑞堅譯：《近代經濟的成長率、結構與擴展》（臺灣銀行經濟研究室印行）。

二、落後國家的經濟發展問題

正如 1971 年瑞典皇家科學院以諾貝爾經濟學獎頒給顧志耐時所指出，第一，顧志耐與其他科學家不同，他是用事實來說明和分析本世紀中期的經濟成長；第二，顧志耐對經濟成長經驗的闡釋，已導致經濟和社會結構與發展過程的深入觀察。因此，我們將首先說明顧志耐對經濟落後邁向經濟進步的闡釋。

顧志耐試圖以發展潛力 (potentialities of development) 上最重要的因素，將落後國家的現狀與已開發國家的早期階段作比較。根據顧志耐的定義，經濟落後的特徵乃是由於社會制度的障礙，使這些國家不能充分利用當時已知之技術能力內的經濟潛力；與其他國家相較，經濟成就水準與特徵有其落後性；對該國大部分人口不能提供合理的生活水準。他方面，發展的特徵在於高平均每人所得。

就此項定義來說，目前的已開發國家發展前的條件是否能與目前的落後國家的條件作比較，其答案區分為兩部分：第一，把目前的落後國家與「先驅國家」(pioneering countries) 比較；第二，與古老的已開發國家比較。就與古老的已開發國家的比較來說，時間與範圍都太廣，以致於不但沒有充分的具體資料，且也面對著極其不同的文化結構，以致於使這種比較缺乏具體的意義。就與先驅國家的

比較來說，所謂先驅國家乃是指當時人口相對稀少的西歐及其後裔國家（美國、加拿大及澳洲），這些國家較當時的已開發國家的落後程度，遠較目前的落後國家的落後差距為小。不但如此，在兩百年前，這些先驅國家已經進行了五、六百年的文化調整；這乃是目前之落後國家與先驅國家在兩百年前之情況的最大差異。顧志耐指出，在近代工業制度所表現的技藝變動之際，許多先驅國家業已有其經濟上的進步——已經驗著數百年的持續成長；享有政治獨立；直接分享了十三世紀、十六世紀及十八世紀之知識擴大及生活態度調整的利益。而目前的落後國家所承繼的更古老的文明，則含有嚴重有害於採行近代工業制度的因素。

同時，再就產業結構來觀察，根據已有的資料，目前的已開發國家，農業人口佔總人口的比例都在 20% 以下，而落後國家則為 60% 以上。把目前的這種落後標準應用於先驅國家，就等於是十七世紀的英國及十九世紀初年的德國及法國，但是目前落後國家的平均每人所得水準僅及當時那些先驅國家的三分之一至六分之一，這就反映著目前的落後國家有較低的儲蓄能力。此外，顧志耐並指出，先驅國家在當時不但人口稀少，每十年增加率都在 10% 以下，而且尚有可供移民之處；而目前的落後國家不但人口眾多，每十年增加率超過 20%，而且缺乏可供移民之處，因而增加了經濟發展的困難。

雖然如此，顧志耐認為，若要真正瞭解並解決落後國家的經濟成長問題，光是上述比較是不夠的，因為上述比較顯示發展狀態有所不同。故他指示出三個重點趨向：第一，把目前的落後國家與日本及蘇俄之類的後進國作比較；第二，要特別重視經濟成長、人口型態與社會變遷間的交互影響；第三，所研究的期間須長得足以表現長期趨勢，以免除過渡時期變動所引起的混淆。

三、經濟成長的兩個時代

嚴格地說，顧志耐也是一位經濟發展階段論者，他把階段稱為經濟時代 (economic epoch)。所謂經濟時代係指稱經歷的期間比較長，遠超過一個世紀以上，且各個時代各有其顯著的共同特徵。為著區分這種時代，顧志耐首先列舉四項衡量標準。

第一項標準是作為研究對象的單位。在家庭、產業、國家、地區、種族等可供作為經濟發展的研究單位中，顧志耐選擇國家為其研究對象。其理由有三：其一，國家是一個主權團體，其人民由於共同的歷史和文化遺產，滋生了對所屬國

家的歸屬感。其二，因為國家設有政府部門，制訂許多長期決策，可以加速或妨礙成長。其三，國家的經濟政策會影響受國家控制下的許多大機構的經濟成長。

　　第二項標準是人口增加。顧志耐認為，除了平均每人產量增加之外，尚需有人口增加，才能表現出經濟成長。因為只有兩者不斷增加，產生相互影響，國民生產才能持續快速上升，故人口是否增加便成為一項必要的標準。

　　第三項標準是國民生產。在不同的時代，對經濟成長有不同的目標、方法與價值觀念。在現代，我們重視國民生產概念，故我們乃可運用對國民生產是否重視作為一項評訂的標準；不過，這項標準並非可靠的標準，下文將另有說明。

　　第四項標準是持續增加。經濟活動免不了有所謂的短期波動，經濟時代當然須不受短期波動的影響。雖然現代經濟波動通常是四至九年。但顧志耐特別指出，根據歷史，非有三、四十年，不足以充分顯露各種不同的短期波動，故他所區分的經濟時代係相當漫長。

　　根據以上四項標準，顧志耐把資本主義以來的西方社會區分為兩個經濟時代——商業資本主義時代和工業資本主義時代。商業資本主義時代始於十五世紀末，結束於十八世紀後期，其主要特徵是西歐與新世界的接觸，產生了海外貿易對國家經濟成長的重要性，因為地理發現而使西歐獲得許多利益。自蒸汽機發明以來則稱為工業資本主義時代，因其廣泛利用科學來解決經濟問題，故也稱為科學時代。這個時代有三項特徵：入世主義，重視俗世的生活，對社會制度結構帶來的經濟成就給與極高的評價。平等主義則反映了政治權力與社會地位的可移轉性。不過，民族主義則產生了對經濟成長的限制。

　　顧志耐特別指出，在各個經濟時代，與經濟成長同時發生的尚有：社會變遷、新知識、新制度、新利益團體等的調整，且彼此有交互影響。但是，對於整個改變過程，必須等待該時代結束後，才能充分顯露。因此，我們所處的科學時代的基本特徵仍處於隱藏狀態。

四、國民所得概念

　　我們慣常用國民所得來測度經濟成長及國民財富。前款有關經濟發展的比較也是以國民所得為根據。但是，作為國民所得之父的顧志耐則指出，國民所得乃是不完全的尺度標準，其理由有二：第一，由於低估或根本未包括未進入市場活動的物品與勞務，故國民所得數值顯然低估了經濟福利。例如，家庭主婦所提供

的勞務，業餘園丁、照相等工作均未計入。在美國，僅只家庭主婦勞務一項，過去幾年就被估為國民所得的四分之一。第二，由於計入「職業支出」(occupational expenses)，故國民所得數值高估了經濟福利。這項問題係起因於一項反省：個人所獲得的各種物品與勞務是否真正地表現著作為消費者的消費者之滿足來源的物品與勞務？換句話說，若干物品與勞務對消費者滿足並沒有貢獻。但這些物品卻被列入國民所得之中。例如，許多人住在三重、新莊、中和等地，為著工作上的需要，不得不搭車或開車到臺北市工作，這些支出都是國民所得一部分，但沒有增加消費者的滿足；再如，我們係生活在貨幣經濟中，為著交易需要，不得不開出支票，這些支票固然使交易方便，但並沒有增加消費者的滿足。據估計，1967 年，美國人一共開出 200 億張支票，銀行、支票戶及聯邦準備局共花 37 億美元處理這些支票，這也是國民所得一部分，但卻沒有產生消費者的滿足。諸如此類的職業支出，會因經濟發展而增多，也因而誇大了國民所得。

顧志耐認為，國民所得中不計入未進入市場的物品與勞務，與計入各項職業支出，兩者有部分相互抵銷的可能性。但是，就事實來說，隨著時間的經過，兩者都趨於擴大國民所得，因為經濟發展產生都市化，都市化則使未進入市場之物品與勞務減少，而致國民所得加快提高；同時，由於經濟發展使職業支出增大，也使國民所得加快提高。基於這種理由，兩國之間——特別是已開發國家與落後國家之間——的國民所得比較，必須慎重將事，且更應該作謹慎的解說。

此外，顧志耐且也指出，在國民所得統計中，另有兩個大項也有影響。其一是政府支出。他認為政府支出大部分都是維持社會制度的，對消費者滿足並沒有積極的貢獻，因而會有高估偏向。他特別反對把軍備支出與食衣等產品的等量支出視為相等。由於經濟愈進步，社會制度的維持費愈高，故同一國家在不同時期的比較，或已開發國家與落後國家在同一時期的比較，都會有不合理的偏向。其二是資本形成項目，有關折舊都是根據過去經驗而預估的，這種預估常大於實際折舊，因而使國民生產毛額趨大。此外，顧志耐更指出，在國民所得中，並未估計資源的消耗，更未計入知識與技藝成長對福利的貢獻。

雖然如此，顧志耐並未建議我們捨棄國民所得概念，相反地，他認為國民所得概念應作更進一步的發展，須收集更多的資料，但應更小心地處理與應用。

本章進修參考書目

1. 張漢裕著：《經濟發展與經濟思想》（臺北：三民書局總經銷，六十四年），第二冊，第五章及第十四章。

2. 張漢裕著：《西洋經濟思想史概要》，補篇。

3. 王作榮著：《經濟發展理論概述》，載《二十世紀之社會科學——經濟學》，施建生主編（臺北：正中書局，五十年）。

4. 鄭朴譯，Max Weber 原著：《社會經濟史》（臺北：臺灣商務印書館，五十八年臺一版）。

5. 張漢裕譯，Max Weber 原著：《基督新教的倫理與資本主義精神》（臺北：協志工業叢書出版公司，五十七年）。

6. 洪瑞堅譯，Simon Kuznets 原著：《近代經濟的成長率、結構與擴展》（臺北：臺灣銀行經濟研究室，六十四年）。

7. 饒餘慶譯，W. W. Rostow 原著：《經濟發展史觀》（香港：今日世界社，五十四年）。

8. 林鐘雄譯，W. W. Rostow 原著：《經濟成長過程論》（臺北：協志工業叢書出版公司，六十四年）。

9. 胡澤、許炳漢譯，Ingram 原著：《經濟學史》，第六章。

10. Y. S. Brenner, *Theories of Economic Development and Growth*, chapter 5.

11. Simon Kuznets, *Modern Economic Growth, Rate, Structure and Spread* (New Haven: Yale University Press, 1966).

12. Simon Kuznets, *Toward a Theory of Economic Growth* (New York: W. W. Norton & Company, Inc., 1968).

13. Jacob Oser and W. C. Blanchfield, *The Evolution of Economic Thought*, chapters 11 and 22.

14. W. W. Rostow, *The Process of Economic Growth*, 2nd ed. (London: Oxford University Press, 1960).

15. W. W. Rostow, *The Stages of Economic Growth: A Non-Communist Manifesto* (Cambridge: Cambridge University Press, 1960).

16. W. W. Rostow, *Politics and the Stage of Growth* (N. Y., 1970).

17. B. B. Seligman, *Main Currents in Modern Economics*, chapter 1.

18. W. Sombart, *The Jews and Modern Capitalism* (1911) (Glencot, Ill.: Free Press, 1951).

19. Max Weber, *The Theory of Social and Economic Organization* (1921) (New York: Oxford University Press, 1947).

第 14 章 邊際效用學派的誕生

第*14*章　邊際效用學派的誕生

我的孩子，別這樣不知好歹，你生在最美的都市，最富於神奇的時代；你並不傻，你有明辨的眼光。想想在你周圍有多少事情值得去看、去愛。

《約翰‧克利斯朵夫》

第一節　引　論

　　邊際效用學派係許多位經濟學家，幾乎同時在不同國家，個別努力研究的成果。其中包括：屠能 (J. H. von Thünen)、劉普特 (A. Dupuit)、高森 (H. H. Gossen)、古爾諾 (A. A. Cournot)、華爾拉 (Léon Walras)、孟格 (Carl Menger)、耶逢斯 (W. S. Jevons)、馬夏爾 (Alfred Marshall)、老克拉克 (J. B. Clark) 等人。

　　這一學派在開發新觀念及新經濟分析領域之後，一百年來已有許多變化，但仍然是現代個體經濟分析的一個主要構成分。幾乎每一本經濟學入門書都要運用邊際效用學派的分析工具，分析個別廠商及其行為、商品的生產、分配及消費活動、單一商品市場及個別價格的決定。就這種意義來說，邊際效用學派仍然繼續在支配及影響現代的經濟學。

　　對於這樣一個龐大且具有影響力的學派，我們將分成四章來討論。孟格、華爾拉、馬夏爾等三人，不但各自建立其理論體系，且都蔚成各自一個學派，我們將個別專章說明。在本章，我們將依序說明邊際效用學派的若干共同概念，以及未個別建立學派，但對於邊際效用分析著有貢獻的各主要先驅者的經濟思想。

　　我們首先要列舉說明邊際效用學派的幾項新觀念，這些觀念在經濟分析上有其特別的重要性，而且在以下幾章中仍將作深入的說明。

　　第一，資本新定義。圖 14-1 表示古典學派及邊際效用學派以來，資本定義

的演變。簡單地說，我們把物品區分為三類：工資財 (wage goods)、原料及耐久生產財 (durable producer's goods)。包括揆內及亞當斯密在內的正統經濟學家，把三類物品都視為資本，把工資財及原料合併稱為流動資本 (circulating capital)，耐久生產財則稱為固定資本 (fixed capital)。但是，馬克斯雖然也把三者都視為資本，卻另作區分，他把工資財稱為變動資本，把原料及耐久生產財合稱固定資本 (constant capital)。關於這兩項概念，本書前面已有說明。邊際效用學派對這種定義則作根本的改變，但奧地利學派與洛桑學派則有不同的看法，因而成為現代資本理論的紛爭來源之一。

商品類別	資本概念			
	古典學派		邊際效用學派及其以後	
	揆內與亞當斯密派	馬克斯	奧地利學派	華爾拉
工資財	流動資本	變動資本	/////	/////
原　料	流動資本	固定資本	資本(中間財)	/////
耐久生產財	固定資本	固定資本	資本(中間財)	資　本

圖 14-1

　　根據奧地利學派的定義，工資財係第一序列的財貨 (goods of first order)，亦即能直接對消費者提供效用的最後消費品，不宜視為資本。因此，所謂資本乃係指稱第二序列或更高序列的財貨，其特性應以生產的時間結構來瞭解。諸如原料、在製品、必要存貨及機器等第二序列或更高序列的財貨乃是生產過程的投入品，也是生產要素（勞動及土地）與具最後效用的物品之間的生產過程中的中間財 (intermediate goods)，這些中間財為生產的手段，非為生產的最後目的，乃是奧地利學派所稱的資本。

　　華爾拉則又把資本視為更狹義地僅包含固定資本，亦即須經一段時間才會耗盡的各種耐久物品，包括機器、工具、建築物、廠房、倉庫等。工資財與原料則被定義為所得 (income) 的一部分。其區分標準為存量 (stock) 與流量 (flow)，資本為時點的存量；所得則為特定時期的流量。此外，另一次要的簡單區分標準是：一件商品能否多次使用，僅能使用一次者為所得，可供多次使用者為資本。

　　第二，經濟分析上的同時性 (simultaneity)。由於古典學派採用了廣義的資本定義，故他們把產品市場與要素市場分立，認為資本累積先於生產，而生產又先於交換，結果認為勞動之生產與其工資之間有時間落後存在；甚至認為，工資率係由勞動之稀少性決定，與其對生產的貢獻並無直接的關聯。1870 年代的邊際革命則產生了要以聯立模型說明這種分立市場的發展。

　　奧地利學派及華爾拉都強調要素市場與產品市場有密切關聯。前者把要素價格視為係由最後產品之市價設算而得，特別重要的是，他們認為本期工資係由本期生產所支付、勞動投入與工資財生產係在同一期間發生，故工資財為流量，屬所得，而不屬資本。華爾拉的一般均衡論 (general equilibrium) 則把要素市場與產品市場納入一個體系，兩者同時建立均衡，其間的聯繫係由兩個市場的決策人的關係來完成：在產品市場為企業家，在要素市場為一般大眾。其間的關係有如圖 14–2。

　　圖 14–2 乃是我們在一般經濟學教科書中素所習見者，但在 1870 年代乃係一大進步；它解決了古典學派的若干問題，改變了經濟分析的方式；同時，引申了新分析問題，帶來近百年經濟分析的進步，可說具有承先啟後的重大意義。

　　第三，邊際分析與經濟體系的決策單位。在古典經濟理論中，資本家扮演著決策者的地位，他們支配著資本存量的運用與生產的方向。可是，古典理論並未展開「廠商」(firms) 理論，以解釋資本家的極大利潤行為。同時，古典學派雖然以其人口理論作為其長期勞動供給的標準，卻未對勞動者在短期勞動供給中給予決策者的地位。換句話說，除資本家之外，其他生產要素在經濟活動中，都未能扮演積極的角色。

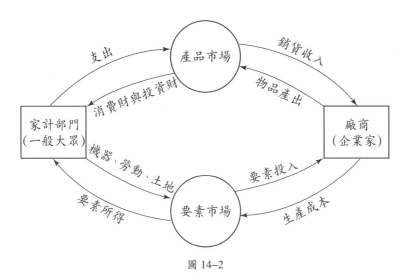

圖 14–2

　　在 1870 年代，特別是在華爾拉的著作中，這種古典學派的資本家支配論已大為改觀。首先是把資本的所有權與支配權分開，資本家擁有資本所有權，其重要性乃巨幅降低，代之而起的是支配資本的「企業家」(entrepreneur)。在華爾拉體系中，企業家在要素市場充當買者，在產品市場作為賣者，乃把生產活動直接加以聯繫。同時，在邊際生產力分析抬頭且展開要素替代可能性之後，企業家更扮演著，為追求極大利潤而選擇生產技藝的角色。另一方面，作為一般大眾的個人，為著追求效用極大，在產品市場的選擇行為也開始扮演著重要的角色。

　　在這種情形下，邊際效用分析法乃是華爾拉體系所不可或缺者，它一方面得以計算大眾的偏好及消費者主權的行使，他方面也作為商品市場之需要分析與要素市場之供給研究的基礎。換句話說，邊際效用分析因使每一個人對經濟活動都有影響力，而使經濟理論民主化。它不但展開了新研究領域，而且也捨棄了古典學派之由資本家所支配的假想模型。基於這種轉變，價格才成為古典學派以後之經濟研究的重心。

　　基於以上三點特徵，我們可以說，邊際效用學派因強調廠商及消費者分析，乃是以個體分析為主的經濟理論。同時作為其分析基礎的效用乃是主觀的及心理的現象，為使此種邊際效用概念在分析上充分扮演其應有的角色，故必須假定完全競爭及合理的行為。

第二節　屠　能

一、生平與著作

　　屠能 (Johann Heinrich von Thünen, 1783–1850) 是德國的農業家及經濟學家。1783 年 6 月 24 日出生在德國奧登堡 (Oldenberg) 一地主家中。與古往今來的經濟學家最大不同之處是，他對理論與實務都有興趣，且有深入的瞭解；且除短期在哥丁根大學 (University of Göttingen) 受教育外，他幾無正式的教育記錄。在 27 歲時，他出售家產，以其收入在羅斯托克 (Rostock) 附近的美克聯堡 (Mecklenberg) 購買一大片土地，終生在此地產上研究大規模地產的經營問題。他在經濟思想史上最大的貢獻是位置理論 (location theory)；此外，有關經濟地租 (economic rent)、收益遞減、機會成本 (opportunity costs) 及邊際生產力的分配理論等重大近代經濟理論，他也有其原始貢獻。屠能在經濟方面唯一的著作是《孤立國》(*The Isolated State in Relation to Agriculture and National Economy, or Investigation Concerning the Influence which Grain Prices, the Richness of the Soil and Taxes, Exert upon Tillage*)；全書分三卷，1826 年刊行第一卷，討論經濟學的假定 (postulates)；1850 年刊行第二卷，討論經濟問題；1863 年刊行第三卷，討論孤立國與實際國家的比較，全書係 1875 年合刊印行。

二、位置理論

　　屠能最關心的是，以最有效方式經營其農業地產，這乃意指要發現農產品價格的決定法則，以及把這些法則應用於土地利用型態。他與李嘉圖一樣，都瞭解土地之肥沃度與位置會影響農產品的生產成本，李嘉圖特別重視肥沃度的討論，而屠能則分析土地位置差異的影響。尤其重要的是，屠能明白地指出，農產品有三項特別重要的特性：量重值輕、運輸成本大及易腐，故土地位置對農業生產的影響特別重要。

　　為著分析土地位置對生產利用的影響，屠能構設了一個理論模型，其主要假定為：第一，有一城市位於肥沃平原的中央，平原的四周為荒蕪之地，無河流可通他處。第二，全境土地都為宜耕作之肥沃土地，肥沃度都無差別。第三，境內

以馬車或類似的運輸工具為唯一的輸送工具，全境並無運輸障礙，故無位置利益之情事。第四，城市居民自其四周之平原取得糧食及原料，製造業產品則在城市內製造，不與平原以外之地區交易，是為孤立國。根據這些假定，屠能認為土地利用仍是以城市為中心的幾個同心圓所構成，其形狀如圖 14–3。各地區之土地利用乃由其與市場之遠近所決定，因為距離遠近影響運輸成本，進而影響土地利用及地租。

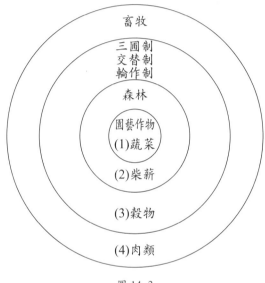

圖 14–3

　　舉例來說，諸如鮮花、蔬菜、牛奶等不適長途運輸，或須保持新鮮且非大宗交易物品，都須在第一圈生產，這些物品量輕而值高，故凡是須投入大量勞動才能生產的其他產品，都不宜在此地區生產，因為它們在此地區不會有比較生產利益。其他各圈的生產物亦可本此原則類推。

三、位置理論的擴大應用

　　在上圖中，我們係順手繪出各區域的界限，現在我們就必須說明此界限係如何決定，這當然涉及基本原則及兩類以上生產物的競爭情況。在討論這兩個問題之前，我們首先要提出三項值得注意的隱含假定：其一是屠能係以耕作形態決定於產品間的競爭為其基本前提，來討論各區域的土地利用。其二是屠能關心每單位土地的淨收益，而非關心單位產量的淨收益。其三是先前既已假定土地的肥沃

度一致，故勞動及資本在各地區的生產力應係相等，也就是說各地區每單位面積的生產成本係相同的。

　　根據以上的瞭解，我們可根據一種產品討論基本原則。屠能指出，界限係決定於自城市至農人淨收益為零之處的距離。以符號來說，以 p 表示城市中每斛小麥之價格；以 c 表示每斛小麥的生產成本；以 v 表示每斛小麥對農人的淨價值（平均淨收入）；以 q 表示輸送城市求售的小麥數量；以 t 表示每英里每斛小麥的運費；以 d 表示城市至該地的距離（以英里表示）。則 cq 為總生產成本；td 為每斛小麥的運輸費用；pq 為農人的毛收入。而符合基本原則的條件為 v=0。但

$$v = (pq - cq - td) / q \qquad\qquad (14\text{--}1)$$

$$vq = pq - cq - td \qquad\qquad (14\text{--}1A)$$

亦即

$$d = pq - cq - vq / t \qquad\qquad (14\text{--}2)$$

根據 (14–2) 式，在已知 p、q、t 及 c 的情形下，便能定出此一產品的生產界限。

　　其次，一旦我們已知生產成本及運輸費用，我們便能推論得知，兩種相互競爭之產品的生產界限。如圖 14–4 所示，以 OAB 為中心的兩端係對稱的，故我們只討論一面即可。設 OA 及 OB 分別為生產值 1 元之馬鈴薯及小麥的生產成本，A′S 為把此馬鈴薯輸送 OJ 距離的運輸費用，B′M 為把此小麥輸送 OX′ 距離的運輸費用；由於每單位面積之馬鈴薯產量大於小麥產量，故馬鈴薯之運費大於小麥。AS 及 BM 分別表示運費隨距離之增加而增加的遞增狀態，這兩線在 L′ 相交，在此交點之後，1 元值之馬鈴薯的輸送成本即大於 1 元值之小麥的輸送成本，故馬鈴薯係在 OL 區內生產，而小麥則在 LX′ 區內生產。以 O 為原點，以 OL 為半徑乃可求出馬鈴薯的生產地區；同理，也可求得小麥的生產地區。甚至，我們且可把此項原則應用於三種以上的產品。

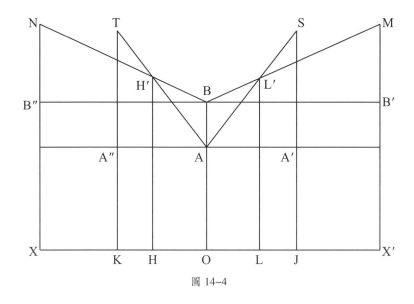

圖 14-4

四、邊際生產力理論

　　屠能在經濟思想史上的另一貢獻是邊際生產力遞減理論及其應用，他認為土地收益遞減只不過是其中之特例；他甚至還指出，生產要素之產值決定其報酬，我們就以他的「自然工資」理論為例來加以說明。

　　在屠能的孤立國的模型中，假定其外緣土地之地租為零，在該地所生產之生產物乃分配給勞動及資本；在現存地產耕種的勞動者得自由離開其現行受雇地位而獲取新土地；這些工人的工資乃是超過其生活所需的部分；且工資是生產上的唯一支用。由於擁有足夠資本的任何勞動者都能自由離開其受雇者的地位，轉變為資本生產地位，故舊地產的工資應等於勞動者及其資本開發新土地的收入。我們以屠能的符號來說（以下各數值都係以小麥來表示的實物量），以 p 表示一個家庭在其資本協助下的年產量；以 w 表示年工資量；故 $y = p - w$ 表示總利潤量；以 $z = \dfrac{(p - w)}{w}$ 表示利潤率或利率。因此，孤立國邊界的必要工資為 $w = \dfrac{p}{(1 + z)}$，$w + zw = p$。再假定勞動者每年生活所需支出為 a，其餘部分 $y' = w - a$ 在當時的利潤率下進行投資。屠能且假定投資其剩餘及雇用勞動的資本生產勞動者所關心的不是其每年總所得的極大化，而是每年剩餘之投資收入 zy' 的極大。其投資收入為

$$[\frac{(p-w)}{w}][(w-a)] = (\frac{p}{w} - 1)(w-a) = p - w - \frac{ap}{w} + a \qquad (14\text{–}3)$$

若把 a 及 p 視為常數，我們把 (14–3) 式對 w 的第一導來數為零，乃可求 zy 的極大情況如下：

$$d\frac{(p - w - \frac{ap}{w} + a)}{dw} = -1 + \frac{ap}{w^2} = 0 \qquad (14\text{–}4)$$

因此

$$1 = \frac{ap}{w^2} \text{ 或 } w = \sqrt{ap} \qquad (14\text{–}5)$$

　　由此可知，自然工資乃是勞動者每年生活所需支出乘以勞動年產量之積，開平方之數額。生活所需及年產量之增加都會趨於使自然工資上升。此外，屠能且指出，最後所雇用的勞動者可以得到他個人在生產上所增加的報酬，其工資決定了與他有相同技術及能力之所有勞動者的工資率。由此可知，工資乃係由勞動的邊際生產力所決定。不過，我們應當特別指出，自然工資並非由市場決定，而是由試圖使其可供資本形成之剩餘 y 的收入極大的勞動者自行決定者。

　　屠能的理論，在多方面都是近代經濟理論的雛形。但是，我們至少應下列幾點評述：第一，決定自然工資的生活所需概念 (a) 並無確定的意義，故 $\sqrt{ap}$ 也沒有確定的意義。第二，自 $\sqrt{ap}$ 中並沒有勞動邊際生產力的因素，雖然屠能在其著作中對此概念曾有正確的敘述。第三，比較合理的假定應是，資本生產的勞動者希望其現有勞動及資本的總所得極大，而非其年工資剩餘之投資收入 (zy) 極大，此恰與屠能的假定相反。

✒ 第三節　劉普特

一、生平與著作

　　劉普特 (Arséne Jules Etienne J. Dupuit, 1804–1866) 是法國的工程師。1804 年 5 月 18 日生於義大利的華薩納 (Fossano)——當時該地係由法國統治。10 歲隨乃

父返法國，在凡爾賽 (Versailles)、大路易 (Louis-de-Grand) 及聖路易 (Saint Louis) 接受中等教育。畢業時，在一大群競爭者中，光榮地獲得物理學獎。1824 年進入法國土木工程學院 (the French School of Civil Engineering)；1827 年負責一個包括鐵路及航行工程的工程區；1829 年結婚；1836 年獲得一級工程師職位。1850 年任巴黎首席工程師。1855 年任公共工程局局長。簡言之，他是當時法國最傑出的工程師之一。但是，在其傑出的工程師生涯中，他始終保持對經濟問題及經濟理論的興趣，其作為經濟學家的成就也不比其作為工程師的貢獻遜色。可惜他早在 1844 年就預告的「政治經濟學在公共工程上的應用」(Political Economy Applied to Public Works) 始終未見完成。他的主要經濟論著有五：

1. 《論公共工程效用之測度》(*On the Measurement of the Utility of Public Works*, 1844)；
2. 《論貿易自由》(*Commercial Freedom*, 1861)；
3. 《論通行稅與運費》(*On Tolls and Transport Charges*, 1849)；
4. 《論通行稅》(*Tolls*, 1852–1853)；
5. 《論效用及其測度》(*On Utility and Its Measure*, 1853)。

二、邊際效用與需要

劉普特是經濟學家中首先明確而有力地討論邊際效用及其與需要曲線之關聯者。劉普特首先指出，個人自其同類物品存量中所獲得的效用，是由其使用最後單位所決定。他甚且詳細舉例說明，同一物品之每一增量因較少重要性，故會有不同之效用的法則。例如，假若每日用水百公升的每年水費為 50 法郎，則都市居民每天須水一百公升，且都會用於必要的用途；若水費降為每百公升每年 20 法郎，每日需要量可能增為四百公升，以供每天洗房子之用；若價格再降為 10 法郎，每日需要量可能增為一千公升，以供澆花園之用；若價格再降為 5 法郎，每日需要量可能增為二千公升，以供水泉之用；若再降為 1 法郎，則每日需要量更能增為一萬公升，以使水泉持續流量。因而整個物品存量的交換價值係由其最不重要之用途所決定。劉普特且把這種情形繪如圖 14–5。如該圖，當價格為 Op_1 時，需要量為 Oq_1；若價格降為 Op_2，c 點當然是失衡位置，個人為使其滿足極大，自然會把需要量增為 Oq_2。

劉普特且使用該圖，說明消費者剩餘 (consumer's surplus) 的概念。如該圖，

若價格為 Op_1，消費者購買 Oq_1 之數量時，總共支付額為 Op_1nq_1，亦即成為廠商的收入；在成本為零的場合，這也就成為生產者剩餘 (producer's surplus)。在此例中，消費者實際願意支付金額為 $ONnq_1$，其多於實際支付金額部分為 p_1Nn，劉普特稱之為「保留給消費者的效用」，也就是我們現代經濟學中所稱的消費者剩餘。

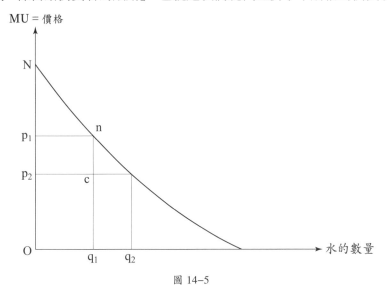

圖 14–5

三、獨佔與差別價格

在產業的自由參與自由退出過程中，長期間會使上述生產者剩餘消失；但劉普特則指出，某些產業由於本質上具有獨佔性或需投入大量創辦資本，因而具有獨佔地位，例如鐵路。因此，他在討論運費對效用之影響過程中，乃揭示了獨佔利潤極大化的原則。

劉普特以未受限制的鐵路獨佔者為例，列舉其輸送旅客之效用及運費收入資料如表 14–1。並得到四項結論：第一，如鐵路運輸成本為零，運費為 5 法郎時，可使獨佔者的利潤或收入毛額極大。第二，若每一旅客運輸成本為 2 法郎，則宜以收入淨額作為利潤極大的標準，在表 14–1 中，即為運費 6 法郎。第三，當運輸成本上升，運費亦隨之上升，但運輸量則隨之降低。第四，在本例中，運輸成本為 52 法郎，生產者剩餘為 104 法郎，消費者剩餘為 78 法郎。但若固定成本為104 法郎，則不產生獨佔利潤。尤有進者，劉普特認為若生產者進行差別取價，消費者剩餘會減少。

表 14-1

費　率	旅客數	總效用	運費收入	
			毛　額	淨　額
0	100	445	0	−200
1	80	425	80	−80
2	63	391	126	0
3	50	352	150	50
4	41	316	164	82
5	33	276	165	99
6	26	234	156	104
7	20	192	140	100
8	14	144	112	84
9	9	99	81	63
10	6	69	60	48
11	3	36	33	27
12	0	0	0	0

　　如表 14-2 所示，設固定成本為 110 法郎，鐵路當局若僅訂出一項費率，長期間會有虧損 6 法郎，但若訂出 6 法郎及 8 法郎兩種費率，前者若吸引 12 位旅客，後者吸引 14 位旅客，則旅客數不變，但鐵路當局之利潤為 22 法郎，而消費者剩餘則自 78 法郎降為 50 法郎。同時，根據表 14-2 可知，兩種費率分別為 4 法郎及 7 法郎，前者有 21 位旅客，後者有 20 位旅客（均根據表 14-1 倒推而得），可使利潤達 32 法郎，為本例中利潤最大者，故鐵路當局當會採取此種差別費率最為有利。

表 14-2

	一種費率	兩種費率				
	6 法郎	(6, 8)	(5, 10)	(4, 7)	(3, 7)	(2, 6)
旅客數	26	26	33	41	50	63
運輸成本	52	52	66	82	100	126
收入淨額	104	132	129	142	130	104
旅客保留之效用	78	50	81	92	122	161
效用淨額	182	182	210	234	252	265
利潤（假定固定成本為 110 法郎）	−6	22	19	32	20	−6

　　此種情形，劉普特另以圖解法說明如圖 14–6。根據圖 14–6，若以 OM 為利潤極大之價格，則獨佔利潤為 OMTR，消費者剩餘為 TMP；但效用損失為 RTN。此種損失，在完全競爭下乃係資源稀少性的結果；但在劉普特的成本為零的假定下，則係反映著獨佔下的生產限制。因此，劉普特認為若能進行差別取價，則獨佔利潤及總效用都可以增加。如圖 14–6 所示，若把價格分別訂為 Op′、OM 及 Op，則總效用為 OPnr；獨佔利潤為 p′n′q′M + MTqp + Opnr，較原來為大，其增加程度決定於獨佔者對市場的分割能力。同時，消費者剩餘雖然減少，但效用損失亦減少。

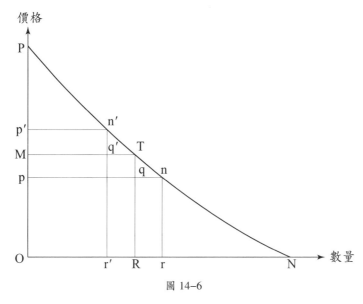

圖 14–6

第四節　高　森

一、生平與著作

　　高森 (Hermann Heinrich Gossen, 1810–1858) 係德國經濟學家。1810 年 9 月 7 日生於德國的都倫 (Düren)。幼時喜歡數學；但奉父命研讀法律。曾先後在波昂及柏林大學攻讀法律。1844 年考取定稅官，先後為馬芝堡 (Magdeburg) 及艾爾福 (Erfurt) 兩地的稅務員。1849 年移居科倫 (Köln)，與一比利時人籌辦保險公司失

敗。1850 年開始潛心著作。1854 年刊行其名著《人類交換的法則及由此所形成之人類行為規則的發展》(*Entwickelung de Gesetze des menschlichen Verkehrs und der daraus fliessenden Regeln für menschliches Handeln*, 1854)。高森雖然自稱此著作在經濟學上成就可比擬於哥白尼 (Nicolaus Copernicus, 1473–1543) 在天文學上的貢獻，可改變世界。但這本書初刊時，幾連一冊都銷不出去，故高森乃收回已印各書而銷燬之。不久，1858 年他因胃病默默無聞地逝世。1878 年耶逢斯在其《政治經濟學理論》(*The Theory of Political Economy*) 中介紹其在邊際效用分析上的貢獻，始又被世人所注意，1889 年其著作在德國始重新刊行。

二、主觀價值分析

　　高森的經濟體系係以享樂主義 (hedonism) 為依據，認為人人都想追求極大的快樂與極小的痛苦。他的體系可簡化為三個法則。

　　高森第一法則，也就是邊際效用遞減法則。該法則指出，一件物品對一個人的邊際效用隨著他已有之數量的每一增加而遞減。這個法則解釋兩個人之間相對等物品之交換，如何能使兩人都獲得效用上的利益。高森第二法則，也就是邊際效用均等法則，乃是有關為著獲得極大的滿足，經由合理的消費支出而使邊際效用相等。合理的人對每一物品的支出會止於對每一物品所支出的最後一單位貨幣所獲得的效用，等於對其他物品所支出的最後一單位貨幣所獲得者。高森第三法則是任何物品的效用須扣除生產該物品所需之勞動的痛苦後的估計數。他認為，我們所從事的生產勞動會止於物品的效用等於生產上的痛苦之點。

　　此外，他對物品作分類，直接可供人類享樂的物品為第一級；為生產此類享樂品所必需的物品為第二級；為生產第二級物品所需的物品為第三級等等。他並且討論各類物品價值之決定，可說是奧地利學派歸屬理論的雛形。

‖‖

第五節　耶逢斯

一、生平與著作

　　耶逢斯 (William Stanley Jevons, 1835–1882) 是英國經濟學家。1835 年生於英國利物浦 (Liverpool)。其父湯姆士・耶逢斯 (Thomas Jevons) 為鐵商，但好學術研

究，曾撰文討論經濟與神學問題；1848 年老耶逢斯經商失敗，家道中落，全家遷居陋巷之中。耶逢斯係老耶逢斯的第九子，幼時老耶逢斯曾延師教其句讀；1846 年入利物浦機械專科學校；1850 年進入倫敦大學的大學院 (University College)，專攻植物學及化學，因具研究科學之頭腦，頗為師長賞識。其後因經濟拮据，中途輟學，1854 年經業師介紹，赴澳洲雪梨造幣廠任檢驗技師。在澳洲五年間，一方面儲存金錢，供作其後繼續讀書之學費；他方面則閉門讀書，特別是體認數學為研究科學的基礎，乃苦心鑽研，造詣甚高。同時，因認識政治經濟學的重要，其研究重點乃由自然科學轉為社會科學。1859 年辭造幣廠職務，回倫敦重進大學；1860 年得文學士及李嘉圖獎學金 (Ricardo's Scholarship)；1863 年獲文學碩士學位。

離開學校後的耶逢斯，最大的願望是留在倫敦，俾能在大英博物館 (British Museum) 中研讀。因此，他最初希望能在報章雜誌撰稿謀生，但他的文章缺乏吸引力，故未能成功；他也願意在大英博物館擔任別人的研究助理之類的工作，但亦未能成功。1866 年迫於生活環境，不得不接受曼徹斯特之歐文大學 (Owen's College, Manchester) 之聘，講授邏輯、道德哲學及政治經濟學；1867 年與安女士 (Harriet Ann) 結婚；1872 年當選皇家科學院院士 (Fellow of the Royal Society)；1875 年因病辭歐文大學教職；1876 年應倫敦大學之聘擔任政治經濟學教授。1880 年辭教職，專心研究經濟循環理論，平居以音樂自娛，1882 年因游泳而溺斃於海濱浴場，享年僅四十八，可說是學界的一大損失。

耶逢斯的論著甚豐，最重要的有下列幾種：

1. 《政治經濟學的一般數學理論》(*A General Mathematical Theory of Political Economy*, 1862)；

2. 《政治經濟學理論》(*The Theory of Political Economy*, 1871)——中譯本有：瞿荊洲譯，臺灣銀行經濟研究室出版；

3. 《貨幣與交換機能》(*Money and Mechanism of Exchange*, 1875)；

4. 《政治經濟學入門》(*Primer of Political Economy*, 1876)；

5. 《商業恐慌的週期性》(*The Periodicity of Commercial Crisis*, 1878)；

6. 《通貨與財政的研究》(*Investigations in Currency and Finance*, 1884)；

7. 《經濟學原理》(*The Principles of Economics*, 1905)。

二、效用理論

　　耶逢斯在經濟理論上的最重大的貢獻及其分析基石在於效用分析，且根據此效用分析，他建立了交換理論、勞動理論與資本理論，故我們首先說明他的效用理論。

　　效用理論當然不是耶逢斯所首創，但是耶逢斯則首先作科學測度的討論，並且給予效用理論在經濟學上的積極重大地位。他認為，在整個經濟學中最為重要的法則乃是各種人類欲望的法則；每一個別欲望固然常會獲得滿足，但欲望卻是毫無止境，因為每一較低等級之欲望的滿足都會引申創造更高等級之欲望。他認為，經濟學這門科學係建立在若干特徵簡明的概念上，效用、財富、物品、勞動、土地與資本等要素都是其研究的主題，凡是對這些要素的性質具有充分理解者，必定能夠很快地獲得這門科學的全盤知識；同時，他更指出，經濟學若算是一門科學，則顯然必定是一門數理科學，即在於把微分學應用於我們所熟知的財富、效用、需要、供給、利息、資本、勞動及其他日常產業營運數量之概念。他進而指出，經濟學計算之終極對象為快樂 (pleasure) 與痛苦 (pain)，故效用理論乃以此為基礎。

　　耶逢斯乃根據邊沁的看法，首先指出，快樂與痛苦乃是隨下列四種環境而改變：其一是強度 (intensity)；其二是持久性 (duration)；其三是確定性或不確定性 (certainty or uncertainty)；其四是即時性或遙遠性 (propinquity or remoteness)。耶逢斯認為，痛苦可視為快樂的反面，而苦樂之感不必然為現實的，往往也是期望的，因而時間因素應扮演重要的角色；而期望則是不確定的，故期望的苦樂之情乃是不確定。雖然如此，耶逢斯在討論效用理論時，則摒棄了這種具有不確定性格的時間因素。

　　耶逢斯進而指出，所謂效用乃是一種物品經由某種過程，對人們提供有用性的那種能力，也就是一種物品具有增加人們之快樂或減少人們之痛苦的能力。但是，效用絕不是物品自身所固有的屬性，而是由物品與人們之欲望之間的關係所引發的狀態，故效用是主觀概念，不是物理的性質。根據這種認識，耶逢斯乃把效用函數視為個人所消費之物品與其評價行動之間的關係，因而乃與其先前經濟學家所討論者有別。不但如此，他進而區別了總效用（Total Utility，簡寫為 TU）與邊際效用（Marginal Utility，簡寫為 MU），以及建立了邊際效用均等法則

(equal marginal utility principles)。

　　所謂總效用，例如我們所吃的食物在於維持生命，其效用是無窮人的；但若在每天所吃的食物減去十分之一，我們的損失（引起的痛苦）將是很輕微的，將不致是我們總效用的十分之一。我們設想把平均每天所消費的食物區分為十等分，若將最後一份減去，所感受的痛苦將是很輕微的；若再減去倒數第二個十分之一，則可能會感到顯著的不足；再減去第三個十分之一，則可能會感到有害於健康；以後每多減去一份，所感受的痛苦將愈見加劇；直到減去最後一份，則可能瀕於餓死的邊緣。我們若把每十分之一視為增量 (increment)，可知每一增加較其前一增量的必要性為小，也就是具有較小的效用，也就是邊際效用遞減。這種情況可繪如圖 14–7。耶逢斯並指出我們若再把它分為一百個或更多的等分，此一原理不變，亦即我們乃可繪得平滑的邊際效用曲線。尤有進者，耶逢斯並指出，效用相當於快樂的產生或存在著快樂淨額，那麼負效用 (negative utility) 則表現著痛苦的產生或存在著痛苦淨額。因此，一物品總效用乃有下降的可能性，一如我們在現代經濟學教科書中所看到者。

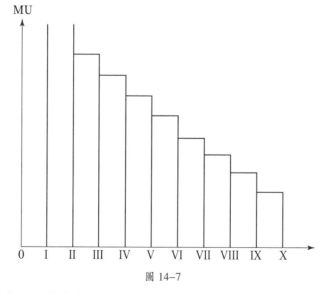

圖 14–7

　　可是一件物品可能有多種用途，例如小麥可釀造啤酒、烤製麵包，或飼養牲畜；木材可供建築或燃料之用。我們該如何安排使用各種物品的存量。耶逢斯假定某物的存量為 s，可供 x 及 y 兩種用途，$x + y = s$。設 ΔU_1 及 ΔU_2 分別為兩種物

品的邊際效用，則該物品用途的最合理選擇當為

$$\Delta U_1 = \Delta U_2 \ 或\ \frac{dU_1}{dx} = \frac{dU_2}{dy}$$

我們若以現代經濟學的表達方法來表示，則應為

$$MU_x = MU_y$$

　　這種邊際效用均等法則可類推於消費者對消費預算的選擇。雖然耶逢斯並未詳細引申，但讀過現代經濟學的都熟知下列兩式：

$$\frac{MU_x}{P_x} = \frac{MU_z}{P_z} = \cdots = \frac{MU_n}{P_n}$$

$$P_xX + P_zZ + \cdots P_nN = Y$$

其中 Y 表示消費預算總額；X、Z、…N 表示所消費的物品量；MU_x、MU_z、…MU_n 表示各消費物品的邊際效用；P_x、P_z、…P_n 表示各消費物品的價格。

三、交換理論

　　耶逢斯的交換理論係以其效用理論與無差別法則 (law of indifference) 為根據。所謂無差別法則乃是意指：「在同一公開市場中，同一物品在任一瞬間不可能有兩種價格。」既然要討論價格，當然就要先確定價值一詞的意義。耶逢斯首先指出，價值 (value) 一詞在通俗用法中具有三種意義，其一是使用價值；其二是估計 (esteem) 或對物品之欲望的強度；其三是交換比率 (ratio of exchange)。耶逢斯指出，使用價值即為總效用，估計就是邊際效用，據此乃能夠解釋亞當斯密有關水及鑽石的價值與價格問題；交換比率就是購買力，耶逢斯以此項概念替代經濟學家們慣常使用的「交換價值」一詞，也就是其交換理論所要討論的主題。

　　在討論其交換理論之前，我們仍須先說明耶逢斯所用的「市場」(market) 及「交易主體」(trading body) 之概念。市場係意指兩個以上的商人，經營兩種或兩種以上的物品，其物品存量、相交換之意圖及交換比率均為大眾所周知；且每一個人必須被認定係純然依照他自己的需要或其私利從事以自由競爭為基礎的交換。交易主體意指買者或賣者任一主體，可為單獨的個人，也可為一大洲的全體

居民，更可能是散居一國之內而從事交易的個人。

耶逢斯進而指出，交換理論的原則是「任何兩種物品的交換比率乃是交換完成後可供消費之物品量的邊際效用比率的倒數」。舉例來說，設兩個交易主體分別持有穀物及牛肉，在這種情形下，付出一份穀物以換取一份牛肉，即可很顯著地使效用增加，問題乃在於決定交換不復成為有利之舉的位置。要解決這個位置問題須同時考慮交換比率及效用。設兩者的交換比率為十磅穀物易一磅牛肉，若持有穀物者及持有牛肉者都認為此項交換足以提高其效用，兩個交易主體都願意繼續交換，直到雙方都獲得了全部可能的利益，若再作更多的交換將導致效用減少的結果，因而雙方乃在滿足且又有均衡的情況下停止交換。其決定原則因而乃在於依相同比率再加上無限小量的物品交換，不會使其效用有所增減。

耶逢斯且繪圖如圖 14-8 說明此種交換理論。圖中自左而右表示牛肉持有者穀物持有量之增加及牛肉持有量之減少；自右而左表示穀物持有者牛肉持有量之增加及穀物持有量之減少。MU_{co} 表示穀物的邊際效用曲線，MU_{be} 表示牛肉的邊際效用曲線，由於兩種物品的數量係反方向計算，前者係自左邊開始計算，後者係自右邊開始計算。設以相等的長度來代表兩種物品的單位。若牛肉持有者以 aa' 量易取穀物，其穀物持有量之增加，使其效用之增量為 a'dga，但牛肉之減少，則使其效用之負增量為 a'hca，效用之淨增量為 hdgc。若 b'b 等於 a'a，穀物持有者同理可擁有 ekfj 的效用淨增量。在這種情形下，交換乃會繼續進行，直到兩個邊際效用曲線的交點 m，交易主體雙方不會續有淨利益，交易才告停止。耶逢斯所表示的這種交換均衡得以現代習用符號表示如下式：

$$\frac{MU_a^A}{MU_b^A} = \frac{MU_a^B}{MU_b^B} = \frac{b}{a}$$

其中 MU_a^A 及 MU_b^A 分別表示穀物持有者 (A) 對 a（穀物）及牛肉 (b) 的邊際效用，MU_a^B 及 MU_b^B 分別表示牛肉持有者 (B) 對 a 及 b 的邊際效用，a 及 b 則分別表示穀物及牛肉的保有總量。

耶逢斯且把此項交換行為推論及三種以上的物品，惟並不改變上述原則。特別值得注意的是，耶逢斯認為物品運費、經紀人佣金、代理人手續費、包裝費、碼頭費、港工捐、照明費、關稅等都是交換上所必需的支出，為商業的阻礙因素，趨於減低交換利益；但若以物品來表示費用，這些費用對利益的影響及對交換的

影響仍是能以簡單的方式加以說明。

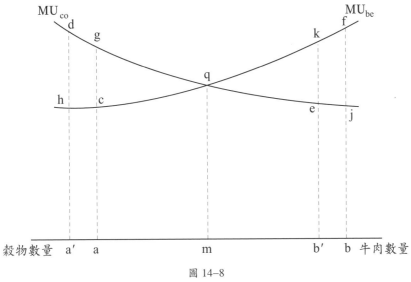

圖 14–8

四、勞動理論

　　耶逢斯把效用理論應用在勞動理論，其主題在於批駁勞動價值說及生產成本說。為著此項目的，首先必須分析勞動決意，耶逢斯係以工作的淨痛苦成分、生產量及所獲效用量三個數量來分析此種勞動決意。他說：「勞動乃是心身所擔當的任何含有痛苦成分的努力，其目的之一部或全部是著眼於將來的好處。」以圖14–9 來說，圖中橫軸表示生產量或真實工資；縱軸表示快樂（正值）或痛苦（負值），橫軸表示勞動工作量；pq 表示真實工資的邊際效用；abcd 表示勞動的淨痛苦成分。耶逢斯認為，在開始勞動的一瞬間，與心身對工作已甚習慣時相較，總感到較大的辛苦，故最初之工作感到 oa 的痛苦，隨著工作量之增加，所感受的痛苦乃告減輕，在 b 點即不痛苦，也不快樂。b 至 c 間則表示著淨快樂之上升與下降；在 c 點以後，由於精力很快趨於耗盡，所產生的痛苦乃由 cd 之下降趨勢表示。pq 及 abcd 兩線與 OX 軸間的距離之和，表示工資報酬所產生之效用對工作痛苦的報償，若前者大於後者，則勞動者願意持續工作下去；其中必有一點如圖中的 m 點，使 qm＝dm，也就是勞動報酬所獲邊際效用始等於所忍受的痛苦。在此點，勞動者乃不願繼續工作。

耶逢斯且以方程式表示這種均衡狀態如下：

$$\frac{du}{dx} = \frac{dl}{dx}$$

其中 dx 表示物品邊際增量；du 表示物品（工資）的邊際效用；dl 表示邊際勞動額或勞動痛苦的邊際餘額。

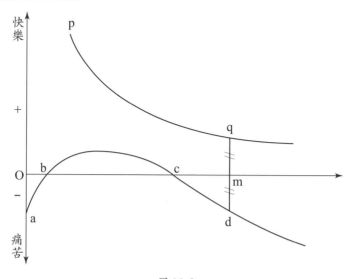

圖 14-9

耶逢斯且進而申論勞動之分配。簡言之，一個人的勞動可生產多種產品，但其分配規律又如何呢？設以由上述勞動痛苦淨額理論所導出的總勞動量 l，分別投入 l_1 及 l_2 於生產 x 及 y 兩種物品，則 $\frac{du_1}{dx} \cdot \frac{dx}{dl_1}$ 及 $\frac{du_2}{dy} \cdot \frac{dy}{dl_2}$ 分別表示生產 x 及 y 兩種物品所獲之邊際效用，l_1 及 l_2 的勞動安排於下式時居於最有利狀況：

$$\frac{du_1}{dx} \cdot \frac{dx}{dl_1} = \frac{du_2}{dy} \cdot \frac{dy}{dl_2}$$

耶逢斯甚至進一步地討論物品間價值之決定。他指出，物品交換比率長期間係決定於生產性比率 (ratio of productiveness)。也就是說，X 及 Y 兩種物品，以 x 量及 y 量相交換有如下的關係：

$$\frac{y}{x} = \frac{Y\ 的生產性比率}{X\ 的生產性比率}$$

在工資率不變的假定之下，生產性比率與生產費用有如下的關係：

$$\frac{Y\ 的生產性比率}{X\ 的生產性比率} = \frac{X\ 的生產成本}{Y\ 的生產成本}$$

可是，在交換中所受的物品數量愈少，則該物品每單位價值愈大，此為邊際效用遞降之基本原則，故

$$\frac{y}{x} = \frac{每單位\ X\ 的價值}{每單位\ Y\ 的價值}$$

因此，耶逢斯乃指出，生產成本（工資）決定供給量，供給量決定邊際效用，而邊際效用決定價值。以等式來表示則為

$$交換比率 = \frac{y}{x} = \frac{所授或所受的\ Y\ 數量}{所授或所受的\ X\ 數量} = \frac{每單位\ X\ 的價值}{每單位\ Y\ 的價值}$$

$$= \frac{每單位\ X\ 的價格}{每單位\ Y\ 的價格} = \frac{X\ 的邊際效用}{Y\ 的邊際效用}$$

$$= \frac{每單位\ X\ 的生產成本}{每單位\ Y\ 的生產成本}$$

$$= \frac{Y\ 的生產性比率}{X\ 的生產性比率}$$

||||||||||||||||||||||||||||||||||||||||||||||||||||||||||||||||||||||||||||||||||||||||||||||||

第六節　克拉克

一、生平與著作

克拉克 (John Bates Clark, 1847–1938) 是美國經濟學家。1847 年 1 月 26 日生於美國羅德島普羅威登斯 (Providence, Rhode Island)；曾就學於布朗大學 (Brown University) 及阿姆霍斯特學院 (Amherst College)；在學期間曾因父病兩度輟學，在

明尼蘇達州代父親經營耕具廠以維持家計。1871 年復學後，對於哲學有特別的興趣，此項興趣對克拉克教授一生的經濟學論著有相當深遠的影響。同時，在阿姆霍斯特學院校長希理 (Julius Scelye) 特別指導下，克拉克才認真從事經濟學的研究，甚至對當時學校所採用的瓦克 (Francis Amasa Walker)❶的教本及希理的講義，都能指陳其缺漏，並致力於研究補充這些缺漏的學理，校裡的教授們也能鼓勵其更求上進，以發揮其才能。1872 年自阿姆霍斯特學院畢業後，即接受師長勸說，留學德國海德堡大學 (University of Heidelberg)，與龐巴衛克 (Eugen von Böhm-Bawerk) 同受教於克尼斯教授；1875 年回美國，初任卡爾頓學院 (Carleton College) 講師，後來的制度學派大師韋布倫 (Thorstein Bunde Veblen)❷當時係受教於克拉克門下。1881 年轉任斯密士學院 (Smith College) 教職，1892 年任阿姆霍斯特學院教授，1893–1895 年出任美國經濟學會會長。1895 年轉任哥倫比亞大學教授，直到 1923 年退休為止，在該校任教達三十年之久。為經濟學上「美國學派」的初創代表人物。賽利格曼教授 (Edwin Robert Anderson Seligman)❸曾認為克拉克教授的成就，足與李嘉圖、辛尼爾、彌爾、耶逢斯及馬夏爾 (Alfred Marshall) 等人並駕齊驅；馬夏爾也推崇克拉克為二十世紀初期三四位名理論經濟學家之一。

克拉克的主要著作如下：

1. 《價值哲學》(*Philosophy of Value*, 1881)；
2. 《財富哲學》(*The Philosophy of Wealth, Economic Principles Newly Formulated*, 1885)；
3. 《近代分配過程》(*Modern Distributive Process*, 1886，與 F. H. Giddings 合

---

❶ 瓦克 (Francis Amasa Walker, 1840–1897) 是美國經濟學家。曾肄業於阿姆霍斯特學院。南北戰爭期間，官至陸軍准將。曾任美國統計局長、耶魯大學經濟學教授、麻省理工學院校長，也是美國科學院院士，美國經濟學會創始人之一，為首任會長，連任七年之久；也曾擔任美國統計學會會長十五年之久。主要著作包括：《工資問題》(*The Wage Question*, 1876)；《貨幣》(*Money*, 1878)；《政治經濟學原理》(*Principles of Political Economy*, 1883) 等。

❷ 請參閱本書第二十四章第二節。

❸ 賽利格曼 (Edwin Robert Anderson Seligman, 1861–1939) 是美國經濟學家。畢業於哥倫比亞大學，曾遊學柏林、海德堡、日內瓦、巴黎等大學。執教於哥倫比亞大學。為美國經濟學會發起人之一，1902 年擔任會長。曾主編《社會科學百科全書》(*Encyclopedia of the Social Science*)。主要著作包括：《租稅論文集》(*Essays in Taxation*, 1895)；《經濟學原理》(*Principles of Economics*, 1905)；《經濟學文集》(*Essays in Economics*) 等。

著）；

4. 《財富分配論》(*The Distribution of Wealth, a Theory of Wages, Interest and Profits*, 1899)——本書有中譯本，陸年輕、許冀湯譯，臺灣銀行經濟研究室刊行；

5. 《托拉斯的控制》(*Control of Trust*, 1901)；

6. 《經濟理論要義》(*The Essentials of Economic Theory*, 1907)；

7. 《獨佔問題》(Problem of Monopoly)。

二、經濟靜學

克拉克在經濟理論上的主要貢獻在於：根據其對古典學派經濟學的各項批評，修正經濟學上的價值及分配理論。此外，克拉克雖然也一如彌爾一樣分別討論經濟靜學與經濟動學，但是他的主要貢獻仍限於經濟靜學。因此，我們首先要敘述他對古典學派各項前提的批評，及其經濟靜學的基本命題。

克拉克認為古典學派的三大假設——私利、競爭與個人主義——都與事實相背。第一，認為人類之經濟活動係以物質私利為依歸，並非人類天性的正確觀念，足以使經濟思想有所混亂。第二，在現代生活中，競爭已演變為卑鄙地為個人利潤傾軋，不顧人群幸福的需要，不能得社會各方利益的調和等，均有待於道德之進步加以克制，或有加強政府統制的必要。第三，社會不僅係個人的集合，而係一有機整體。基於這項見解，克拉克認為社會乃係一個可比擬於生物有機體的有機體，經濟法則因而不僅是有關個人經濟關係的通理，且係有機的社會法則。同時，並假定經濟力量可以區別為靜動兩種，前者有永久性，後者則係引起經濟生活的變動，靜態法則乃係動態法則的基礎；他甚至認為經濟法則不應與人類道德意識相背。

基於這種認識，霍曼 (Paul Homan)❹ 在其《當代經濟思想》(*Contemporary Economic Thought*) 中，列舉作為克拉克經濟靜學之基礎的五項命題：第一，承認私有財產為基本社會制度；第二，承認在各種營利事業中積極競爭的個人活動的

❹ 霍曼 (Paul Thomas Homan, 1893–1969) 是美國經濟學家。曾先後就讀於奧利岡大學 (University of Oregon)、牛津大學；得到布魯金斯研究所的經濟學博士。先後執教於康乃爾大學、洛杉磯加州大學等。主要著作包括：《當代經濟思想》(*Contemporary Economic Thought*, 1928)；《政府與經濟生活》(*Government and Economic Life*, 1940) 等。

自由；第三，認為政府對經濟之干涉僅限於財產的保護、契約的執行及競爭的維持；第四，資本與勞動可自由移動；第五，經濟活動係以人類試圖滿足其欲望為動機；追求金錢利益者只將其用為工具以換取能給人滿足的物品而已。

根據這些命題，克拉克甚至反對傳統經濟學之生產、分配、交換及消費的四分論，建議把經濟力量分為三類，各類經濟力量分別擁有特殊而相互有關聯的法則若干。第一類法則為經濟學的普遍法則 (universal laws of economics)，係以研究個人之生活而獲得者；第二類法則為靜態社會經濟學 (static social economics)，討論靜態社會的經濟法則；第三類法則為動態社會經濟學 (dynamics social economics)，解析控制社會變動行為的法則。

三、收益遞減法則

克拉克首先指出，經濟社會有四項普遍法則，其一是收益遞減法則 (the law of diminishing returns)；其二是消費者財富的效率變動法則 (the law of the varying efficiency of consumer's wealth)，為自然價值的基礎；其三是生產者財富的效率變動法則 (the law of the varying efficiency of producer's wealth)，為自然利息的基礎；其四是勞動的效率變動法則 (the law of the varying efficiency of labor)，為自然工資的基礎。其中以收益遞減法則最為根本重要，因為據此推得經濟結果變化法則 (a law of variation of economic results)，此法則應用在消費方面，成為效用遞減法則，而使物品之價值決定於其邊際單位的效用；應用於生產方面，成為生產力遞減法則，而使勞動與資本的所得分配決定於其邊際單位的生產力，故我們先說明收益遞減法則。

在古典經濟理論中，收益遞減律原係說明在同一塊土地繼續投入等量的勞動與資本組合，所增加的收益將愈來愈少；或者指稱，由於人口增加引申耕種新土地之需要，此等新土地必然是肥沃度較差，其收益當然不及前此所耕種之土地。在靜態分析，人類所擁有者包括一定數量的土地、生產工具及可供利用之勞動，在競爭作用過程中，勞動與資本（包括土地）有其某種生產組合，可稱之為生產因素之比例法則 (the law of the proportion of factors)。在此比例法則之下，收益遞減法則乃不僅適用於土地，且可適用於勞動與資本。例如，若勞動數量增加，資本尚未調節適應之前，或者會發生每一單位勞動所支配之資本減少，或者會發生較次之資本工具，兩者都會使每一單位勞動的產量減少；同理，若資本增加，每

單位資本的產量乃告減少。由此可知，任何生產因素的增加，將使其生產力有所損失，故收益遞減法則乃轉變而成為生產力遞減法則。

四、邊際效用的價值學說

　　克拉克雖然係自主地導出他的價值理論，但他也曾經同意他的見解與耶逢斯的主張相似，但是他更強調他們之間的差別。簡單地說，這種差別表現在三方面，其一是能提供多種服務之物品才適於進行邊際效用之分析；其二是克拉克特別重視物品效用的品質面；其三是克拉克認為價值為社會現象，乃進而分析其社會度量單位。因此，乃展開所謂效用束 (bundles of utility) 的分析。

　　先就物品所提供的服務來說，若一種物品只能提供一樣服務，在特定時間內，其第一單位對我們有正效用，第二單位則可能有負效用。例如，一個人有了一件外衣，便不急需與之質料及剪裁完全相同的第二件外衣，若他擁有第二件且必需立即使用時，他可能送給別人。在此種情形下，這種物品並無效用曲線。其第一件之效用值有如圖 14–10 中的 AG；而第二件則為 GA′。若一件物品能提供多種服務，我們便可在同一時間分別其主要服務與次要服務，使用兩種相同的物品。次要服務當然較主要服務所提供的效用為低，因而乃能構設出如圖 14–10 中之 ABCDEF 所連串而成的效用曲線。

　　就物品效用的品質面來說，一個人每年所消耗的最後單位物品種類甚多，且其品質也隨時隨地在改善中，但由於最先單位係用於滿足更迫切的欲望，故其效用較品質已改良的最後單位的效用為高。因此，如把物品視同為一束 (a bundle) 效用，其品質改良後，邊際效用乃遞減。例如，圖 14–10 所表示的物品，以 A、B、C、D、E 及 F 為第一束，以 A、B、C、D 及 E 為第二束，以 A、B、C 及 D 為第三束，以 A、B 及 C 為第四束，以 A 及 B 為第五束，以 A 為第六束。第一束以 F 為價格的決定者，若第一束價格高於 F，消費者會買第二束，前者的需要量為減少，後者的需要量會增加，結果乃使第一束的價格下降，至 F 的價格恢復其正常情形為止。

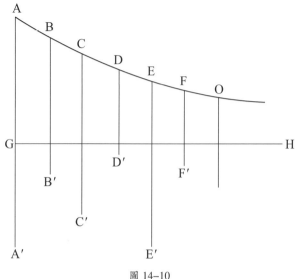

圖 14-10

　　再就價值為社會現象來說，克拉克認為效用係附屬於社會有機體中，非全部
屬於某一消費者的邊際效用，故社會價值應有其社會度量單位。他認為，消費財
的需要引誘社會勞動，其吸收社會勞動的數量可作為估定消費財價值的標準；資
本創造消費財，因而也間接引誘社會勞動，其經由生產物而引誘的社會勞動數量，
亦為測量資本價值的標準。而市場給勞動的價格，表示社會勞動任何鐘點的代價，
由其價格所表示之此社會勞動之最後鐘點的痛苦，乃是價值的最終單位。

五、分配論

　　根據以上的分析，我們可進而說明克拉克的靜態分配法則。首先要指出的是，
在靜態經濟社會下，利潤等於零。因為企業家固然擁有利潤來源的神奇知識，能
在市場中獲得高於其成本的利潤，但在市場競爭中，由於價格趨降，終於會使其
利潤趨等於零，因而企業家所獲得之報酬係源於其組織能力，含有工資性質。因
此，全社會的生產物乃僅有勞動與資本為其分享者，至於這兩種生產因素如何分
享社會生產，克拉克則把李嘉圖地租論的邊際收益遞減法則普遍化為邊際生產力
遞減法則，並把它用於靜態分配法則中。

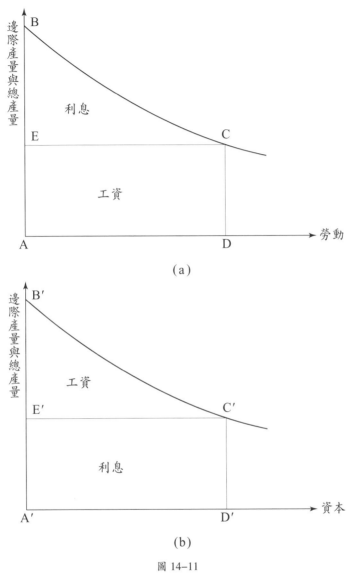

圖 14–11

　　先就工資而言，若每一新增之工人對生產總額之貢獻低於先前之邊際工人的
產量，只要其產量仍大於其工資，雇主始終願意增雇工人，直到最後一人的產量
恰等於其工資為止。如圖 14–11 (a)所示，若雇主所雇用的工人數為 AD，總產量
為 ABCD，但雇主所支付者為 AECD 的工資，其餘部分 EBC 則為支付利息的部
分。次就利息來說，若每一新增資本對生產的貢獻低於先前的邊際資本單位，但
仍高於企業家所應支付的利息，則企業家仍願意增用資本，直到最後一單位資本

的貢獻恰等於其利息為止。如圖 14–11 (b)所示，若企業家所使用的資本為 A′D′，總產量為 A′B′C′D′，企業家所支付的利息為 A′E′C′D′，其餘部分 E′B′C′ 則供支付工資之用。由此可知，工資及利息都是企業家出售生產物後，支付給勞動與資本的，如企業家支付此兩項支出後仍有剩餘，那便是利潤或稱為殘餘所得 (residual income)。可是如前所述，在靜態經濟社會中，利潤趨等於零，故圖 14–11 中，AECD 必等於 E′B′C′；EBC 必等於 A′E′C′D′。

根據以上的分析，克拉克乃提出四項結論：第一，企業家之利潤係一種殘餘所得，但在靜態社會中，其利潤不存在。第二，工資與利息均由邊際生產力法則所決定。第三，工資與利息兩種所得中，如決定其中一種，另一種看似為殘餘所得。第四，凡是一種殘餘必將留在企業家手中，但由於邊際生產力法則的繼續作用，此殘餘必自企業家手中被取走。

本章進修參考書目

1. 趙迺博著：《歐美經濟學史》，第二篇第八章、第三篇第四章。

2. 于樹生譯，P. T. Homan 原著：《當代經濟思想》（臺北：臺灣商務印書館，五十九年臺一版），第二章。

3. Mark Blaug, *Economic Theory in Retrospect*, chapters 8 and 11.

4. J. B. Clark, *The Distribution of Wealth* (New York: The Macmillan Company, 1899).

5. R. B. Ekelund, Jr. and R. F. Hebert, *A History of Economic Theory and Method*, chapters 9, 10 and 13.

6. L. H. Haney, *History of Economic Thought*, chapter 30.

7. P. T. Homan, *Contemporary Economic Thought* (New York: Harper & Brothers, 1928), chapter 2.

8. W. S. Jevons, *The Theory of Political Economy*, 4th ed. (London: The Macmillan, 1911).

9. Jacob Oser and W. C. Blanchfield, *The Evolution of Economic Thought*, chapters 12 and 13.

10. J. A. Schumpeter, *History of Economic Analysis*, part 1, chapter 5.

11. B. B. Seligman, *Main Currents in Modern Economics*, chapter 4.

12. H. W. Spiegel, *The Growth of Economic Thought*, chapter 22.

第 *15* 章　奧地利學派

第*15*章　奧地利學派

啊！他終竟找到了自己！迷離歧途已那麼久，他急於要沈浸在自己的思想裡。思想，他如今看來有如一口寬廣的湖，遠遠裏在金黃色的霧氣中融成一片，發燒了一夜之後，他站在岸旁，湖水的涼氣包裹著他的兩腿，夏日的晨風吹拂著他的身體。他投下身去游泳，不知泳向何處，心裡只存著隨波逐流，往前泳去的歡喜。

《約翰‧克利斯朵夫》

|||||||||||||||||||||||||||||||||||||||||||||||||||||||||||||||||||||||||||||||||||||||||||

第一節　孟　格

一、生平與著作

　　孟格 (Carl Menger, 1840–1921) 是奧國的經濟學家。1840 年 2 月 23 日生於加利西亞 (Galicia)，其祖先多係奧國政吏及軍官。1859 年進維也納大學研習法律，1860 年轉入布拉格大學 (University of Prague)，1867 年獲克拉考大學 (University of Cracow) 法學博士學位。最初擔任《維也納日報》經濟方面撰稿人，故改習經濟學。1871 年刊行其《國民經濟學原理》(*Grundsätze der Volkswirtschaftslehre*)，立即聲名遠播。1872 年回維也納大學任經濟學講師，次年升任法學及國家學學院經濟學教授，至 1903 年退休為止。其間，1876 年至 1878 年曾受聘為皇太子魯道夫 (Crown Prince Rudolf) 的宮廷教師，講授經濟學及統計學。1883 年與新歷史學派大師施謨勒展開著名的方法論論戰，奠定了其經濟學上的地位。1900 年被選為奧國上議院終身議員。1921 年 2 月 16 日逝世。

　　孟格的主要著作有下列幾種：

1. 《國民經濟學原理》(*Grundsätze der Volkswirtschaftslehre*, 1871)；
2. 《社會科學，特別是政治經濟學方法之研究》(*Untersuchungen über die Methode der Sozialwissenschaften und der Politischen Ökonomie inbesondere,*

1883)；

3. 《德國國民經濟學中歷史學派之謬誤》(*Die Irrtümer des Historismus in der deutchen Nationalökonomie*, 1884)。

二、主觀評價與時間因素

孟格所倡導的奧地利學派的經濟研究方法，與英國古典學派、馬克斯社會主義及德國歷史學派都不相同，他們既不關心促進經濟成長與制度調整，也不探討社會或階級衝突。他們的基本貢獻，在於在現行經濟制度（私有財產制度）下，價值決定法則係以邊際主觀評價為依據。如前所述，1870 年代，孟格係與耶逢斯及華爾拉共同發現邊際效用為經濟價值的決定因素，但是，孟格與其他兩位經濟學家有幾點不同之處：第一，耶逢斯與華爾拉的理論都是以數學表現的，孟格則否，因為他不相信主觀價值會有客觀標準。第二，耶逢斯與華爾拉都接受了快樂與痛苦的功利主義命題，孟格則不接受這種看法，他甚至不認為個人的選擇可加總而成為作行動準繩的社會選擇。第三，孟格展示了一項真實主觀成本 (real subjective cost) 概念；耶逢斯則同時使用工作的邊際負效用遞增概念及邊際效用遞減法則；華爾拉則既不用負效用，也不用真實成本。

為著探討價值的決定，孟格乃以人類需要、物品及因果法則為研究的起點。孟格首先指出，需要 (needs) 不僅限於欲望，且係情感的結果；部分係源於個人的特殊性格，部分則係源於風俗習慣。滿足此類需要乃是一切經濟的目的。有用物品 (useful goods) 為滿足需要所必要者，故他指出經濟物存在的條件有四：第一，該物品需能滿足人類的需要；第二，該物品必須具備滿足需要的特質；第三，必須認識具備上述品質之物品的存在；第四，應足以支配此物品以滿足需要。同時，孟格並把物品依其與人類需要滿足之因果關係的距離，區別其等級。第一級或最低級 (first order or lowest order) 係能直接滿足人類需要的消費品，其他物品都屬於更高等級。例如，若以麵包為第一級，麵粉、麵包中所摻的鹽、烤麵包的勞動及器具等都是第二級，小麥、磨坊等是第三級，土地、種小麥的農人乃是第四級。簡單地說，第二級或更高級物品不能直接滿足人類需要，其生產程序中距消費品愈遠者，其等級愈高。由此可知，在孟格的見解中，物品的等級並不以其所具物理屬性為根據，而係與人類需要之滿足為基礎。因此，一旦某一物品失去滿足人類需要的特質，不但該物品要失去物品的特性，而且賴以生產該物品的各更高等

級物品亦將全部失去其作為物品的特性。例如，倘若由於嗜好改變，煙草的需要消失不見，首先是煙草失去物品的性質，其次乃是用於生產煙草的煙葉、機器、工具等失去物品的性質，再次則生產煙葉的專業工人、煙草種子存貨、評等人員等都失去物品的性質。

由以上的敘述可知，物品的評價有三項特徵：第一，較高等級之物品係由較低等級之物品導出其物品的特質；第二，較高等級物品要轉變成較低等級之物品須有互補物品 (complementary goods) 的協助。這種互補性或相互依存性乃是孟格主觀評價論的基本特色之一，他甚至特別指出，僅只完全滿足一項需要，並不能維持生活與福利。第三，從高等級物品轉變成低等級物品必需消耗時間。在此要特別指出，在奧地利學派中，時間因素扮演著甚為重要的角色。孟格很明顯地指出，有關因果關係之評價觀念與時間觀念是分不開的。我們也可進一步地指出，若較高等級物品係未來物品 (future goods)，評價過程乃需對未來之需要有遠見，也因而導入了不確定 (uncertainty) 之因素。

三、經濟物及其評價過程

孟格進一步把物品區別為經濟財 (economic goods) 與非經濟財 (noneconomic goods)。前者指稱供給少於需要的物品，後者則指稱供給大於需要者。由此可知，物品究竟是否屬於經濟財與其本質無關，其歸類因其供給與需要之變動而變動。據此，另可引申四點：第一，同一物品在某地方某時間可屬於經濟財，但在另一時間另一地點則為非經濟財，例如水在沙漠中，與其在河流附近，便是截然不同的歸類法。第二，由於需要或經濟變動，可以改變物品的歸類。第三，基於遠見，認為目前之某非經濟財將來會轉變為經濟財，則此非經濟財在目前亦可作經濟財之分析。第四，非經濟財中品質較佳部分可能作經濟財分析，但其全體則仍為非經濟財。

屬於經濟財的物品因供給少於需要，即具有稀少性，故必需節約使用，這種節約過程乃是價值產生的原因。因此，孟格指出，價值乃是為滿足需要對稀少物品之相對價值的主觀評價 (subjective valuation)，此評價乃是經濟人 (economizing individuals) 對其所支配之物品在維持其生活與福利的重要性的判斷。作為判斷之基礎的原則與物品總供給無關，而是與每一物品之個別單位有關。據此，孟格才導出邊際效用的原則。

他繼續指出，在一定時期內，物品的追加單位提供了極其不同的滿足程度；物品供給量增加之際，追加單位的重要性將降低，直到追加單位不會提供滿足感為止。孟格繼續指出，由於個人有多種需要，且每一種需要都有邊際效用遞減的特性，可支配資源有限的個人僅能局部地滿足其各種需要，其平衡點為他所購買之每一物品的邊際效用相等。他以表 15–1 來說明這種平衡狀況。表中頂端的羅馬數字表示重要性遞減的各種需要，各行的阿拉伯數字則表示，被消費之物品的每一追加單位所獲得的滿足遞減狀況。孟格假定各種物品的每一單位都有相同的價格，經濟人在購買各種物品時，當會使各種物品之邊際單位所提供的追加滿足趨於相等。假若他擁有 6 單位的購買力，他會買進 3 單位的 I，兩單位的 II，一單位的 III；其邊際效用都是 8。當其購買力增加，他會增加對此類物品的消費，且也會擴大其消費內容，以滿足其新欲望。例如，若他擁有 15 單位的購買力，他便會購買前 5 種物品，而其平衡點則為各種物品所提供之邊際效用都是 6。這便是他的邊際均等原理 (the marginal equalization principle)。

表 15–1

I	II	III	IV	V	VI	VII	VIII	IX	X
10	9	8	7	6	5	4	3	2	1
9	8	7	6	5	4	3	2	1	0
8	7	6	5	4	3	2	1	0	
7	6	5	4	3	2	1	0		
6	5	4	3	2	1	0			
5	4	3	2	1	0				
4	3	2	1	0					
3	2	1	0						
2	1	0							
1	0								

在此，我們必須指出，孟格有三項隱含的假定。第一，表上各物品的每一單位都係以等額的貨幣支出而獲得。第二，經濟人對其滿足不僅能序列 (ordinally)，而且能加以計數 (cardinally)。第三，價值的本質及其測度完全是主觀的，不但因個人的需要而異，且因個人所擁有之數量而有不同，與物品的生產成本無關。關於這項問題，孟格的見解與其他邊際效用學者有所不同。假若個人擁有 7 單位的 I 類物品，他將滿足自第 1 至第 7 項用途，自第 8 項以下的用途則未獲滿足。在

這種情形下，個人所獲總效用共為若干？耶逢斯及其他邊際效用主義者會把每一單位之邊際效用累加在一起，而稱其總效用為 49。可是，孟格的答案則為 28，即邊際單位之效用乘總單位數。因為孟格認為各單位是相同的，每一單位乃應與其邊際單位有相同的效用。據此，孟格乃把物品的交換價值與其總效用聯在一起；而其他學者則認為交換價值決定於邊際效用。

孟格進一步把此種價值理論應用於其交換理論，認為交換的動機亦在於追求較大的滿足。他指出，人類進行交換的原理與他們進行整個經濟活動的原理相同；乃是努力實現其需要的最大可能滿足。因此，個人所擁有的物品組合，若未能與其根據邊際均等原理之需要相一致，他會尋求以較低主觀價值之物品易取較高主觀價值之物品。故孟格乃否認亞當斯密視交換為人類易貨傾向之見解。

孟格甚至進一步把他的價值理論引申應用於生產因素價格之決定上，乃是歸屬理論 (theory of imputation) 的源頭。簡單地說，邊際效用主義者強調消費者需要在決定價格上的重要性，但邊際效用與總效用之概念僅止於消費者的欲望，也僅能適用於消費財與勞務，而生產財的價格究將如何決定呢？孟格指出，生產財因其生產直接滿足消費者需要之物品，間接滿足了消費者的需要，邊際效用原理乃能擴大應用於生產及分配。例如，地租係由土地生產物之效用所支配的，生產工具之現在價值等於他們所將生產之消費財的預期價值（以邊際效用為基礎），扣除資本勞務之價值（利息）及企業活動之報酬（利潤）的餘額。

孟格使用這種歸屬理論攻擊勞動價值學說。他認為勞動之價格決定於其價值，而其價值則決定於我們未能支配該勞動時，未能滿足所表現的滿足重要性的數值。他不但因而反對工資基金學說，且認為勞動價值學說無以解釋土地、資本及勞動等之勞務的價值。雖然如此，孟格的歸屬理論並不完整，其學說有待維舍 (F. von Wieser) 繼續發揚光大。

||||||||||||||||||||||||||||||||||||||||||||||||||||||||||||||||||||||||||||||

第二節　維　舍

一、生平與著作

維舍 (Fredrich von Wieser, 1851–1926) 是奧國經濟學家，孟格的女婿。1851 年 7 月 10 日生於維也納。17 歲時，進維也納大學研習法律。1872 年畢業，一度曾在臨時政府工作；因偶然閱讀孟格的《國民經濟學原理》，其興趣乃轉向經濟

學。同時，因獲得一項旅行研究獎助金，乃與其兒時伴侶龐巴衛克 (Eugen von Böhm-Bawerk) 同赴德國，在海德堡大學、耶拿大學 (University of Jena) 及萊比錫大學 (University of Leipzig) 追隨克尼斯、羅夏等人研究經濟學。1884 年受聘為布拉格大學額外經濟學教授；1889 年升正教授；1903 年繼孟格為維也納大學教授；1917 年被任命上議院終身議員，同年任為商務部長；1919 年奧匈帝國解體，維舍重回維也納大學任教，1922 年退休，任名譽教授，1926 年 7 月 22 日逝世。

其主要著作有下列幾項：

1. 《經濟價值的起源與主要法則》(*Über den Ursprung und die Hauptgesetze der Wirtschaftlichen Wertes*, 1884)；

2. 《自然價值論》(*Der Natürliche Wert*, 1889)；

3. 《社會經濟學原理》(*Theorie der gesellschaftlichen Wirtschaft*, 1913)；

4. 《勢力法則》(*Das Gesetz der Macht*, 1925)。

二、價值、自然價值與歸屬理論

奧地利學派對價值理論的若干重大貢獻係維舍完成的，其中包括他首先倡用「邊際效用」(Grenznutzen) 一詞。維舍的一般價值法則係引申擴大孟格之模型而成。以表 15–2 為例，維舍指出：

第 I 行係在第 II 行的各種價格下所購買的數量。第 III 行的總效用係累加各單位物品之邊際效用。在此有兩點與孟格不同，其一是把價格與邊際效用視為相同者；其二是把總效用視為各單位物品邊際效用的累加數。第 IV 行總價值則為價格乘以出售量，即總收入。由於需要曲線的斜率為負的，故總收入先上升後下降，維舍稱上升部分為價值的遞升部分 (upgrade branch)，下降部分為遞降部分 (down-grade branch)。

表 15–2

(I) 物品	0	1	2	3	4	5	6	7	8	9	10	11
(II) 價格	0	10	9	8	7	6	5	4	3	2	1	0
(III) 總效用	0	10	19	27	34	40	45	49	52	54	55	55
(IV) 總價值	0	10	18	24	28	30	30	28	24	18	10	0
			遞升部分					遞降部分				
(V) 總效用減 總價值	0	0	1	3	6	10	15	21	28	36	45	55

　　在物品僅依其存量與邊際效用之間的關係而評價之際,才有自然價值 (natural value) 之存在。自然價值不受錯誤、詐欺、壓力、變動或私有財產及因而產生之購買力之不公平的干擾。在物品的生產中,效用或使用價值乃是稀少資源之分派的唯一指針。生產決意係由最高邊際效用所決定,而不因所得分配而有所改變。

　　總之,維舍的價值分析說明了價值之形成乃是一種中立現象的事實,對自然價值的瞭解不能作為贊同或反對社會制度的證據。儘管自然價值被許多其他因素(諸如,管制、許可、購買力差異、獨佔等)所壓制,它仍是各個社會之交換價值的基礎。

　　如前所述,孟格認為生產因素之價值係源於最終產品,且得由減去一單位之某生產因素,對最後產品之產量的影響中測知。不過,若產品所使用之生產因素比例係固定的場合,比較基礎便有欠穩固,產生評價過高 (overvaluation) 的問題。舉例來說,三項生產因素之最佳組合可生產 10 單位之價值。若減去其中一項生產因素,把其餘兩項生產因素重新組合,可生產 6 單位的價值,則被減去之生產因素之價值為 4 單位,三個生產因素之個別價值之合計數乃為 12 單位,大於其最佳組合之價值。因此,維舍認為孟格的方法有高估生產因素價值的情況。

　　維舍乃運用評價過程中獲取生產因素之意願的方法,建立生產因素價值之法則。維舍假定各種生產財都已作最合理的運用,且其運用比例係固定者。例如,獵人以槍和子彈射殺一隻老虎,我們得把這兩項生產財的價值以 $X + Y = 100$ 來表示,但無法計算其個別價值。但是,如我們廣事搜羅資料,以取得更多的方程式,則我們乃有機會估算各個別生產財的價值。例如,三類生產共用三種生產財,其投入與產值關係如下式,

$$X + Y = 100$$

$$2X + 3Z = 290$$

$$4Y + 5Z = 590$$

則我們可算出 $X = 40$,$Y = 60$,$Z = 70$。據此,維舍把孟格不完整的歸屬理論 (theory of imputation) 有了進一步的說明。

三、社會經濟學

維舍的社會經濟學 (social economics) 或經濟社會學 (economic sociology) 含有三項概念：其一，經濟計算的分析；其二，競爭式資本主義的評論；其三，混合經濟的主張。

就經濟計算的分析來說，維舍對各種經濟制度下的經濟計算問題的討論，與如後將提及的皮古 (A. C. Pigou)❶的福利經濟學相似，但不若皮古那樣地有體系；也與柏雷圖 (V. Pareto)❷的經濟資源最適安排論相近，但也未若柏雷圖那樣化成精密的理論公式。實際上，維舍所討論的是各種不同經濟制度及其經濟決策方式的比較。各種經濟制度都試圖解決人類的經濟問題，而產生經濟問題的根本原因在於：現實世界既不是天堂，也不是監獄。在天堂中，各種物品都是自由財；在監獄中，則依固定不變來解決資源的比例分配。介於天堂與監獄之間的現實世界，私人試圖以極大效用運用問題；交換經濟社會則希望得到極大的交換價值；而國家則以使社會價值 (social value)——維舍的自然價值——極大為其目標。

維舍非常重視交換經濟社會 (exchange economy) 在完成經濟計算與合理資源運用方面的自由市場功能，但他也極其明白，諸如分配公平、教育、國防等社會資源分配都不是市場經濟計算所能完成的。因此，資本主義經濟與社會主義經濟固然在制度面有其不同的見解，在資源運用方面，兩者仍有其共同的形式及特徵，兩者所運用的諸法則當然有其相似性。換句話說，社會主義經濟社會也應運用可極正確測度的交換價值，作為經濟計算的根據。

就競爭式資本主義的評論來說，維舍至少指陳其五項缺點：第一，財富分配不公平。第二，造成工業都市，以高貨幣工資吸引工人，但也帶來都市的失業問題。第三，勞資雙方關係不平等，最主要的是：雙方的討價還價力量不平等。第四，因生產規模擴大而有趨於獨佔的危險。第五，在競爭中，不但弱肉強食，且強者有制定不公平之價格的力量。

就混合經濟的主張來說，維舍雖然認為世界各國都必然會各個邁向某種形式的社會主義，但他仍無法捨棄競爭精神中所含有的激勵因素，故他似乎又偏向於

---

❶　請參閱第二十一章第一節。
❷　請參閱第二十二章第一節。

混合經濟 (mixed economy) 的主張。因此，在他的著作中，他特別強調，社會主義的理想僅解決了分配問題，生產效率問題則須採自其他經濟制度。據此，他也詳細檢討自由企業與國家管制間的調和問題，及各種可能的調和措施的作用，這就很顯然是混合經濟的主張了。

第三節　龐巴衛克

一、生平與著作

　　龐巴衛克 (Eugen von Böhm-Bawerk, 1851–1914) 係奧國經濟學家。1851 年 2 月 12 日生於奧國莫拉維亞的布倫 (Brünn)。其父為莫拉維亞 (Moravia) 的副首長。最初，遵照家庭傳統在維也納大學研習法律。1872 年畢業後，即在奧國財政部服務。1877 年與維舍偕同遊學德國三年。1880 年成為維舍的妹婿。1881 年擔任因士布魯克大學 (University of Innsbruck) 經濟學教授。1889 年受聘為財政部顧問，推動稅制及幣制改革。1895 年、1897 年及 1900 年三度出任奧國財政部長，至 1904 年為止。1904 年回維也納大學教書。1914 年 8 月 27 日卒於維也納。

　　他的主要著作如下：

1. 《資本與利息》(*Kapital und Kapitalzins*)，分為三卷；

    (1)《利息理論史及其批評》(*Geschichte und Kritik der Kapitalzins Theorien*, 1884)——中文有趙秋嚴譯：《利息學說史評述》（臺灣銀行經濟研究室刊行）；

    (2)《資本正論》(*Positive Theorie des Kapitales*, 1889)——中文有趙秋嚴譯：《資本積極理論》（臺灣銀行經濟研究室刊行）；

    (3)《資本正論附錄》(*Exkurse zur Positiven Theorie des Kapitales*, 1909)。

2. 《馬克斯體系的終結》(*Zum Abschluss des Marxschen Systems*, 1896)——中譯本有：鄭學稼譯：《馬克思體系的完結》（幼獅書店印行）。

二、主觀評價與價格決定過程

　　龐巴衛克的價值理論係承繼孟格與維舍，他本人在此方面並沒有顯著的貢獻。不過，在把主觀評價應用於價格決定上，他則有傑出的成就。但是，他最主要的

貢獻則在於把時間因素明確地導入經濟分析中，展示其迂迴生產與利息的理論。雖然如此，迂迴生產及利息與資本評價有密切關聯，故我們仍首先說明他的價值與價格理論。

龐巴衛克把價值區分為主觀價值 (subjective value) 與客觀價值 (objective value)。主觀價值表示一件物品或若干物品對其持有者之福利的重要程度，其程度得由佔有時之歡樂或免除痛苦之程度來測度。客觀價值則表示評估一種物品與實現某種客觀目的或效果之間的關係，可分為客觀的使用價值與客觀的交換價值。前者如戰鬥價值、營養價值、燃料價值等，皆非經濟科學的討論範圍；後者即為經濟學所要討論的價格問題。

龐巴衛克的價格決定論係以個別評價為依據，他提出決定價格的高限與低限的兩項原則。其一，在交換中，價格係以欲望最不迫切的買者的主觀評價為高限；其二，在交換中，價格係以被排除的或最不能幹的賣者的主觀評價為低限。根據此項原則，我們可分別說明龐巴衛克的孤立買賣、買者單面競爭、賣者單面競爭及買賣雙面競爭的價格決定過程。

就孤立買賣方面。若農夫 A 需要一匹馬，且他對一匹馬的主觀評價相當於 300 元；再假定農夫 B 願出售一匹馬，但若 B 的主觀評價高於 300 元，則無成交的可能。龐巴衛克認為，在孤立交易中，兩個志願交易者所決定的價格，係以買者對該物品的主觀評價為高限，以賣者的主觀評價為其低限。實際價格則由買者或賣者在交易過程中所表現的機敏、靈巧、頑強、口才等品質而定。

在買者單面競爭方面。若農夫 A 走到 B 處，發現另有一位 A_a 正向 B 請求購買，其主觀評價為 200 元。因而 A 與 A_a 必須競爭購買這一匹馬。龐巴衛克認為，在買者單面競爭的場合，具有最大交易潛力者（主觀評價最高者）必然成為買者。所決定的價格以此買主的主觀評價為高限，以被排除之競買者的主觀評價為低限。

在賣者單面競爭方面。若農夫 A 為馬的唯一志願買者而願意售馬者卻有 B_a、B_b、B_c、B_d 及 B_e 五人，假定這五匹馬的品質完全相同，但五個馬主人對馬的主觀評價卻不相同，且每一位賣者都為自己的利益著想而爭取這唯一的出售機會。龐巴衛克認為，在這種賣者片面競爭的場合，具有最大交易潛能的賣者（主觀評價最低的賣者）為唯一的賣者，所決定的價格以此賣者的主觀評價為低限，以被排除之最大交易潛能之賣者的主觀評價為高限。

買賣雙面競爭為實際生活中最常見者。龐巴衛克列舉如表 15–3 所示的十位

買者及八位賣者，說明價格的決定過程。他假定表中所列的各買主與賣主對市場情況都擁有完全的知識，且在市場中求售的每匹馬都具有相同的品質。

面對著這種雙面競爭情況，價格理論必須解決四個問題：第一個問題是試圖進行交易的競爭者中，哪些人可以成功地完成交易？第二個問題是買賣雙方各有多少人可以完成交易？第三個問題是在競爭下的近似一致的價格為何？第四個問題是上列近似一致的或「市場價格」究竟據何法則而建立？

表 15–3

志願買者	對一匹馬的主觀評價	志願賣者	對一匹馬的主觀評價
A_a	$300	B_a	$100
A_b	280	B_b	110
A_c	260	B_c	150
A_d	240	B_d	170
A_e	220	B_e	200
A_f	210	B_f	215
A_g	200	B_g	250
A_h	180	B_h	280
A_j	170		
A_k	150		

第一個問題的答案是，買賣雙方中，具有最大交易潛能者才能成功地完成交易。在表 15–3 的例子中，自 A_a 至 A_e 為主觀評價較高的買者，自 B_a 至 B_e 為主觀評價較低的賣者，都具有最大的交易潛能，故他們可成功地完成交易。

第二個問題的答案是，我們可依主觀評價的高低，把評價最高的買主與評價最低的賣主配對，再把次高買主與次低賣主配對，在買主之主觀評價高於賣主之主觀評價之前的對偶數乃是能成交的對偶，依表 15–3 之例子，則為五對。

第三個問題與第四個問題互有關聯，其答案為，在買賣雙方都有競爭的場合，市場價格必然建立於某一範圍內的某一點，該範圍有高限及低限。高限為成交邊際買主的主觀評價，及未成交的評價最低之賣主的主觀評價之中的最低者，低限為成交邊際賣主的主觀評價，及未成交的評價最高之買主的主觀評價之中的最高者。在本例中，高限為 220 與 215 中的最低者，即 215；低限為 200 與 210 中的最高者，即為 210。因此，成交的市場價格乃是介於 210 與 215 之間。

龐巴衛克認為這種價格決定過程及其原則，可引申應用於更大的市場及可細

分之物品的市場。依據此項原則討論價格原理，可避免所謂需要與供給之類的意義曖昧不明的名詞。由此可知，龐巴衛克的價格理論有兩項特點，其一，市場上的競爭足以迫使價格決定過程在某一地帶內進行，此地帶乃是上述兩邊邊際交易對偶的主觀評價之間；其二，志願出售物品量恰等於志願購買量。因此，他的價格定律是：「市場價格建立於供需數量恰好相等的地帶之內。」

三、資本與迂迴生產

　　龐巴衛克指出，人類從事生產活動的目的在於獲得消費財，但是原始而不可磨滅的生產力量只有兩種：自然力與勞動力。以這些生產要素從事消費財的生產有兩種方法：其一是結合各種經濟性的生產要素，以生產人們所想獲得的消費財，例如在海濱撿拾海潮沖上岸的貝殼；就泉水以雙手合攏當做杯子盛水喝。這就是直接生產 (direct production)，也是無資本生產 (capitalless production)。其二是依照迂迴的途徑，先由這些生產因素生產他種物品，再藉這些他種物品之助，以生產所想望的消費財，例如，先造一艘漁船與幾張漁網，再以這些工具進行捕魚；再如，先把一段木頭剜空為水桶，可增加運水量，減少往返住處與泉水間的次數。這是間接生產 (indirect production)，也是迂迴生產 (roundabout production)，或稱資本主義生產 (capitalist production)。在迂迴生產程序中每一階段所產生的居間產品 (intermediate products) 的總合便是資本。以奧地利學派所通用的物品等級觀念來說，資本乃是最高等級物品（自然力與勞動力）與最低等級物品（消費財）之間，各階段所需之居間產品的總合，這種居間程度乃是奧地利學派所稱之生產迂迴程度的基礎。

　　採用迂迴生產方式有兩項後果，其一是有利者，其二是不利者。有利的是這種方法以其技術上較大的生產性，能較無資本生產方式，生產更多或更好的物品。不利的是「時間的犧牲」(sacrifice of time)。因為資本主義的迂迴生產方式雖有較豐碩的產量，卻是耗費時間，必須等到較遲的時日才能生產出更多更好的物品。換句話說，人類所生產的各種消費財都是結合人力與自然力的結果，這種力量部分是經濟性的，部分是免費的。人類可能運用這些生產力量，以生產其希望的消費財。要想達到此目的者，可從事直接生產，也可藉被稱為資本財之居間產品，從事間接生產。間接生產方法雖必須犧牲較長的時間，卻能獲得使產量增加的利益。但龐巴衛克指出，迂迴生產方法繼續延長所能使產量增加的利益則是遞減的。

　　但是，所謂迂迴程度 (the degree of roundaboutness) 並非指稱從最先的一個小動作起，到最後一個小動作為止之間，生產程序上延續的絕對時間。而是從最初原始力量的陸續支出起，到最後完成消費財為止所必須經過的「平均」期間。只有在原始生產力量係平均分配於整個生產期間內，才能以生產程序延續的絕對時間作為迂迴程度高低的標準。關於此項問題，龐巴衛克舉了下列 A 及 B 兩個例子：A 及 B 兩種生產方法都同樣投入 100 個工作天，絕對生產期間都是十年。A 生產方式的第一個工作天是十年前投入的，其成本在十年後才能收回，其後每年都投入一個工作天，本年則投入 90 個工作天，這 90 個工作天因與完成產品同時，故未投入時間。B 生產方式在第一年及第二年各投入 20 個工作天，第三年至第十年分別都投入 5 個工作天，生產完成時再投入 20 個工作天。在這兩種不同生產方式中，其平均生產期間 (average production period) 得依下式計算：

表 15–4

	t－10	t－9	t－8	t－7	t－6	t－5	t－4	t－3	t－2	t－1	t	合計
A	1	1	1	1	1	1	1	1	1	1	90	100
B	20	20	5	5	5	5	5	5	5	5	20	100

$$T = \frac{nL_n + (n-1)L_{(n-1)} + \cdots + L_1}{L_n + L_{(n-1)} + \cdots + L_1}$$

其中 n 表示生產迂迴的絕對時間長度，L 表示各迂迴階段所投入的勞動量，T 表示平均生產期間。據此，在 A 生產方式中，

$T_a = \dfrac{10+9+8+7+6+5+4+3+2+1}{100} = 0.55$ 年；在 B 生產方式中，

$T_b = \dfrac{200+180+40+35+30+25+20+15+10+5}{100} = 5.6$ 年。

　　此外，龐巴衛克並特別指出，平均生產期間與平均等待期間 (average waiting time) 有別。平均等待期間固可依上述推理方式另行計算而得，但就均等分配的平均生產期間來說，平均等待期間則僅及其半數。例如，一個工人在五年內以等量勞動投入生產一件物品，其平均生產期間為五年，但其平均等待期間則為二點五年。

四、利息論

　　龐巴衛克曾對先前各經濟學家的利息學說一一加以評述，他認為，生產力說 (productivity theory)、利用說 (use theory)、忍慾說、勞動說 (labor theory)、剝削說 (exploitation theory) 等，都不足說明利息產生的原因。因此，他特別指出，利息現象存在於人類經濟生活中的現在與未來的關係裡。他假定，未來是可以想像的，且這些想像係可比較的，但是這些想像有「變幻無定」(uncertainty) 的特點。根據這些假定，他指出，利息理論的核心是：同一品質與數量的現在財 (present goods) 的評價高於未來財 (future goods) 的評價。這乃是由三項原因共同作用的結果。

　　第一項原因，在於目前所存在的物品供需關係與未來某一時期所存在的物品供需關係有所不同。倘若某人目前因缺乏某種物品或一般物品而感到痛苦，他方面又有理由可希望在未來某時期獲得較豐裕的供給，則他對一定數量之現在財的評價必然高於同一數量之未來財。屬於這種人者有兩類，第一類為暫時遭遇不幸事故者，如歉收的農夫、意外死亡或疾病、失業等；第二類為具有改善其經濟情況之信念的人士，如新進的藝術家、法學家、醫科學生等。此外，尚有另一類人士，其目前所享受的供給比未來豐富，他們不但可儲存現在財供作未來之用，且可以之為準備資金，以因應現在與未來之間的需要。這類人士通常視現在財與未來財有同等之價值，但也可能與前兩類人士一樣，對現在財的評價較未來財略高。

　　第二項原因是，我們慣常低估我們的未來欲望，以及滿足這些欲望的工具。由這項原因所產生的現象，基本上乃是未來的欲望尚未來臨，我們對它們的關切程度乃大為降低，且其降低程度與未來期日之遙遠程度成正比。但是龐巴衛克指出，這項原因乃是由三個以上之不同原因所共同作用完成的。其一是在我們意念中所描繪的未來欲望圖像是破碎而不完整的，這或者起因於我們缺乏想像力，或者起因於我們未作必要的努力。其二是意志力失敗而產生的錯誤的評價。一個人面對現在與未來之選擇時，常會選擇目前較小的歡樂，雖然他或明知此項選擇未來會產生較大的不利，故其理由不在於缺乏知識，而在於缺乏意志力。其三是對於人類壽命短暫而無常的考慮。雖然確知能獲得未來財，但擔心在該事物實現時個人已不存在。這三種補充原因都能產生相同的效果，在其影響力之下，我們對未來財之效用的評價總要低於其實際所擁有之效用。

　　第三項原因是，基於技術上的理由，現在財是滿足欲望的較優工具，故現在

財確較未來財有更高的邊際效用。關於這項原因得分兩點說明，第一點是與前述
迂迴生產論有關，生產期間延長得愈久，則在一定時間內由一定數量之生產工具
所能生產的產量愈大。龐巴衛克曾列下表，說明一個月勞動在不同年份施用，在
不同年度產量上的差別：

表 15-5　一個月勞動的生產量

施用年份 ＼ 各年度的產量	1956	1957	1958	1959	1960	1961	1962	1963
1956	100	200	280	350	400	440	470	500
1957	–	100	200	280	350	400	440	470
1958	–	–	100	200	280	350	400	440
1959	–	–	–	100	200	280	350	400

　　第二點是與前兩項原因有關。因為產量上的優越性不等於邊際效用與價值的
優越性；根據第一項原因我們可估出某人對各年份每單位產量的實際邊際效用；
根據第二項原因則可把實際邊際效用不規則地逐漸減縮而成為其對每單位該物品
的主觀評價。龐巴衛克又得到如下表的資料：

表 15-6

年度	每單位實際邊際效用 ①	減縮後之主觀評價	1956		1957		1958		1959	
			產量 ②	總值 ③	產量 ②	總值 ③	產量 ②	總值 ③	產量 ②	總值 ③
1956	5.0	5.0	100	500	–	–	–	–	–	–
1957	4.0	3.8	200	760	100	380	–	–	–	–
1958	3.3	3.0	280	840	200	600	100	300	–	–
1959	2.5	2.2	350	770	280	616	200	440	100	220
1960	2.2	2.0	400	800	350	700	280	560	200	500
1961	2.1	1.8	440	792	400	720	350	630	280	504
1962	2.0	1.5	470	705	440	660	400	600	350	525
1963	1.5	1.0	500	500	470	470	440	440	400	400

①龐巴衛克故意選用了明顯為偶然而不規則的數字。因為如果物品的單位價值在各個期間變動太少，
　或者根本沒有變動，就能自動證明現在財所生產的較多產量，自然有較大的總值。
②由表 15-5 轉來。
③減縮後之主觀評價乘各年度產量。

　　由此可知，一則現在財的優越生產力不但有產量盈餘，且有價值上的盈餘；
二則現在財優越性的盈餘價值的起因與前兩項原因並不相同。簡單地說，前兩項

原因所起的作用是相互累積的；而第三項原因係面對著現在財與未來財的選擇，故乃是一種交替 (alternative) 的影響。因此，在前兩項原因發生作用的場合，第三項原因便暫時停止活動；在前兩項原因不生作用或效力不足的場合，則第三種原因隨即出現。這乃是人類普遍地高估現在財價值的理由。深入地說，貧困與缺乏遠慮者高估現在財價值之理由，在於其目前的需要迫切，或者其所關心者係止於目前。富裕與節儉者高估現在財之理由，在於他們可用現在財獲得更多的未來財。

　　龐巴衛克進一步把上述價格決定論應用於利息決定論上。他指出，由於在市場上會合的人們對現在財之未來價值的主觀評價不同，故買賣雙方才會交換物品的所有權。凡是高估現在財之價值者，在市場上乃成為現在財的買者，以其未來財以之交換；凡是對現在財高估程度較低者（因為人人都會高估現在財）便成為現在財的賣者。市場價格便會建立在交易成功的邊際競爭者的主觀評價與交易失敗的最有力競爭者的主觀評價之間。以表 15–7 所描繪的市場狀況來說，A_g 與 B_g 為邊際交易兩對中較高的一對，A_h 與 B_h 為其中較低的一對。100 單位之現在財的市場價格，便是介於 106 至 107 單位次年物品之間。

表 15–7

現在財之單位數	可能買者	其主觀評價（相當於次年未來財之單位數）	可能賣者	其主觀評價（相當於次年未來財之單位數）
100	A_a	300	B_a	190
100	A_b	200	B_b	100
100	A_c	150	B_c	101
100	A_d	120	B_d	102
100	A_e	110	B_e	103
100	A_f	108	B_f	105
100	A_g	107	B_g	106
100	A_h	106	B_h	107
100	A_j	104	B_j	108
100	A_k	102	B_k	110

本章進修參考書目

1. 張漢裕著：《西洋經濟思想史概要》，第六章。

2. 趙秋嚴譯，E. von Böhm-Bawerk 原著：《資本積極理論》（臺北：臺灣銀行經濟研究室，五十七年）。

3. 趙秋嚴譯，E. von Böhm-Bawerk 原著：《資本與利息論文集》（臺北：臺灣銀行經濟研究室，五十八年）。

4.胡澤、許炳漢譯，Ingram 原著：《經濟學史》，第七章。

5. Mark Blaug, *Economic Theory in Retrospect*, chapter 12.

6. E. von Böhm-Bawerk, *The Positive Theory of Capital* (South Holland, Ill.: Libertarians Press, 1959).

7. Y. S. Brenner, *Theories of Economic Development and Growth*, chapter 4.

8. E. J. Burtt, Jr., *Social Perspectives in the History of Economic Theory*, chapter 7.

9. R. B. Ekelund, Jr. and R. F. Hebert, *A History of Economic Theory and Method*, chapter 11.

10. H. Landreth, *History of Economic Theory*, chapters 6 and 7.

11. Carl Menger, *Principles of Economics* (Glencoe, Ill.: The Free Press, 1950).

12. Jacob Oser and W. C. Blanchfield, *The Evolution of Economic Thought*, chapter 13.

13. I. H. Rima, *Development of Economic Analysis*, chapter 11.

14. J. A. Schumpeter, *History of Economic Analysis*, part IV, chapters 5 and 6.

15. J. A. Schumpeter, *Ten Great Economists* (New York: Oxford University Press, 1951), chapters 3 and 6.

16. B. B. Seligman, *Main Currents in Modern Economics*, chapter 4.

17. F. von Wieser, *Natural Value* (New York: Kelly and Millman, 1956).

18. F. von Wieser, *Social Economics* (New York: Adelphi, 1927).

第
16
章

馬夏爾

第*16*章　馬夏爾

他以為自己差不多到了山頂。可是從此他又走了多少的路！山巔卻並不見得更近。他永遠不能達到的了。那怕他在永恆中走下去。但當一個人進到了光明的圈內，而不曾把所愛的人丟在後面時，永恆也不見得對他們是一段如何冗長的路。

《約翰‧克利斯朵夫》

第一節　生平與著作

　　馬夏爾 (Alfred Marshall, 1842–1924) 是英國經濟學家。1842 年 7 月 26 日生於英國倫敦附近的克拉芬 (Clapham)。其父威廉 (William Marshall) 時任英格蘭銀行的出納員，家道小康，希望把馬夏爾教育成牧師。

　　馬夏爾自幼即聰穎過人，在倫敦商人泰勒學校 (Merchant Taylor School) 主修古典文學，名列前茅。但其主要興趣在於數學，故放棄了牛津大學所提供的，以攻讀牧師為條件的獎學金。幸賴其叔貸款之助，進劍橋大學的聖約翰學院 (St. John's College) 主修數學。1865 年以優異成績畢業。

　　畢業後，馬夏爾為償還其叔父的貸款，乃在劍橋大學的克利夫頓學院 (Clifton College) 擔任導師。因為主修數學，故馬夏爾自然是一位優秀的數學家。但是，由於他對倫理問題及社會改革問題的關心，使馬夏爾轉而研究經濟學。特別是，當他在克利夫頓學院工作時，得與當時英國著名的經濟學家西地維克❶時有往來，因而增進他對經濟學及道德哲學的研究興趣。1868 年為研讀康德❷，曾赴德國作

---

❶　西地維克 (Henry Sidgwick, 1838–1900) 是英國經濟學家及社會哲學家，為劍橋大學道德哲學教授，主要著作為《政治經濟學原理》(*Principles of Political Economy*, 1883)。

❷　康德 (Immanuel Kant, 1724–1804) 是德國哲學家。終生大部分時間具在哥尼斯堡大學 (Königburg University) 任教，所授範圍包括倫理學、純正哲學、物理學、數學等。其著作甚豐，以《純理性批判》、《實踐理性批判》、《判斷力批判》等書最為重要。

短期研究，得與歷史學派經濟學家相識；回英國後，為增進經濟社會問題的瞭解，曾訪問倫敦的貧民窟，益增其終身研究經濟學的雄心。同年，應聘為劍橋大學聖約翰學院的道德學 (moral science) 特別講座的職位，得有機會與法西得❸在一起工作。

　　1877 年與他先前教過的學生佩麗女士 (Mary Paley)❹結婚，為增加收入，被迫放棄劍橋的職位，轉到布利斯托 (Bristol) 的大學院 (University College) 擔任校長兼政治經濟學教授。1881 年因不善籌款而去職，並赴義大利養病，且旅行於部分歐洲國家。1882 年仍回大學院擔任經濟學教授。1883 年英國經濟史家湯恩比❺去世，馬夏爾乃繼湯恩比擔任牛津大學巴利奧爾學院的經濟學講師。1884 年，法西得教授去世，馬夏爾始得回劍橋大學接任經濟學講座，直到 1908 年退休。由於馬夏爾長駐劍橋，乃使劍橋成為英國經濟研究中心，造成一種馬夏爾傳統，或稱為劍橋學派。在倫敦經濟學院 (London School of Economics) 成立前，甚至是英國唯一的經濟研究重鎮。

　　馬夏爾除每年在劍橋大學講課四十五次，及偶應英國政府之諮詢，為實際問題作研究或提出論證外，終生孜孜於其《經濟學原理》的修訂，甚至退休後仍卜居劍橋，勤學不倦，其著作固然不多，但都是其精髓：

1. 《經濟學原理》（*Principles of Economics*, 1890; 1891; 1893; 1898; 1907; 1910; 1916; 1920，共八版）——中譯本有：王作榮譯：《經濟學原理》（臺銀經濟研究室刊行）；
2. 《產業經濟學》（*Economics of Industry*, 1879，係與馬夏爾夫人合著）——中譯本有：朱富春等譯：《產業經濟學》（協志工業叢書）；
3. 《產業與貿易》（*Industry and Trade*, 1919）；

❸　法西得 (Henry Fawcett, 1833–1884) 是英國政治家及經濟學家，擔任劍橋大學政治經濟學教授達二十年之久。著有《政治經濟學手冊》(*A Manual of Political Economy*, 1866)；《英國工人的經濟地位》(*The Economic Position of the British Labourer*, 1865)；《工人與工資》(*Labourer and Wages*, 1884) 等書。

❹　佩麗女士 (Mary Paley Marshall, 1850–1944) 是英國經濟學家，馬夏爾夫人曾在劍橋大學紐漢學院 (Newnham College) 任經濟學講師；為首位女性經濟學講師。馬夏爾逝世後的二十年間，擴大劍橋大學的馬夏爾經濟學圖書館 (Marshall Library of Economics)，並著有《回憶》(*What I Remember*, 1942) 一書。

❺　請參閱本書第十二章第四節。

4.《貨幣、信用與商業》(*Money, Credit and Commerce*, 1923)；

5.《馬夏爾的官方文件》(*Official Papers by Alfred Marshall*, ed. by J. M. Keynes, 1926)。

||||||||||||||||||||||||||||||||||||||||||||||||||||||||||||||||||||||||||||||||||||||||

第二節　基本概念

　　馬夏爾的《經濟學原理》開宗明義地說：「政治經濟學或經濟學乃是對人類日常生活事務的一種研究；它要檢討與福祉的實現與物質的運用有最密切關聯的個人或社會行動的部分。」這個定義有兩項重要的特點。第一，在馬夏爾以前，經濟學一向稱為政治經濟學，也就是含有價值判斷的成分，或者可視為習慣上被稱為規範經濟學 (normative economics) 的範疇，馬夏爾以經濟學一詞取代政治經濟學，表示重視經濟學的科學成分，意欲去除其價值判斷成分，建立客觀的實證經濟學 (positive economics)。第二，馬夏爾把經濟學所要研究的範圍訂得很籠統而廣泛，乃是因為他認為，社會的欲望及其經濟活動之間有極其複雜的關係，經濟學家在進行研究時，可自訂其適當的範圍，因而他採用了較具彈性的界說。就馬夏爾來說，他認為經濟學係以貧困為其研究對象。因為貧困與罪惡（墮落）有密切的關係。

　　經濟現象是非常複雜的，能夠影響這些複雜現象的因素也很多。對這種現象與因素之間的錯綜關係作完整的解析，不但非常困難，而且也不容易理解，故馬夏爾乃採用局部分析法。也就是說，在分析某一經濟現象時，僅考慮或分析其中少數重要因素的作用，完成一些局部的答案，以幫助我們對經濟現象的理解。舉例來說，開始時，僅討論一個商品的供給、需要及價格的關係，用其他情形不變 (other things being equal) 一詞，排除了其他因素的作用。這當然並不意指其他因素完全不發生作用，僅是暫時不考慮其作用而已。運用這種方法討論經濟問題時，當然必須作許多假定，而馬夏爾（其他經濟學家也一樣）並不隨時列舉討論時所作的假定，甚至在討論有關聯的問題時，卻作了不同的假定。這樣自然容易引起誤解或紛擾。羅賓遜夫人 (Joan Robinson)❻曾經感慨地說過：「為覓尋馬夏爾所隱藏的假定，就花去了一代經濟學家們的時間。」因此，我們先要說明幾項馬夏爾

❻　請參閱本書第二十一章第四節。

常用的分析概念。

　　首先要指出的是，馬夏爾體系實際上係建立在「靜態定型社會」(stationary state) 之上。在古典學派的著作中，我們就已看到靜態定型社會的詞句，可是包括馬夏爾在內，經濟學家們對這個名詞都未能提出完全令人滿意的定義。較令人滿意的是希克斯 (J. R. Hicks)❼的定義，他說：「靜態定型社會是動態體系中的一種特殊情況，在該情況中，嗜好、技藝及資源歷久不變。我們可合理地假定，這些固定情況的經驗，將導致企業家預期其繼續存在；因而無須區別預期價格與當期價格，因為兩者是相同的。我們也可假定，企業家在過去曾對今天的價格作過預測，且完全實現；因而商品的供給乃能充分依其價格而調整。由此可知，在那種靜態定型社會所建立的價格體系與供需原則所建立者完全一致。」換句話說，在靜態定型社會中，生產、消費、分配、交易等繼續不斷進行，然其狀態不變。由於時間的關係，人人都會由幼年、成年而老年，但人口總數及其年齡結構不變；商品或有退出生產行列者，或有新生產者，然生產種類及其數量不變；生產工具有新陳代謝，但其數量不變；企業有興衰，但代表性廠商的數量不變等。

　　其二，在這靜態定型社會中，馬夏爾把均衡區分為三類：其一是市場均衡 (market equilibrium)，指稱商品供給量固定或接近固定的狀態，也就是時間極其短促，市場上商品的供給無法改變，以致需要對價格有決定性的影響力。其二是短期均衡 (short-run equilibrium)，指稱技術工人、合適的機器及原料、合宜的產業組織等的供給，都來得及因應需要而充分調整；但是，生產者僅能以其已有的設備因應需要之變動而調整其商品供給。在這種場合，供給與需要乃共同決定了價格。其三是長期均衡 (long-run equilibrium)，指稱各種設備投資、增加原料工廠、企業組織及吸收知識與增進才能的努力，都有時間隨著其賺取之收入而調整，因而這些收入的預期數值乃直接支配供給，也就是所生產之商品的真正長期正常供給價格。由此可知，如下文即將提及，價格固然係由供需均衡所決定，但時間愈短，需要面的決定力愈大，而時間愈長，則供給面的決定力愈大。

　　第三，馬夏爾的供給面分析係以代表性「廠商」(representative firm) 而進行。馬夏爾的局部均衡分析並不以整個經濟社會為分析對象，而係以個別產業為分析客體；而個別產業又各有許多互有差異的廠商，故馬夏爾乃以代表性廠商進行分

❼　請參閱本書第二十二章第二節。

析。所謂代表性廠商乃是一個有相當長久歷史及相當成功的廠商以正常能力而經營,能正常地享受內外部經濟的利益。代表性廠商因以企業家的能力為基礎,故個別廠商會因企業家的死亡或能力減退而退出生產行列,但新代表廠商會起而代之,以致整個社會的代表性廠商的數目不變。

　　第四,商品的定義。在馬夏爾體系及在經濟學中,我們都以商品 (commodity) 為主要分析對象之一。在需要面,我們對商品繪出需要曲線;在供給面,則與生產商品之產業有關聯。那麼,什麼是商品?它有什麼特點呢?馬夏爾認為,隨著討論目的之不同,商品定義就會發生變動。在某些場合,中國茶葉與印度茶葉是不同的商品;在其他場合,則咖啡與茶葉可視為相同的商品。例如,在分析需要時,為著避開其他情形的重大影響,所謂商品通常應指稱消費者對各該商品之支出金額佔其總支出的比例甚低的商品,然馬夏爾並未提供一項具體而令人滿意的定義。

🖋 第三節　供給、需要、價格與消費者剩餘

　　馬夏爾是新古典經濟學的創建者,他融合了古典學派諸經濟學家的理論,特別是供給理論,與當時新興的經濟思潮,特別是邊際效用分析,建立了需要與供給共同決定價格的理論,並且指稱,供需均衡的一般理論乃是分配及交換理論架構中的基本概念。他並且認為,需要與供給就好像剪刀的兩把柄,沒有輕重之分,缺一不可。

　　在需要方面,與當時的邊際效用學派諸經濟學家一樣,馬夏爾認為需要由邊際效用遞減律及各項支出之邊際效用的平衡所決定。據此,馬夏爾把商品需要量變動視為隨該商品需要價格之變動而變動,且僅有該商品的價格對需要量有所影響。若該商品的價格上漲,則需要量會減少;若該商品的價格下降,則需要量會增加,因而乃可繪得該商品的需要曲線。根據這種方式而求得的需要曲線當然須以許多假定為其基礎,可是馬夏爾本人並未完整地列舉各種假定。根據正常的解說,其主要假定包括:適用於極短的時間,因為在不同的時間,購買該商品的消費者的嗜好及所得都會發生變動;須假定該商品係具備充分的可分性,不過實際上絕大多數商品都不具這種特性;須假定該消費者對此商品之購買支出僅佔其總支出的極小部分,也就是僅適用於不顯著的非重要商品;須假定用於測度效用之

貨幣的邊際效用不變；其他商品的價格不變等等。其實，這些假定的全部或一部分都足以引起新問題與新爭論。例如，被假定不變的究竟是真實所得或貨幣所得，便大有討論的餘地。

在供給方面，馬夏爾認為供給由生產成本所支配，故以生產成本的討論為主。他首先把成本區分為真實成本 (real cost) 與貨幣成本 (money cost)。真實成本指稱勞動的使用及供給資本之儲蓄者的等待，可適用邊際生產力理論的分析。貨幣成本則指稱為吸引勞動者及儲蓄者提供生產因素所作的各種貨幣支出，又可分為主要成本 (prime costs) 及補充成本 (complementary costs)。主要成本就是我們現在通稱的變動成本 (variable costs)，指稱在短期內可隨生產量變動而變動的勞動、原料等的成本。補充成本就是我們現在通稱的固定成本 (fixed costs)，指稱短期內不能調整的設備折舊、高級職員的薪俸等的成本。事實上，我們在前面提及的市場時期，係指稱在該時期生產者無法調整其主要成本及補充成本的一種狀態。所謂短期則是生產者得依據其營業需要而調整產量及主要成本，大體上說其銷售收入須至少能彌補其主要成本支出。所謂長期則是生產者能同時因應生產需要而調整其主要成本及補充成本，而只有當其銷售收入能完全彌補總成本之支出時，此生產者的營業始能繼續存在。

在需要分析中，馬夏爾對後世經濟學有兩項重大的貢獻：其一是消費者剩餘 (consumer's surplus)；其二是需要彈性 (demand elasticity)。

如前所述，十九世紀中葉法國工程師劉普特的著作中就已提及消費者剩餘的概念。馬夏爾則把此項概念作具體的發揮。產生消費者剩餘概念的基本原因在於：在正常的情形下，消費者係面對著由左向右的下斜需要曲線，在許多市場價格中，都有比此價格更高的需要價格，致使消費者產生有利的感覺。馬夏爾係以個人對茶葉的需要為例，說明消費者剩餘的概念。在正常的需要曲線下，消費者對茶葉的需要會隨著價格的下降而增加，當以一定市場價格成交某一數量時，在此成交價格以下各單位茶葉的需要價格都大於成交的市場價格，兩者之間的差額便表示了消費者剩餘。換句話說，若把需要曲線繪成封閉形狀，如圖 16–1，圖中 AD 表示對茶葉的需要曲線，OP (= BD) 表示成交的市場價格，OB 表示成交數量，則消費者剩餘為 APD 的面積。這項消費者剩餘的概念，除含有需要曲線所隱含的各項假定外，尚須假定：⑴需要曲線係封閉型，亦即，當茶葉價格為 OA 時，消費者對茶葉的需要為零；⑵消費者的滿足程度或其效用是可測度的；⑶不但是貨幣的

邊際效用不變，而且可用貨幣來測度消費者的滿足程度。馬夏爾也把這種個別消費者的消費者剩餘概念應用於總合需要曲線所代表的市場需要，以表示全社會所能產生的消費者剩餘。在這種情形下，更須假定市場上人與人之間的效用或滿足程度是可相互比較的，且各個人由貨幣所衡量的滿足程度是可累加的。

　　由此可知，在馬夏爾體系中，消費者剩餘乃是消費者所面對的市場環境的產物。因為在競爭市場中，消費者得以市場價格購進他所需要的物品，並非依其需要價格去支付他所買進的物品。基於相同的道理，生產者的商品供給曲線、勞動者的勞動供給曲線、儲蓄者的儲蓄供給曲線都是從左向右往上斜的形狀，且都係依市場價格取得其供給的報償，而此市場價格通常都高於其前面各單位的供給價格，因而也可推出「生產者剩餘」(producer's surplus)、「勞動者剩餘」(laborer's surplus) 及「儲蓄者剩餘」(saver's surplus) 等概念。

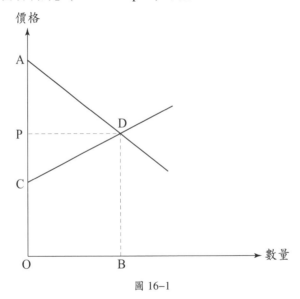

圖 16–1

　　馬夏爾在需要理論上的最大貢獻之一是需要的價格彈性 (price elasticity of demand) 概念。前面已經提及，需要曲線係從左上方向右下方傾斜，價格變動與需要量變動間的關係是反方向的。馬夏爾把價格變動與需要量變動之間的關係程度稱為價格彈性係數 (coefficience of price elasticity)，得用下式表示：

$$e_D = \frac{需要量變動百分比}{價格變動百分比} = -\frac{\dfrac{\Delta q}{q}}{\dfrac{\Delta p}{p}}$$

式中的負號表示價格與需要量之關係是反方向的。由於一物品的價格乘其需要量等於買者的總支出 (TE)，也等於賣者的總收入 (TR)，亦即 $q \times p = TE = TR$。假若價格下跌 1%，需要量增加 1%，TR 或 TE 都不變，便稱價格彈性係數等於一。假若價格下跌，而 TR 或 TE 增加，則彈性係數值大於一，便稱該商品具有價格彈性 (price elastic)；假若價格下跌，而 TR 或 TE 也減少，則彈性係數值小於一，便稱該商品沒有價格彈性 (price inelastic)。馬夏爾也把這種彈性概念應用於供給面的分析。

第四節　內部經濟、外部經濟與租稅政策的運用

　　一個廠商面對著需要增加而增加產品供給時，市場上的新均衡價格可能較原來的價格為高、為低或與原來的價格相等。馬夏爾據此而把這三種情況區分為成本遞增 (increasing cost) 產業、成本遞減 (decreasing cost) 產業及成本不變 (constant cost) 產業。這幾個概念都是古典經濟學中舊有的概念，馬夏爾給予新名詞，並作更深入的分析。成本遞增係發生在自然因素對增產努力之反應彈性低的現象，亦即屬於收益遞減律發生作用的場合。成本遞減則係發生在人類努力改進組織所獲致之利益的現象，亦即屬於勞動與資本之分工所產生的經濟效率的場合。成本不變則是收益遞減與分工利益恰好相互抵銷的場合。雖然如此，馬夏爾把成本遞減原因區分為「內部經濟」(internal economy) 與「外部經濟」(external economy) 則為其對經濟學的主要貢獻之一。

　　所謂內部經濟指稱廠商內部更精細的分工、營業規模的擴大及經營管理的改善等而獲致的成本降低的利益；所謂外部經濟則指稱廠商所屬之產業的成長，對個別廠商所帶來的利益。馬夏爾曾列舉幾項：諸如技藝及其他情報論文的供給、因同類廠商集中在一地而吸引技術工人的供給、高級專門機器的供給，甚至吸引供給原料及零件的衛星工廠等，這一些都屬於產業的內部經濟。一個產業的內部

經濟乃是一個廠商的外部經濟。第二次世界大戰後，各國政府及經濟學家所重視的基本設施投資，可說是這種廠商外部經濟概念的引申發展。

特別值得重視的是，廠商既然可能因內外部經濟而享受成本遞減的利益，廠商為爭取此種利益，必然會設法阻止有意參與該產業之廠商的進入競爭，並擴大自身廠商的規模，而趨於形成獨佔的局面。對於這種可能的趨勢，馬夏爾曾提出三種說法：第一，廠商的經營係由經理人員所支配，經理人員有生老病死，故任一廠商都可能因經理人員之死亡而告結束，並由另一廠商所取代，因每一廠商的存續時期並非極長，故不致演變成獨佔的局面。不過，這種說法與現代經理人員的承繼實情不符。第二，馬夏爾試圖說明內部經濟有其極限，以限制代表性廠商的可能規模，以使其競爭模型仍屬妥當而可用者。不過，這種說法未盡與馬夏爾的理論分析架構相一致。第三，馬夏爾認為每一廠商各有其商品差異，個別廠商係面對著獨有的比較不平滑的需要曲線，因而成為限制其擴大發展的因素。馬夏爾對這種說法並未引申發揮，但已為後世「不完全競爭」(theory of imperfect competition) 打開了大門。

馬夏爾且進一步根據廠商的成本狀態及消費者剩餘的概念，討論了各種租稅的福利效果。

先就成本不變的產業來說，如圖 16–2 所示，需要曲線為 DD′，供給曲線為 SS′，其供需均衡位置為其交點 A。此際，價格為 OS＝HA；需要量與供給量各為 OH，消費者剩餘為 SAD。若政府對每單位產品課稅 Ss，則供給曲線升至 ss′。在這種場合，消費者剩餘減少 SAas，政府稅收增加 Skas，兩者相抵，全社會的淨損失為 kAa，故若對成本不變產業課稅，會對社會的總福利有所不利。同理，若 ss′ 為原來的供給曲線，若政府對每單位產品各補助 Ss，則供給曲線下降為 SS′，新均衡位置 A 與原均衡位置相較，消費者剩餘固然增加 SAas，但政府的補助支出為 SALs，兩者相抵，社會仍有 ALa 的淨損失。因此，對成本不變產業的補助也是對福利有損的。

就成本遞增（收益遞減）產業來說，如圖 16–3 所示，需要曲線為 DD′，供給曲線為 SS′。若政府對每單位產品課稅 Ss，則供給曲線升為 ss′，均衡供需量自 OH 減為 Oh，消費者剩餘減少 MAab，政府的稅收增加 CKab，兩者相抵後，對社會總福利的影響，視 (CKLM – LAa) 為正或為負而定，若為正值，則對社會有

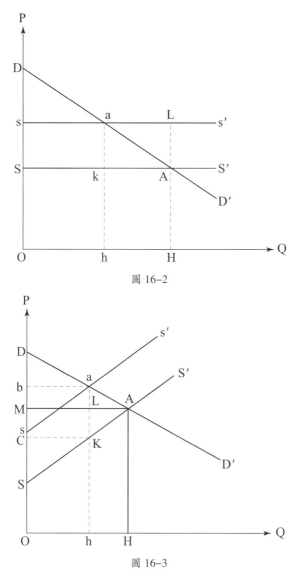

圖 16–2

圖 16–3

利；若為負值，則對社會有損。大體上說，只要供給彈性小至某一程度以下，亦即供給曲線之斜率達某一程度及更陡，稅收增加額減消費者剩餘減少額的差額都會為正值，也就是對社會是有利的。

　　就成本遞減（收益遞增）產業來說，如圖 16–4 所示，DD′ 為需要曲線，SS′ 為供給曲線，若政府對每單位產品補助 Ss′，則供給曲線往左下方移動至 ss′，均衡供需量自 OH 增為 Oh，消費者剩餘增加 daAM，政府的補助支出為 dabc，兩者

相抵後，對社會總福利的影響，視 (ckAM – kab) 的數值為正或為負而定。大體上說，供給曲線的斜率達某一程度或更陡，則此項數值必為正數，也就是對社會是有利的。

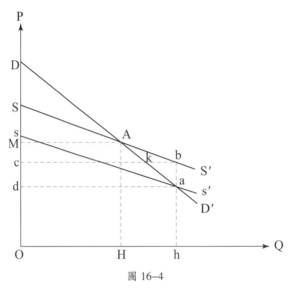

圖 16-4

　　根據以上的推論，馬夏爾認為，對成本遞增產業課稅，並以所收稅款補助成本遞減產業，大致會增進社會的福利。不過，我們應當指出，這種分析須假定效用足以測度消費者剩餘，且須假定由效用單位表示之政府支出、政府課稅及消費者剩餘都恰好相等。因而，這種分析並不必然有其政策上之應用性存在。同時，馬夏爾進行這種分析的主要目的也是告訴我們，完全競爭的市場並不必然能實現資源的最適分配，這也是下文即將提及的皮古 (A. C. Pigou)❽的福利經濟學的來源之一。

第五節　分配論與準地租

　　馬夏爾的分配論與古典學派的分配論有很顯著的不同，他以生產因素的功能取代了階級區分，以討論生產物的分配。根據馬夏爾，所得分配係由生產因素的定價過程所決定。企業家必須經常比較其所雇用之每一生產因素的相對效率，他

---

❽　請參閱本書第二十二章第一節。

也必須考慮以某一因素替代另一因素的可能性。他會繼續使用每一種生產因素，直到各該生產因素的淨生產恰等於其價格為止。

　　先就工資來說，馬夏爾認為，作為勞動之報酬的工資有許多特點，其中較重要的是：第一，人類並不依如同機器、馬或奴隸一樣的原則而參與工作；第二，勞動有某種程度的地理上及職業上的移動阻礙；第三，每一個勞動者只有一單位的勞動可供其出售。若不考慮這三項限制因素，馬夏爾認為，工資決定於勞動的需要與供給，勞動的需要係以勞動的邊際生產力為基礎，而勞動供給的變動，則誘使勞動邊際生產力作反方向變動。若勞動供給增加，而其他情形不變，則勞動的邊際生產力及其工資都將下降。同理，若勞動供給減少，則工資將上升。換句話說，在勞動市場的競爭過程中，工資會趨等於勞動的邊際生產力，這與老克拉克❾的論點幾乎完全相同。因此，由於生產技藝的進步，工人生產力提高，工資將會增加；工資提高後，工人會不會提高生育率，致使工資再行下降，馬夏爾則持比較樂觀的看法。

　　就利率來說，剔除因安全程度不同的貼水後，淨利率 (the net rate of interest) 也是由資金的供給與需要所決定。資金供給是由延緩享樂的財富累積所決定，馬夏爾稱之為等待 (waiting)，這實際上乃是辛尼爾的忍慾❿。利率愈高，愈願意放棄享樂，故資金供給愈多。資本需要則由資本的邊際生產力決定，資本邊際生產力有遞減現象。此外，馬夏爾認為貨幣數量的增減只會影響一般價格水準，不似會對利率有所影響，這乃是著名的劍橋方程式，我們將在下一章討論皮古及羅勃遜時再加以說明。

　　就利潤來說，馬夏爾認為，利潤是對企業經營能力的報酬，因而各業有其不同的利潤率，不能訂出利潤率的一般法則。同時，他雖不認為利潤率有其長期下降趨勢。但是，他同意，由於企業組織的改善，企業風險程度隨之降低，利潤率會下降。此外，馬夏爾認為，就短期來說，利潤固然是一種剩餘，並不包括在成本中；但就長期來說，利潤則是生產成本的一部分，因為若沒有利潤，就不值得繼續生產了。

　　就地租來說，馬夏爾也用土地的供給與需要作為決定地租高低的原則。不過，

---

❾　請參閱本書第十四章第六節。
❿　請參閱本書第八章第四節。

他指出，土地與其他生產因素有基本的差別，這便是土地即使在長期間也欠缺供給彈性的特點。基於這種原因，在古典經濟學上，通常追隨李嘉圖的地租說，不但以邊際收益遞減及土地肥沃度來解說地租的成因，而且認為地租是由價格之高低所決定的，而工資、利息及利潤則是成本的一部分，乃是決定價格的。但是，馬夏爾指出，在新開發國家，仍有未經使用的土地，土地供給有相當程度的彈性，在此場合，地租也將被視為決定價格的因素。因此，地租之由價格決定乃是土地欠缺供給彈性之特性的結果。在短期間，其他三種分配中若存在這種現象，使其分配份超越長期正常水準，此超過的部分都可稱之為準地租 (quasi-rent)。在工資方面，若對某類技工的需要增加，由於短期間此類技工的供給缺乏彈性。其工資乃告上漲，其超過正常工資部分就是準地租，其大小由其實際工資與長期工資水準之差額決定。在長期間，由於技工供給有其彈性，其工資乃會回降至正常水準，準地租就告消失。同理，也可適用於利息，這也是為何在短期間利潤並不包括在生產成本的理由，因為那是一種準地租形態，由實際價格高低所決定的。

由此可知，生產因素之報酬究竟由價格決定或係為決定價格的因素與時間長短有關。在長期，生產因素有供給彈性的場合，其報酬為決定價格的因素；在短期，缺乏供給彈性的場合，則有如地租，係由價格所決定。此外，我們也可用準地租的概念討論重視供給面的古典學派與重視需要面的邊際效用學派之間的差別。

第六節　安定均衡與不安定均衡

我們在上面提及，馬夏爾認為市場均衡由需要與供給所決定。那麼市場均衡過程是如何達成的呢？根據馬夏爾，需要表 (demand schedule) 是表示個人對一定量物品所願意支付的最高價格，供給表 (supply schedule) 是表示供給者所願意供給一定量物品的最低價格。因此，數量是自變數，價格是他變數，馬夏爾乃採取數量調整方式來說明達成市場均衡的過程。如圖 16–5 所示，DD′為需要曲線，SS′為供給曲線。在數量為 OP_1 時，需要價格為 OP_2，供給價格為 OP_1，供給者乃願意增加供給量；當數量為 OR_2 時，需要價格為 OP_1，而供給價格為 OP_2，供給者會減少供給量。這種數量的增減調整直到供需價格相等時才會停止，這也就實現了均衡，這種均衡為安定的均衡 (stable equilibrium)。

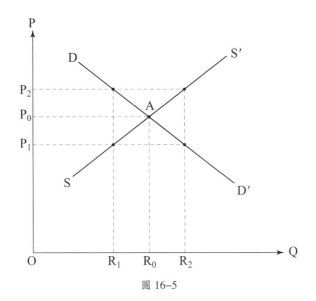

圖 16-5

　　可是，現代經濟理論卻以不同方式來討論市場的均衡過程。根據華爾拉❶，價格是自變數，數量是他變數。亦即，需要表是各種不同價格下，個人願意購買的數量，供給表則是各種不同價格下，供給者願意供給的數量，因而乃採取價格調整方式來討論市場均衡的過程。如圖 16-5 所示，在價格為 OP_1 時，需要量為 OR_2，供給量為 OR_1，因為需要量大於供給量，故價格會上漲；在價格為 OP_2 時，需要量為 OR_1，供給量為 OR_2，因供給量大於需要量，故價格會下跌，這種價格調整會直到供需量恰好相等時才停止，也就是實現了均衡。

　　馬夏爾本人認為這兩種調整方式並無理論上的差別。實際上，只有在圖 16-5 的正常供給曲線時，這兩種調整方式才沒有區別。若供給曲線係成本遞減狀態，如圖 16-6 所示，則這兩種調整方式便有很大的差別。因為在這種狀況下，兩種調整方式分別可能出現不安定的均衡❷的情況。如圖 16-6 (a)所示，若數量大於均衡數量 OH，則供給價格大於需要價格，供給者會減少供給量，使逐漸趨於

---

❶　請參閱第十七章。

❷　所謂安定均衡係指稱若價格或數量已處於均衡位置，則會繼續維持此一均衡位置。即或有外力的擾亂，經過一番搖擺變動後，仍會回歸原來的均衡位置。如圖 16-7 (a)，若有外力輕微擾亂，半圓體內的黑球仍會回到原來的位置。所謂不安定的均衡則指稱，若價格或數量已處於均衡位置，則會繼續維持此均衡位置，一旦有外力的擾亂，則不會回到原來的均衡位置。如圖 16-7 (b)所示，一旦有外力的擾亂，無論此外力如何輕微，黑球總會滾離半球體，永不會回到原來的位置。

OH；若數量小於 OH，則供給價格小於需要價格，則供給者會增加供給量，使逐漸趨於 OH，用數量調整方式當可獲得安定均衡。但是，若採價格調整方式，當價格高於 OP_0，則供給量小於需要量，由於需要者的競買，價格會更漲；當價格低於 OP_0，則供給量大於需要量，由於供給者的競賣，價格乃會更為下降，這就可看出，用價格調整方式不會回到均衡位置，這乃是不安定均衡 (unstable equilibrium)。在圖 16–6 (b)的場合，當價格高於 OP_0，則供給量大於需要量，由於供給者的競賣，價格會趨於下降；當價格低於 OP_0，則供給量小於需要量，由於需要者的競買，價格乃會趨於上漲，因而可回趨均衡價格 OP_0，也就是價格調整方式可獲致安定均衡。但是，若採數量調整方式，若數量大於 OH，供給價格低於需要價格，供給者乃願意增加供給量；若數量小於 OH，則供給價格高於需要價格，供給者乃會更減少其供給，其結果乃是無法回到均衡數量，也就是數量調整方式乃是不安定的均衡。

由此可知，當供給曲線與需要曲線都是由左上方向右下方傾斜時，均衡的安定性就取決於兩條曲線的相對斜率了。這乃是因為兩者都有其靜態的假定。在數量調整方式方面，其本期供給價格與需要價格係由本期數量所決定；在價格調整方式方面，其本期供給量與需要量則係由本期價格所決定，故兩者都表現著靜態均衡。

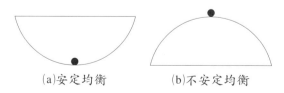

　　　　(a)安定均衡　　　　(b)不安定均衡

圖 16–7

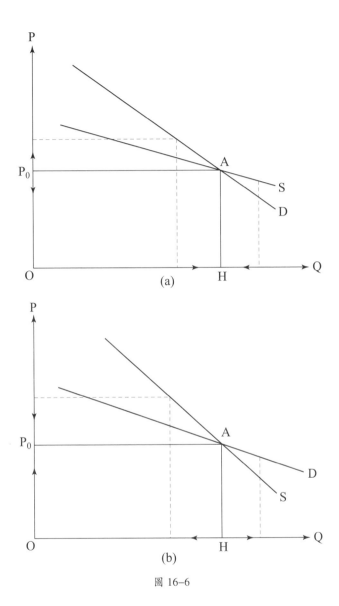

圖 16–6

本章進修參考書目

1. 張漢裕著：《西洋經濟思想史概要》，第七章。

2. 湯慎之著：《現代經濟思潮》，第一章。

3. 王作榮譯，A. Marshall 原著：《經濟學原理》（臺北：臺灣銀行經濟研究室，五十四年）。

4. 朱富春、張清溪、黃信陽譯，A. Marshall 原著：《產業經濟學》（臺北：協志工業叢書出版公司，六十四年）。

5. Mark Blaug, *Economic Theory in Retrospect*, chapters 9 and 10.

6. E. J. Burtt, Jr., *Social Perspective in the History of Economic Theory*, chapter 8.

7. Ekelund and Hebert, *A History of Economic Theory and Method*, chapters 12 and 13.

8. Milton Friedman, "The Marshallian Demand Curve," *Journal of Political Economy* (Dec,. 1949).

9. P. T. Homan, *Contemporary Economic Thought*, chapter 4.

10. H. Landreth, *History of Economic Theory*, chapter 8.

11. Alfred Marshall, *Principles of Economics*, 8th ed. (London: Macmillan & Co., Ltd., 1920).

12. Oser and Blanchfield, *The Evolution of Economic Thought*, chapter 14.

13. A. C. Pigou (ed), *Memorials of Alfred Marshall* (London: Macmillan & Co., Ltd., 1925).

14. I. H. Rima, *Development of Economic Analysis*, chapter 13.

15. J. A. Schumpeter, *History of Economic Analysis*, part IV, chapter 7.

16. J. A. Schumpeter, *Ten Great Economists*, chapter 4.

17. B. B. Seligman, *Main Currents in Modern Economics*, chapter 6.

第 *17* 章　華爾拉

在這樣的期待中間，自有一種悲愴而又快意的感覺。雖然你受著壓迫很難過，但在血管之中可以感到燃燒著宇宙的火焰。昏懵的靈魂在灶內沸騰，有如埋在酒桶裡的葡萄。千千萬萬的生與死的種子在心中活動。結果將產生些什麼來呢？

《約翰‧克利斯朵夫》

|||||||||||||||||||||||||||||||||||||||||||||||||||||||||||||||||||||

第一節　生平與著作

　　華爾拉 (Marie-Ésprit Léon Walras, 1834–1910) 是法國經濟學家，洛桑學派 (Lausanne School) 的創始人。1834 年 12 月 16 日生於巴黎與里昂間的 Éveux。其父老華爾拉 (A. A. Walras)❶是一位未得志的法國經濟學家，也是古爾諾 (A. A. Cournot)❷的同學和朋友。甚至，小華爾拉的一生，在法國也始終未曾得志。他曾兩度投考工藝學院 (École Polytechnique)，都名落孫山；只好進入礦業學院 (École des Mines) 就讀，也未能卒業。在這段期間，他所受的是自然科學的教育，卻醉心於文學與藝術評論；24 歲時曾自費刊行一部浪漫小說，不但未能為他博得聲譽，而且失敗得甚慘。

　　根據華爾拉的自述，1858 年的一個美麗的夏晚，他陪伴其父在 Gave du Pau 山谷散步時，因為老華爾拉的說服，他答應老華爾拉，承繼老華爾拉未竟的志願，終身獻身於經濟學的研究。並且立即收拾心志，開始收集資料，並撰述一篇租稅改革的論文，參加 1860 年由瑞士洛桑的國際租稅會議 (International Tax Congress)

---

❶　老華爾拉 (Antoine Auguste Walras, 1801–1866) 是法國經濟學家。是皇家西恩學院 (Royal College of Caën) 的首任哲學教授，後來轉而研究經濟學。著有《效用的本質與價值的來源》(*De la Nature de la richesse et de l'origine de la valueur*, 1831) 一書。

❷　請參閱本書第二十一章第四節附錄㈡。

舉辦的論文比賽。評審結果，普魯東 (P. J. Proudhon)❸得到第一名，華爾拉僅得第四名。此後的十年間，華爾拉曾試當記者、編輯都失敗；曾到一家銀行服務，而該銀行卻倒閉了；因而，他大部分時間都在鐵路局當小職員。華爾拉也曾向法國的《經濟學季刊》(*Journal des Économistes*) 投稿，也嘗到篇篇退稿的滋味。1870 年，瑞士洛桑大學法學院成立經濟學講座，36 歲的華爾拉承友人，時任瑞士弗州民眾教育局長的 Louis Ruchonnet 的介紹，並以參加比賽得第四名的論文的支持，獲得擔任那個講座的機會，直到 1893 年退休時為止。1910 年 1 月 4 日逝世。

　　華爾拉在其早年及晚年都致力於社會改革的研究，且也刊行若干有關著作；甚至，1907 年且幾乎因而得到諾貝爾和平獎。但其一生最主要的著作當推 1874 年刊行的《純粹經濟學要義》。這本書刊行後，法國學術界雖然仍未加以重視，但已引起英國經濟學界的注意，但因其以數學形式討論純粹理論，故直到第二次世界大戰後，始被普遍重視，而 1954 年乃有其英譯本的刊行。一般學者認為孟格、古爾諾等人對華爾拉體系都有所影響，但影響最大的當然是老華爾拉，華爾拉體系中的「效用」(rareté) 一詞原係指稱稀少性，為老華爾拉終身致力研究的論題之一，華爾拉採用該名詞，並給予新的界說。

　　華爾拉的主要經濟論著有下列四種：

1. 《純粹經濟學要義》(*Éléments d'économie pure*, 1874–1877; 1889; 1896; 1926)——中譯本有：王作榮譯：《理論經濟學要義》，兩冊（臺灣銀行經濟研究室刊行）；
2. 《貨幣理論》(*Théorie de la Monnaie*, 1886)；
3. 《社會經濟論文集》(*Études d'économie sociale*, 1896)；
4. 《應用經濟政策論文集》(*Études d'économie politique appliquée*)。

第二節　一般均衡論與局部均衡

　　華爾拉體系的特色，也是他在經濟理論上的最主要貢獻是一般均衡 (general equilibrium) 分析。這種分析方法恰與馬夏爾所運用的局部分析法相對立。簡單地說，這兩種分析方法的最主要差別在於被假定不變的變數有廣狹之別。在科學研

---

❸　請參閱本書第九章第六節。

究上，特別是自然科學，科學家們可控制某些變數，觀察其他變數的影響。例如，在多次反復觀察下，當攝氏 100° 時，水就會沸騰。因而，在物理學上便可說，假若其他情形不變，水沸點為攝氏 100°。經濟學與一般社會科學一樣，是不能實驗的，故經濟理論或經濟模型乃必須假定若干變數不變，以便討論模型內的變數的可能影響。大體上說，局部均衡分析所假定不變的變數較一般均衡分析為多。但是這並不意味著，在一般均衡分析中，全部變數都係可變的。在華爾拉體系中，華爾拉所要處理的問題是：如何把構成整個經濟社會的無數市場加以串連。他的目的不在於測度市場中的各項數值；而在於構建一個理論上前後一貫的體系。為完成此項目的，華爾拉體系須作若干假定：完全競爭、參與自由、移動自由、價格伸縮性、企業之收入與成本相等、消費者收入與支出相等、個人嗜好或偏好不變、生產技藝不變、社會的制度結構不變等。在這些假定下，華爾拉由最簡單的最抽象的概念為起點，以逐漸減少抽象成分的過程，建立其一般均衡分析。在我們說明這種華爾拉一般均衡論之前，我們宜進一步說明其與局部均衡分析的差別。

以最簡單的供需均衡分析來說。根據馬夏爾以來的傳統，局部均衡分析常限於個別的家計部門、廠商或產業的分析。例如，分析麵粉價格變動對麵粉需要量的影響。在這種分析中，我們先須已知原來的均衡位置，然後說明麵粉價格變動對原來的均衡位置的擾亂，再推論新均衡位置的完成。在進行這種分析時，我們已假定其他因素不變，故對麵粉產業不發生影響。這種分析方法因把問題集中於一個部門，可免去問題的複雜性，雖然付出了理論完整性的代價，卻獲得分析清晰的利益。

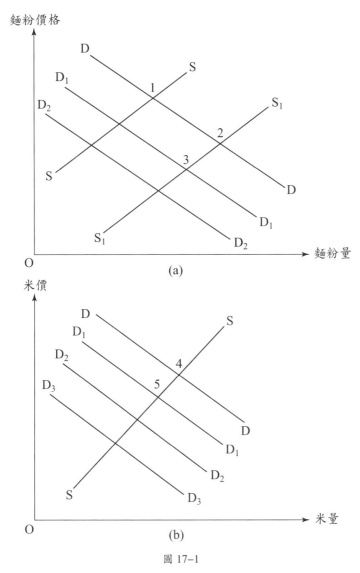

圖 17-1

一般均衡分析則體認各個經濟部門間的交互錯綜的影響，意欲探究足以解說這種錯綜影響的比較完整的理論。例如，在現實的社會中，對麵粉的需要不僅受麵粉價格的影響，至少我們尚可考慮作為其替代品的米之價格及其需要量，所產生的交互影響。亦即，我們考慮了兩個商品的交互影響。假定由於全世界小麥豐收，進口小麥價格下跌引起麵粉價格下降，如圖 17-1(a)所示，供給曲線由 SS 移至 S_1S_1，均衡位置由 1 移至 2，根據局部均衡分析，其結果乃是麵粉價格下降及

需要量增加。但是，在兩個部門的場合，麵粉價格的下降則會引起米需要量的減少，因為麵粉與米之間有替代關係存在。米需要量減少，則會產生米價的下降，如圖 17-1(b)中，均衡位置由 4 移至 5，因而米價乃會再下降。米價之下降，當然會產生麵粉需要量之減少，使圖 17-1 (a)中的均衡位置自 2 移至 3，因而麵粉價格再下降，並因而對米之價格與需要量再產生影響。如此反復交互影響，每次的影響程度愈來愈小，直到兩個產業部門同時建立均衡時，才會停止變動，倘若我們引進第三、第四種商品，情形就會變得更為複雜了。華爾拉的一般均衡分析法，便是體認出這種複雜的交互影響，並藉助數學來解決這種難題。

第三節　交易與生產的一般均衡

　　經濟社會各個部門間的交互錯綜關係，仍以從最簡單的關係為起點，較易於瞭解。因此，華爾拉乃以無生產、無政府活動、無國外交易的兩種物品交易為起點，再逐步擴大為多種物品交易、有生產之交易、有資本及用貨幣的經濟體系。

　　華爾拉首先假定，有兩個交易客體各擁有一項物品，各人對各自的物品沒有欲望，卻各希望擁有對方的物品，雙方乃進行物物交換。假定雙方都把全部物品供交換之用，便可根據一物品的供給曲線導出另一物品的需要曲線。然後，再進一步分析消費者均衡的條件，亦即欲望滿足極大的條件——進行交換的雙方的均衡須是雙方都獲致極大的滿足，亦即兩種物品的邊際效用 (raretés) 比率等於其價格比率。換句話說，作為經濟社會的均衡須有兩項主要條件：其一是供給恰等於需要；其二是交易者須能獲致極大的滿足。

　　如同耶逢斯、馬夏爾、孟格等人一樣，華爾拉認為，物品的效用乃是各該物品數量的函數。不過，這項發現並非華爾拉的主要貢獻，因為老華爾拉早已發現效用難以測度，故華爾拉並不希望他的分析受效用的約束，他認為，在必要時，他仍願意放棄效用概念，以其他方式重建其分析體系，這是他與耶逢斯及孟格等人有別之處。

　　由兩種物品交易模型便可擴大及推演為三種以上之物品交易的多種物品交易的模型。在這種場合，以 A 物品易 B 物品，不但受到以 A 物品表示之 B 物品的價格的影響，且也受到以 A 物品表示之 C、D、E…物品的價格的影響，且 A 物

品不但能易 B 物品，且能易得 C、D、E …等物品。因此，倘若物品種類為 m，每一物品都有 (m − 1) 個需要方程式，故需要方程式的總數為 m(m − 1) 個。同時，每一交易均以供需相等為均衡的條件，故每一物品都有 (m − 1) 個交易方程式，m 種物品的交易方程式總數為 m(m − 1)。所以，方程式的總數為 2m(m − 1)。而在這多種物品交換模型中，每一物品進行交換時，都要分別產生 (m − 1) 個交換比率及交易量，因而全部未知數乃是 m(m − 1) 個交換比率及 m(m − 1) 個交易量。亦即，方程式與未知數都為 2m(m − 1)，故多種物品交易乃能聯立求解了。

由此可知，在多種物品交易中，對某一物品的需要量不僅與該物品的價格（交換比率）有關，且與其他物品的價格有關，因為這些價格的任一變化都可能產生替代或互補作用，因而就會有 m 個需要方程式。由於假定消費者的收入等於支出，故只要 (m − 1) 個市場已獲得均衡，或 (m − 1) 個市場都不發生超額需要，則另一市場就當然處於均衡狀態，這便是華爾拉法則 (Walras' Law)，那另一個市場也可說是表示了貨幣（計算單位）的價格。換句話說，在多種物品交易中，雖有 m(m − 1) 個交換比率，但若我們選擇其中一物品作為計算單位 (numeraire)，以表示各種物品的價格，則以此物品表示之 (m − 1) 個價格，便能決定 m(m − 1) 個交換比率的值。

在以上的討論中，是以物品存量進行交易的，並未考慮物品的生產。在實際的經濟社會中，因有物品生產，故必須分析物品生產下的均衡條件。

根據華爾拉，資源可用兩項標準來分類：其一是耐久資源及其所產生的可供立即消費的勞務間的區別；其二是耐久資源與單一用途資源的區別。根據這些標準，所謂資本，係由能產生一連串勞務或收入流源 (stream) 的各種耐久資源所構成，其價值則由其所產生之勞務價值所決定。資本財及勞務習慣上又區分為土地、勞動及物質資本等三種，每一種都可能產生兩類勞務形式：一類是生產性勞務，例如，廠地、工程師、機器；一類是消費性勞務，例如，運動場、演員、收音機等。故資本資源有六型。我們在下節即將提及，華爾拉曾另舉七項資本或收入資源，故資本資源共有十三型。至於食物、原料等僅能提供一次勞務的可能（類似）耐久資源就不能歸入資本之列。由此可知，華爾拉對資本的定義與古典學派及其他學派都有所不同。

根據這種定義，華爾拉把經濟社會區分為物品市場與生產勞務市場。消費者

擁有生產勞務（土地、勞動及物質資本），且把這些生產勞務售予企業家，由企業家手中取得其報酬（所得）。企業家組合了生產勞務，生產物品，並售予消費者，取得其收入，貨幣貫串其間，完成了靜態的循環流轉社會。

在這種靜態社會中，生產均衡當然包括了交易均衡在內。因為在這種靜態均衡中，均衡的條件有三：第一，在當時的生產勞務價格下，生產勞務的有效供給須等於其有效需要。第二，在當時的產品價格下，產品的有效供給須等於其有效需要。第三，產品的銷售收入須等於生產這些產品之生產勞務的成本。前兩項是屬於交易均衡的條件，最後一項則為生產均衡的條件。在這種狀態下，企業家既無利潤，也不虧損，他們的收入係供自己或其他企業運用的生產勞務的收入。

在這些條件下，假定有 n 種生產因素，用於生產 m 種物品，則華爾拉一般均衡體系係由 2(m＋n)－1 個方程式所組成：⑴生產因素的市場供給函數有 n 個；⑵最終物品的市場需要函數有 (m－1) 個；⑶在均衡時，各廠商所使用的生產因素量恰等於生產因素的提供量，共有 n 個；⑷在均衡時，各物品的生產成本等於其價格，共有 m 個。而未知數的數目則包括：生產因素的提供量 n 個；生產因素的價格 n 個；最終物品需要量 m 個；最終物品的價格 (m－1) 個。未知數合計亦為 2(m＋n)－1 個，因而可聯立求出經濟社會的靜態均衡解。在此，我們尚要特別指出，生產因素供給函數中，生產因素供需既是相等的，且在生產因素供需等式中，係把生產因素供給量視為各種生產因素價格及其各種產品價格的函數，因而必須假定生產函數中的技術係數不變，對於此項與現實社會不一致的假定，不但華爾拉本人有所討論，且在後世亦引起批評與爭論，本書不擬討論。

第四節　資本與貨幣

在經濟社會中，除物品市場及生產勞務市場外，尚有資本市場，華爾拉把這第三個市場區分為兩種：固定資本與流動資本。固定資本係以資本化理論 (theory of capitalization) 說明；流動資本則包括貨幣及現金餘額的分析中。

華爾拉認為資本財的價格決定於其勞務價格或收入。資本財的收入係淨收入概念，係資本財的毛收入 R，扣除資本財的折舊及風險貼水後的餘額；若折舊及風險貼水佔資本財價格（以 P 表示）的比例分別為 u 及 v，則

$$資本財的淨收入 = R - (u + v)P$$

$$資本價值的淨收入率 = \frac{R - (u + v)P}{P}$$

因此，在競爭體系的均衡中，各種資本財的淨收入率是相等的，且透過競爭的結果，市場利率也會等於此項淨收入率。甚至，消費大眾乃係依此淨收入率而安排其消費與投資。根據這種推論方式，華爾拉乃能把淨儲蓄導入一般均衡體系。在這個進步中的動態社會，可依上述相同的方法，把儲蓄安排於各種不同的資本資源，其均衡位置在於使各種淨收入率相等。

最後一個階段是充實上述生產論中的生產資源分析。前面所提及的六種資本乃是耐久資本資源。第(7)種是由淨儲蓄所形成的尚未產生收入的新物質資本；(8)是消費者所持有的消費財存量；(9)是生產者所持有的原料存量；(10)是尚待售給生產者的新收入財（或為消費財或為原料）；(11)是消費者流通中的貨幣；(12)是生產者流通中的貨幣；(13)是貨幣儲蓄。

華爾拉緊接著假定，由於貨幣收入及其支出之間，與物品送達及其消費之間，都有時距，消費者與生產者都將希望持有某種數量的流動資金 (circulating funds)；且個人所持有的流動資金，不論是真實物品形式，或係貨幣形式，都將有邊際效用。個別消費者及生產者所要持有的貨幣乃係真實購買力，由持有真實購買力所獲得之滿足，係以利息為其代價，故貨幣的有效需要乃是利率的遞減函數。因此，貨幣供需的相對變化會影響個人的滿足感及其所支付的代價。個人須依與上述物品市場之相同原則，安排其物品與貨幣的持有額。

由此可知，以一般經濟均衡的雛形為出發點，華爾拉擴大其體系，引進更多的未知數，以兼容儲蓄、資本形成及貨幣持有，因而在原來的體系中，導入了儲蓄需要及貨幣需要的效用分析。在這種體系的擴大中，引進儲蓄時，華爾拉不曾以現在財及未來財的比較為基礎，而僅計及其淨收入的效用。引進貨幣需要時，則僅考慮支付工具功能，未能討論不確定 (uncertainty) 的因素。雖然如此，華爾拉的體系試圖顯示，完全競爭的競爭社會有趨於均衡狀態，足以完成此均衡任務的乃是他的「摸索者理論」(theory of tâtonnements)。根據這個理論，每一天開始之際，會根據先前的經驗，公佈一個價格，每一個人都願意根據此價格進行買賣。倘若在此價格下，發生了超額需要或超額供給，則根據新經驗調整價格，直到實

現均衡為止。因是，在華爾拉體系中，摸索者在嘗試與修正的過程中，調整價格，使經濟社會得以實現均衡位置。

||||||||||||||||||||||||||||||||||||||||||||||||||||||||||||||||||||||||||||||||||||||

第五節　應用經濟政策論

華爾拉把經濟學分為三個部門，其一是純粹經濟學，運用假設的完全競爭模型，對經濟社會的運行作抽象的分析；其二是關於生產的經濟政策論；其三是關於分配的經濟政策論。關於經濟政策論的兩個部門，華爾拉根本就未完成有體系的論著，僅刊行了兩部論文集。在這些論文中，華爾拉特別指出，純粹理論是應用理論的指針，一旦我們徹底瞭解自由競爭的交換、生產及資本化的各種機能，我們才能正確明白經濟社會的自我約束的程度，以及所須管制的程度。換句話說，一旦我們徹底明白完全競爭模型，我們就能察知實際生產與分配組織中的優點，以及其尚待改進之處。

由此可知，華爾拉的基本出發點是，相信競爭情況可以產生全社會的最大效用。不過，他相信，在實際的社會中有一些阻力會阻止這種最大效用的實現。應用經濟學的目的在於列舉並說明這種缺點，並提出矯正的措施。而社會經濟學的目的則在於檢討分配的原則以及全社會的財產結構。我們先說明華爾拉有關分配的見解。

華爾拉認為，分配公平的原則首先要認清「一般社會情況」(general social conditions) 與「特殊個人處境」(special personal positions) 的區別。就處境來說，社會剝奪個人所創造的處境是不公平的；就情況來說，若經由國家所創造的社會情況而使個人獲取額外利潤，也是不公平的。因此，時代的任務在於獲得個人權利與國家權利的均衡，而這個均衡位置在於情況的平等 (equality of conditions) 及處境的不平等 (inequality of positions)。據此，華爾拉乃認為，他所找到的均衡位置在於：因勞動及個人能力而產生的收入及財產歸於個人所有，但土地及地租則宜歸屬於政府。

在應用經濟學方面，華爾拉因體認實際經濟組織有其缺點，故主張局部的政府干涉。他所列舉的政府干涉有下列五項：第一，為確保貨幣安定，政府要負責貨幣政策及貨幣機構；第二，由於有效的自由競爭須以個人能正確估計物品與勞務之效用及其品質為前提，故政府不但要管制廣告，且要滿足人民的安全、公平

及教育等的需要；第三，有效的競爭也須以企業的自由參加及自由退出為前提，故自然獨佔及收益遞增產業宜由政府控制及經營；第四，華爾拉建議限制股票交易的投機活動，或授權有執照業者經營，因為小規模而無知的非專業投機者的自由活動，不但使自己蒙受損失，且也有損公共利益；第五，勞動市場的自由競爭有損勞動者的利益，亦有官方限制，若干勞動立法且須國際協議。同時，華爾拉甚至不否認集體生產的可能性，且此種方式不必然與自由、平等、秩序或正義有所衝突。他認為只要符合社會利益，這仍然是合宜的。不過，他特別指出，即使是集體生產方式，政府雖然是唯一的企業家，工資、地租及利潤仍應由市場因素所決定，才能符合社會利益。

　　由此可知，在生產方面，華爾拉深信價格機能的運用，他認為個人想獲自由，也該承負義務。他同時相信，只要廢除獨佔及來自土地私有的收入，其餘因素所產生的分配不公平應是可被容忍的。

本章進修參考書目

1. 郭婉容著：《數理經濟學選論》（中國學術著作獎助委員會，五十六年），第十三章。

2. 王作榮譯，Léon Walras 原著：《理論經濟學要義》（臺北：臺灣銀行經濟研究室，五十五年）。

3. 黃通、李堅甫譯，彬本榮一原著：《近代經濟學說新解》（臺北：臺灣中華書局，四十七年）。

4. Mark Blaug, *Economic Theory in Retrospect*, chapter 13.

5. E. J. Burtt, *Social Perspectives in the History of Economic Theory*, chapter 10.

6. Ekelund and Hebert, *A History of Economic Theory and Method*, chapters 12 and 13.

7. T. W. Hutchison, *A Review of Economic Doctrine, 1870–1929* (Oxford: The Clarendon Press, 1953), chapter 13.

8. H. Landreth, *History of Economic Theory*, chapter 6.

9. Oser and Blanchfield, *The Evolution of Economic Thought*, chapter 17.

10. I. H. Rima, *Development of Economic Analysis*, chapter 11.

11. J. A. Schumpeter, *Ten Great Economists*, chapter 2.

12. B. B. Seligman, *Main Currents in Modern Economics*, chapter 5.

13. H. W. Spiegel, *The Growth of Economic Thought*, chapter 24.

14. Léon Walras, *Elements of Pure Economics*, translated by W. Jaffé (Homewood, Ill.: R. D. Irwin, Inc., 1954).

瑞典學派

第*18*章　瑞典學派

生命的波瀾會消逝，從我們身上消逝。會有一個時間，我們只成為沙漠，要在沙中掘一道新
的水道通到大河是必需許多艱苦的日子。

《約翰·克利斯朵夫》

🖋 第一節　魏克塞爾

一、生平與著作

魏克塞爾 (Johan Gustav Kunt Wicksell, 1851–1926) 是瑞典經濟學家。1851 年
12 月 20 日生於瑞典斯德哥爾摩 (Stockholm)。其父親最初是小雜貨商，住在工人
區附近，其後因投資房地產而致富。魏克塞爾是老么，15 歲時，父母雙亡。幸
賴諸兄姊的幫助，才得繼續他的教育。1869 年進入亞普莎拉大學 (Uppsala
University)，在規定修業期限的一半時間便修完所需課程，功課優異不在話下。
但是，感情、宗教及學生活動佔去他更多的時間。1872 年，他獲得數學學位；他
繼續留在亞普莎拉大學，專心研究社會問題。1885 年，他又取得物理學學位。其
後五年，他遍遊英國、德國、法國及奧國，並精研各大經濟學家的經典著作。在
倫敦，他認識了考茨基 (Karl Kautsky)❶，並得以參加費邊社的聚會，加深對勞工
運動的關心。同時，他堅信唯有數學才能給予經濟學堅實的基礎，故也開始研究
華爾拉、耶逢斯 (W. S. Jevons)、西地維克 (H. Sidgwick) 等人的著作。1890 年，

---

❶ 考茨基 (Karl Kautsky, 1854–1938) 是德國社會主義者。曾擔任恩格斯的私人秘書；1883 年，在德
　國司徒加 (Stuttgart) 創辦社會主義的《新時代報》(*Die Neue Zeit*)；馬恩死後，被視為首席解說
　者，除其本身論著甚多外；尚輯印被認為是《資本論》第四卷的《剩餘價值理論》三卷 (*Das
　Kapital, Theorien über den Mehrwert*, 1905–1910)。

在他回國途中，他遇到一位挪威女教員巴姬 (Anna Bagge)，兩人不顧宗教儀式，便自由結婚了，這一舉動使他被視為危險人物，使他難以獲得教職。

在 1895 年，魏克塞爾獲得經濟學博士學位，且也發表了若干著名的論文，但仍不能獲聘講授經濟學，因為依規定，經濟學的講座屬法學院，當局以他沒有法律學位留難他。因此，他不得不再攻讀四年的法律。1900 年，倫德大學 (Lund University) 助教授出缺，學院的保守派學者又推出年輕的加塞爾 (G. Cassel)❷ 來與魏克塞爾爭取該職位。魏克塞爾花很大的力氣，在理論上駁倒加塞爾，始獲得任命。在倫德大學，魏克塞爾於 1904 年升正教授，1916 年退休，僅執教十六年。他講授的課程甚雜，但都鼓勵學生研讀馬爾薩斯的人口論。

魏克塞爾在經濟學上有多方面的貢獻。但在社會、宗教等方面則被時人視為過於偏激。1908 年，他在一項講演中嚴苛地評論純潔受胎 (Immaculate Conception)，這項冒瀆使他在 60 歲的年紀尚要被監禁兩個月。此外，我們也須提及的是：雖然他同情勞工運動，但對這項運動的標準理論則持批判的態度。不過，當瑞典社會民主黨在 1921 年掌權時，他仍加以支持。

魏克塞爾的主要著作有三：

1. 《利息與價格》(*Geldzins und Güterpreise*, 1898)；
2. 《國民經濟學講話》(*Vorlesungen über Nationalökonomie auf Grundlage des Marginalprinzips*, vol. 1, 1913; vol. 2, 1922)；
3. 《經濟理論選論》(*Selected Papers on Economic Theory*, ed. by Erik Lindahl, 1958)。

二、貨幣數量學說的調和與修正

魏克塞爾在經濟思想史上最大的貢獻在於利息與價格理論，其精要係表現在《利息與價格》與《國民經濟學講話》二書中。在本節，我們將分為貨幣數量學說的調和與修正，以及利息與累積過程論兩部分，扼要說明魏克塞爾的貢獻。

魏克塞爾認為，他本人是貨幣數量學說的辯護者，他的貨幣理論無意推翻數量學說，或取代數量學說，而是希望對當時在內容及結論上仍相當貧乏的數量學說，作適當的補充與修正。

---

❷　請參閱本章第二節。

十九世紀前半，在英國，李嘉圖與涂克 (Thomas Tooke)❸對貨幣數量學說有著名而重大的論爭，魏克塞爾係以此項爭論為其起點。

先就李嘉圖來說。他認為貨幣的價值決定於貨幣數量，貨幣數量愈多，其價值愈低；貨幣數量愈少，其價值愈高。他指出，倘若礦場停止提供貴金屬的年年消耗，貨幣就要更有價值，且以較少數量來完成其作為流通媒介物的角色；同時，數量之減少與其價值之提高成反比關係。同理，倘若發現新金礦，貴金屬的流通量會隨之增加，其價值也就與其數量之增加成反比例下降。李嘉圖甚至認為，根據數量學說，貨幣數量增加產生超額貨幣數量，帶來價格上漲與利率下降兩種後果。

再就涂克來說。涂克意欲以實證資料反駁「貨幣數量可以影響價格」的見解，並建立他本人的價格決定理論。他在他的價格的第十二命題中指出：「商品價格並不由貨幣數量決定。……相反地，流通媒介物的數量乃是由價格所決定。」涂克的這一命題有三項特色：其一，他完全否定貨幣數量對價格的影響。其二，涂克在這項命題的前半，否定貨幣數量能影響價格的見解時，用「貨幣數量」一詞，後半則改用「流通媒介物的數量」，前者是存量，後者是流量，已明確地區分了存量與流量的概念。其三，就價格與流通貨幣量之間的關係來說，流通貨幣量是因變數，價格才是自變數。只有價格變動才會激起流通貨幣量的變動，流通貨幣量本身的變動不會影響價格的高低。緊接著在第十三命題，涂克便提出他的價格決定原則。他指出，貨幣數量以地租、利潤、薪資的名義構成各階層的收入，供作當期支出之用，乃是唯一的貨幣價格總計數的基本原理。生產成本為供給的基本原理，供消費支出用的貨幣所得總計數乃是需要的最終原理。這種見解便是近代所得學說的濫觴。此外，涂克並根據統計數字指出，在歷史上，物價上漲與利率上升是同時出現的；而物價下跌與利率下降也是同時發生的，這顯然與李嘉圖的推論結果相反。

從表面上來說，當貨幣數量變動時，物價與利率究竟是作反方向變動，或是作同方向變動，是李嘉圖與涂克的爭論焦點，涂克所引證的實際數字，支持了涂克的看法，故好似涂克的見解是正確的，而李嘉圖的學說是錯誤的。但是，魏克塞爾指出，兩人之間的爭執與利率的定義有關。他指出，貸款利率本身並無高低之別，其高低須與資本的自然利率 (natural rate of interest) 相對比才能顯出。或者，

---

❸　請參閱本書第六章第 77 頁。

我們可抽象地說，自然利率乃是無貨幣干擾下的真實資本供需所決定的利率。當真實資本需要相對提高，自然利率就會上升；反之，自然利率就會下降。若由這一面來看，那麼就會與統計資料所顯示者完全一致。亦即，價格上漲極少與利率下降同時出現，而係伴隨發生利率上升；價格下降則伴隨發生利率下降。

雖然如此，魏克塞爾認為，數量學說的推理並沒有問題，一則因為貨幣市場與商品市場固然共同決定物價，當貨幣市場鬆弛時，無論商品如何增產，物價總是會趨於上漲；而當貨幣市場緊俏之際，即使商品並未增產，物價依然趨於下跌。亦即，貨幣變動對價格變動居於支配地位。二則因為涂克認為價格變動支配貨幣數量變動，卻不能對價格變動原因提出合理的解釋。因此，他認為，由於數量學說的假定與實情有所脫節，比較容易提出批評，但是要提出一項取代數量學說的理論則是比較困難的。

基於這項理由，魏克塞爾試圖調和李嘉圖的貨幣數量變動領先的見解與涂克第十三命題的精神，建立一項新理論。簡單地說，他認為，每一個人，尤其是商人，都須保有現金以便用於立即消費或未可預見的需要，這基本上乃是強調貨幣的交易功能。但是他認為，足以解釋價格變動的基本因素則是與貨幣之儲藏功能相聯繫的利率。他認為，由於利率高低影響購買支出的增減，故利率是貨幣支出的決定因素，且唯有透過利率，貨幣支出對價格的影響才能發生作用。這便是魏克塞爾著名的累積過程論 (the cumulative process)。

三、利率與累積過程論

魏克塞爾認為，利率有自然利率與貨幣利率之分。自然利率指稱那些不用於當期消費，且被儲蓄下來的勞動或土地的真實生產力的邊際增量，亦即，可視同為真實投資的邊際收益率。貨幣利率則指稱銀行或貸款者貸款時所要求的利率。假若自然利率與貨幣利率相等，則投資者對真實資本的需要不會發生變動，社會的貨幣支出也不會改變，價格水準亦處於安定的均衡。而一旦貨幣利率與真實利率發生差異，則真實投資即將變動，且進而產生了價格水準的變動。這乃是因為投資者並不與擁有真實資本者直接商討借貸的情事，而是先與持有貨幣者商討，再以所借貨幣購買真實資本。因此，投資者付貨幣利息，卻收入真實收益，只有真實收益大於貨幣利息，才會有投資興趣，故貨幣利率的高低最後不決定於貨幣數量的多寡，而係決定於自然利率的高低。

　　至於自然利率的高低，則非人力所能控制。魏克塞爾指出四項因素：第一，因勞動供給增減而引起工資的或跌或漲；第二，由對勞動需要變動所引起的流動資本需要量的變化；第三，因第二項因素所引起的地租漲落；第四，因技術變化所引起的生產收益的增減。貨幣利率的高低調整固由信用供需狀況所決定。在供給方面，供作準備金的貴金屬數量的增減變化，將影響信用供給能力的變化；在需要方面，則決定於對真實資本的需要。在自然利率不變的場合，則完全由供給因素所決定。倘若自然利率發生變動，即使供給條件不變，貨幣利率亦必向自然利率調整，故自然利率乃是最後的決定因素。

　　在經濟均衡時，自然利率等於貨幣利率。若以經濟均衡作為起點，均衡的擾亂必起因於自然利率與貨幣利率發生差異，其原因有二：或者是自然利率發生變動，或者是貨幣利率發生變動。先就貨幣利率之變動來說，倘若由於黃金生產量增加，鑄幣供給增加，銀行準備金必增多，提高了銀行信用供給能力。在自然利率未變的情況下，銀行唯有降低其貨幣利率，才能吸引投資者增加借款及投資支出。同時，由於貨幣利率降低，使大眾的儲蓄意願降低，增加對物品及勞務的消費支出。由此可知，一旦貨幣利率低於自然利率，社會的總支出增加，形成對物品及勞務的有效需要增加，導致物品與勞務價格的上漲。他方面，由於價格上漲後，交易貨幣需要增加，造成銀行現金外流現象，使銀行創造信用的能力逐漸降低；且由於投資支出逐漸增多，銀行所感受的資金需要壓力也增加，不得不逐漸提高貨幣利率，直到貨幣利率又升至與自然利率相等的局面，資金需要壓力才會消除，新均衡局面乃告來臨。由此可知，若失衡原因係來自貨幣因素，價格與利率會作反方向的變動。

　　再就自然利率變動來說，若由於技藝革新，使資本的真實收益增加，當會使自然利率趨升，且造成了貨幣利率與自然利率的差距，提高投資支出需要。銀行既已感受信用擴張的壓力，只好逐漸提高貨幣利率。不過，在貨幣利率提高過程中，因投資支出提高所表現的對真實資本需要的增加，將誘使若干原來用於生產消費財的生產因素，轉用於生產消費財，故消費財會因供給短絀而上漲。同時，基於邊際收益遞減律的作用，投資財價格亦逐漸上漲。這種貨幣利率與價格水準同時上升的情勢，將繼續不斷地進行，直到貨幣利率追及自然利率時，才會停止。

　　由以上可知，魏克塞爾的貨幣均衡有三項條件：其一是貨幣利率恰等於自然利率；其二是在該自然利率之下，對貸款資本的需要恰等於儲蓄資金的供給；其

三是價格水準沒有漲跌變動的趨向。這三項條件一旦不能完全滿足，便是貨幣失衡，而失衡是一種累積過程，在這三項條件都獲滿足之前，將會繼續產生一連串的物價上漲現象，這種物價上漲是一種累積過程。其中最主要的自動安定因素是：銀行準備金數量的限制。在信用擴張過程中，逐漸耗盡超額準備金，迫使銀行不得不提高貨幣利率，限制借款投資的擴張，最後並使投資水準與儲蓄水準趨等。換句話說，累積過程並非不穩定的；在發生失衡時，固然離開了均衡點，卻有一種自動安定因素，使之趨向於新均衡。

‖‖

第二節　加塞爾

一、生平與著作

　　加塞爾 (Gustav Cassel, 1866–1944) 是瑞典的經濟學家。1866 年 10 月 20 日生於斯德哥爾摩 (Stockholm)。曾在斯德哥爾摩大學攻讀工程；1895 年在亞普莎拉大學取得數學學位。其後，便轉而研究經濟學，其基本見解是反馬克斯及反一切急進學說，故 1900 年曾被提名與魏克塞爾競爭倫德大學經濟學助教授的職位。雖然加塞爾並沒有經濟學的學位，1904 年仍獲任命為斯德哥爾摩大學的經濟學教授，直至 1933 年才退休。

　　在瑞典，加塞爾與魏克塞爾交惡，故加塞爾在瑞典的聲譽並不高。倒是由於其著作經常以英文發表，使他博得名聲，甚至被認為是瑞典學派的首席代表人物。尤其是，第一次世界大戰後，加塞爾被尊稱為傑出的國際貨幣問題專家，不但對瑞典的貨幣政策有重大的影響，且對其他國家的貨幣政策亦有所影響。其中最為顯著的是：1920 及 1921 兩年，對國際聯盟的金融委員會所提出的兩份報告；1928 年，應邀在美國眾議院銀行委員會的證詞及講演。在晚年，加塞爾致力於恢復金本位制度的奮鬥；然由於 1930 年代的經濟蕭條及新經濟學的誕生，加塞爾的影響力便蕩然無存。在現代的經濟學教科書中，當與他的名字連在一起的只有購買力平價說 (theory of purchasing power parity) 一項。

　　加塞爾的主要著作如下：

1. 《利息的本質與必要性》(*The Nature and Necessity of Interest*, 1903)；
2. 《社會經濟理論》(*Theory of Social Economy*, 1918; translated, 1924)；

3. 《經濟學的根本思想》(*Fundamental Thoughts in Economics*, 1925)；

4. 《論經濟學的數量思考》(*On Quantitative Thinking in Economics*, 1935)；

5. 《1914 年以後的貨幣與外匯》(*Money and Foreign Exchange after 1914*, 1922)；

6. 《金本位制度的崩潰》(*The Downfall of the Gold Standard*, 1936)。

二、在經濟思想上的貢獻

加塞爾認為，經濟學的真正基礎在於價格的一般理論，不在於價值理論；且貨幣是價格的唯一真正標準，表示了價格，故貨幣是經濟活動的重心，為經濟理論的基礎。他進一步地指出，用於解說價值的邊際效用分析與邊際生產力學說，或者缺乏實質的內容，或者是以不切實際的假定為基礎，都該揚棄。

就邊際效用理論來說，加塞爾特別指陳其兩項主要缺點：其一是效用單位的概念既無法界說，也無法測度；其二是邊際效用論含有許多不切實際的假定：諸如商品的可分性、效用函數的連續性、個人與個人間之效用比較的可能性、貨幣的邊際效用不變等。因此，他主張經濟學宜直接以價格理論為其起點（因為他也拒絕採用當時業已開始展開的無異曲線分析法）；同時，他與古典學派經濟學家及古爾諾 (A. A. Cournot) 一樣地認為，作為價格理論之基礎的需要曲線可直接由實證資料算出，或者可在市場中藉問卷而由消費者取得所需資料。

就邊際生產力學說來說，加塞爾認為，這一學說不但須假定各生產因素間的固定技術係數，才能探討個別企業家在購買及使用生產因素時的極大利潤問題，而且也漠視了形成價格之社會過程的複雜關係。他特別重視形成價格的複雜關係，因為只有深入瞭解這個過程，才能使資源獲得充分有效的運用。而價格的社會過程則須以計算工具及自由競爭為其前提，現代社會距自由競爭甚遠，意欲限制自由競爭的社會改革家的經濟社會的競爭程度就更不用說了。因此，資源的有效利用便是極其重大的問題，可惜加塞爾並沒有繼續發揮，倒是後來的米塞斯 (L. von Mises) 則有精闢的分析❹。

加塞爾的價格理論是以「稀少性原理」(scarcity principle) 為其根基，所謂稀少性原理乃是意欲闡明，有限的物品供給係面對著無止境的欲望，故必須以某種方式限制需要。因此，價格成為限制需要，並使之等於供給的基本因素。同時，

---

❹　請參閱本書第二十六章第二節。

他也把這項原則應用於資本供需論，以利率來扮演這種分配角色，以使資本需要與其稀少性之間取得平衡。這便是他的利息論的基本出發點。

加塞爾與華爾拉一樣，把物品區分為只能用一次的物品與能反復使用的物品，而只有等待 (waiting) 才能享受耐久物品所能產生的勞務。使用資本的等待是一定貨幣額的耐久物品乘以時間，而時間由兩部分所構成，其一是耐久物品消費所需的時間，其二是耐久物品生產所需的時間。利息不但與等待有關，且由等待的供需所決定。由於人口成長、生活水準提高、技藝進步等使等待之需要增加的因素的作用，等待的需要相對上增長甚快。等待的供給則源於所得，在一定的時期，成為等待之稀少性，故利率才會扮演分配的角色。

此外，由於對貨幣與資本的重視，加塞爾乃揉合了羅勃遜 (D. H. Robertson) 的貨幣學說❺與斯匹托夫的投資過度學說❻，展開其獨有的經濟循環理論，且成為近代奧地利學派經濟循環理論的一個源頭❼。

簡單地說，加塞爾認為，經濟循環乃是持續成長中的經濟社會的固定資本的生產循環。就現象來說，他重視技藝進步的刺激效果；他也相信加速原理對資本財產業有較重大的影響。但是，他反對斯匹托夫的說法——在蕭條期間，消費財及原料的累積，足以誘生次一繁榮期的來臨。

基本上說，加塞爾特別重視三項因素：耐久設備的供需狀況、利率以及因強迫儲蓄 (forced savings) 而產生的工資與利潤的相對變動。他指出，每當復甦來臨之際，銀行體系調整利率的行動總是比較遲緩，資本財價格會相對上漲，且其需要亦因銀行充分供給資金而大為增加。全社會的生產既然偏向資本財，則消費財乃無法獲得充分供給。由此而產生消費財價格的上漲，不但產生所得重分配，且有強迫儲蓄效果。至於衰退的來臨乃是銀行體系不得不提高利率（由於儲蓄來源相對不足），使企業家誤以為可取得所需資金，而實際上卻無法獲得充分的融通，使資本財的實際需要相對減少，經濟景氣就往相反方向調整，衰退與蕭條乃接踵而至。

加塞爾的另一項重大貢獻是購買力平價說 (theory of purchasing power

---

❺　參閱本書第二十一章第二節。

❻　參閱本書第二十三章第三節附錄。

❼　參閱本書第二十六章。

parity)。這項學說先是由英國的惠特萊 (John Wheatley) 在 1803 年提出，但 1916 年加塞爾作更清晰的解說。簡單地說，他認為，在正常的貿易情形下，匯率應當反映各個通貨間的購買力關係。假若一國物價上漲，匯率須加以調整，新匯率等於舊匯率乘以有關國家之通貨膨脹程度 (degrees of inflation) 之比；亦即，各國通貨購買力之比率決定了新匯率。依購買力平價訂匯率，各國都不能享有額外利得。因為假若一個資源貧乏，仍可找到一個足以進行貿易的匯率。因此，雖是相對價格決定匯率，其實最後仍是由稀少性原理來決定的。

第三節　奧　林

一、生平與著作

奧林 (Bertil Gotthard Ohlin, 1899–1979) 是瑞典的經濟學家及政治家。1899 年 4 月 23 日生於瑞典南部的克利潘 (Klippan)。1914 年進倫德大學；1917 年就獲得相當於碩士的學位。其後，曾在劍橋大學及哈佛大學研究。1924 年，25 歲的奧林被任命為丹麥哥本哈根大學的經濟學教授；1929 年獲得斯德哥爾摩大學的經濟學博士學位。1929 年轉任斯德哥爾摩大學教授。1938 年當選瑞典國會議員而從政。1944 年擔任瑞典自由黨總裁，直至 1967 年才交棒。1944 年至 1945 年曾任瑞典聯合內閣的貿易部部長。他一直是瑞典皇家科學院院士，且也是諾貝爾獎的提名及投票委員兼委員會主席。1977 年他避嫌未參加提名及投票的任務，但委員會通過他與英國的米德同獲該年的諾貝爾經濟學獎。

奧林是加塞爾的得意門生。在第一次世界大戰後，與凱因斯在《經濟學刊》(Economic Journal) 上辯論德國賠款及移轉問題而成名。但其主要貢獻則在於其貿易與要素價格的分析，為近代貿易理論展開新頁。

奧林的主要著作有下列幾種：

1. 《世界經濟蕭條的過程及階段》(Course and Phase of the World Economic Depression, 1931)；
2. 《區域貿易與國際貿易》(Interregional and International Trade, 1933)──中譯本有：杜文田譯：《區域貿易與國際貿易》（臺灣銀行經濟研究室刊行）；
3. 《國際經濟重建》(International Economic Reconstruction, 1936)；

4.《就業安定問題》(*The Problem of Employment Stabilization*, 1949)。

二、貿易理論

奧林的貿易理論一方面深入應用其師加塞爾的價格理論，他方面也使之與區位理論 (location theory) 結合在一起。建立他本人的相互依存體系。

先就區位理論來說。奧林指出，生產的區域或國際分工，與個人因能力或稟賦不同而產生的生產分工有其相似之處。全社會每一個人各依其能力與稟賦而分工生產與交換，可增進個人及全社會的產量或所得。不同地區與不同國家各有其不同的資源供需狀況，分工生產，並進行貿易，自然亦可增進彼此間的福祉。

奧林首先指陳，區域貿易與國際貿易相差極微。為簡單化起見，可先討論區域貿易之原理。假定兩個區域的生產條件有別，甲區的生產條件優於乙區，例如，甲區以二單位勞動可生產布一匹，乙區為生產布一匹則須投入三單位的勞動。但倘若甲區所生產之物品間的比價關係，與乙區所生產之同類物品間的比價關係恰好相等，則兩個區域間不能發生貿易關係。例如，甲區投入十單位勞動可生產酒一袋，而乙區則須十五單位的勞動。在甲、乙兩區，酒與布的比價都為五比一，兩區便不能進行貿易。這乃是因為奧林承繼加塞爾的見解，揚棄勞動價值學說，以價格作為經濟分析的基礎。在這種基礎下，甲、乙兩區之間的匯率調整，將使兩區之間的貿易發生變動，直到找出一個合適匯率，恰能使兩國不能進行貿易。例如，若甲區每單位勞動工資為 1 元，而乙區每單位勞動工資為 1 圓。則一桶酒與一匹布在甲區各值 10 元及 2 元；在乙區則為 15 圓及 3 圓。若兩區通貨之匯率為 1 元兌 1 圓，則甲區的物品價格都低於乙區，全部物品將片面地自甲區輸出到乙區。同理，若 1 元兌 2 圓，則全部物品將片面地自乙區輸出到甲區。這種物品之移動將使匯率調整至 1 元兌 1.5 圓時為止。在此一匯率下，兩區物品價格都相等，自不會發生貿易活動。因此，各物品比價不同，乃是貿易發生的必要條件。

奧林繼續指出，物品比價的不同由各該區在各個時期對物品的供需狀況所決定。在供給方面，包括生產因素的供給狀況與生產的自然條件兩項，在需要方面，則有消費者的欲望與生產因素所有權（即據以產生之所得）的分配情況。因此，各區的各種價格影響彼此間的價格與貿易。亦即，供給與需要共同支配國際貿易的條件，這便是奧林的相互依存體系。

根據這種見解，奧林認為，各個區域的生產因素供給狀況不同，以及對物品

需要狀況不同，都是產生物品比價不同的原因，但是兩種原因也可相互抵銷，而使物品比價一致，更可能擴大物品比價的差異。而只有在物品之比價不同時，兩區之間就會發生貿易關係。這種貿易關係，可在同一貨幣制度下進行，亦得在不同的貨幣制度下進行。

在同一貨幣制度下，問題比較單純。價格比較低廉的生產因素，除有國內需要外，又新增加了國外需要，故其價格為上升；因進口物品的競爭，價格比較昂貴的生產因素的需要會減少，故其價格會下降。換句話說，兩區間物品比價、兩區間的生產因素價格，都會因生產因素價格的相對調整而變動，直到覓找到均衡位置為止。

在不同貨幣制度下，只要引進匯率，作為不同貨幣折算為共同基礎的媒介，則亦可進行區域貿易分析。不過，匯率高低並不單獨影響貿易均衡，它僅是媒介或面紗作用而已。貿易均衡依然由物品供需的相互依存關係所決定。

以上所述奧林的區域貿易論當然有許多嚴格的假定，諸如運輸成本、貿易障礙等都未被考慮。我們當然可一一探討並放棄其假定，建立更一般化的國際貿易理論。

本章進修參考書目

1. 林鐘雄著：《貨幣數量學說之研究》（行政院經合會，五十四年）。

2. 柳復起譯，Don Patinkin 原著：《貨幣、利息與價格》（臺北：臺灣銀行經濟研究室，五十九年）。

3. 杜文田譯，B. Ohlin 原著：《區域貿易與國際貿易》（臺北：臺灣銀行經濟研究室，六十六年）。

4. 林鐘雄譯，Don Patinkin 原著：《貨幣經濟學之研究》（臺北：幼獅文化事業中心，六十四年）。

5. Gustav Cassel, *Theory of Social Economy* 1918 (London, 1932).

6. Don Patinkin, *Money, Interest and Prices*, 2nd ed. (New York: Harper & Row, 1965).

7. Don Patinkin, *Studies in Monetary Economics* (New York: Harper & Row, 1972).

8. B. G. Ohlin, *Interregional and International Trade* (Cambridge, Mass.: Harvard University Press, 1933).

9. R. Saulnier, *Contemporary Monetary Theory* (New York: Columbia University Press, 1938).

10. J. A. Schumpeter, *History of Economic Analysis*, part IV, chapter 8.

11. B. B. Seligman, *Main Currents in Modern Economics*, chapter 7.

12.Carl Uhr, *Economic Doctrines of Kunt Wicksell* (Berkely, Calif.: University of California Press, 1960).

13.Kunt Wicksell, *Interest and Prices* 1898 (London: Macmillan, 1936).

14.Kunt Wicksell, *Lectures on Political Economy* (1901 and 1906) (London: Routledge, 1934–1935).

15.Kunt Wicksell, *Selected Papers on Economic Theory*, ed. by Lindahl (London: George Allen and Unwin, 1958).

第
19
章 費　雪

第*19*章　費　雪

他的心靈是一個百花盛開的山谷；但沒有人識得途徑；而且只要人家動手採擷，鮮豔的葩朵就會萎謝。僅僅有幾朵能夠憔悴地超生，幾個短篇、幾首詩，散放著一股雋永的、淒涼的氣息。

《約翰・克利斯朵夫》

✒ 第一節　生平與著作

　　費雪 (Irving Fisher, 1867–1947) 是美國經濟學家。1867 年 2 月 28 日生於紐約州的少格提斯 (Saugerties)。19 歲，入耶魯大學攻讀數學。最初根本對經濟學不感興趣，1889 年當他想寫博士論文時，他的老師桑納 (William Graham Sumner)❶建議他撰寫有關數理經濟學之論文時，費雪甚至答稱：「我從未聽說過這種學科。」然而，後來刊行的這篇論文卻是經濟學史上的傑出之作，也是費雪對經濟學的第一個貢獻。1890 年，費雪開始在耶魯大學擔任數學講師，1895 年轉任經濟學副教授，費雪就獻身經濟學。1898 年，升教授，終身在耶魯大學執教。他除教學之外，尚投身於各種運動，諸如公共衛生、改善住居環境、貨幣改革等，充當企業顧問，也從事企業活動而賺得相當大的財富，然而即或他在理論上有相當成就，他也不能預見 1929 年 10 月 15 日的紐約股市崩潰，他與他太太的大部分財富也在這風暴中虧損掉。

　　費雪除在耶魯大學執教外，1896 年至 1910 年間，曾擔任《耶魯評論》(*The*

---

❶　桑納 (William Graham Sumner, 1840–1910) 是美國社會學家與經濟學家。耶魯大學畢業後，曾遊學日內瓦、哥丁根及牛津等大學。1872 年，返耶魯大學擔任社會科學教授。鼓吹個人主義哲學。主要著作包括：《社會各階級的相互依存》(*What Social Classes Owe to Each Other*, 1883)；《社會的科學》(*Science of Society*, with A. G. Keller, 4 vols., 1927) 等書。

Yale Review) 的編輯；1918 年，擔任美國經濟學會會長。1929 年，更與弗利希 (Ragnar Frisch)❷、熊彼德❸、丁伯根 (J. Tinbergen)❹等經濟學家，共同發起並組成「計量經濟學會」(The Econometric Society)，且於 1931 年至 1933 年出任該學會會長。

　　費雪對經濟學有多方面的興趣，他的著作兼容價值、資本、貨幣、利息、經濟循環、統計等部門，且對每一部門都有獨到的創見，就是未有綜合的原理之著述。熊彼德認為，費雪雖有拱門及棟樑，卻未建起廟堂，然而其拱門及棟樑則歷久不煥。

　　費雪的經濟論著甚多，我們僅列舉下列幾種：

1. 《價值與價格理論的數學研究》(*Mathematical Investigations in the Theory of Value and Prices*, 1892)；
2. 《增值與利息》(*Appreciation and Interest*, 1896)；
3. 《資本與所得的本質》(*The Nature of Capital and Income*, 1906)；
4. 《利率論》(*The Rate of Interest*, 1907)；
5. 《貨幣的購買力》(*The Purchasing Power of Money*, 1911)；
6. 《利息理論》(*The Theory of Interest*, 1930)；
7. 《繁榮與蕭條》(*Booms and Depressions*, 1932)；
8. 《論十足貨幣》(*100 Percent Money*, 1935)。

第二節　效用理論

　　費雪是仔細檢討效用函數之可測性及其與需要理論之關聯的第一人。這就可分為兩種情形，一種情形是物品的邊際效用因其數量而變動，一種是尚受其他物

❷　弗利希 (Ragnar A. K. Frisch, 1895–1973) 是挪威的數學家與經濟學家。1969 年首屆諾貝爾經濟學獎得獎人。著有：《極大與極小》(*Maxima and Minima*, 1960)；《生產理論》(*Theory of Production*, 1962) 等書。
❸　請參閱本書第二十三章。
❹　丁伯根 (Jan Tinbergen, 1903–1994) 是荷蘭經濟學家。與弗利希同獲 1969 年首屆諾貝爾經濟學獎。著有：《計量經濟學》(*Econometrics*, 1961)；《塑造世界經濟》(*Shaping the World Economy*, 1963) 等書。

品之影響。

先就第一種情形來說，費雪先假定選擇一定量的某一物品（例如，一百片麵包），以其邊際效用作為效用單位，稱為優蒂爾 (util)。再假定個人有能力對兩種特定量之物品區分其順序，亦即區別其偏好或無差別。在這兩個假定下，我們就可列出另一物品的效用表或效用函數。假定另一物品為牛奶，先從手中並無牛奶為起點。我們可找到某一數量的牛奶 (Δm_1) 的邊際效用恰為一優蒂爾；再找出另一數量 (Δm_2) 恰為二優蒂爾，依此乃可得到牛奶的效用表如下：

表 19-1

符號	牛奶之增量		
	數量 （立方英寸）	效用增量	總效用
Δm_1	3	1	1
Δm_2	4	1	2
Δm_3	5	1	3
Δm_4	6	1	4
Δm_5	7	1	5

表 19-1 所列的是效用增量相等的各牛奶數量，我們可用補插法把表 19-1 轉換成各相等牛奶增量的效用數，並據此而獲得各等分牛奶的邊際效用及牛奶的效用函數，有如表 19-2。

表 19-2

牛奶 （立方英寸）	牛奶之總效用	每三立方英寸 牛奶之邊際效用
3	1.0000	…
6	1.7667	0.7667
9	2.4333	0.6667
12	3.0000	0.5667
15	3.4667	0.4667

再就第二種情況來說，假若牛奶的邊際效用不僅由牛奶數量所決定，而且也受到其他物品持有量的影響。換句話說，假若一物品的邊際效用與所有物品的數量都有關聯，則用上述方法，依不同物品所測出的牛奶之效用函數都將有所不同，這種方法當然就不適於測度效用。簡言之，費雪認為用無異曲線方式是難於求得效用函數的。因此，費雪乃指出，假若我們僅要追求價格與商品分配的客觀事實，

下列作為數量之效用的四個屬性完全是不必要的：第一，一個人的效用可與他人的效用作比較；第二，某人在某一消費組合或某一時間的消費的邊際效用，得與另一消費組合或另一時間比較；第三，即使是可以作比較，總效用及利得也是不能加總的；第四，即使可加總，也無須有加總的數值。

　　費雪在效用理論上的另一貢獻是，用無異曲線分析法指出一物品數量足以影響他物品之效用的兩種方式。這就是互補關係 (complementary relation) 與替代關係 (substitution relation)，在現代經濟學的消費行為論中已有詳細的說明，此處就從略。

‖‖‖

第三節　資本與利息理論

　　自從經濟學產生以後，若干經濟學上的用語與日常生活上的用語是相同的，但所指稱的意義則未盡相同。費雪在 1906 年刊行的《資本與所得的本質》一書，則提供了一種經濟會計哲學，試圖澄清觀念上的曖昧。雖然費雪所用的方法是適用於個別廠商及家計部門，其對近代國民所得分析及社會會計觀念仍有其啟示性的作用。特別是，他採用了紐康布 (Simon Newcomb)❺ 的「存量」(stock) 與「流量」(flow) 之區別的分析方法，來區分資本與所得，不但展示了經濟動態分析的基礎，而且使資本與利息的概念更為明確。根據費雪的看法，資本與所得之間係以利息作為聯繫物，資本可以產生所得，而資本的價值則是把其預期未來的所得折扣為現值而得。因此，利息理論在現代經濟學上乃扮演著極其重要的角色。

　　費雪的利息論係以「時間偏好」(time preference) 及「投資機會」(investment opportunity) 的兩項重要概念為基礎。他有時也以「無耐性」(impatience) 一詞取代時間偏好，不過由於他係指稱個人對現在財的評價高於未來財，故他乃偏用時間偏好一詞。他分三個階段來闡明他的利息理論，在第一階段，他假定個人因勞動及土地與資本等財產而獲得的所得不變，且僅能依舉借或貸放而調整其所得流源 (income stream)。在第二個階段，則假定個人可運用投資以改變其所得流源。在第三個階段，則放棄前兩個階段的可完全預見的假定，探究不確定因素所產生的影響。

---

❺　請參閱本章第四節附錄。

　　先就第一個階段來說，我們可單純地假定個人的時間視野為一年，亦即，在本年某一時點收到所得與次年同一時點收到所得間的時距恰為一年。據此，我們便得用無異曲線來表示個人對本年所得與次年所得之間的偏好與選擇狀況。如圖19–1所示，橫軸表示本年的所得，縱軸表示次年的所得。圖中各無異曲線上任何一點的斜率，都表示著個人在該點所代表之現在所得與未來所得之間的邊際時間偏好 (marginal time preference)。例如，K 點的斜率 (OL / OT) 就表示，個人為使未來所得增加，所必須放棄的現在所得。假定 OL = 105，OT = 100，就表示個人願意以 100 單位的本年所得，易取 105 單位的次年所得，亦即年利率為 5%。同時，我們也應指出，因為是採用了無異曲線分析法，故各種無異曲線的特性也都保留在費雪的時間偏好分析中。其中最為重要的是：愈高的無異曲線表示個人的所得狀況愈佳。

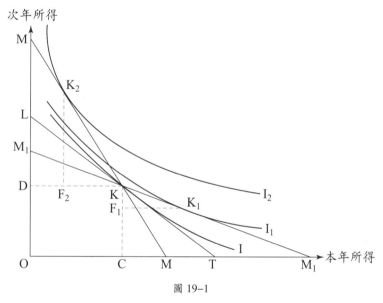

圖 19–1

　　假定個人預期的本年所得與次年所得為圖 19–1 中 K 點所表示的數值，即本年所得 OC，次年所得 OD。再假定當時的市場利率為 MM，如前所述，MM 的斜率是 1 + i，i 表示利率；MM 線愈平滑表示利率愈低。反之，MM 線愈陡，表示利率愈高。在圖中，MM 線通過 K 點，而與較高的無異曲線 I_2 相切於 K_2，由於 I_2 高於 I，可使個人得到更大的滿足，故在這種場合，個人乃願意放棄 F_2K 的本年所得，以易取 F_2K_2 的次年所得，也就是個人願意出借其所得的一部分。他方

面，假定利率降低為低於 LT 的 M_1M_1，M_1M_1 線也可通過 K 點而與另一較 I 為高的無異曲線 I_1 相切於 K_1，由於 I_1 也高於 I，個人也可獲得較高的滿足。但是，在 K_1 的場合，個人轉變成偏愛本年所得，故他願意放棄 F_1K 的次年所得，以易取借入 F_1K_1 本年所得。

由此可知，個人究竟願意借入或貸出係決定於：邊際時間偏好等於利率，也就是個人本年所得與次年所得之組合點在無異曲線上的斜率須等於利率。據此，我們可綜合全體個人的資金供需狀況，獲得資本市場上的資金總供需狀況，且這種資金供需乃是利率的函數。

其次，我們得繼續觀察投資與利率的關係。費雪指出，投資意指為未來所得而犧牲本期所得的行為；本期所得的犧牲愈多，次年所得將愈大；不過，投資金額達某一點之後，次年所得的增加額將緩慢下來。費雪也指出，當投資的邊際收益率 (marginal rate of return over cost) 等於利率時，投資就會停止增加。費雪以圖 19–2 中的投資機會線來表示這種投資邊際收益率遞減現象及投資行為。在該圖中，橫軸仍表示本年所得，縱軸為次年所得。JI 為最適投資機會線 (optimum investment opportunity line)，這個投資機會線僅告訴我們以本年所得與次年所得相對比的投資機會狀況，並未告訴我們企業的投資是如何融通的。例如，假定企業家預期其本年所得為 OI，次年所得為零——這就表示，我們假定其生產設備的存續期間只有一年。為使他在次年仍有收入，他必須放棄部分本年所得，用於生產設備的投資或修護。假定他放棄 FI 的本年所得，他便可享有 FL 的次年所得。因此，(FL–FI)/FI=[(FL/FI)–1] 便是投資的收益率。據此，我們也可以說，JI 曲線上各點的斜率表示著投資的邊際收益率。

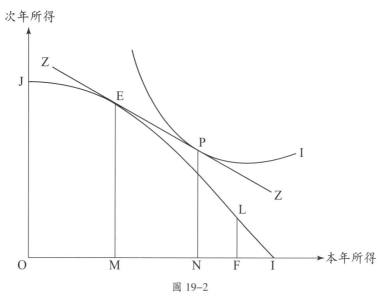

圖 19-2

　　現在我們可再假定，表示市場利率的直線 ZZ 與投資機會線 JI 相切於 E 點。在 E 點，市場利率等於投資的邊際收益率，由此所決定的投資金額為 MI。但是，這個投資金額並非全部取自企業家的本年所得，他可全部或部分求之於資本市場，其取捨則決定於企業家本人的時間偏好狀況。在該圖中，若 ZZ 線與企業家的無異曲線 I 相切於 P，這也恰是該企業家對本年所得與次年所得之抉擇的最大滿足之處。因此，該企業家的 MI 投資額中，IN 係由本年所得融資，MN 則係由資本市場借入。在此，我們須注意，若 ZZ 與 I 相切於 E 的左方，則企業家不但願意全部以本年所得融通其投資，甚且願意對資本市場出借其本年所得的一部分。

　　由此可知，在費雪的利息論上，個人對本年所得與次年所得之間的無異曲線，反映著個人的時間偏好；而投資機會線則表示著投資的生產力，根據這兩者就能決定：在各種利率下的投資行為及資金供需；由資金供需均衡所決定的利率則須同時等於投資的邊際收益率及每一個人的邊際時間偏好。不過，我們仍須進一步指出，為著簡單化起見，以上的分析僅考慮了兩個時期。費雪曾繼續推論許多時期的複雜情況，其形式是數學式的，其原理則是相同的，本書不擬再加說明。但是，我們仍須指出，時期愈多，完全預見未來的假定便愈不可靠，也就是不確定因素便愈為重要。在許多的不確定因素中，費雪特別重視風險與流動性。大體上說，風險愈大，流動性愈低，利率便愈高；反之，風險愈小，流動性愈大，利率

就愈低。

此外，費雪並且指出，利率有真實利率 (real rate of interest) 與名目利率 (nominal rate of interest) 之分。他認為，在借貸實務中，貸者自以為所貸出者是對物品的一般支配力，故貸出一定期間後，便想收回以固定購買力表示的本金加利息。在價格不變的情形下，貸出 100 元，一年後可收回 103 元，亦即利率為 3%。若貸者與借者都能確實預知一年後物價將上漲 5%，則一年後收回的本金將應是 105 元，利息為 3.15 元，也就是利率將為 8.15%。在此例子中，3% 是真實利率或自然利率；8.15% 就是名目利率或貨幣利率。若以符號來表示，以 r 表示真實利率，以 i 表示名目利率，以 p^e 表示預期物價上漲率，則兩種利率概念將有如下的關係存在：

$$i = r + p^e + rp^e$$

根據這種關係，我們可知，倘若貸者與借者有相同的預期物價上漲率時，意願儲蓄會等於意願投資；且倘若兩者的預期都充分實現時，則可繼續維持貨幣均衡。

可是，在現實的世界裡，通常難於對物價上漲作正確的預期。特別重要的是，物價上漲之預期常係以過去的經驗為根據，其預期上漲率常落於當期上漲率之後。因此，名目利率的調整也就落在真實物價上漲率之後，這當然會破壞貨幣均衡，並因此而帶來經濟循環變動。

第四節　貨幣價值與經濟循環

談到費雪，最易令人憶起的是他的《貨幣的購買力》一書。在該書，他倡導現金交易型的貨幣數量學說，以之解說貨幣價值的決定及其變動，甚至用於討論經濟循環變動的原因及因應措施。費雪在本書所揭櫫的學說，為近代貨幣理論的幾個源頭之一。有時也被稱為舊唯貨幣論 (old monetarism) 的創建者。

費雪所提出的交換方程式，最主要的目的在於：對貨幣數量學說作詳細的說明、澄清其假設，並驗證其結果。他首先指出，任何社會顯然都是以貨幣來推動其商業活動。假若購買行為只能以貨幣去進行，且貨幣只能作為支付之用，也就是貨幣的唯一功能是作為交換媒介，以促進商業活動，則某一期間社會的貨幣支付總額就要等於該期間已完成交易的物品與勞務的總交易價值。同時，該期間的

貨幣支付總額等於貨幣數量乘每一單位貨幣在該期間完成交易的平均次數；而物品與勞務的總交易價值，等於已完成交易的物品與勞務數量乘這些物品與勞務的平均價格。因此，這些物品與勞務的平均價格必等於貨幣數量乘每單位貨幣平均使用次數，再被已完成交易的物品與勞務數量所除而得的數值。若以 P 表示一定期間的一般物價水準；以 T 表示該期間以貨幣完成交易的物品及勞務的交易量；以 M 表示該期間內的平均法幣 (lawful money) 存量；以 V 表示該期間法幣的平均流通速度。據此，PT 表示該期間已完成交易的物品及勞務的總交易價值；MV 表示該期間的貨幣支付總額，故可得如下的交換方程式 (equation of exchange)：

$$MV = PT$$

在現實的社會中，除法幣外，尚有存款貨幣。費雪認為，根據經驗，法幣與存款貨幣間的比例，及法幣之流通速度與存款貨幣之流通速度間的比例，在長期間有其安定的關係。因而把存款貨幣包括到交換方程式內，並不會妨礙貨幣與價格間的數量關係。若以 M′ 表示該期間的平均存款貨幣量，以 V′ 表示該期間存款貨幣的平均流通速度，則交換方程式便可擴大而改寫成：

$$MV + M'V' = PT$$

交換方程式本身是一個恆等式，而不是一項理論，因為理論須能闡明經濟變數間的因果關係。因此，費雪繼續指出，在交換方程式中，價格是其他變數作用的結果；M′ 與 M 之間有密切的關係，且兩者之間的比率會因 T 的變動而變動；同時，V′ 及 V 也會受到 T 變動的影響。雖然如此，M′、M、V′、V 及 T 都是由外在因素所支配。換句話說，外在因素影響價格以外的五項因素，這五項因素的變動產生價格變動；但是，價格是他變數，不能產生相反的作用過程。因此，就必須進一步解明，足以影響價格變動之貨幣存量、流通速度及交易量的本質及其變動原因。

在貨幣數量方面，係指稱一定時期法幣及存款貨幣的平均存量。費雪認為法幣與價格之間存有直接關係，且存款貨幣與法幣間有穩定的比例關係，故法幣存量變動可影響價格水準作同方向變動。同時，法幣存量大小則是由貨幣當局所支配。

在貨幣流通速度方面，係指稱平均每單位貨幣在一定期間內充當物品及勞務交換媒介用的次數；或者也可指稱，該期間貨幣支付總額被平均貨幣存量所除得

的商數。費雪把足以影響流通速度的許多複雜因素歸納為三類：其一是有關個人習性的因素，包括節儉與窖藏、定期存款、支票的使用等。其二是有關社會支付制度的因素，包括收入與支出的次數、收入與支出的規則性、收入與支出在時間上與數量上的配合等。其三是一般因素，包括人口密度、運輸發展程度等。

由此可知，影響貨幣流通速度的因素大部分是社會進步或變化的因素，因而在工業社會及城市，貨幣流通速度較農業社會及鄉村大。費雪更進一步指出，這些因素係由技術條件所決定，與貨幣數量及價格並無關聯，故我們可把它視為自主變數。

在交易量方面，係指稱一定期間物品與勞務的流量。其影響因素也可區分為三類：其一是影響生產者的因素，包括：自然資源的地理分佈、分工、生產技術知識、資本累積等。其二是影響消費者的因素，以人類欲望的範圍與差異為主。其三是同時影響生產者及消費者的因素：包括運輸設施、交易的相對自由、貨幣及銀行制度、商業信心等。除了商業信心外，在短期內，這些因素並不會顯著變動，故費雪乃假定，交易量在短期內不變，且不受方程式中的其他因素及其變動的影響。

根據以上的說明，我們可以看出，費雪認為，價格水準是交換方程式中唯一的絕對被動因素，其大小及其變動是由方程式中其他五個變數所支配，價格水準不能反過去支配那五項變數。在五項變數中，交易量是由交換方程式外之人口、自然資源和技術條件所決定，而這些因素在短期只有緩慢的變動，故可假定 T 不變；至於 V 及 V′ 的影響因素更為安定，因而也可認為 V 及 V′ 不變。同時，M′與 M 之間有固定的比例關係。因此，價格水準的變動乃是貨幣數量變動的結果，且兩者之間有同方向同比例的關係存在。不過，費雪也承認這項理論只適用於長期分析；在短暫的過渡時期中，由於流通速度與交易量的變動，這種分析便無法適用。

在短暫的過渡時期，實際上是經濟循環現象。費雪結合其交易方程式與名目利息論，用於解說經濟循環的原因、終止及其因應措施。為著討論上的方便，我們假定一國發生國際收支順差，貨幣當局對這種黃金流入及外匯增加並未加以凍結，任由遊戲規則 (rule of game) 發生作用，亦即，產生了貨幣數量增加。根據貨幣數量學說，價格水準會與貨幣數量作同方向同比例的變動。可是，貨幣數量變動的影響過程，並不以此為限，因為物價水準的變動已改變了債權債務關係，會

引申貨幣數量與價格水準的持續變動。這項引申變動的關鍵是名目利率與真實利率有別。

我們在前面已經提及，利率有名目與真實之分，兩者的差別在於名目利率可人為地調整，其變動與物價上漲率有關；真實利率則是名目利率被物價上漲率平減後的數值。在借貸發生之際，貸出者對約定的名目利率感到滿足，借入者也認為其運用借入款後的銷貨收入足以應付本息，甚且仍可享有正常利潤。在借貸期間，倘若物價水準不變，借貸雙方都不受影響。但是，倘若發生上述失衡現象，導致物價水準上漲，則借貸雙方都受到影響了。在借入者方面，由於物價水準的上漲，其真實利率負擔較約定時為輕，會提高其借款的興趣；在貸出者方面，其本金與利息都被物價水準上漲所侵蝕，真實收入遠不及預期，因而會產生提高名目利率的要求。可是，費雪指出，由於法令、習慣及貸出者的貨幣幻覺 (money illusion)，名目利率的調整總是相當遲緩而落在物價上漲率之後，也正是由於這種利率調整的落後性，才導致物價水準的持續上漲。

因此，當國際收支順差帶來黃金流入及外匯增加，並因而產生貨幣供給量增加後，最初的影響固然是物價水準與貨幣數量作同比例上漲。但由於名目利率調整的落後性，使借款人有實質的超額利潤，乃願意增加自銀行體系的借款，M′/M 便隨之上升。這意味著，每一法幣所創造的存款貨幣增加，也就是流通中的總貨幣存量增加，物價水準就繼續上漲，超過原來的上漲率。只要名目利率的調整落後性存在一天，借款意願及物價水準繼續上漲的壓力就會繼續存在一天。這便是經濟社會的復甦及其趨於繁榮的歷程。

表面上看起來，這種擴張與繁榮現象可無限制繼續下去。不過，費雪指出，在我們的經濟社會中，外在的制度上的限制會使繁榮告終，並轉變成經濟收縮。這個轉振點乃是 M′/M 的比率有其高限，不能無限制提高。因為不論原來因黃金及外匯增加而產生的超額準備多大，最後總會耗盡，且趨於使 M′/M 難以繼續提高。甚至，當超額準備耗盡之前及 M′/M 達其高限之前，名目利率就會加速提高，終於趕上物價水準的上漲率，甚至會超過物價上漲率。因此，超額利潤消失或轉為負數，乃產生了經濟景氣下降及衰退的歷程。

由此可知，費雪運用擴大了的貨幣數量學說來解說經濟循環現象，是不折不扣的貨幣的經濟循環學說的主張者。他認為，非貨幣學說，諸如消費過多、投資過多等，都僅能解說經濟循環的徵候，未能闡明其原因。此外，費雪更指出，在

這種過渡時期的經濟循環現象中，不但 M′/ M 會發生變動，就是 V、T 及就業水準也有其波動。不過，就長期來說，充分就業必然會來臨，而 V 及 M′/ M 就會回到其安定的水準。基於這種見解，我們可以看出，名目利率調整的落後性乃是物價水準持續上漲與經濟循環變動的根本原因，故費雪認為，要解決經濟循環問題，便要有合宜的利率政策。簡單地說，乃是緊隨著物價上漲率的變動，適時提高或降低名目利率。

由於主張貨幣數量學說，且相信貨幣數量對經濟活動有重大的影響，故費雪認為貨幣購買力之安定乃是迫切需要的。在不同的時期，費雪對如何安定物價水準曾提出各種不同的建議，其中較重要的有三：第一，「補償美元」(compensated dollar)，建議依物價水準的漲跌，將黃金價格作同比例的下降或上升，以維持物價水準的安定。第二，「印花貨幣」(stamped money)，在物價水準持續下跌時，保存貨幣以增強購買力的私人行為，有害於整個經濟社會的貨幣流通，故費雪建議，對保存之貨幣須貼印花，以減少存藏，提高經濟安定的可能性。第三，「十足準備制度」(100% reserve system)，建議銀行對顧客之活期存款應保有百分之百的存款準備金，以剝奪銀行的信用創造能力。

此外，費雪在統計學上亦有其貢獻，例如，他把拉氏 (Laspeyres) 與斐氏 (Paasche) 指數的幾何平均，訂出「理想公式」，曾經被廣泛地使用過。再如，他的「分配落差」(distributed lags) 在現代經濟動學上已廣受注意。

🖋 第四節附錄　紐康布

一、生平與著作

紐康布 (Simon Newcomb, 1835–1909) 是美國天文學家及數學家。畢業於哈佛大學，擔任美國海軍天文臺 (U. S. Naval Observatory) 的數學教授。因其在天文學上的成就，曾獲 7 所美國大學及 10 所歐洲大學的榮譽博士學位。

但是，紐康布對經濟學亦有精湛的研究。著有《金融入門》(*The ABC of Finance*, 1877) 及《政治經濟學原理》(*Principles of Political Economy*, 1886)。在貨幣思想上，是費雪的主要思想來源之一。

二、貨幣數量學說

紐康布在他的《政治經濟學原理》中指出，在一定期間內，一國的產業流通值與其貨幣流量是相等的。若以 M 表示貨幣數量，以 R 表示貨幣的流通速度，以 K 表示物品與勞務量，以 P 表示物價水準，則可得下式

$$M \cdot R = K \cdot P$$

紐康布自稱這項數式是「社會流通方程式」(equation of societary circulation)。與正文所提及的費雪交換方程式相較，我們可以看出，紐康布把金融交易除外，較接近於近代所得型學說。可惜，他未作詳細推演與解說。

本章進修參考書目

1. 柳復起譯，Don Patinkin 原著：《貨幣、利息與價格》（臺北：臺灣銀行經濟研究室刊行）。

2. Mark Blaug, *Economic Theory in Retrospect*, chapter 14.

3. Irving Fisher, *The Nature of Capital and Income* (New York: Macmillan, 1906).

4. Irving Fisher, *The Purchasing Power of Money* (New York: Macmillan, 1911).

5. Irving Fisher, *The Theory of Interest* (1930) (New York: Kelley and Millman, 1954).

6. T. W. Hutchison, *A Review of Economic Doctrine, 1870–1929*, chapter 17.

7. G. E. Makinen, *Money, the Price Level and Interest Rates* (Englewood, N. J.: Prentice-Hall, Inc., 1977).

8. Don Patinkin, *Money, Interest and Prices*.

9. J. A. Schumpeter, *Ten Great Economists*, chapter 8.

10. B. B. Seligman, *Main Currents in Modern Economics*, chapter 8.

凱因斯

第 20 章　凱因斯

> 藝術家不得不在社交社會中貢獻出他藝術裡心靈顫動的成分，灌注著他內心生活的秘密的音樂，替一般趨時的群眾和厭倦不堪的知識份子作消遣——更確切地說，是為他們解除煩悶，或為他們供給新的煩悶。
>
> 《約翰‧克利斯朵夫》

第一節　生平與著作

　　凱因斯 (John Maynard Keynes, 1883–1946) 是英國經濟學家。1883 年 6 月 5 日生於劍橋。他的父親老凱因斯 (John Neville Keynes)❶也是著名的經濟學家，且也在劍橋大學執教。在凱因斯青年時期，當時英國著名的經濟學家，如馬夏爾、西地維克 (H. Sidgwick)❷、法西得 (H. Fawcett)❸等，常是他父親的座上客，凱因斯與這些大經濟學家很早就有密切的往來。

　　凱因斯在 14 歲時，以獎學金進入英國最著名的伊頓學院 (Eton College)，主修數學。1902 年，以獎學金進入劍橋大學的皇家學院，仍主修數學，1905 年畢業。因為準備英國文官考試，留校一年，並跟馬夏爾與皮古 (A. C. Pigou) 研究經濟學。1906 年的文官考試榜上名列第二，奉派在印度事務局 (India Office) 工作。1908 年，經馬夏爾的介紹，回劍橋大學擔任經濟學講師，主講貨幣、信用與物價

---

❶ 老凱因斯 (John Neville Keynes, 1852–1949) 是英國的邏輯學家與經濟學家。畢業於倫敦大學的大學院及劍橋大學的潘布魯克學院 (Pembroke College)。1884 年至 1911 年，在劍橋大學擔任道德科學講師；後轉任行政職務，1908 年至 1920 年是該大學經濟學及政治學特別委員會的主席。著有：《政治經濟學的範圍與方法》(*The Scope and Method of Political Economy*, 1891) 等書。
　　此外，老凱因斯夫人，布朗女士 (Florence Brown) 曾擔任劍橋市長。
❷ 請參閱本書第 250 頁。
❸ 請參閱本書第 251 頁。

方面的課程。1909 年，以〈或然率論〉(A Treatise on Probability) 獲選為劍橋大學皇家學院院士 (Fellow)。

1915 年，凱因斯被徵召到英國財政部工作，主管國外金融業務。1919 年，巴黎和會 (Paris Peace Conference) 時，為英國財政部首席代表，因抗議和會賠款委員會 (Reparation Commission) 對德國賠償及疆界要求的不公平，憤而辭去和會代表職務，並回劍橋大學重執教鞭。不久，並發表《和平的經濟後果》一書。

1919 年秋，他向家人借入數千英鎊，從事商品、外匯及證券的投機買賣，前後共賺入約 50 萬英鎊。1925 年，與俄國芭蕾舞劇演員羅普珂娃 (Lydia Lopokova) 女士結婚。1930 年，他擔任經濟顧問委員會 (Economic Advisory Council) 委員；也擔任麥克米倫金融與工業委員會 (Macmillan Committee on Finance and Industry) 委員，對當時許多迫切的經濟問題，諸如賠款、匯率、恢復金本位、失業、有效需要等，不但都親撰報告，且不斷在《國家雜誌》(*The Nation*)、《曼徹斯特衛報》(*The Manchester Guardian*)、《經濟學刊》(*Economic Journal*) 等撰稿加以評論。對於 1920–1921 年及 1929 年後的英國經濟蕭條，他都深信得藉公共工程政策加以挽救。最足以表現這項觀點的便是他那不朽名著：《就業、利息與貨幣的一般理論》。

1940 年，他應英國戰時財政部長的邀請，擔任英國財政部顧問。在任內，他完成《如何籌措戰費》(*How to Pay for the War*, 1940) 一書，申論避免通貨膨脹的財政金融政策。1942 年，他為英國財政部草擬並提出「國際清算同盟計劃」(Proposal for an International Clearing Union)，作為重建戰後國際貨幣秩序的藍圖之一。1946 年 3 月，他出席在美國喬治亞州召開的國際貨幣基金 (International Monetary Fund) 成立的第一次會議，失望而返回英國。同年 4 月 21 日因心臟病突發而逝世。

在繁忙公務及學術著述生涯外，凱因斯自 1912 年繼西地維克主編《經濟學刊》，達 33 年之久，直到 1945 年才交棒。此外，1929 年，他獲選為英國學術院的院士；1942 年，晉封男爵；1946 年，劍橋大學並頒給科學博士學位。

凱因斯的著作甚豐，1970 年代中期，加拿大青年經濟學家摩古利芝 (D. E. Moggridge)❹所編《凱因斯全集》十四冊已出齊；關於凱因斯生平八冊也刊行了

---

❹　摩古利芝 (D. E. Moggridge, 1944–) 是加拿大經濟學家。畢業於多倫多大學；1970 年獲劍橋大學

四冊。此外，尚有哈樂德 (R. Harrod)❺所撰《凱因斯傳》小冊，曾風行一時。以下所列，可說是凱因斯的主要著作：

1. 《印度通貨與金融》(*Indian Currency and Finance*, 1913)；
2. 《和平的經濟後果》(*The Economic Consequences of the Peace*, 1919)；
3. 《貨幣改革論》(*A Tract on Monetary Reform*, 1923)；
4. 《貨幣論》，兩卷 (*A Treatise on Money*, 2 vols., 1930)——中譯本有：張茲闓譯：《貨幣通論》，兩冊（臺灣銀行經濟研究室刊行）；
5. 《說服論集》(*Essays in Persuasion*, 1931)；
6. 《就業、利息與貨幣的一般理論》(*The General Theory of Employment, Interest and Money*, 1936)——中譯本有：李蘭甫譯：《就業、利息與貨幣的一般理論》（臺灣銀行經濟研究室刊行）。

|||||||||||||||||||||||||||||||||||||||||||||||||||||||||||||||||||||||||||||||||||||||||||

🖋 第二節　消費函數與乘數

　　希克斯 (J. R. Hicks) 在其 1974 年刊行的《凱因斯經濟學的危機》(*The Crisis of Keynesian Economics*) 一書中，開宗明義地指出：把二十世紀第二個二十五年視為希特勒時代的歷史學家，或會把第三個二十五年列為凱因斯時代。一個偉大的思想家常在死後，才對世界產生重大的影響，凱因斯對我們這個時代的影響係源自其《就業、利息與貨幣的一般理論》（以下簡稱《一般理論》），故本章係就《一般理論》來闡述凱因斯的經濟思想上的貢獻。

　　由於《一般理論》的結構並不十分嚴謹，甚且尚有若干前後不一致之處。因而，歷來對凱因斯理論便有若干爭論。大體上說，正統的解釋，把《一般理論》的主體分為三部分：其一是闡明投資對所得的影響的乘數理論；其二是檢討利率對投資的影響的資本邊際效率；其三是分析貨幣數量對利率的影響。在本節，我們先說明乘數理論。

　　根據凱因斯，在以私人企業為中心的經濟體系中，是否雇用工人是由企業家

經濟學博士學位。著有：《1925 年的恢復金本位》(*The Return of Gold, 1925*)、《1924 年至 1931 年英國的貨幣政策》(*British Monetary Policy, 1924–1931*) 等書。

❺　請參閱本書第三十章第二節。

決定的。而企業家則依據其投資或營業是否獲有利潤來決定其投資行為。倘若投資屬有利可圖，企業家便願意增雇工人。企業家增加雇用工人所生產的物品須有其銷路，也就是須有其需要。需要並不等於欲望；一種物品的需要包括對該物品有欲望與願意花錢買這一物品，亦即，所謂需要是一種有效需要 (effective demand)。但是，物品的購買力是來自所得；所得又是生產要素報酬加上企業家之利潤的總合。在這種情形下，倘若人人的所得都用於消費，則所生產的物品必能全部銷售出去，社會就不會有過剩的物品，也就是，不會產生有效需要不足的現象。在這種情形下，「供給能為其本身創造需要」的賽伊法則發揮其作用，社會就不會發生失業現象。

　　但是，全社會或個人並不把全部所得都用於消費。所得中用於消費的比例稱為「消費傾向」(propensity to consume)。所得增量中用於消費的比例稱為「邊際消費傾向」(marginal propensity to consume)。同時，由於所得未用於消費的部分是儲蓄，故所得中不用於消費的比例稱為「儲蓄傾向」(propensity to save)，所得增量中不用於消費的比例，就稱為「邊際儲蓄傾向」(marginal propensity to save)。假定社會上每一個人在決定其儲蓄的同時，也決定了投資，也就是同時決定以其儲蓄用於購買資本財，則所得中未用於消費的部分即用於投資，這樣還是會達到「供給能為其本身創造需要」的結論，也就是，社會仍獲有充分就業的保證。

　　但是，儲蓄與投資是由兩組幾乎完全不相關的因素所決定，儲蓄的多寡由消費者自己決定，其主觀動機有八項：⑴預為無法料想的意外事件而準備；⑵料想所得與個人或家屬的需要之間的關係，在將來可能與現在有所不同而準備；⑶想享受利息與價值的增加；⑷為享受支出的逐漸增加而準備；⑸意欲提高自己的自立意識與實力；⑹為著投機或商業計劃而準備；⑺想把財產遺贈後人；⑻單純想滿足吝嗇心理。足以影響儲蓄的客觀因素亦有六項：⑴工資單位 (wage-unit) 的變動；⑵所得與淨所得 (net income) 間之差額的變動；⑶計算淨所得時，未曾考慮之資本價值的意外變動；⑷時間折現率 (the rate of time discounting) 的變動；⑸財政政策的變動；⑹對現在與未來所得水準之間的關係的預期的變動。至於投資的目的則在於獲取利潤，投資量多寡係由企業家（投資者）決定。因此，我們幾不能期望，事前儲蓄會等於事前投資。

　　然而，儲蓄與投資雖然由互不相關的因素所決定，但就事後加以觀察，全社會的儲蓄量又恰好等於投資量。因為在事後，在生產方面來說，全部所得若非來

自消費財的生產，便是來自資本財的生產；在支出方面來說，所得若非用於消費，便是用於儲蓄。因此，事後的儲蓄必然等於事後的投資。

　　如上所述，決定儲蓄與投資的因素互不相關，但在事後儲蓄又完全等於投資，這種結果乃是經由所得之調整而完成。假定在期初，企業家所決定的投資量，恰好等於該就業量下人民意願的儲蓄量。再假定，投資量不變，人民的儲蓄意願突然提高，形成消費減少，進而使消費財滯銷，及生產消費財的所得減少。由於所得的減少，消費更進一步減少，如此繼續進行下去，直到所得減至某一程度，使得提高後的儲蓄傾向乘減少後之所得所獲的儲蓄量恰好等於原來未變的投資量，才會停止向下的累積減縮變動。反之，若儲蓄意願突然降低，則會經由所得持續擴張，並終於儲蓄量等於投資量，才會終止向上的累積增長變動。由此我們可以看出，在未充分就業的社會，假若其他情形不變，儲蓄的增加所導致的結果是所得與就業的減少，故儲蓄並不是美德。

　　基於這項瞭解，凱因斯引進邊際消費傾向概念，並把坎恩 (R. F. Kahn)❻的「就業乘數」(employment multiplier) 轉變成「投資乘數」(investment multiplier)。他指出，消費（儲蓄）雖由許多主觀與客觀因素所決定，其中最主要的影響因素為所得，也就是消費是所得的函數。他進一步指出，根據經驗與觀察的結果，個人在所得增加之際，其消費量固然隨之增加，但消費增量常小於所得增量，也就是邊際消費傾向常小於一，這是正常的消費心理法則 (the psychological law of consumption)。為著使這項消費函數呈長期安定狀態，第一，所得、消費、儲蓄及投資等都須以工資單位 (wage-units) 來表示；也就是其貨幣數值被一種貨幣工資指數平減後的真實數值。第二，所得、消費及儲蓄等都須是正常數值。

　　在這種情形下，假定邊際消費傾向不變，當投資量增加，資本財產業的就業人數隨之增加，由生產財而得的所得增加，這種新增加的所得，有一部分用於增加消費，於是由生產消費財而得的所得也增加；這一新增加的所得，又有一部分用於增加消費，於是總所得乃繼續累積增加，直到全體人民因所得增加而增加的儲蓄量恰好等於投資增加量時，總所得才停止增長，也就是實現了所得均衡。這種因投資增加而導致所得與就業之增加，可用投資乘數來說明。以 ΔY_w 表示用工資單位測度的所得增量；以 ΔC_w 表示用工資單位測度的消費增量；以 ΔI_w 表示用

工資單位測度的投資增量；以 k 表示乘數；以 $\Delta C_w / \Delta Y_w$ 表示邊際消費傾向；以 $\Delta I_w / \Delta Y_w = 1 - \Delta C_w / \Delta Y_w$ 表示邊際投資傾向，則

$$k = \frac{1}{1 - \dfrac{\Delta C_w}{\Delta Y_w}} = \frac{1}{\dfrac{\Delta I_w}{\Delta Y_w}} = \frac{\Delta Y_w}{\Delta I_w}$$

亦即 $\Delta Y_w = k \cdot \Delta I_w$。

　　由此可知，投資乘數為邊際儲蓄傾向的倒數；而所得增量為投資增量的 k 倍。當投資增加時，只要邊際消費傾向不等於零，則總所得的增加，常大於為生產資本財所增加的所得。邊際消費傾向愈高，所得增加的倍數愈大；若邊際消費傾向為 9／10，則投資乘數為十，所得增量將為投資增量的十倍；若邊際消費傾向為 4／5，則投資乘數只等於五。

||||||||||||||||||||||||||||||||||||||||||||||||||||||||||||||||||||||||||||||||

第二節附錄　坎恩的就業乘數

　　坎恩 (Richard F. Kahn, 1905–1989) 是英國經濟學家。畢業於劍橋大學，是凱因斯的入門弟子，執教於劍橋大學。1930 年代，與羅賓遜夫人 (Joan Robinson)❼、米德 (J. E. Meade)❽等人，同是凱因斯在學術上的親密朋友。在凱因斯擔任經濟顧問委員會委員兼專家小組主席時，坎恩是凱因斯的秘書。坎恩的主要著作有：《就業與成長選論》(*Selected Essays on Employment and Growth*, 1973)。

　　我們即將提及，杜幹・巴蘭若夫斯基❾早已注意到，投資增加所引起的所得增量大於原來的投資增量，但他未將這種現象作理論上的解釋。1931 年，坎恩在《經濟學刊》(*Economic Journal*) 上發表了〈住宅投資與失業的關係〉(The Relation of Home Investment to Unemployment) 一文，展開了乘數分析，則為理論上的突破。

　　根據坎恩，設 N 表示總就業量，N_1 表示公共工程部門的就業量，公共工程

❼　請參閱本書第二十一章第四節。
❽　請參閱本書第二十一章第三節。
❾　請參閱本書第二十三章第四節附錄。

部門就業量的增加,會導致全社會總就業量作更大幅的增加。若以 k' 表示就業乘數,則這種關係如下式:

$$\Delta N_1 \cdot k' = \Delta N$$

若 k' 為 3,公共工程計劃雇用一千人時,總就業量會增加三千人。這當然是尚欠周全的概念,經凱因斯修正後,就成為正文的投資乘數了。

||||||||||||||||||||||||||||||||||||||||||||||||||||||||||||||||||||||||||||||||||

🖋 第三節　投資與資本邊際效率

所得與就業既然決定於邊際消費傾向(也可說是邊際儲蓄傾向)與投資量。而根據消費的心理法則,邊際消費傾向在短期內不致於發生大變動,故投資量乃成為主要的決定因素。關於投資量的決定因素,凱因斯則指出:投資的誘因一半決定於投資需要表 (investment demand schedule),一半決定於利率。

前面已經提及,企業家在決定投資時,乃是希望獲取利潤。更詳細地說,乃是希望在投資財的存續期間內,其製成品出售後的售價收入,減去該項產品的生產成本後,乃可能獲得預期收益 (prospective returns),他們的投資乃是購買這一連串之預期收益的權利。為著方便起見,我們以 Q_1、Q_2…Q_n 來表示這一系列的預期收入 (prospective yield)。與預期收入相對應的是該投資財的現在供給價格 (supply price),這並非指稱這項資產在市場上實際買進的價格,而是指稱誘使投資財之生產者重新生產此項投資財的價格。由於現在供給價格及對未來收入的預期是已知數,故我們必可求出一項使得預期收入的現值等於現在供給價格的貼現率,這項貼現率就稱為資本邊際效率 (marginal efficiency of capital),也可說是投資於該項資產的利潤率。若借款利率低於資本邊際效率,則投資於該項投資財即為有利可圖;反之,則不值得投資。若以 r 表示資本邊際效率,以 S 表示投資財的現在供給價格,則可得

$$S = \frac{Q_1}{(1+r)} + \frac{Q_2}{(1+r)^2} + \cdots + \frac{Q_n}{(1+r)^n}$$

$$S(1+r)^n = Q_1(1+r)^{n-1} + Q_2(1+r)^{n-2} + \cdots + Q_n$$

　　在某一期間內，如對同一種資本財增加投資，則該資本財的資本邊際效率將因投資增加而逐漸降低。其原因有二：其一是預期收入將隨該種資本財供給之增加而減少；其二是該資本財的生產在短期內漸感不易，會使其供給價格上漲。因此，若資本邊際效率不變，則對各種資本財的投資量亦為一定數值，將各種資本財的投資量加總，便是該資本邊際效率下的總投資量。若資本邊際效率變動，則總投資量也會隨之而變動。由此，我們乃可編製一個相應於各資本邊際效率的總投資量表，稱為投資需要表或資本邊際效率表。

　　據此，我們可很明顯地看出，只要資本資產的資本邊際效率超過當時的利率，企業家當會繼續不斷進行投資，直到投資需要表上的一般資本邊際效率與市場利率相等時，投資才會停止進行。用另一種方法來說，假定 Q_r 是 r 時某一資產的預期收入，d_r 是 r 年後之一鎊依當期利率折現後的現值，則 $\Sigma\,Q_r d_r$ 就是該項投資的需要價格 (demand price)。倘若需要價格大於供給價格，該項資產的投資就會繼續進行，直到其需要價格與供給價格相等時為止。他方面，倘若需要價格低於供給價格，則對該項資產就不會發生當期投資。換句話說，投資僅進行至資本財的供給價格與其需要價格相等時為止；亦即，資本邊際效率等於當期市場利率為止。因此，我們只要在資本邊際效率表上，找到與市場利率相等之資本邊際效率的總投資量，就是當期的投資量。

🌾 第四節　貨幣、利息與價格

　　前面已經提及，利率是決定投資的兩項主要因素之一。然則，利率是如何決定的？凱因斯認為，利率由流動性偏好 (liquidity preference) 決定。詳細地說，個人心理上的時間偏好，需要兩組不同的決心，才能使其充分實現。其一是消費傾向，也就是，在他的所得中，決定究竟以多少供目前消費之用，多少供未來消費之用。其二是決定供未來消費用的目前儲蓄，究竟要以何種形態來保有，他可以用現金來保有，也可以把支配權貸放出去，這就是他的流動性偏好問題。

　　凱因斯認為，利率是出讓特定時間之流動性的報酬，因為利率本身就是兩種數量之間的反比例，一方面是貨幣量，他方面是因出讓貨幣之支配權而與將來特定期間的債權交換而獲得的貨幣量。因此，利率是出讓流動性的報酬，也表示持有貨幣者不願意出讓其對貨幣流動性的支配力的程度。利率並不是使投資的資本

需要與抑制目前消費之決心趨於均衡的價格，而是使想用現金形態保有財富的願望與可處分的現金量趨於均衡的價格。亦即，若利率下降，則貸放現金的報酬減少，大眾所願意保有的現金量就要超過可供處分的供給量；若利率上升，大眾保有現金的意願會隨之降低，因而發生貨幣過多的現象。由此，我們可以看出，貨幣數量與流動性偏好都是決定利率的因素。若已知利率水準，流動性偏好就決定了大眾保有貨幣量的可能性或函數趨向。以 r 表示利率，以 M 表示貨幣數量，以 L 表示流動性偏好函數，則

$$M = L(r)$$

根據凱因斯，流動性偏好大體上可區分為三類動機，其一是交易動機，表示個人與企業為進行當期交易的現金需要。其二是預防動機，表示保有現金以備意外支出之用，或供未可預見的有利購買機會之用。其三是投機動機，表示意欲藉較市場更能明白將來究竟要發生何種事件，而獲取利益的目的，所保有的貨幣。在正常的情形下，滿足交易動機與預防動機所需的貨幣量，主要是由一般經濟活動與貨幣所得水準所決定；滿足投機動機所需的貨幣量則通常對利率的變動有其敏感的反應。以 M_1 表示為滿足交易動機與預防動機而保有的現金量，以 M_2 表示為滿足投機動機而保有的現金量，以 L_1 表示由所得水準決定的流動性偏好函數，以 L_2 表示由利率決定的流動性偏好函數，則貨幣需要函數，或流動性偏好函數得以下式表示：

$$M = M_1 + M_2 = L_1(Y) + L_2(r)$$

換句話說，受到利率影響的或者能影響利率的是為滿足投機動機的貨幣需要，至於為滿足交易動機或預防動機的貨幣需要則與利率及其變動無關。

倘若已知所得水準，根據流動性偏好函數，我們便可獲知，各種利率水準下的貨幣需要量。同時，由於全社會無法擺脫貨幣當局的貨幣供給量，故當時已知的貨幣供給量乃與流動性偏好共同決定了利率。這便是流動性偏好的利息理論。倘若所得水準未定，則流動性偏好函數也未定，已知的貨幣供給量乃無法定出唯一的均衡利率水準，而係與未定的流動性偏好函數可能有無窮多的交點❿。

❿　請參閱本書第二十二章第二節。

　　根據這種見解，凱因斯指出，貨幣數量的變動，最初並不改變 M_1，而係經由使 M_2 發生增減變化，進而對真實經濟部門產生影響。以貨幣數量增加為例來說，貨幣增量最初並未流入 M_1 的用途，而係增大了 M_2 的持有量，由於 M_2 對利率有其敏感性，若社會的流動性偏好不變，將會產生利率水準下降。在當時既存的資本邊際效率之下，利率水準之下降，當然是企業家增加投資的良機。隨著投資增加，就業與產出亦隨之增加，而產出（所得）增加，使部分貨幣增量逐漸流入 M_1 的用途，直到貨幣增量全部被吸入 M_1 後，貨幣變動的影響才告終止。

　　然而，在這種貨幣變動過程中，價格水準是否受到影響呢？凱因斯認為，在短期間內，物價與生產成本變動的關係比較密切，而足以導致生產成本上升的因素有三項：第一，工人議價地位。在就業與產量增加的過程中，一則由於雇主對勞動的需要殷切，二則因失業人數已減少，勞動供給較緊，工人議價地位轉趨堅強，導致貨幣工資的上升或加速上升。第二，收益遞減律的作用。在短期間內，因不能調整生產設備，或者由於資源品質（或勞動效率）不均勻，在生產增加過程中，會產生收益遞減現象，或是平均單位成本上升現象。第三，生產瓶頸 (production bottleneck) 現象。縱使各種資源的品質完全相同，由於它們未能同時達成充分利用狀態，因而在生產增加過程中，必然會產生單位成本上升現象。

　　由此可知，在貨幣數量增加，導致利率下降與投資增加之後，產出（就業）與價格是同時增長的。不過，在開始之際，最大部分是表現在產出的增長，價格僅有輕微的影響，甚至未受影響。隨著產出的繼續增長，價格上漲程度就愈為顯著。一旦實現充分就業，產出與就業即不可能再行增加，貨幣數量的增加就將全部反映在價格上漲上。換句話說，在充分就業來臨時，價格將與貨幣數量作同方向同比例的變動，也就是貨幣數量學說適用的境界。

🖋 第五節　經濟循環

　　凱因斯的《一般理論》，既要解說就業水準的變動，自然也能用於說明經濟循環現象。根據凱因斯，經濟循環有三項主要問題：其一是繁榮、衰退、蕭條與復甦的循環波動現象；其二是這些現象的規則性；其三是為什麼繁榮到極點後，總是要發生衰退。凱因斯更進一步指出，固然可用許多因素來說明這三項問題，但最為基本的還是在於資本邊際效率的變動。

先就循環波動來說，凱因斯認為，這乃是由於資本資產都有存續期間，且其壽命參差不齊。因此，一旦投資量低於某一水準，資本邊際效率便提高；這乃使投資量增加，並引起資本邊際效率下降。這種資本邊際效率升降及其伴隨而發生的經濟循環波動，僅是時間問題而已。此外，另有三項強化因素，其一是流動資本增減與投資量作同方向變動。其二是股票價格與經濟活動之盛衰作同方向的變化，而消費傾向高低亦與股票價格高低作同方向變動。其三是預期心理與經濟盛衰亦作同方向的變化。

就經濟循環的規則性來說，這乃是由於經濟體系的衰退，乃至於蕭條時期，由於投資量的減少，資本資產存量隨著折舊及報廢而減少，資本邊際效率乃會在這個過程中回升，由於資本資產的特性，這種回升的時間是穩定的；同時，由於存貨有其儲存成本，且在衰退或蕭條期間，會有穩定的耗盡及補充期限。因此，經濟循環波動的持續期間乃有其規則性。

就作為轉振點的猛烈衰退現象來說，凱因斯認為，這乃是對未來的預期及其不可靠的基礎的結果。簡單地說，由於人們以易變而不可靠的證據作為對未來之預期的基礎，在繁榮時期，易於產生過分樂觀的情緒；在蕭條時期，則易於產生過分悲觀的情緒。一旦事實與預期之間有差距，發生幻滅或覺醒時，就會發生突然的、猛烈的大變動，甚至於是大災難。

第六節　一般理論的社會哲學與經濟政策

凱因斯的《一般理論》固然以就業理論為其主題，強調未充分就業均衡的存在，以討論促進充分就業的可能措施。但是，常被我們忽略的是該書最後一章以「社會哲學」(social philosophy) 為題所討論的資本主義經濟制度的長期問題。簡單地說，凱因斯討論了資本主義經濟制度的三項缺點：所得與財富分配、投資社會化 (socialization of investment) 及各國間的衝突。

就所得與財富分配來說，凱因斯認為，資本主義經濟社會有兩項顯著缺點：無法提供充分就業與所得及財富分配不公平。他認為，這兩項缺點互有關聯。論者常以為，為促進社會進步與就業增加，須有賴資本累積，而資本累積則依靠儲蓄，而儲蓄則以所得分配不均狀態為最大。並據此為所得與財富分配不公平作辯護。但是，在《一般理論》中，凱因斯則指出，在未充分就業之前的社會中，儲

蓄傾向的提高，不但不能增加投資，將且有礙投資增加；相反地，當投資增加時，則會引申產生等量的儲蓄。因此，所得與財富分配不公平的制度就得不到支持的論據。

更為重要且有關聯的問題是必須持續降低利率。在傳統的智慧中，因認為增加儲蓄為資本累積的必要途徑，故常鼓吹以高利率來提高儲蓄誘因，且因而產生依賴利息維生的一群人，且也加重了財富與所得分配不平均的程度。凱因斯認為，為著配合因投資增加而產生的資本邊際效率的降低，反而該降低利率，甚至使依利息維生的一群人趨於消滅。他甚至樂觀地認為，在兩三代內，資本稀少性就會消失，低利率時代就要來臨。

就投資社會化來說，凱因斯認為，資本主義經濟制度下的私人企業制度有許多優點：諸如自由、分權等效率。但是，任由私人經濟充分發揮，則無以實現充分就業的境界。因此，凱因斯認為，政府應積極干涉經濟社會的消費和投資。在消費方面，政府所能做到的是：藉租稅政策、利率政策及其他政策措施，以引導消費傾向，使之朝有利於充分就業的方向發展。在投資方面，他認為，藉利率無法產生能促進充分就業的合理投資率。因而，他提出投資社會化的建議。這項計劃並不意指生產工具收歸國有，也不排除公共當局為與私人創設合作，而定下的各式各樣的妥協與安排。而是意指，由政府決定用於增加生產工具的資源總量，以及擁有這些工具的所應獲得的基本收益率。他認為，就已能在古典理論指導下，產生符合充分就業下的生產總量。

就各國間的衝突來說，凱因斯認為，倘使各國都以充分就業為施政目標，且採取自由貿易的策略，則全體都容易實現充分就業。但是，倘若各國都想用損人利己辦法 (beggar my neighbor policy)，解決自己的經濟困難，則最後各國都受害，都不能達到充分就業。

換句話說，凱因斯認為，在政府擴大其職務，以確保充分就業的前提下，仍然維持私人企業及個人主義，乃是避免現行經濟形態整個毀滅的唯一途徑，也是個人主義可以圓滿運用的必要條件。凱因斯更進一步地指出，既得利益者或者會阻撓這種策略的運行。但是，實際行動的人固然自信不受任何知識力量所影響，但結果通常都成為某一已去世的經濟學家的奴隸。當權的狂人們，他們只聽那來自空中的聲音，但卻在擷取若干年前學術界某一無價值人士的學說，來證明他們瘋狂的正當。他確信，觀念的力量的確不是馬上可以看出，而要經過一段時間以

後才能體現。所以，或遲或早，是好是壞，具有危險性的仍是觀念，而不是既得
權益。

本章進修參考書目

1. 施建生著：《當代經濟思潮》㈠（臺北：中華文化出版事業委員會，四十四年），第一章。

2. 湯慎之著：《現代經濟思潮》，第二章。

3. 林鐘雄著：《當代貨幣理論與政策》（臺北：三民書局總經銷，六十二年），第七章及第九章。

4. 李蘭甫譯，J. M. Keynes 原著：《就業、利息與貨幣的一般理論》（臺北：臺灣銀行經濟研究室，五十三年）。

5. 張玆闓譯，J. M. Keynes 原著：《貨幣通論》（臺北：臺灣銀行經濟研究室，六十五年）。

6. Mark Blaug, *Economic Theory in Retrospect*, chapter 15.

7. E. J. Burtt, Jr., *Social Perspectives in the History of Economic Theory*, chapter 9.

8. Dudley Dillard, *The Economics of John Maynard Keynes* (New York: Prentice-Hall Inc., 1948).

9. A. H. Hansen, *A Guide to Keynes* (New York: McGraw-Hill, 1953).

10. R. F. Harrod, *The Life of John Maynard Keynes* (New York: Harcourt, Brace and Company, 1951).

11. R. L. Heilbroner, *The Worldly Philosophers*, chapter 9.

12. J. R. Hicks, *The Crisis in Keynesian Economics* (New York: Bagiz Book Inc., 1974).

13. J. M. Keynes, *The General Theory of Employment, Interest and Money* (New York: Harcourt, Brace and Company, 1936).

14. J. M. Keynes, *A Treatise on Money*, 2 vols. (London: Macmillan, 1930).

15. L. R. Klein, *The Keynesian Revolution* (New York: Macmillan, 1966).

16. H. Landreth, *History of Economic Theory*, chapter 12.

17. R. Lekachman (ed), *Keynes' General Theory: Report of Three Decades* (New York: St. Martin's Press, 1964).

18. H. L. McCracken, *Keynean Economics in the Stream of Economic Thought* (Baton Rouge: Lousiana State University Press, 1961).

19. H. P. Minsky, *John Maynard Keynes* (New York: Columbia University Press, 1975).

20. D. E. Moggridge, *John Maynard Keynes* (New York: Penguin Books, 1976).

21. J. A. Schumpeter, *Ten Great Economists*, chapter 10.

22. James Tobin, *The New Economics, One Decade Older* (Princeton, N. J.: Princeton University Press, 1972).

第 21 章　劍橋傳統的繼續發展

第 *21* 章　劍橋傳統的繼續發展

在燃起另一火焰之前，必須在心中另起一座爐灶：在舊火已熄，新火未燃的期間，只能有一些轉眼即滅的火星，從前次大火中剩下來的殘灰餘爐，即使能發出一道明亮而短促的光，也要因缺乏燃料之故，而立即熄滅。

《約翰‧克利斯朵夫》

第一節　皮　古

一、生平與著作

皮古 (Arthur C. Pigou, 1877–1959) 是英國經濟學家。生於英格蘭南部的威特島 (Isle of Wight)，父為退休陸軍軍官。1897 年進劍橋大學國王學院 (King's College)，追隨布朗寧 (Oscar Browning) 攻讀歷史；第三年，因馬夏爾的鼓勵始開始研究經濟學。畢業後，於 1901 年開始在劍橋大學講授經濟學，祖述馬夏爾的學說。1908 年，且承繼馬夏爾，擔任劍橋大學的經濟學講座，至 1943 年退休，達 35 年之久。退休後，仍留在劍橋大學研究與著述。

皮古除祖述馬夏爾的經濟學外，且著手研究經濟福利有關諸問題，開創福利經濟學的研究領域。他的著述甚豐，較重要者有下列幾種：

1. 《財富與福利》(*Wealth and Welfare*, 1912)；
2. 《福利經濟學》(*The Economics of Welfare*, 1920)——中譯本有：陸民仁譯：《福利經濟學》(臺灣銀行經濟研究室刊行)；
3. 《產業波動論》(*Industrial Fluctuation*, 1927)；
4. 《失業理論》(*The Theory of Unemployment*, 1933)；

5. 《就業與均衡》(*Employment and Equilibrium*, 1941)；
6. 《經濟論文集》(*Essays in Economics*, 1951)。

二、福利經濟學

在近代經濟思潮中，福利經濟學 (welfare economics) 一詞已被廣泛地使用，且普受經濟學家的注意。倘若我們不考慮「福利」一詞的各種可能含義，福利經濟學大體上可說是指稱經濟政策的一般分析，或分析經濟政策的一般經濟效果或其準繩。在傳統上，有關這方面的著作可簡分為三類：第一，對各種經濟政策作個別的實證檢討，例如前章已敘述的馬夏爾有關租稅政策的分析。第二，分析競爭情形下的極大滿足學說，例如，邊沁的「最大多數人的最大幸福」❶。第三，社會主義經濟學對第二類著作的批評，並試圖建立集體經濟下的極大滿足學說。皮古在 1920 年刊行的《福利經濟學》兼容第一類及第二類分析方法，為第一部有體系的福利經濟學著作，且也是把經濟學的研究從李嘉圖以來的價值論分析轉到新方向的第一人。

正如馬夏爾為研究及解決貧困問題而從事經濟學的研究一樣，皮古的《福利經濟學》也是由失業及其他社會問題的刺激而產生的。關於這種意向，皮古在 1908 年接任劍橋經濟講座的講詞中就已明白地指出：「假若一個人係因為對艾奇渥斯教授 (F. Y. Edgeworth) 的數理心理學 (Mathematical Psychics)❷ 或費雪教授 (I. Fisher) 的評價與利息❸感到興趣而來學習經濟學，我將非常高興；正如他係因為想從事企業而希望學習與他未來事業有關的更廣泛知識而來學習經濟學，我將非常高興一樣。但是，假若他係因為走過倫敦的貧民窟而激起幫助那些住民的意識而來學習經濟學，我將更為高興。卡萊爾 (T. Carlyle)❹說過，好奇 (wonder) 是哲學的開始。我們或者可以說，社會熱誠 (social enthusiasm) 乃是經濟科學的開始。」因而，皮古在 1912 年刊行《財富與福利》，研究分析失業的原因，並終於擴大而成為《福利經濟學》。

皮古的《福利經濟學》分為四卷，每卷各有其主題。第一卷討論國民分配份

❶　請參閱本書第 91 頁。
❷　請參閱本章第五節附錄㈡。
❸　請參閱本書第十九章。
❹　請參閱本書第 122 頁。

(national dividend) 的大小及其分配給貧者的比例與全社會經濟福利的關係。第二卷討論國民分配份大小的一般影響。第三卷仔細列舉檢討有關勞動的各種問題，諸如工資、工時、工作分配等。第四卷則檢討自富人手中移轉至貧者的重要移轉問題。在此，我們將說明皮古對這些問題的重要見解。但是，我們首先要指出，皮古的基本出發點是功利主義的假定：人們極力追求極大的滿足；他們會把他們所支用的邊際貨幣支出在各種不同用途都得到相等的滿足；各種物品的邊際效用都要與其價格成比例。換句話說，皮古認為效用是屬基數性質的、福利是可測度的，及人與人之間的效用是可以比較的。

大體上說，皮古在《福利經濟學》中雖然討論許多問題，其中只有兩項是比較重要的：其一是福利的意義及其衡量問題。其二是與福利有關的經濟政策問題。

皮古首先指出，福利的內容非常廣泛，他無意討論其一般內容。他希望討論的是兩方面：一方面是屬於心理或意識狀態的福利要素；他方面則是能以多寡來表示的福利。簡單地說，就是能夠加以尺度的福利，而在社會生活中可供作尺度的重要工具為貨幣，因而他所研究的範圍就限於直接或間接與貨幣之尺度標準有關的社會福利部分，這部分的福利就稱為經濟福利 (economic welfare)。經濟福利廣泛地包括能以貨幣尺度的各種滿足與不滿足的物品。這些滿足得以提供這些物品的貨幣需要價格來尺度，因為若能在此價格下獲得所需物品，則此價格當可同時測度對物品的需要及其滿足，這種把需要與滿足視為相等的假定，似乎等於假定著消費者有正確的先見之明。皮古進一步指出，在任何國家，經濟原因並不直接表現其對經濟福利的影響，而係客觀地用經濟學家所稱的國民分配份或國民所得 (national incomes) 來表達。因此，皮古乃巧妙地把福利、經濟福利及國民分配份連在一起。

皮古既然用國民分配份客觀地表現經濟福利，就會產生兩種問題，一種問題是國民分配份的定義與測度問題，一種問題是經濟福利的準繩問題。先就定義與測度問題來說，皮古大體上係採用馬夏爾的概念，把國民分配份視為一年期內的物品與勞務的流量。因而就會產生在不同時期，有不同的物品組合，且面對著不同的嗜好，該如何作比較的問題。對此，皮古曾深入加以討論，並以指數來處理此一難題。其次，就經濟福利的準繩來說，皮古曾提出三項：第一，全社會國民分配份的增長，表示經濟福利的增加；第二，國民分配份的波動愈少，對經濟福利愈佳；第三，最重要的是，國民分配份的分配問題。皮古認為，根據邊際效用

遞減律，若貧者的真實所得分配份相對增加，當可增進經濟福利，而其條件是在這種改善分配的過程中並未導致國民分配份總額的減縮。

皮古曾經檢討各種不同經濟措施，評估其主要的經濟效果，亦即評估這些措施對國民分配份之大小及其分配的影響。在此，我們當無法一一引述及討論。不過，皮古認為，在一個有力的競爭社會中，經濟政策的中心問題在於消除邊際民間淨生產（marginal private net products，以下簡稱 MPNP）與邊際社會淨生產（marginal social net products，以下簡稱 MSNP）之間的差異。

所謂 MSNP 指稱，由於資源使用之邊際增量所產生的物品或客觀勞務的淨生產總額，並不考慮這些生產物的任何部分該歸屬何人。所謂 MPNP 則指稱，由於資源使用之邊際增量所產生的物品或客觀勞務，其歸屬於投資此資源者的部分。由此可知，就定義上來說，兩者之間的差異乃是投資資源以生產物品或客觀勞務時，投資人以外的其他人士或整個社會可能收到正的或負的淨生產。所以，MSNP 可大於、小於甚或等於 MPNP。在這種比較中，我們當然會觸及三項重大問題：其一是效用的測度問題；其二是個人與個人間之效用的比較問題；其三是如何衡量社會淨生產的市場價格問題。倘若我們不考慮這三項難題，或逕稱「其他情形不變」，我們就可把現實經濟社會中，某些行業的產品會無代價地有利於或有害於他人而產生的 MSNP 及 MPNP 的差異，分為三類。

第一類差異是因某些耐久生產工具的所有權與租用權分開所產生的。佃戶因未能獲得維持及改進地力之支出的補償，並未對土地持續長期投資，卻盡可能取用土地的全部生產物。不過，皮古認為，倘若地租係依實際競爭價格制訂，就不會出現這種差異。雖然如此，這種場合事實上是難以出現競爭的場面。

第二類是某甲因享受某乙的勞務而對某乙有所支付，卻無意間也使丙、丁、戊……也享受了勞務（利益）或負勞務（損失）。例如，在交通要衝之地，有燈光的房子使附近地方的光度增強；再如，造林同時也有保護土壤、防止火災等作用；此外，如禁菸、販酒、科學研究等也都有或正或負的差異產生。

第三類是與馬夏爾式的成本遞減產業有關。亦即，政府宜採用租稅或獎金以促使每一個人都增加消費，使總消費增加而達到降低價格的目的。不過，對於這一類可能差異，不但皮古無法舉例，就是目前也甚難找到實例。

皮古並且指出，這三種差異的存在，都有害於理想的極大產出（極大國民分配份）的實現。為促使極大產出的實現，必須滿足兩項條件：第一，一種資源的

各種用途的 MSNP 應該都相等；否則，把資源自低 MSNP 移用至其他用途，都可提高總產出。第二，MSNP 應等於 MPNP。亦即，民間投資者應收到投資所生產的各種收入，且也應該承受各種成本；否則，當 MSNP 大於 MPNP 時，用於某一用途的資源量就會小於最適量，例如，造林者若無適當補償就會減少造林；當 MSNP 小於 MPNP 時，投資量就會大於最適量。

第二節　羅勃遜

一、生平與著作

羅勃遜 (Sir Dennis H. Robertson, 1890–1963) 是英國經濟學家。畢業於英國最著名的伊頓學院 (Eton College) 及三一學院 (Trinity College)，為皮古的入室弟子。第一次世界大戰期間曾在英國駐埃及與巴勒斯坦的軍隊中服役。戰後，返劍橋大學，為三一學院的特別研究員。1930 年擔任劍橋大學的經濟學講師 (reader)；1939 年至 1944 年擔任倫敦大學卡塞爾 (Ernst Cassel) 紀念教授；1944 年承繼皮古，擔任劍橋大學的經濟學講座；1957 年改為名譽教授。此外，於 1948 年至 1950 年曾擔任英國皇家經濟學會會長。

羅勃遜在 1915 年刊行《產業循環的研究》一書即已成名，但其在經濟思想史上的主要貢獻則為《貨幣》及《銀行政策與價格水準》二書，前者在 1920 年代至 1940 年代曾是最普遍的經濟學及貨幣理論的入門書，後者則以其經濟循環理論及時期分析而聞名。

羅勃遜的主要著作如下：

1. 《產業循環的研究》(*A Study of Industrial Fluctuation*, 1915)；
2. 《貨幣》(*Money*, 1922; 1924; 1928; 1948; 1959)——中譯本有：楊素仁譯：《貨幣》(臺灣銀行經濟研究室刊行)；
3. 《銀行政策與價格水準——經濟循環論》(*Banking Policy and the Price Level, An Essay in the Theory of the Trade* Cycle, 1926)；
4. 《經濟論集》(*Economic Fragments*, 1931)；
5. 《經濟論文及演講集》(*Economic Essays and Address*, 1931)；
6. 《貨幣理論論文集》(*Essays in Monetary Theory*, 1940)；

7.《效用論及其他論文集》(*Utility and All That and Other Essays*, 1952)；

8.《世界經濟下的英國》(*Britain in the World Economy*, 1954)；

9.《經濟評論集》(*Economic Commentaries*, 1956)；

10.《經濟學講義》(*Lectures on Economic Principles*, 1957)。

二、貨幣價值與經濟循環

　　羅勃遜的主要貢獻在於試圖調和當時的兩類主要的貨幣數量學說，並且以貨幣因素來討論經濟循環波動。

　　在二十世紀初年，貨幣理論的主要目的是說明貨幣價值的決定及討論其變動原因。羅勃遜指出，所謂貨幣價值意指每單位貨幣所能換得的一般物品的數量，比較常見的有所得價值、消費價值、交易價值及勞動價值等四種概念。他所要討論的是所得價值——以構成一國真實所得或產出的各種物品所表示的貨幣價值。這種貨幣價值由貨幣的需要及其供給所決定。這種貨幣供需有兩種表示方法，一種是指稱存在於一定時點的貨幣存量，另一種是指稱可能在一定時期使用的貨幣流量。羅勃遜稱前者為靜止貨幣面 (money sitting)，稱後者為流動貨幣面 (money on the wing)。

　　以流動貨幣面來分析貨幣的交換價值的方法，乃是費雪教授所主張的現金餘額方程式❺。羅勃遜指出，以貨幣充當交換媒介之各種物品的商業交易量的增減是貨幣需要變動的原因，諸如，第一，供社會充當最終消費的最終物品與勞務增加；第二，投機活動增強；第三，中間財的交易次數增加；第四，房屋、證券、資本財的交投次數增加。倘若影響貨幣需要的這些因素不變，則貨幣價值便決定於貨幣的有效供給。若以 P′ 表示交易的價格水準，以 M 表示貨幣的有效供給，以 T 表示商業交易量，則流動貨幣面分析法的基本等式如下：

$$P' = \frac{M}{T} \tag{21–1}$$

　　但是，羅勃遜認為，貨幣價值以所得價值（以 P 表示）最重要，而上式所表述的是交易價值。故須以表示每年真實國民所得的 R 取代上式的 T；同時，更由於持有貨幣的目的並非用於滿足直接的消費，而係可供多次循環流轉，故貨幣使

用次數也必能影響貨幣的價值，這種使用次數便是貨幣的流通速度，在貨幣僅充當真實所得之交易媒介物時，便是貨幣的所得流通速度，得以 V 表示。因此，MV 便表示一定時期完成真實所得交易的貨幣流量。據此，乃可把貨幣的所得價值以下式表示：

$$P = \frac{MV}{R} \tag{21-2}$$

以流動貨幣面來分析貨幣價值的結果，產生一個極重要的問題，就是貨幣的流通速度究竟由那些因素所決定？一國的貨幣為何在某一時期以一定數量和一定速度而流通？為著要解答這一問題便不得不走進靜止貨幣面的分析。靜止貨幣面的分析與流動貨幣面的分析之間，最大的區別在於前者以人類心靈的意志說明貨幣需要增減變動的原因，後者則取決於外界不具生命的財貨。

羅勃遜緊承著劍橋的傳統，認為一般人喜歡在手中持有一定量的貨幣，一方面是意欲使日常生活的商業活動增加便利；他方面則為對不可目見的緊急需要的一種安全保證。這種貨幣需要難以用貨幣本身來表示，而只能以實際的財貨或勞務來表現，因為一般人民所需要的不是貨幣本身，而是需要那些隱藏在貨幣背面的物品與勞務，他們所需要的是食物、衣服、旅行等。所以，羅勃遜以個人所需要的物品與勞務來表示其所持有之貨幣的實際總價值。據此，個人願意以貨幣形式保有之購買力的真實價值，乃能當做他每年真實所得的一個比例數。這個比例數的決定因素有二：其一是保有這份貨幣所能獲得的便利與安全感，其二是增加立即消費所能獲得的效用，投資於商業資本、政府債券或產業股票的利益與保有貨幣之裨益的比較。更明確地說，貨幣保有比例決定於社會的習慣與偏好。基於對未來緊急需要的考慮，亦即，對未來潛在的不測事故預留安全餘地，收入時距較短的社會，因為不久即將獲得新收入，貨幣需要較少，以貨幣形式保有購買力的意願較低；收入時距較長的社會，則有較高的以貨幣保有購買力的意願。這種貨幣保有形式的分析與流通速度分析一樣，因為人民意願保有較多的貨幣，即意味著貨幣流通的減少，亦即是貨幣流通速度降低。因此，假定貨幣需要不變，貨幣價值也與流動貨幣面一樣，決定於貨幣的有效供給。以 k 表示大眾希望在手中以貨幣形式保有之購買力佔 R 的比例，以 k′ 表示大眾希望在手中以貨幣形式保有之購買力佔 T 的比例，則交易的價格水準及所得的價格水準乃分別由下列二式所

決定：

$$P' = \frac{M}{k'T}$$

$$P = \frac{M}{kR}$$

把靜止貨幣面與流動貨幣面的價格水準決定式作一比較，我們極易於看出：$k' = \frac{1}{V'}$；$k = \frac{1}{V}$。換句話說，貨幣保有比例乃是貨幣流通速度的倒數。由此可知，羅勃遜認為，現金交易型學說與現金餘額型學說，基本上並無不同，都認為貨幣數量的變動足以影響貨幣價值（價格水準的倒數）。不過，他同時也指出，靜止貨幣面的優點在於對人類心理因素及意志力的重視；流動貨幣面的優點則在於掌握了實際交易過程。

羅勃遜更進一步指出，貨幣數量變動與經濟循環波動有極其密切的關係，甚至乃是主要的決定因素，因為在實際的經濟循環中，貨幣價值、產出、就業及消費的波動幾乎是類似的。

我們得由復甦為起點，說明經濟循環現象及貨幣在其間所扮演的角色。假定基於任何原因，例如，新發明、新產業組織方法、開闢新市場等，企業家或企業的支配者決定提高其產出成長率。在作此項決策時，企業將立即需要提高其流動資本成長率，這就使企業家不得不求助於銀行。因而，提高產出成長率的願望立即轉變成對銀行資金需要的壓力，只要滿足了企業的流動資本需要，貨幣數量便會增加，並引起物價上漲，及產生強迫儲蓄 (forced saving)，且生產期間愈長，因以增產來緩和物價上漲的時間愈長，且可能性也愈低，故這些壓力也愈大。在這種情況下，大眾乃有擺脫貨幣、追逐物品的行動，貨幣流通速度提高，更助長物價的上漲。

在這種演變過程中，社會上各個集團就會預期價格仍會繼續再上漲，因而製造業者乃加速訂購原料，零售商則囤積最終物品，甚至細心的消費者都會急急忙忙地買進新車、新衣或房地產。這樣就會使得貨幣的交易價值背離了其所得價值：因為批發價格已不再依當時市場物品供需及當時的貨幣供給所決定的價格成交，而係依預期的來日的零售價格而決定，甚或是依預期的交貨時的價格而決定。因此，為完成相同的交易量、原料使用量及生產因素使用量，商人及製造商就需要

較先前更多的貨幣，這當然也只好求助於銀行。尤其是，各種原料、物品的囤積，既類似於生產時期的延長，對上漲中的價格無異是火上添油，商人及製造商的流動資本需要當更為迫切，對銀行的融通要求也更為殷切了。就這種表面現象來說，銀行家繼續擴大其放款（貨幣供給量增加）乃是物價上漲的結果，而非物價上漲的原因。不過，就實質來說，放款的持續增加乃是物價持續上漲的必要條件；若銀行家對融資要求未積極給予支持，物價就不能持續上漲了。在銀行貸款支持下，物價會繼續上漲，直到貨幣崩潰或銀行融資達到其高限時才會停止，並轉變而成衰退或蕭條，然後等待另一時機，再展開另一經濟循環波動。

　　由此可知，羅勃遜認為，貨幣數量及其變動不但是貨幣價值的主要決定因素，而且也是經濟循環波動的主要決定因素，有效地控制貨幣數量及其變動，可維持貨幣價值的安定，且緩和經濟循環波動。不過，羅勃遜也指出，貨幣是僕人而非主人，是手段而非目的，經濟社會的波動有真實因素為其根本原因，控制或調節貨幣只能緩和可能發生的波動，不能完全平息可能發生的波動。

第三節　米　德

一、生平與著作

　　米德 (James Edward Meade, 1907–1995) 是英國經濟學家。1907 年 6 月 23 日生於英格蘭南部道賽特 (Dorset) 的史瓦納吉 (Swanage)。1930 年進劍橋大學之前，曾在牛津大學主修古典文學四年，獲有學士學位。1931 年畢業於劍橋大學，主修哲學、政治學及經濟學。畢業後，擔任牛津大學的赫福特學院 (Hertford College) 的經濟學講師；二次世界大戰發生後，在英國內閣的經濟小組 (Economics Section) 擔任委員；1946 年至 1947 年間，升為該小組主席，且對關稅暨貿易總協定 (General Agreement on Tariffs and Trade) 的創建著有貢獻。1947 年，擔任倫敦經濟學院的商學教授。1957 年，接替羅勃遜，擔任劍橋大學經濟學講座教授，1968 年退休後於劍橋大學的克利斯特學院 (Christ's College) 擔任高級研究員，從事研究工作。

　　米德在國際經濟學上著有貢獻。1951 年就被選為英國學術院的院士 (F. B. A)；1964 年至 1966 年擔任英國皇家經濟學會的主席；1966 年被選為美國文學及

科學院的外國榮譽院士。1977 年，與瑞典經濟學家奧林 (Bertil Gotthard Ohlin)，因兩人對國際經濟學的貢獻，同獲該年的諾貝爾經濟學獎。

　　米德的主要著作如下：

1. 《國際經濟政策理論》，卷一：《國際收支》；卷二，《貿易與福利》
   (*Theory of Interational Economic Policy*, vol. I, *The Balance of Payments*, 1951; vol. II, *Trade and Welfare*, 1955)——中譯本有：李蘭甫譯：《國際收支論》，兩冊；《貿易與福利》，兩冊（臺灣銀行經濟研究室刊行）；

2. 《經濟同盟論》(*Problems of Economic Union*, 1953)；

3. 《關稅同盟論》(*The Theory of Customs Unions*, 1955)；

4. 《新古典經濟成長理論》(*A Neoclassical Theory of Economic Growth*, 1960)；

5. 《靜態定型經濟社會》(*The Stationary Economy*, 1964)；

6. 《成長的經濟社會》(*The Growing Economy*, 1968)；

7. 《公平的經濟社會》(*The Justice Economy*, 1972)。

二、對內平衡與對外平衡的衝突

　　在國際經濟學上，米德的貢獻幾乎涵蓋了全部領域。在此，我們僅說明他運用凱因斯一般理論的分析方法，探討對內平衡 (internal balance) 與對外平衡 (external balance) 的衝突，以及解決此種衝突的政策措施。

　　根據米德的分析，在一個中性經濟社會 (neutral economy)，因為假定貨幣政策、財政政策、工資率、匯率及貿易政策不變，對內平衡及對外平衡的擾亂，基本上是起因於「自發性的擾亂因素」(spontaneous disturbances) 及由此而產生的「誘發性的擾亂因素」(induced disturbances)。在一個非中性經濟社會，上列五類政策都是可調整的，其調整便產生「政策性的擾亂因素」及由此而產生的「誘發性的擾亂因素」，破壞了原來的對內平衡及對外平衡狀態。我們在此所要討論的是：屬於政策性擾亂因素的貨幣政策及財政政策與對內平衡及對外平衡的關係。

　　簡單地說，對內平衡指稱，對國內產出的總需要等於充分就業下的國內產出的總供給。若總供給大於總需要，就會產生緊縮的壓力；若總供給小於總需要，就會產生膨脹壓力；兩者都是對內不平衡。對外平衡指稱，貿易順差恰等於資本流出淨額。若貿易順差大於資本流出淨額，則有國際收支盈餘；若貿易順差小於資本流出淨額，則有國際收支赤字，兩者都是對外不平衡。

　　所謂財政政策指稱，稅率或政府支出的變動，這乃是政府意欲藉此影響國內總需要。在降低直接稅或間接稅的場合，或者直接增加人民的可支配所得，或者會間接降低物品及勞務的價格，都能刺激國內需要的增加，政府直接增加支出，不論是對物品及勞務購買支出的增加，或者是移轉支出的增加，也都會直接使國內需要增加，產生經濟擴張的壓力。反之，若提高稅率或減少政府支出，都會減少國內需要，產生經濟緊縮的壓力。

　　所謂貨幣政策指稱，銀行體系改變資金借貸條件，進而影響貨幣供給量的增減，且具體表現在利率的升降上。在增加貨幣供給量，進而使利率降低方面，必然會產生國內總需要增加的效果，並產生膨脹壓力。在減少貨幣供給量，進而迫使利率提高方面，當然會產生國內總需要減少的效果，並產生緊縮壓力。

　　乍看之下，不論貨幣政策或財政政策，其對內平衡效果極其相似，好似可自由選擇何種政策。但是，兩種政策的對外平衡效果則有很大的差別。在財政政策的場合，因減稅或政府支出增加所產生的國內總需要增加，或者會因進口增加，或者會因出口減少，而使貿易順差減少，改變了對外平衡狀態。在貨幣政策的場合，因利率降低，一方面經由使國內總需要增加，而使貿易順差減少，他方面則經由相對利率偏低，產生資本流出增加。因此，我們可以看出，財政政策的對外平衡的效果只是間接誘發的一面，而貨幣政策則有間接誘發及直接的雙重影響。

　　由於財政政策與貨幣政策的調整都能改變對內平衡及對外平衡。因此，當採行政策調整時，便可根據所欲達成的目的，區分為兩類政策：一類是對內平衡政策 (policy of internal balance)；一類是對外平衡政策 (policy of external balance)。

　　米德緊接著指出，在採行政策調整時，不但本國有其經濟情勢，且他國亦有其經濟情勢，故政策調整會產生多面的影響。假定只有甲、乙兩國，甲國採行政策調整，會產生三類影響：其一是影響甲國的對內平衡；其二是影響乙國的對內平衡；其三是影響甲、乙兩國間的對外平衡。由於政策調整前的經濟情勢有別，這三類影響或者是一致的，也可能有其衝突存在。米德把各種可能狀況列如表21-1。

　　根據該表，我們可以看出，共有四種可能情況。第一種情況是，順差國與逆差國都處於經濟衰退狀況；第二種情況是順差國經濟衰退，但逆差國則經濟繁榮；第三種情況是順差國經濟繁榮，而逆差國則經濟衰退；第四種情況是順差國與逆差國都處於經濟繁榮狀況。

表 21-1　米德的對內平衡與對外平衡模型

順差國的國民所得	逆差國的國民所得	目 的 在 於 追 求		
		對外平衡	順差國的對內平衡	逆差國的對外平衡
(a)	(b)	(c)	(d)	(e)
L	L	S_+ D_-	S_+ D_+	S_+ D_+ (1)
	H	S_+ D_-	S_+ D_+	S_- D_- (2)
H	L	S_+ D_-	S_- D_-	S_+ D_+ (3)
	H	S_+ D_-	S_- D_-	S_- D_- (4)

表中符號說明：L 表示國民所得低於充分就業水準，亦即有緊縮現象；H 表示國民所得高於充分就業水準，亦即有膨脹現象。S 表示順差國；D 表示逆差國；(+) 表示擴張（膨脹）政策；(−) 表示緊縮政策。亦即，S_+ 表示順差國應採行膨脹政策；S_- 表示順差國應採行緊縮政策；D_+ 表示逆差國應採行膨脹政策；D_- 表示逆差國應採行緊縮政策。

　　在這四種情況中，米德指出，真正沒有政策衝突的只有第一種情況下的順差國與第四種情況下的逆差國。因為他們所面臨的經濟問題，都可用同一種政策組合來完成。基於這種理由，第一種情況下的逆差國及第四種情況下的順差國就較容易解決他們的經濟問題了。值得特別注意的是，第三種情況下，順差國與逆差國都面對著政策衝突的難題，幾乎可以斷言，無法運用貨幣政策與財政政策同時來解決這種狀況下的對內平衡與對外平衡的問題。

第四節　羅賓遜夫人

一、生平與著作

　　羅賓遜夫人 (Joan Violet Robinson, 1903–1983) 是英國經濟學家。1903 年 10 月 31 日生於英國劍橋，其父毛里斯 (Sir Frederick Maurice) 為英軍少將。羅賓遜夫人在倫敦著名的聖保羅女子學校 (St. Paul's Girl School) 畢業後，進入劍橋大學的格登學院 (Girton College)，1925 年通過劍橋大學的經濟學榮譽學位考試 (economic tripos)。次年，與英國著名的經濟學家羅賓遜 (E. A. G. Robinson)❻結婚。1929

年開始在劍橋大學任教，1949 年升為副教授；1968 年繼米德擔任劍橋大學的經濟學講座；1975 年白講座退休。

　　羅賓遜夫人自 1933 年刊行其《不完全競爭經濟學》，即已是享譽全球的經濟學家；其後，繼續發揮凱因斯經濟學，在就業理論、成長理論等總體經濟學理論亦有重大貢獻。1958 年獲選為英國學術院院士。

　　羅賓遜夫人的主要著作如下：

1. 《不完全競爭經濟學》(*Economics of Imperfect Competition*, 1933)——中譯本有：孫震譯：《不完全競爭經濟學》（臺灣銀行經濟研究室刊行）；
2. 《就業理論文集》(*Essays in the Theory of Employment*, 1937)；
3. 《資本累積論》(*The Accumulation of Capital*, 1956)——中譯本有：楊志希譯：《資本積蓄論》（臺灣銀行經濟研究室刊行）；
4. 《經濟成長理論文集》(*Essays in the Theory of Economic Growth*, 1962)。

二、不完全競爭論

　　羅賓遜夫人在經濟理論上有多方面的貢獻，然而最為著名的依然是她的不完全競爭經濟學，且此項理論大部分已被融合在現代個體經濟學中，故我們僅作扼要說明。同時，我們也要指出，不完全競爭論雖可追溯到古爾諾 (A. A. Cournot)❼、艾奇渥斯 (F. Y. Edgeworth) 等人的著作，且也以馬夏爾及皮古的理論為基礎，但其最直接的源頭是斯拉法 (P. Sraffa) ❾ 1926 年在《經濟學刊》(*Economic Journal*) 發表的一篇論文——〈競爭情況下的諸收益率〉(The Laws of Return under Competition Conditions)。

　　斯拉法的這篇論文僅有十五頁，但展開了不完全競爭理論的先河，故沙克爾 (G. L. S. Shackle)❿稱之為「1926 年斯拉法宣言」(The Sraffa Manifesto of 1926)。斯拉法的基本論點是：在古典經濟學家的著作中，對廠商在生產擴大時的收益遞

---

❻　請參閱本書第一章第 12 頁。

❼　及❽　請參閱本節附錄㈡。

❾　請參閱本章第五節。

❿　沙克爾 (G. L. S. Shackle, 1903–1992) 英國經濟學家。曾任利物浦大學經濟學教授。著有：《預期、投資與所得》(*Expectations, Investment and Income*, 1941)、《經濟學中的預期》(*Expectations in Economics*, 1949)、《經濟學中的不確定》(*Uncertainty in Economics*, 1955) 等書。

減律固然有深入的分析，卻忽略了收益遞增或成本遞減的經驗。斯拉法指出，不論成本遞減係源自內部經濟或外部經濟，必然與完全競爭的假定有所衝突。因為享有內部或外部經濟的廠商，在其擴大生產時，必能經由生產決策而影響產品價格及產量。在個別廠商足以經由擴大生產而排除其競爭對手之前，他們就要遭遇到負斜率需要曲線的阻礙。因為在這種需要曲線下，許多市場表面上好似具有高度競爭性，實際上係含有重大的獨佔因素；同時，個別生產者會發現，消費者對個別生產者的產品有若干偏好，且願意支付較高的價格，而許多廠商乃能減輕價格性競爭的壓力，這便是不完全競爭理論的發端。

羅賓遜夫人接受了斯拉法的啟示，以獨佔分析為其起點，並且指出，在現實的經濟社會中，某一產業的各個廠商即或生產實質上完全相同的物品，然而由於廠商的位置、商品的設計、商標等因素，使各種顧客分別偏好某些廠商的物品，也就是各個廠商的物品在其顧客眼中並非可完全替代的，因而各個廠商並非處於完全競爭狀態，其所面對也就不再是完全競爭下的與橫軸平行的需要曲線，而是自左上方向右下方傾斜的需要曲線；亦即，廠商已能藉調整其產品售價，增減其產品的銷路。在這種情形下，追求極大利潤的廠商，在生產方面自然須使其邊際成本等於邊際收入，在雇用生產因素方面，則會使其邊際成本等於生產因素的邊際生產力淨額。我們得以羅賓遜夫人的有差別能力之獨佔者 (The discriminating monopolist) 及獨買者 (monopsony) 的分析，對這兩項原則作扼要的說明：

第一，就有差別能力的獨佔者來說，這是指稱，一個獨佔者有能力分割其產品市場的場合。在這種場合下，獨佔者為追求極大利潤，便會面對該如何定價及決定產量的問題。我們得以圖 21–1 來說明這種情況，在該圖中，D_1 及 D_2 分別表示獨佔者的產品在兩個已分割之市場所面對的需要曲線；MR_1 及 MR_2 分別為其邊際收益曲線；AD 為總需要曲線，為 D_1 及 D_2 之和；AMR 為總邊際收益曲線。為使其利潤極大，獨佔者須使其 MC = AMR。在這兩條曲線的交點，就決定了總產量為 OM；然後把這產量分別歸於兩個市場，各為 OM_1 及 OM_2；在這兩個市場中，同一產品的售價分別為 OP_1 及 OP_2，也就是對不同需要狀況的市場進行差別取價。這種有差別能力的獨佔者與純粹獨佔者相較，究竟以那一種情況的產量較大，則要視這兩個被分割的市場的比較需要彈性而定。在此，我們須特別指出，這種分析含有市場分割後並不改變產品的邊際成本的假定；若放棄這項假定，則以上的分析便會遭遇到一些複雜的難題。

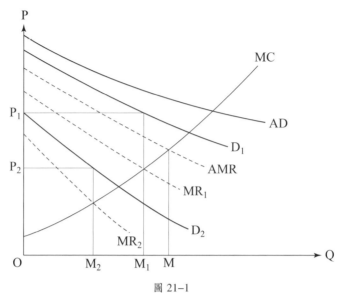

圖 21–1

　　第二，獨買與獨佔相似。獨佔指稱一個廠商的規模很大或足以創造其產品的差異性，且因而對其產品價格有某種程度的控制能力，這是賣方的獨佔。獨買則是指稱廠商的規模大得足以影響他所購進之生產因素的價格，也就是買方的獨佔。在這種獨買的場合，廠商所買進的生產因素價格是可變的，也就是可顯現邊際成本曲線及平均成本曲線的變化。在圖 21–2 中，MC 是獨買者的邊際成本曲線，AC 是其平均成本曲線，D 為其需要曲線。獨買者所願意買進的生產因素量為邊際成本等於競爭下的生產因素需要價格（生產因素的邊際生產力淨額），亦即圖中的 ON 為獨買者所願意買進的生產因素量，而其所支付的生產因素價格則為 NP。由此可知，不論供給價格遞增的場合（(a)圖），或供給價格遞減的場合（(b)圖），獨買者所支付的生產因素價格都低於競爭下的生產因素價格 QD。

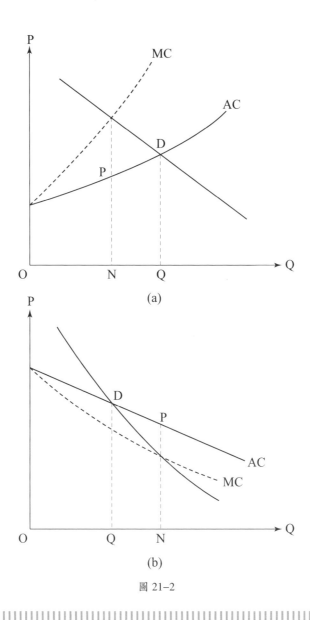

圖 21-2

第四節附錄㈠　錢伯霖與獨佔性競爭

　　在 1930 年代，與羅賓遜夫人的不完全競爭理論一樣，對價格理論有重大貢獻的另一本著作則是錢伯霖的《獨佔性競爭理論》。這兩本著作有若干差別，也有若干性質上相似之處。在這個附錄中，我們特別要說明其差別之處。

一、生平與著作

　　錢伯霖 (Edward Hastings Chamberlin, 1899–1967) 是美國經濟學家。1899 年 5 月 15 日生於美國華盛頓州的拉克納 (La Conner)。1920 年獲愛俄華大學 (University of Iowa) 的工學士學位，1922 年則獲密西根大學 (University of Michigan) 的工學碩士學位。稍後又進入哈佛大學，改讀經濟理論，分別在 1924 年及 1927 年獲碩士及博士學位。六年後，他修正補充其博士論文，交付刊行，便是著名的《獨佔性競爭理論》一書。自 1922 年起，錢伯霖便開始在哈佛大學執教，且在該校度過大部分的歲月，此外，他在密西根大學、巴黎大學及哥本哈根大學都曾作短期講學。1937 年起，他擔任哈佛大學的經濟學系系主任；二次世界大戰期間，也曾在美國戰略局服務；1943 年擔任美國經濟學會的副會長；1948 年至 1958 年擔任哈佛大學的《經濟學季刊》(*The Quarterly Journal of Economics*) 的編輯。

　　錢伯霖的主要著作有三：

1. 《獨佔性競爭理論》(*The Theory of Monopolistic Competition*, 1933)——中譯本有：郭婉容譯：《壟斷性競爭的理論》（臺灣銀行經濟研究室刊行）；
2. 《價值理論通論》(*Towards a More General Theory of Value*, 1951)；
3. 《勞工聯盟權力的經濟分析》(*The Economic Analysis of Labor Union Power*, 1958)。

二、獨佔性競爭理論

　　簡單地說，錢伯霖的《獨佔性競爭理論》試圖融合獨佔理論與競爭理論。他指出，不論市場上的表面競爭情況如何，幾乎每一個市場都有其獨佔因素存在，且競爭者在其競爭中都能對這些獨佔因素作有利於自己的運用。與羅賓遜夫人一樣，錢伯霖採用了斯拉法所提出的負斜率需要曲線，並且強調其對邊際收益曲線的影響。他進一步指出，銷售者乃是因為他們能使其產品差異化而面對了負斜率需要曲線，其方法包括商標、廣告、漂亮的女售貨員、殷勤的服務態度等不一而足。不過，我們須在此指出，這項理論須假定消費者一定會受到這些差異化技巧的影響，而產生對產品的偏好，這些差異化技巧才會成功。

　　錢伯霖首先假定，生產者創造產品差異是不須成本的，並以這項假定為基礎，來比較競爭與獨佔性競爭結果的差別。這又可區分為：廠商數量很少，但仍有劇

烈競爭存在的寡佔 (oligopoly)，及廠商數量很多的純粹競爭等兩種來作說明。

　　如圖 21–3 所示，在寡佔的場合，由於競爭程度不足以把需要曲線 (AR) 降低至與總成本曲線 (ATC) 相切，故其情況與純粹獨佔相類似。寡佔者的產量為 OA，每單位產品價格為 OD，超額利潤總額為 EBCD；且只要廠商數目不再增加，此種偏低產量、偏高價格及偏高超額利潤就會繼續存在。

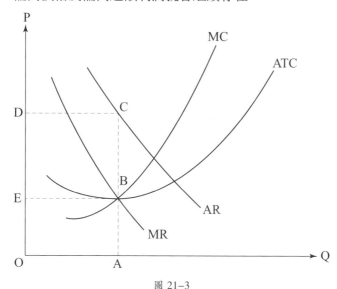

圖 21–3

　　如圖 21–4 所示，在純粹完全競爭的場合，因廠商間存有較劇烈的競爭，足以使需要曲線 (AR_m) 與總成本曲線相切。在這種情形下，廠商的超額利潤固然已經消除。但是由於需要曲線是負斜率的，其與總成本曲線乃不會在總成本的最低點相切，因而獨佔性競爭下的產量乃較純粹競爭的場合為小，亦即，非為最有效率的產量，且每單位的價格也比純粹競爭的場合為高。在圖中，獨佔性競爭下的需要曲線 (AR_m) 及純粹競爭下的需要曲線 (AR_c)，係與總成本曲線在不同的位置相切，就可看出兩者所決定的產量及價格的差別了。尤其是，若獨佔性競爭下的需要曲線的價格彈性愈低 (即獨佔因素愈重要)，其與總成本曲線的切點將愈往左邊移動，亦即，產量愈少，而價格愈高了。

　　不過，錢伯霖仍進一步分析銷售成本及其影響。簡單地說，為創造產品差異，生產者當然須支付代價，這個代價可統稱為銷售成本 (selling costs)。當我們引進銷售成本時，成本及需要曲線都會移動。原則上說，若廠商藉廣告來創造產品的差異，其正常結果是使需要有所增加；但由於增加了銷售成本，故亦會提高價格，

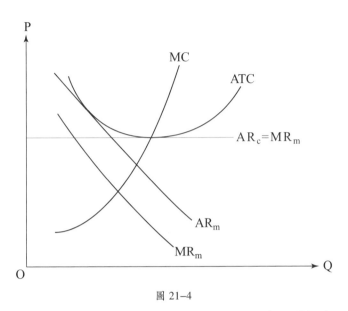

圖 21-4

其變動程度則因需要彈性之不同而異。在正常情形下，產量增加表示獨佔性廠商的生產效率提高，但無論如何其生產效率總是較純粹競爭的場合為低。

第四節附錄㈡　不完全競爭理論的先驅者

一、古爾諾

　　古爾諾 (Antoine Augustin Cournot, 1801–1877) 是法國數學家與經濟學家。1801 年 8 月 29 日生於格雷 (Gray)。1838 年擔任里昂大學 (University of Lyons) 的數學與物理學教授，在或然率論與認識論方面有傑出的貢獻。後來，到巴黎擔任校長及校監等職務。1877 年 3 月 31 日逝世。在經濟學方面的著作有二：《關於財富理論的數學原理之研究》(*Recherches sur les principes mathématiques de la théorie des richesses*, 1838) 及《經濟學概論》(*Revue sommaire des doctines économiques*, 1877)。

　　在古典經濟學時期，固然僅有完全競爭的假定與分析；在馬夏爾的《經濟學原理》中，也僅討論了完全競爭與獨佔。但是，古爾諾在 1838 年便已解決了雙佔問題 (duopoly) 的分析，且也可把此項分析應用於兩個以上的生產者。我們可用圖

解法，對古爾諾的分析略作說明：

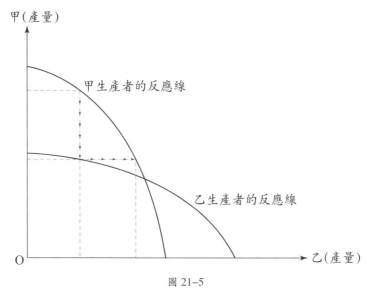

圖 21-5

圖 21-5 中，橫軸表示乙生產者的產量，縱軸表示甲生產者的產量，兩條反應線分別表示每一個生產者假定其競爭對手對其生產量的反應係屬已知數，而進行生產的產量。在這項假定下，每當一個生產者調整其產量，其競爭對手為追求極大利潤，也會調整其產量，而競爭對手產量的調整又會反過來影響第一個生產者的產量。在均衡來臨前，這兩個生產者會繼續玩其產量調整的遊戲。均衡位置在這兩條反應線相交之處。在這交點所決定的產量是雙佔者雙方的產量相等，且也分別達成其最大的利潤。

二、艾奇渥斯

古爾諾的著作並未引起學界的注意，故此項理論進展極其有限。1897 年，艾奇渥斯發表〈純粹獨佔理論〉(The Pure Theory of Monopoly) 一文，改變古爾諾的假定，得到不同的結果，才引起經濟學家們的注意，並繼續產生豐碩的成果。

艾奇渥斯 (Francis Ysidro Edgeworth, 1845–1926) 是英國經濟學家與統計學家。1845 年 2 月 8 日生於愛爾蘭的隆福得郡 (Longford County)。老艾奇渥斯是作家兼詩人，有十六子，艾奇渥斯排行十五。在 17 歲進大學之前，係接受家庭教師的教育。曾先後就讀於都柏林大學的三一學院及牛津大學的巴利奧爾學院，表現非常傑出，古典文學素養尤佳。1877 年，他取得律師資格，但從未執行律師業務，因

為他選擇了學術生涯。他首先在倫敦國王學院 (King's College) 擔任邏輯學講師，後來升任涂克 (T. Tooke) 政治經濟學講座教授。1891 年，牛津大學杜魯孟德 (Drummond) 政治經濟學講座教授羅吉斯 (J. E. T. Rogers)❶去世，由艾奇渥斯接任，直到 1922 年退休，並受聘為名譽教授。1926 年 2 月 13 日病歿，終身未娶。

艾奇渥斯是皇家經濟學會 (Royal Economic Society) 發起人之一，也是會刊《經濟學刊》(*Economic Journal*) 的首任編輯（1891 年至 1926 年）。此外，他是英國學術院院士，曾擔任皇家統計學會 (Royal Statistical Society) 會長及皇家經濟學會副會長。他的經濟學論著有二：《數理心理學》(*Mathematical Psychics*, 1881) 及《政治經濟學論文集》，三卷 (*Papers Relating to Political Economy*, 1925)。

艾奇渥斯在經濟學上最大的貢獻之一是：就古爾諾的雙佔理論，假設生產者雙方都假定其競爭對手的價格不變，因而得到價格搖擺不定的未定解。我們得以圖 21–6 來說明其理論。

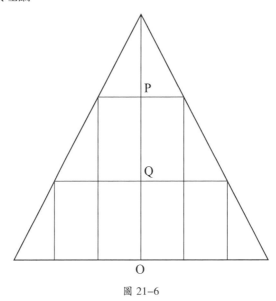

圖 21–6

如圖 21–6 所示，OP 表示市場中僅有一個生產者或兩個生產者已相互勾結時

---

❶　羅吉斯 (James Edwin Thorold Rogers, 1823–1890) 是英國經濟史學家。1859 年至 1890 年，在倫敦國王學院執教。主要著作包括：《1259 年至 1793 年英國農業及物價史》，七卷 (*History of Agriculture and Prices in England, 1259–1793*, 1866–82)；《經濟史觀》(*The Economic Interpretation of History*, 1888)；《政治經濟學手冊》(*Manual of Political Economy*, 1868) 等。

的價格。若甲生產者把價格定為 OP，乙生產者因假定甲生產者的價格不變，他發現，若他把價格向下調整少許，便可獲得額外利益。在乙生產者定出較低價格後，甲生產者因假定乙生產者的價格不變，他發現，若他的價格較乙生產者低一點，便可獲得額外的利益。在這種情形下，兩個生產者會競相降低價格。直到價格為 OQ 時，因兩個生產者都已達到其最大產量，故價格不會再行下降。但在此價格下，個別生產者會發現，若他單獨把價格抬高少許，便可使其利潤增加，因而兩個生產者又競相抬高價格，直到 OP 為止。因此，產品價格乃在 OP 與 OQ 之間搖擺不定。

第五節　斯拉法

一、生平與著作

斯拉法 (Piero Sraffa, 1898–1983) 是義裔英籍經濟學家。生於義大利，畢業於劍橋大學，是皮古與凱因斯的得意門生。畢業後，就在該大學三一學院執教。1926 年，在《經濟學刊》(*Economic Journal*) 發表〈競爭條件下的諸收益率〉一文，一舉成名，因而促進了不完全競爭理論的發展，沙克爾稱之為「1926 年斯拉法宣言」(The Sraffa Manifesto of 1926)。

1951 年至 1955 年間，刊行《李嘉圖全集》，其李嘉圖原理導論，在促進對李嘉圖與古典經濟學的瞭解方面，有很大的貢獻。1960 年刊行《以商品生產商品》(*Production of Commodities by Commodities*, 1960) 一書，對以邊際分析為基礎的價值與分配理論，提出嚴苛的批評，引起經濟學上的新論戰。布勞格 (M. Blaug)❶❷稱之為「斯拉法革命」(Sraffa's Revolution)。

---

❶❷ 布勞格 (Mark Blaug, 1927–2011) 是荷蘭經濟學家。1955 年獲哥倫比亞大學經濟學博士學位。曾先後執教於耶魯、曼徹斯特、芝加哥等大學、倫敦教育大學及倫敦經濟學院的教育經濟學教授。著有：《李嘉圖經濟學》(*Ricardian Economics*, 1958)；《經濟理論之回顧》(*Economic Theory in Retrospect*, 3rd ed., 1977)、《教育經濟學》(*Economics of Education*, 1970) 等書。

二、古典經濟學與現代經濟學

　　自經濟學上的邊際效用革命以來，經濟學就有古典與現代之分，只是每一時期所用的「現代」一詞，多少有不同的意義。更重要的是，現代的教科書也差不多不談古典經濟學了。這本西洋經濟思想史的主要內容是：說明自古典學派以來，各主要經濟學家對經濟學的貢獻。可是，我們不免要問：古典經濟學與現代經濟學又有何差別呢？這是敘述斯拉法所引起的新論爭之前，先要作扼要回顧的。

　　古典經濟學與現代經濟學有很大的差別，這種差別表現在他們對經濟過程持不同的看法。在古典經濟學中，經濟過程的目的在於生產剩餘價值，也就是在於使產品價值大於生產成本。這種剩餘價值係供支付地租及利潤之用，也是投資資金的來源，更是生產體系擴張的條件。如前所述，除馬爾薩斯之外，古典學派的經濟學家都認為，只要剩餘價值未被用於非生產性的消費 (unproductive consumption)，就會被用於投資，可促進經濟擴張。若用於非生產性的消費，則不但不能增加剩餘價值的創造，而且不利於經濟過程的目標。

　　因為以這種方式來解釋經濟現象，古典經濟學便遭遇到極大的困難。在貨幣經濟社會中，剩餘是用貨幣來表示的，是一種剩餘價值，須有足以解釋價格機能如何能產生剩餘價值的一套價值理論，才能解釋經濟體系的運行。為著這種目的，古典經濟學乃建立勞動價值學說，認為在正常的生產條件下，商品間的相對價格在長期間會趨等於為生產各該商品所需的直接及間接勞動量。我們先前已經提及，這種學說對不同品質的勞動及間接勞動都有其尺度上的困難。但是，更為重要的是，在機器生產大量展開以來，相對價格已極難恰與投入勞動量相一致。換句話說，除非各個商品的供給恰等於其需要，且各種經濟活動的利潤率相等，直接勞動與間接勞動組合不同的商品，其相對價格就不會等於其所含勞動量的比率。

　　現代經濟學為趨避這種難題，乃否定了剩餘概念，也否定了剩餘價值概念，認為每一種生產因素對生產都有其貢獻，都該有其所應得的分配份，故不會產生剩餘價值的問題。現代理論的高峰是華爾拉的一般均衡理論。在這項理論中，假定在生產過程開始之際，各種生產因素各有其一定數量，其所貢獻的生產勞務恰各值其所得。由於假定可供使用的生產因素數量不變，故在一般均衡中便排除了動態的資本理論。即使在李昂鐵夫 (W. Leontief)⓭的投入產出分析中，動態資本累積仍為其中的一大困難。在紐曼 (J. L. von Neumann) 模型中，不依原有生產因

素及最終消費的假定，來討論循環流轉的生產過程，則消除了華爾拉的難題，但其分析型態則可追溯到古典經濟學的傳統❹。

　　斯拉法在其《以商品生產商品》一書中，對以邊際分析為基礎的現代理論，提出極其嚴苛的批評，且引起新爭論。在此，我們當然無法敘述這種新論爭的內容，也不敢預言其結果，而僅能扼要說明斯拉法的理論。

三、以商品生產商品

　　斯拉法分為三個階段展開他的理論：

　　第一個階段是完全閉鎖的生產體系的運行。在這種生產體系中，同一商品既是產品，且也充當生產工具，每一種物品的產量，恰等於其作為生產工具所使用的數量，且假定各種物品的數量都不變。這當然是一個依相同形式自我再生產其所需物品的自足社會。在這個社會中，各種物品的相對價格當然等於其相對的生產成本。

　　假設有若干產業分別生產 a、b、⋯、k 物品，各物品的年產業分別為 A、B、⋯、K。每年為生產 A 所投入的物品是為 A_a、B_a、⋯、K_a；每年為生產 B 所投入的物品是為 A_b、B_b、⋯、K_b，餘此類推。若各個物品的價格分別為 P_a、P_b⋯、P_k。則可得生產條件如下：

$$A_aP_a + B_aP_b + \cdots + K_aP_k = AP_a$$

$$A_bP_a + B_bP_b + \cdots + K_bP_k = BP_b$$

$$\vdots$$

$$A_kP_a + B_kP_b + \cdots + K_kP_k = KP_k$$

根據假定，各已知數量之關係如下：$A_a + A_b + \cdots + A_k = A$；$B_a + B_b + \cdots + B_k = B$；⋯；$K_a + K_b + \cdots + K_k = K$，若以其中一物品作為價值標準，且使之等於 1，就只有 k − 1 個未知數，只須有 k − 1 個方程式便能求出 k − 1 個價格了。

---

❸　請參閱本書第二十二章第四節。

❹　請參閱本節附錄。

　　第二個階段是討論有生產剩餘的經濟體系。斯拉法仍然假定以同一物品生產同一物品,但以擁有生產技藝的緣故,每一種物品的產量都可大於或等於其作為生產工具的物品量,生產價值乃可大於其成本而有剩餘。若以 r 表示各產業都相同的利潤率,則此體系的架構如下:

$$(A_aP_a + B_aP_b + \cdots + K_aP_k)(1+r) = AP_a$$

$$(A_bP_a + B_bP_b + \cdots + K_bP_k)(1+r) = BP_b$$

$$\vdots$$

$$(A_kP_a + B_kP_b + \cdots + K_kP_k)(1+r) = KP_k$$

根據假定,各已知數量的關係為:$A_a + A_b + \cdots + A_k \leqslant A$;$B_a + B_b + \cdots + B_k \leqslant B$;$\cdots$;$K_a + K_b + \cdots + K_k \leqslant k$。在這個體系中,k 個方程式乃能決定 $(k-1)$ 個價格關係及一個利潤率。斯拉法稱這些產品為基本型 (basics),強調只有基本型的生產條件在價格與利潤之決定中扮演著一份角色。

　　在這個階段,利潤率已出現,且利潤或生產剩餘係依各個生產工具的價值,比例分配於各種不同的生產活動中。不過,勞動並未明白出現,僅間接表現在工人所消費的物品中。

　　最後,斯拉法把勞動與其他生產工具分開,也就是把工資率 (w) 與其他價格分開。斯拉法把各種價格關係還原為一組以勞動表示的數列。簡單地說,每一物品的簡約式係各時日之勞動乘以工資率,再各乘以該時日與製成品出現之時距間的利潤。以 A 物品為例,其價格方程式如下:

$$L_aw + L_{a1}w(1+r) + \cdots + L_{an}w(1+r)^n + \cdots = AP_a$$

　　換句話說,斯拉法把生產物扣去供作再生產工具之部分,區分為工資與利潤。但是,他的方程式體系不能同時決定工資率與利潤率。斯拉法乃依古典傳統,假定工資率為經濟體系外的因素(例如,歷史的生活水準、工人分享剩餘的能力等)所決定,且把利潤率視為這種外在變數的工資率的函數。

　　簡單地說,斯拉法的理論回歸到古典經濟學,把利潤視為剩餘而非要素報酬,把工資視為由歷史及社會因素所決定,與勞動邊際生產力無關。而為著避免

古典勞動價值學說所引起的利潤率不定的困擾，他採用了「標準商品」(standard commodity) 概念，把產品與生產工具都同質化，局部解決了困擾。所謂標準商品乃是選出一種或一組具備所要求之特性的物品，以之作為尺度標準，不致於改變工資及利潤關係；也不改變淨生產與生產工具間的關係。但是，由於標準商品概念與現實社會有所脫節，且他所展示的理論假設與現實經濟體系有別，因而引起許多爭論，爭論的範圍幾包括了經濟學的各個領域，這種發展是頗值得我們注意的。

|||||||||||||||||||||||||||||||||||||||||||||||||||||||||||||||||||||||||||||||||||||||||||

🖋 第五節附錄　紐曼模型

一、生平與著作

　　紐曼 (Johann Ludwig von Neumann, 1903–1957) 是匈裔美籍數學家及物理學家。生於匈牙利，曾就讀於柏林大學、蘇黎士大學，1926 年獲布達佩斯大學 (University of Budapest) 數學博士學位，即赴柏林大學及漢堡大學任教。1930 年，到美國普林斯頓大學講授數量物理 (mathematical physics)。紐曼不但在數學及物理學有特殊貢獻，擔任美國原子能委員會的委員，協助高速計算機的開發。1936 年，發表〈一般經濟均衡模型〉(A Model of General Economic Equilibrium) 一文，展開了一般均衡論的新分析方法；1944 年，與莫根斯坦 (O. Morgenstern)❺合著《遊戲理論與經濟行為》(*Theory of Game and Economic Behavior*) 一書，展開了經濟行為研究的新領域。

二、紐曼模型簡介

　　我們先前已經提及，華爾拉的一般均衡體系，以及應用此項理論體系的投入產出分析，都極難於處理資本累積問題。紐曼為趨避這項困難，乃放棄原始資源數量不變的假定，把各種生產要素都視為中間產品。亦即，每一時期所使用的生

---

❺　莫根斯坦 (Oskar Morgenstern, 1902–1976) 德裔美籍經濟學家。生於德國。1925 年獲維也納大學博士學位，留校任講師，並升至教授兼景氣研究所所長。1938 年赴美，初任普林斯頓大學講師，1941 年升任教授。除正文提及之著作外，尚有《經濟觀察的正確性》(*On the Accuracy of Economic Observations*, 1950)、《國際金融交易與商業》(*International Financial Transactions and Businesses*, 1959) 等書。

產要素全部都是前一時期所生產的產品，因而把生產視為一種完全的循環過程，同一物品既是投入，也是產出，完全不受生產過程外之因素的影響。也由於調整了這項假定，紐曼模型便不是討論經濟體系在一個時點的均衡，而是分析各個時間的動態均衡。這種生產過程的均衡分析須滿足兩組均衡條件：

第一，在每一個時間單位中，作為生產要素而投入於生產過程的各種物品的總投入量，須小於或等於其前一時間單位同一物品的總產出量；價格為零的物品除外。

第二，為滿足完全競爭的條件，每一生產過程的收入須大於或等於其成本。不過，由於成本係發生於前一時點，為進行成本與收入的比較，未來的收入當然須依市場利率而折為現值。

在這兩項條件下，紐曼模型可得到無窮多的解，故紐曼乃另加各個過程係依相同的固定比率而成長的條件。在這些條件下，紐曼模型才可解出各生產過程的相對活動水準、相對價格、經濟成長及利率；並且也顯示出，在當時的技藝水準容許下的最高均衡成長率恰等於最低的均衡利率。

紐曼模型為著討論動態的資本累積問題，改變了華爾拉的假定，但也付出了代價。第一，在紐曼模型不能決定各種物品的絕對生產量；第二，消費與生產不能分開。此外，在華爾拉體系中，利潤是資本的報酬；但是，在紐曼體系中，利潤是收入扣除成本的餘額，也是一種剩餘的觀念。就這項觀念來說，紐曼模型是回歸到古典傳統了。然而，由於紐曼假定著完全競爭現象，故利潤得由經濟效率決定，這又與古典傳統有別。

本章進修參考書目

1. 郭婉容著：《數理經濟學選論》，第十五章至第十七章。

2. 郭婉容譯，E. H. Chamberlin 原著：《壟斷性競爭的理論》（臺北：臺灣銀行經濟研究室，五十四年）。

3. 孫震譯，J. Robinson 原著：《不完全競爭經濟學》（臺北：臺灣銀行經濟研究室，五十四年）。

4. 陸民仁譯，A. C. Pigou 原著：《福利經濟學》（臺北：臺灣銀行經濟研究室，六十年）。

5. 李蘭甫譯，J. E. Meade 原著：《國際收支論》（臺北：臺灣銀行經濟研究室，六十年）。

6. 楊素仁譯，D. H. Robertson 原著：《貨幣》（臺北：臺灣銀行經濟研究室，五十四年）。

7. Mark Blaug, *Economic Theory in Retrospect*, chapters 10, 12 and 13.

8.E. H. Chamberlin, *The Theory of Monopolistic Competition* (Cambridge, Mass.: Harvard University Press, 1962).

9.H. Landreth, *History of Economic Theory*, chapter 11.

10.J. E. Meade, *Theory of International Economic Policy*, vol. I, *The Balance of Payments* (New York: Oxford University Press, 1951).

11.A. C. Pigou, *The Economics of Welfare* (London: Macmillan, 1952).

12.D. H. Robertson, *Money* (London: Macmillan, 1926).

13.Joan Robinson, *The Economics of Imperfect Competition* (London: Macmillan, 1933).

14.B. B. Seligman, *Main Currents in Modern Economics*, chapter 6.

15.P. Sraffa, "The Laws of Returns Under Competitive Conditions," *The Economic Journal* (Dec., 1926).

16.P. Sraffa, *Production Commodities by Means of Commodities* (Cambridge: Cambridge University Press, 1960).

一般均衡理論的展開與應用

第22章　一般均衡理論的展開與應用

一般學者明知一切都是空幻虛無，是人類在此虛無中造出他的思想、他的上帝、他的藝術、他的科學，繼續創造著世界及其律令，創造著這白日大夢。他們並不向學問求安息、求幸福，甚至也不求真理：因為他們不知究竟能否獲得。他們只為學問而愛學問，因為它是美的，唯有它才是美的、真實的。

《約翰·克利斯朵夫》

第一節　柏雷圖

一、生平與著作

　　柏雷圖 (Vilfredo Federigo Damaso Pareto, 1848–1923) 是義大利經濟學家，華爾拉在洛桑大學經濟學講座的繼任者。十九世紀中葉，老柏雷圖因支持馬志尼 (Giuseppe Mazzinl, 1805–1872) 的義大利統一運動，被迫流亡法國。1848 年與一位法籍婦人生下柏雷圖。1858 年，老柏雷圖獲得特赦，乃攜柏雷圖回義大利接受教育。柏雷圖就讀於杜陵大學 (University of Turin) 的工藝學院 (Politechnical School)，主修數學及物理。1869 年獲工程博士學位，且立即從事工程師的工作，經數度轉職及升遷，終於擔任義大利鋼鐵工廠 (Italian Iron Works) 的董事長。1882 年，柏雷圖自工廠職務退休，回到杜陵大學研究哲學與歷史，對經濟理論乃發生了興趣，在十年間也發表了若干經濟論文。1891 年，在一個偶然的機會，認識了當時義大利的名經濟學家潘達利奧尼 (Maffeo Pantaleoni)❶，經由彼的介紹，

---

❶ 潘達利奧尼 (Maffeo Pantaleoni, 1859–1924) 是義大利經濟學家。曾先後執教於巴維亞大學 (University of Pavia) 及羅馬大學。著有《純粹經濟學手冊》(*Manuale dieconomic pura*, 1889) 等書。

閱讀了華爾拉的著作，並與華爾拉經由書信而討論。1893 年因華爾拉的推薦，接任瑞士洛桑大學經濟學講座教授的職位。1906 年辭去教職，在日內瓦湖畔的鄉村別墅安享餘年，並從事著述，其中則以社會學的論著為主。

　　由柏雷圖的一生，我們可以看出三項事實。第一，由於他接受了工程師的訓練，自早年以來，他的數學程度就已達到專家的水準。第二，由於將近十年的工程師及企業經營的經驗，他對工業實務有深刻的瞭解，這種瞭解遠非一般經濟學家或政府官員所能比擬。第三，他熱衷經濟政策問題的討論。在 1891 年他接受華爾拉的經濟理論之前，當時義大利另一位名經濟學家費拉拉 (Francesco Ferrara)❷對他有很大的影響，這種影響是在政策面的。事實上，柏雷圖不但很遲才閱讀華爾拉的著作，且與華爾拉交往的後期也是不很愉快的，甚至自 1902 年後，兩人之間便已沒有交往的記錄。因此，柏雷圖的經濟著述雖然繼承了華爾拉的數學及一般均衡的形式，卻很明顯地揚棄了效用概念，對經濟政策方面也有不同的意見。同時，柏雷圖在晚年潛心於社會主義及社會改革的研究，簡直是放棄了經濟學，故他的主要經濟著作只有下列兩種：

1. 《政治經濟學講義》(*Cours d'economie politique*, 2 vols., 1896–1897)；
2. 《政治經濟學手冊》(*Mannule d'economie politique*, 1906)。

二、在經濟思想上的貢獻

　　柏雷圖雖是承繼著華爾拉，他的經濟論述明顯地表現他對華爾拉體系的技術缺點及其他限制有充分的瞭解，但是卻不能建立完整體系，若干理論且是不妥當的。根據熊彼德的看法，他最大的貢獻有三：其一是價值論的修正，其二是生產論的修正，其三是柏雷圖法則 (Pareto's Law)。

　　就價值論的修正來說，華爾拉以及孟格、龐巴衛克等人都認為效用理論乃是一大發現，是足以開啟純粹經濟學的各種秘密的鑰匙。柏雷圖則對這種看法表示異議，提出以表示欲望能力的 ophelimity 一詞，來代替效用一詞。因為效用表示有用性，而有用性的反詞為有害性，這樣的價值判斷會使效用一詞的意義易於被

---

❷　費拉拉 (Francisco Ferrara, 1810–1900) 是義大利經濟學家。先後執教於杜陵大學、比薩大學 (University of Pisa)，尚擔任過參議員、財政部長、西西里統計局局長、威尼斯的皇家商學院院長。著有：*Biblioteca dell'Economisti*, 1850–1870、*Importanza dell'Economia politica*, 1849 等書。

誤解。不過，柏雷圖的這項修正不但不曾在經濟學上被接受，而且連他自己也立即再行修正，也就是引進了無異曲線分析的概念，完全拋棄了可測度效用的概念。

　　無異曲線當然不是柏雷圖的創見，艾奇渥斯 (F. Y. Edgeworth) 在 1881 年就已表示這種見解。不過，艾奇渥斯係從可測度的總效用為起點，推論出無異曲線的定義。而柏雷圖因接受費雪 (Irving Fisher) 效用不可測性的看法，乃把艾奇渥斯的推論過程倒轉。他先假定已知無異曲線，然後以此推論純粹競爭下的經濟均衡，且也推論出可視同為效用的若干函數。熊彼德指出，柏雷圖的這種修正有兩項意義：第一，柏雷圖給予無異曲線新的意義，以可觀測之行為取代效用，可使經濟理論有更穩固的基礎。第二，他似乎仍然難於擺脫舊效用理論的概念。關於第二點，有兩項證據，其一，柏雷圖在討論互補物品及競爭物品時，仍與艾奇渥斯一樣，係以效用的可測性為基礎而進行的。第二，他用很長的篇幅討論所得的邊際效用。

　　由於效用的不可測性，不但不能比較人與人之間的滿足程度，而且也不能把社會的滿足程度加總累計。因而，柏雷圖乃進而攻擊集體的極大滿足的問題。他認為，第一，在調整經濟型態後，以計算單位表示的利得足以抵銷因而引起的損失而有餘，才能認為已客觀地增進了福利或集體的滿足。第二，若不能用上述方法作福利判斷，便要訴諸超經濟（例如，倫理）的考慮。第三，在完全競爭下，實際上可實現提高集體福利水準的境界，這便是所謂「柏雷圖最適境界」(Pareto's Optimum)，也開啟了近代所謂「新福利經濟學」(New Welfare Economics) 的大門。

　　無異曲線分析是把「嗜好」引進需要分析中，在生產理論，柏雷圖則更討論各種「困難」(obstacles) 對生產理論的影響。前面已經提及，華爾拉的生產理論係以技術係數的簡單模型為起點，這當然是有欠妥當。在華爾拉之後的邊際生產力分析法，則假定技術係數全係可變的，柏雷圖認為這種分析法未免矯枉過正，忽略了限制因素 (limitational factors)，諸如不論產量多寡，都須有固定數量的生產因素等。他認為完整的一般生產分析須包括固定係數與變動係數在內，他據此而描繪的生產理論，熊彼德認為已構成了近代數理的生產理論的基礎。

　　最後，我們尚要說明「柏雷圖法則」。柏雷圖根據他對許多國家不同時期之統計資料所作的觀察，他發現所得分配可用一種固定型態來表示。若以 N 表示所得高於 x 之人數，A 及 m 係常數。則柏雷圖法則如下：

$$logN = logA + mlogx$$

柏雷圖則試圖據此而討論改善所得分配的各種政策。這項法則及其有關政策主張，曾引起許多批評與實證研究，問題的焦點在於 m 是否固定不變及所得分配固定又表示什麼意義。不論爭論情形如何，柏雷圖的這種看法，也開啟了近代計量經濟學研究的大門。

第二節　希克斯

一、生平與著作

　　希克斯 (John R. Hicks, 1904–1989) 是英國經濟學家。1904 年 4 月 8 日生於英國的瓦維克 (Warwick)。先是在里明頓 (Leamington) 就讀格雷弗里爾預備學校 (Greyfriars Preparatory School)；1922 年進入克利夫頓學院 (Clifton College)；1923 年進入牛津大學的巴利奧爾學院 (Balliol College)，1923 年通過數學考試，1925 年則通過哲學、政治學及經濟學的考試，1925 年至 1926 年在柯爾 (G. D. H. Cole)❸ 的指導下，從事勞工經濟的研究工作。自 1926 年至 1935 年間，除 1928 年曾至南非約翰尼斯堡 (Johannesburg) 作短期任教外，都在倫敦經濟學院擔任講師。1935 年 12 月與維布小姐 (Ursula Kathleen Webb) 結婚。1935 年至 1938 年轉到劍橋大學，為 Gonville 及 Caius College 的研究員及大學經濟學講師。1938 年至 1946 年擔任曼徹斯特大學 (University of Manchester) 的耶逢斯政治經濟學紀念講座教授。1946 年至 1952 年，任牛津大學納菲爾德學院 (Nuffield College) 的院士；其間曾到芝加哥大學及其他若干美國大學講學。1952 年至 1965 年為牛津大學政治經濟學杜拉孟德講座教授。1961 年至 1962 年擔任皇家經濟學會會長；1964 年受封勳爵。1965 年退休，為牛津大學的名譽教授。1972 年獲得諾貝爾經濟學獎。

---

❸　柯爾 (George D. H. Cole, 1889–1959)，是英國經濟學家。在倫敦大學及牛津大學執教。是活躍的費邊社 (The Fabian Society) 社員，1952 年且為該社社長，他也是「基爾特社會主義」(guild socialism) 的鼓吹者，柯爾著有約 50 本書，較重要的有：《世界經濟研究》(*Studies in World Economy*, 1934)、《經濟計劃原理》(*Principles of Economic Planning*, 1935)、《社會主義史》(*History of Socialism*, 1953) 等。

　　希克斯自 1939 年刊行《價值與資本》一書，發揚華爾拉及柏雷圖的一般均衡理論，即已奠定其在經濟學上的地位；其後，續有資本理論、經濟循環理論及經濟動學的著述，闡發凱因斯經濟學，對經濟理論可說有多面的貢獻。

　　希克斯的主要著作有下列幾種：

1. 《工資理論》(*The Theory of Wage*, 1932; 1963)；
2. 《價值與資本》(*Value and Capital*, 1939; 1946)——中譯本有：邢慕寰譯：《價值與資本》（臺灣銀行經濟研究室刊行）；
3. 《社會結構：經濟學入門》(*The Social Framework: An Introduction to Economics*, 1942; 1952; 1960)——中譯本有：施建生譯：《社會經濟結構》，兩冊（中華文化出版委員會）；
4. 《經濟循環理論》(*A Contribution to the Theory of the Trade Cycle*, 1950)——中譯本有：何清益譯：《產業循環理論》（協志工業叢書）；
5. 《需要理論的修正》(*A Revision of Demand Theory*, 1956)——中譯本有：邢慕寰譯：《需求理論之修正》（臺灣銀行經濟研究室刊行）；
6. 《世界經濟論文集》(*Essays in World Economics*, 1959)；
7. 《資本與成長》(*Capital and Growth*, 1965)——中譯本有：鄭東榮譯：《資本與成長》（臺灣銀行經濟研究室刊行）；
8. 《貨幣理論評論集》(*Critical Essays in Monetary Theory*, 1967)；
9. 《貨幣理論評論續集》(*Further Critical Essays in Monetary Theory*, 1976)；
10. 《凱因斯經濟學之危機》(*Crisis in Keynesian Economics*, 1973)。

二、在經濟學上的貢獻

　　希克斯在經濟學上有許多貢獻，其中大部分且已被融合在當代經濟學的教科書中。在此，我們僅提出三項：邊際替代率的概念及其應用、經濟循環及希克斯交點，各作扼要的說明。

　　先就邊際替代率來說，在價值與資本書中，希克斯為避免新古典學派之邊際效用的計數概念，乃運用柏雷圖的無異曲線分析，以改進需要理論。簡單地說，希克斯指出，效用是一種心理現象，無法作直接的衡量，不僅個人及他人對同一物品所感受的效用無法嚴格比較；即使是同一個人對兩種商品的不同組合，亦只能指出：或者有相同的偏好，或者對 A 組的偏好大於 B 組，或者對 B 組的偏好

大於 A 組，但無法指出其確切的偏好程度。換句話說，個人只能指出偏好的序列，無法表示偏好的程度。

　　基於這種考慮，希克斯認為，倘若只有兩種物品，則可用無異曲線 (utility indifference curve) 來說明個人的均衡。無異曲線的兩軸分別表示這兩種物品的數量，因而無異曲線上任何一點斜率表示：在該點時，為維持個人的滿足程度不變，為增加 x_1 的某一小量，必須或願意減少 x_2 的某一小量，這兩個小變動量之比的絕對值就稱為這兩種物品的邊際替代率 (marginal rate of substitution)。由於無異曲線上任何一點斜率的絕對值乃是兩個邊際效用之比，故兩種物品的邊際替代率等於 x_1 的邊際效用對 x_2 的邊際效用之比。倘若物品種類是三個，便可用三度空間的無異面 (indifference surfaces) 來說明；倘若物品種類超過三個，便必須使用數學形式求解，但邊際替代率仍不受效用表示法的影響。由此可知，希克斯認為，我們不能說消費者有其特定的效用函數，我們只能說，消費者對各種物品的組合有其偏好序列，故宜避免邊際效用的概念，以邊際替代率概念替代之。因此，持有一定所得的消費者，對兩物品的支用，須使其價格比等於其邊際替代率，這便是個人均衡的必要條件。

　　在已處均衡時，若 x_1 的價格 P_x 發生變動（例如，下跌），而其他物品價格不變，則各物需要量將會有何影響。這個問題是兩面的。其一，對 x_1 需要量的影響，其二是對 x_1 以外之物品的需要量的影響。就第一面來說，希克斯指出，有所得效果 (income effect) 與替代效果 (substitution effect)。當 P_x 下降時，替代效果總是使 x_1 的需要量增加；而除非 x_1 是劣等品或消費者原來對 x_1 之支出佔其總支出的比例甚低，則所得效果亦會使 x_1 的需要量增加。就第二面來說，這要視其他物品與 x_1 之間的關係是替代品或補充品而定，在替代品的場合，會因 x_1 之需要量增加，而使其他物品的需要量減少；在補充品的場合，則會因 x_1 需要量增加，而使其他物品需要量增加。

　　其次，在經濟循環方面，希克斯在《價值與資本》一書中固有所討論，但在《經濟循環理論》一書則有詳盡的討論。根本上說，希克斯的經濟循環理論本質上是凱因斯式的，他結合了加速原理、乘數、自主投資 (autonomous investment) 及有時間落後 (time lag) 的消費函數，展開其經濟循環理論。在消費函數方面，希克斯把本期真實消費定義為前期真實所得的函數，因而使消費在投資增加過程中仍具有收斂性。同時，希克斯把資本區分為固定資本與營運資本 (working capital)，使加速係數更為精確。他的分析有三個主要階段，在第一階段，當需要增加時，新資本投資並未投入，故營運資本逐漸耗竭；在第二個階段，新資本投資帶動經濟社會的總有效需要的增長；在第三個階段，加速係數與投資乘數交互發生作用，使經濟社會產生了波動，其波動形態因加速係數值與乘數值合計數的大小，而有四種形態：收斂型、減速振動、等速波動及擴散式振動。雖然如此，希克斯認為在某些期間，加速係數與乘數之交互作用所產生的上升移動，總會因資源的充分利用及生產力的充分利用而達到上限 (ceiling)，因而會產生下降的轉折點。不過，就長期來說，上限本身總是向上移動的，這乃是「持續進步之社會」(progressive economy) 的特徵。此外，希克斯也討論貨幣因素對經濟循環波動的影響，但基本上仍是凱因斯式的。

希克斯的另一項重要貢獻在於調和古典學派與凱因斯，並產生了以 IS 曲線及 LM 曲線決定了均衡利率的見解。在現代經濟學上經常提及，凱因斯對古典學派有許多嚴苛的批評，指出古典學派的利率未定論是其中之一。根據古典學派的說法，利率決定於投資函數與儲蓄函數的交點，而投資及儲蓄都是利率的函數，利率愈低，投資愈多，而儲蓄愈少；利率愈高，投資愈少，而儲蓄愈多。凱因斯則指出，投資固然是利率的函數，但儲蓄則是所得的函數。在這種情形下，在不同的所得水準下，各有不同的儲蓄函數，因而除非已確知所得水準，無法確定利率水準。可是，所得水準係由投資水準決定，投資水準又由利率水準決定，未確定利率水準自然不能確知所得水準。這就是說，古典學派的利率是未定論。

凱因斯意欲以其流動性偏好學說取代古典利率理論。可是，希克斯發現，凱因斯的利率論也是未定論。因為根據流動性偏好學說，利率由流動性偏好函數及貨幣數量所決定，但是不同的所得水準又會有不同的流動性偏好函數，也就是可產生不同的利率水準，除非已知所得水準，便不能確知利率水準。可是，所得水準決定於投資水準，投資水準則由利率水準決定，這當然也是循環不定的陳述。

希克斯為解決凱因斯的這種利率未定論，乃對一般理論加以修正，其結果產生了著名的希克斯交點 (Hicksian cross)。嚴格地說，希克斯對凱因斯的一般理論並未添加任何新概念，只是運用一般均衡分析法，把凱因斯體系中的四項基本概念──貨幣數量、流動性偏好、消費函數及資本邊際效率──重新加以組合。希克斯認為，貨幣數量與一組流動性偏好函數決定了貨幣市場的均衡；在貨幣市場中，展示了各種所得水準下的不同利率水準，這便是在總體經濟學上已被廣泛使

用的 LM 曲線。為著確知均衡所得及均衡利率的位置，就必須引進表示商品市場均衡的 IS 曲線。IS 曲線上的每一點，儲蓄與投資都相等，且各有其利率水準與所得水準的組合。如圖 22–1 所示，IS 曲線與 LM 曲線有其交點 K，在這個交點，同時決定了均衡所得水準與均衡利率水準。這個交點便被稱為希克斯交點。

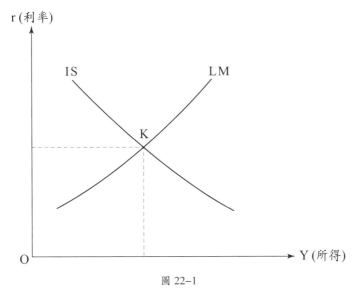

圖 22–1

✒ 第三節　薩苗爾遜

一、生平與著作

薩苗爾遜 (Paul A. Samuelson, 1915–2009) 是美國經濟學家。1915 年 5 月 15 日生於印地安那州的蓋瑞城 (Gary)，父親是藥劑師。1923 年，全家遷居芝加哥，住在芝加哥大學附近。1923 年，進芝加哥大學，除受教於戴里克特 (A. Director) ❹、奈特 (F. H. Knight) ❺ 及威納 (J. Viner) ❻ 外，與史蒂格勒 (G. J.

---

❹　戴里克特 (Aaron Director) 是美國經濟學家。任教於芝加哥大學，是弗利德曼的大舅子。

❺　奈特 (Frank Hyneman Knight, 1885–1972) 是美國經濟學家。曾執教於康乃爾大學、愛俄華大學及芝加哥大學。主要著作有：《風險、不定與利潤》(*Risk, Uncertainty and Profit*, 1921)；《經濟學史與方法論文集》(*Essays on The History and Method of Economics*, 1951) 等書。

❻　威納 (Jacob Viner, 1892–1970) 是美國經濟學家。曾執教於芝加哥大學與普林斯頓大學。主要著作

Stigler)❼、哈特 (A. G. Hart)❽ 及弗利德曼 (M. Friedman)❾ 曾是同學。1935 年，得到社會科學研究委員會 (Social Science Research Council) 的獎學金，轉到哈佛大學。在哈佛大學，除受教於韓森 (A. H. Hansen)❿、熊彼德 (J. A. Schumpeter)⓫、李昂鐵夫 (W. Leontief)⓬ 等當代著名經濟學家外，他還認識了蓋布烈斯 (J. K. Galbraith)⓭、哥登 (A. Gordon)⓮、勃格遜 (A. Bergson)⓯、馬士格烈夫 (R. A. Musgrave)⓰、屈里芬 (R. Triffin)⓱、杜賓 (J. Tobin)⓲ 等當時年輕的講師及研究生，後來都一一成為當代著名的經濟學家。在 1938 年以前，薩苗爾遜就已發表了若干著名的論文。1940 年，他的博士論文（就是後來刊行的《經濟分析之基礎》）得到哈佛大學的威爾斯獎 (The David A. Wells Prize)。那一年，哈佛大學聘他當講師，

　　　　有：《國際貿易理論之研究》(*Studies in the Theory of International Trade*, 1937)、《國際經濟學》(*International Economics*, 1951)、《長短期論點》(*The Long View and the Short*, 1958) 等書。

❼　史蒂格勒 (George Joseph Stigler, 1911–1991) 是美國經濟學家。曾執教於芝加哥大學。主要著作有：《生產與分配理論》(*Production and Distribution Theory*, 1947)、《經濟學史論文集》(*Essays in the History of Economics*, 1964)、《產業組織論》(*The Organization of Industry*, 1967) 等書。

❽　哈特 (Albert Gailord Hart, 1909–1997) 是美國經濟學家。曾執教於哥倫比亞大學。主要著作有：《貨幣、債務與經濟活動》(*Money, Debt and Economic Activity*, 1948) 等書。

❾　請參閱本書第二十七章。

❿　請參閱本書第三十章第一節。

⓫　請參閱本書第二十三章。

⓬　請參閱本章第四節。

⓭　請參閱本書第二十八章。

⓮　哥登 (Robert Aaron Gordon, 1908–1978) 是美國經濟學家。執教於柏克萊加州大學。主要著作有：《企業波動》(*Business Fluctuation*)、《經濟不穩與成長》(*Economic Instability and Growth: The American Experience*, 1974) 等書。

⓯　勃格遜 (Abram Bergson, 1914–2003) 是美國經濟學家，曾執教於哈佛大學。著有：《規範經濟學論文集》(*Essays in Normative Economics*, 1966) 等書。

⓰　馬士格烈夫 (Richard Abel Musgrave, 1910–2007) 是美國經濟學家。曾執教於哈佛大學。著有：《財政理論》(*The Theory of Public Finance*, 1958) 等書。

⓱　屈里芬 (Robert Triffin, 1911–1993) 是美國經濟學家。曾執教於耶魯大學。著有：《歐洲與貨幣紛擾》(*Europe and the Money Muddle*, 1957)、《美元危機》(*The Dollar Crisis*, 1960)、《世界貨幣之徬徨》(*The World Money Maze*, 1966) 等書。

⓲　杜賓 (James Tobin, 1918–2002) 是美國經濟學家，曾執教於耶魯大學。主要著作有：《經濟學論文集》(*Essays in Economics*, 1971)、《十年後的新經濟學》(*New Economics, One Decade Older*, 1974)。

但麻省理工學院發給他教授的聘書，他乃到麻省理工學院任教。1947 年，薩苗爾遜得到美國經濟學會的第一枚克拉克獎章 (J. B. Clark Medal)。此後，哈佛大學及芝加哥大學都曾爭取他去任教，但薩苗爾遜則一直未離開麻省理工學院。1961年，他擔任美國經濟學會會長。1970 年，他得到諾貝爾經濟學獎。他的《經濟學原理》自 1948 年刊行以來，約每三年改寫一次，1976 年已刊行十版，銷售量超過三百萬冊，使他獲致一筆很大的財富。

薩苗爾遜最重要的經濟著作如下：

1. 《經濟分析之基礎》(*Foundations of Economic Analysis*, 1948)——中譯本有：(1)薛天棟譯：《經濟分析本論》（協志工業叢書）；(2)湯慎之譯：《經濟分析基礎》（臺灣銀行經濟研究室刊行）；

2. 《經濟學原理》(*Economics, An Introductory Analysis*, 1948; 1952; 1955; 1958; 1961; 1964; 1967; 1970; 1973; 1976)；

3. 《經濟科學論文集》，三卷 (*The Collected Scientific Papers of Paul A. Samuelson*, vols. I and II, ed. by J. Stiglitz.; vol. III, ed. by Robert C. Merton, 1966–1972)；

4. 《線型規劃與經濟分析》(*Linear Programming and Economic Analysis*，與 Robert Dorfman 及 R. M. Solow 合著，1958)——中譯本有：余國燾譯：《線型計劃與經濟分析》（臺灣銀行經濟研究室刊行）。

二、經濟分析之基礎——新古典的綜合

數理經濟學固然可追溯到 1838 年古爾諾 (A. A. Cournot) 的著作。在薩苗爾遜之前，華爾拉與希克斯也有很顯著的貢獻，但《經濟分析之基礎》一書，則是一個新高峰，創造了一個嶄新的時代。這本書是根據薩苗爾遜的博士論文《經濟理論的運算意義》(*The Operational Significance of Economic Theory*)，修正並擴大而成，在其封面上就明白表示：「數學即語言」(Mathematics is a Languge)。其目的在於用數學分析現代個體理論及總體理論的基礎。該書開宗明義地指出：由於各個理論的基本特徵之間，有其類似性存在著，故可導出可作為各個理論之基礎，且足以統一其特徵的一般理論。

根據薩苗爾遜，作為個體與總體理論之基礎，且足以統一其個別要素的理論結構，基本上是由均衡條件及均衡安定性條件所構成。簡單地說，薩苗爾遜認為，

在比較靜態問題方面，均衡條件向以極大化架構來表示，諸如廠商的極小成本與極大利潤、消費者的極大滿足與福利理論等都是。在薩苗爾遜之前，經濟學家很少注意動態分析；但薩苗爾遜則指出，在此理論體系中導入動態特性，仍能運用凱因斯的理論架構來檢討各個動態體系的安定條件。因而得把均衡與安定條件結合而成，作為經濟理論之基礎的一般理論的兩部分。在建立這種一般理論的過程中，薩苗爾遜對消費、生產、福利、財政、國際貿易理論的均衡體系作有系統的整理，並有所增益。不過，他最大的貢獻仍在於經濟動學概念的澄清。因此，我們要對他的經濟動學作幾點概念上的說明。

　　根據薩苗爾遜，均衡乃是一種安定狀況，若模型中之變數變動破壞了均衡，自有一種力量使之自動地回復其原來的位置。因此，為著比較靜態位置，基本動態因素就必須是安定的。在薩苗爾遜之前，老克拉克 (J. B. Clark)❶❾認為，動態係由靜態決定。薩苗爾遜把這種見解倒轉過來，認為靜態乃是動態的一種特殊場合。因為動態體系的運算含有時間因素，各變數及其變動率之間總是有函數關係存在，且會產生一種內在的自生的發展。而靜態體系則以時間不變的較簡單形式，來表示各變數間的函數關係。動態的型式有兩種：一種是用減式表示的時期分析 (period analysis)；一種是用微分方程式表示的持續流量分析 (continuous flow analysis)。

　　在一定的函數關係與參數之下，靜學應表示均衡是如何達成的。這種靜態模型與動學所需安定條件間的關係乃是對應原理 (correspondence principle)。薩苗爾遜認為，這個原理的應用須是雙面的分析。也就是說，不僅是一個體系之動態安定的研究，能產生靜態分析中的許多定理，而且也能用已知的比較靜態的特性，來導出有關該體系之動態特性的信息。薩苗爾遜繼續指出，在線型體系中，經濟活動若缺乏波動幅度，會有失其真實性。在模型中導入了時間落後，並利用減式以分析非線型特性，就可克服這種缺點。根據這種經濟活動，薩苗爾遜進而仔細區別靜態定型體系 (stationary system)、因果體系 (causal system) 及歷史體系 (historical system)，並認為這種區別有助於對各種經濟模型之主要特色的認識。在靜態定型體系中，在各個時間，變數是不變的。在因果體系中，變數的變動歷程僅取決於最初所設定的條件及所經過的時間，但其主要特點在於：該體系中的變

數是內在變數。歷史體系固然也描述了經濟變動，其變動原因本質上是外在的及非經濟的。據此，我們便可區分出：靜態定型 (static stationary)、靜態歷史、動態因果、動態歷史及隨機的 (stochastic) 等模型。不過，薩苗爾遜認為，我們仍須經常注意非經濟因素，因而覺得，這個世界頗不適用於腐儒們的分類法。

動態分析也包括了不連續時間下的複利成長、資本流量及所得流量之成長的關係、乘數與加速原理的交互作用、蛛網理論等問題。其中，薩苗爾遜最重要的貢獻在於乘數與加速係數的交互作用。

我們在前面已經提及，根據凱因斯，投資支出的變動經由乘數過程，會引起所得水準的變動。我們也將提及，根據小克拉克 (J. M. Clark)[20]的加速原理，所得支出的變動會經由加速係數而導致投資的變動，因而投資及所得有相互影響的累積作用。1939 年，薩苗爾遜在一篇簡潔的論文中，用差分方程式推論出，在不同的邊際消費傾向及加速係數之下，會得到多種不同的經濟循環現象。這個模型的基本假定是：所得的構成分包括政府赤字支出、由公共支出經由乘數發生作用而產生的民間消費支出、與由加速係數引申的民間支出。根據薩苗爾遜的分析，最簡單的情況是：加速係數為 0，則當投資變動後，所得增量 (ΔY) 等於乘數 (k) 乘以投資增量 (ΔI)，亦即，$\Delta Y = k \cdot \Delta I$。若加速係數不等於 0，則會產生三種情況：其一是減速振動 (damped oscillations)；其二是擴散式振動 (explosive oscillations)，其三是或升或降的等速波動。簡單地說，邊際消費傾向及加速係數的數值愈小，所得的振幅愈小，且愈有歸趨一定數值的傾向；這兩項數值愈大，則所得愈有擴散的可能性；至於這兩項數值大於某一程度，則所得趨於複利成長的擴散現象。由此可知，加速係數並非為所得變動的決定性因素，而是一項補充及強化的因素。只有在高數值時，加速係數才有顯著的作用。不過，我們仍須記住，加速係數對循環波動有重大的作用，尤以在非線型模型中，因不同時間可能會有不同的加速係數數值，因而產生重大且複雜的影響。

---

[20]　請參閱本書第二十五章第三節。

第四節 李昂鐵夫

一、生平與著作

李昂鐵夫 (Wassily Leontief, 1906–1999) 是俄裔美國經濟學家。1906 年 8 月 5 日生於蘇俄的彼得格勒（列寧格勒），其父是聖彼得堡大學勞動經濟學教授。1921 年進列寧格勒大學，1925 年便得到相當碩士的經濟學學位 (The Degree of Learned Economics)，且充任經濟地理的講師，但六個月後，他便申請到護照，赴德國柏林。因為德國不承認蘇俄的學位，李昂鐵夫不得不先行準備並通過希臘文及拉丁文考試後，才正式進入柏林大學。在柏林大學，他擔任宋巴特 (W. Sombart)❷❶的助理，並跟波茨維茲 (L. von Bortkiewicz)❷❷攻讀數理統計。1927 年進入基爾大學 (University of Kiel) 的世界經濟研究所 (The Institute of World Economy) 服務。1928 年獲柏林大學經濟學博士；同年，應邀到南京中國政府任經濟顧問一年。1931 年初，應密契爾 (W. C. Mitchell)❷❸的邀請，參加美國全國經濟研究局 (National Burean of Economic Research)。當時，顧志耐 (S. Kuznets)❷❹在碼頭接他。不久，便轉到哈佛大學擔任講師，1946 年升教授；1974 年退休。其間，曾兼任勞工部顧問、商務部顧問、美國戰略辦公室俄國經濟組顧問等職。

李昂鐵夫以四十年的時光，孜孜不息地勤研投入產出分析，擴大一般均衡理論的應用領域，創建新的經濟研究技巧，1973 年獲得諾貝爾經濟學獎。

李昂鐵夫的主要著作如下：

1. 《1919 年至 1939 年美國經濟之結構》(*The Structure of American Economy, 1919–1939*, 1941)；

---

❷❶ 請參閱本書第十三章第一節。

❷❷ 波茨維茲 (Ladislaw von Bortkiewicz, 1868–1931) 是俄裔德國統計學家。曾在俄國交通部服務多年。其後，赴德擔任史特勞斯堡大學 (University of Strassburg) 教授；1907 年起，一直任教於柏林大學。其主要著作有：《平均壽命論》(*Die Mittlere Lebensdauer*, 1893)、《小數法則》(*Das Gesetz der Kleinen Zahlen*, 1898)、《人口學》(*Bevölkerungswesen*, 1919) 等書。

❷❸ 請參閱本書第二十五章第二節。

❷❹ 請參閱本書第十三章第四節。

2. 《美國經濟結構之研究》(*Studies in the Structure of the American Economy*, 1953)；

3. 《投入產出經濟學》(*Input-Output Economics*, 1966)；

4. 《經濟學論文集》(*Essays in Economics*, 1966)。

二、投入產出分析

　　李昂鐵夫在經濟學上的貢獻當然是其投入產出分析。投入產出分析概念的遠源甚至可追溯及揆內的經濟表；其近源則可說是源於洛桑學派的一般均衡分析。在洛桑學派方面，華爾拉曾表示，希望有朝一日可有足夠的資料，以便運算他的模型；而柏雷圖則認為，一般均衡理論僅係分析市場經濟行為的一項理論工具；因為即或只有一百個人及七百種物品的小市場，就須有 70,699 個方程式。李昂鐵夫則把經濟社會的廠商及消費者歸類為若干經濟部門，分析各個部門間的交互影響，這便是投入產出分析。

　　投入產出分析基本上是一種生產理論，所要處理的問題較華爾拉體系小得多。更重要的是，它有四項假定：其一，假定消費與投資是已知的，或其數值在進行分析之前就已決定了。其二，每一物品僅由一個產業或生產部門所提供，且該產業部門只有一項產品。其三，每一產業或部門所購買的投入，乃是該部門之產出的函數。其四，生產函數是線型的，這就表示，已排除外部經濟與外部不經濟的可能性。

　　根據這些假定，投入產出體系就把一個經濟社會的各個部門間的物品與勞務流量置於一個巨型的方格遊戲圖中。把每個產業一一列在最左邊的格子，每一產業各佔一行；同時，也把每個產業一一列在最上端那一行的格子，每一個產業各佔一列。從橫行來看，各方格內的數字表示左邊所列之產業的產出及其銷售去向。從縱列來看，各格內的數字表示頂端所列之產業的投入及其來源。由此可知，在投入產出表中，每一產業或部門的產出總是作為某些其他產業的投入，且同一數字同時代表著投入與產出。我們得用簡化了的四部門模型，來說明李昂鐵夫的基本投入產出模型。如表 22–1 所示，就基本工業部門來說，從橫行來看，其總產出的去向可分為中間投入及最終使用。在中間投入方面，基本工業部門自己使用45 單位，銷售給農業部門 25 單位，售給最終產品 (final goods) 部門 40 單位，亦即中間投入共計 110 單位；另有 40 單位售給最終使用者 (final user)，這一部分包

括政府、家庭、出口等，也可稱之為消費者。再從縱列來看，基本工業部門的總產出 150 單位，可分為總購買及原始投入兩部分，在總購買方面，基本工業部門買進自己的產品 45 單位；而向服務業買進 15 單位，兩者合計總購買共 60 單位；其餘 90 單位是原始投入 (primary inputs)，也就是附加價值部分。我們若把全社會各個部門的原始投入加總累計，便可得到該社會在該時期的附加價值總合，也就是國民生產毛額 (GNP)，在表中的數值為 525 單位。

表 22-1

產出＼投入	農業	基本工業	最後產品	服務業	中間投入 $W_i +$	最終使用 $Y_i =$	使用總額 Z_i
農業	25	0	120	0	145	105	
基本工業	25	45	40	0	110	40	
最後產品	0	0	80	0	80	320	
服務業	25	15	80	20	140	60	
購買總額 (U_j)	75	60	320	20	475		
原始投入 (V_j)	175	90	80	180		(GNP) 525	
產出總額 (X_j)	250	150	400	200			1,000

$U_j + V_j = X_j$；$W_i + Y_i = Z_i$

　　由此可知，投入產出模型區分了中間產品與最終產品，也劃分了生產投入與原始投入，表示每一部門的產出中，各有若干被其他部門充當中間產品，以及各有若干直接售給最終消費者。因此，由投入產出表，我們可以直接看出一個社會的生產與分配結構。消費者部門同時也是唯一的生產因素，其產出（勞動）係與該部門的投入（物品及勞務）相交換。我們也可以說，基本投入產出表是一個閉鎖體系，諸如最終需要、就業、工資率等未知數都在均衡中同時決定，我們可用圖 22-2 表示最終需要與產出之間的這種同時決定的關係。

圖 22-2

我們在前面已經提及，李昂鐵夫的模型是以幾項已被簡化的假定為其基礎，

因而能進行數字的運算，並成為實際而有用的運算工具。這些假定中，最重要的可說是，假定每一產業的投入及其產出的比例不變，這些比例稱為技術係數 (technical coefficients)（與華爾拉的技術係數相類似）。這些係數且可根據表中所列的該時期各產業的支付流量算出。其方法是：以每一產業自個別其他產業購買（投入）金額被其總產出金額所除而得。例如，在表 22–1 中，農業部門的產出為 250，其自用投入為 25，故其技術係數為 0.10。倘若這些假定切合實際的話，投入產出模型便可供作全國經濟計劃的工具，因為它可保證此種計劃的內在一致性。倘若實際執行結果與模型的方程式不符，便會發生生產過剩及生產不足的部門了。不過，我們必須指出，這種投入產出分析係以各產業之經常交易為基礎，有關資本交易──為維持或增加生產能力而進行的購買──則未被包括在內。這種排除投資行為的假定，乃是因為投資決定於生產水準的變動率，而非決定於生產水準本身。由於這項假定，投入產出分析乃屬一種靜態模型。

　　在這種靜態模型中，因為未考慮資本形成及其作用，以及假定技術係數小於一，確保了任何變動都會恢復新均衡，也因而產生了新問題。例如，若鋼鐵需增產 5%，我們會發現，其在以後逐期投入產出表中之投入的影響將逐漸趨小，並終於實現新均衡，這種特徵實是賽伊法則的特性之一。因而，投入產出表有待動態化。這項動態化的努力與紐曼 (J. von Neumann)㉕的貢獻有間接關聯。簡單地說，紐曼在其對華爾拉模型的數學研究中發現，不但可以展開動態的一般均衡模型，且若各個部門都作同比例成長，動態模型仍能說明成長。基於這種考慮，動態投入產出模型至少須在其靜態模型中加入兩項因素：其一是技術變動，其二是資本形成。李昂鐵夫且也在 1953 年提出其動態模型。

　　在此項動態模型中，李昂鐵夫已把全體產業內的經常交易與資本交易都包括進去。其對資本交易所作的假定與其對經常交易所作的假定相類似：亦即，假定各產業的投資支出水準與其每單位時間生產水準之變動維持固定比率關係，這項固定比率就稱為「資本係數」(capital coefficients)。若最終需要（包括消費與投資）的時間軌道 (time path) 一定，該模型就能決定各個產業生產水準的時間軌道。雖然如此，這個動態模型在其實際應用上仍有若干困難：其一，估計資本係數有其統計上的困難；其二，也有設算上的困難；其三，最重要的是，即使最終需要

㉕　請參閱本書第二十一章第五節附錄。

的時間軌道都可個別列出，這種動態模型仍是未定的。因為各個產業的生產水準仍有無限多的時間軌道可供選擇，因而我們須提供作為選擇的準繩。面對這項問題，現代線型規劃 (linear programming) 的發展是很有幫助的。

本章進修參考書目

1. 郭婉容著：《數理經濟學選論》，第十四章。

2. 邢慕寰譯，J. R. Hicks 原著：《價值與資本》（臺北：臺灣銀行經濟研究室，五十六年）。

3. 邢慕寰譯，J. R. Hicks 原著：《需求理論之修正》（臺北：臺灣銀行經濟研究室，五十六年）。

4. 湯慎之譯，P. A. Samuelson 原著：《經濟分析基礎》（臺北：臺灣銀行經濟研究室，六十一年）。

5. 薛天棟譯，P. A. Samuelson 原著：《經濟分析本論》（臺北：協志工業叢書出版公司，六十四年）。

6. Mark Blaug, *Economic Theory in Retrospect*, chapter 13.

7. J. R. Hicks, *Value and Capital* (Oxford: Clarendon Press, 1946).

8. J.R. Hicks, *A Revision of Demand Theory* (Oxford: Clarendon Press, 1956).

9. T. W. Hutchison, *A Review of Economic Doctrines, 1870−1929*, chapter 14.

10. H. Landreth, *History of Economic Theory*, chapter 11.

11. W. Leontief, *Studies in the Structure of the American Economy* (New York: Oxford University Press, 1953).

12. I. M. D. Little, *A Critique of Welfare Economics* (London: Oxford University Press, 1957).

13. H. L. A. Myint, *Theories of Welfare Economics* (Cambridge, Mass.: Harvard University Press, 1948).

14. M. W. Reder, *Studies in the Theory of Welfare Economics* (New York: Columbia University Press, 1947).

15. I. H. Rima, *Development of Economic Analysis*, chapters 14 and 18.

16. P. A. Samuelson, *Foundations of Economic Analysis* (Cambridge, Mass.: Harvard University Press, 1955).

17. J. A. Schumpeter, *Ten Great Economists*, chapter 5.

18. H. W. Spiegel, *The Growth of Economic Thought*, chapter 24.

19. G. J. Stigler, *Essays in the History of Economics* (Chicago: The Chicago University Press, 1965).

第23章 熊彼德

第 *23* 章　熊彼德

> 一株植物在久旱之後可能被第一場的雨水摧殘。但是！這是一切進步的代價。凡是後來的人，
> 便會在這苦難上面開花了。
>
> 《約翰·克利斯朵夫》

第一節　生平與著作

　　熊彼德 (Joseph Alois Schumpeter, 1883–1950) 是奧裔美籍經濟學家，也是二十世紀最傑出的經濟學家之一。1883 年 2 月 8 日生於莫拉維亞 (Moravia) 的特里希 (Triesch)。父親是成衣製造商，母親則是維也納一位醫生的女兒。4 歲時，不幸喪父；10 歲時，其母親再嫁給當時奧匈帝國駐維也納部隊司令吉勒 (Sigismund von Kéler) 中將，乃隨其母遷居維也納，進入奧國貴族支持的以嚴格著名的維也納特蕾西亞中學，且有機會經常參加貴族社會的社交活動，使他終生都保持這種奧國紳士的風度。1901 年進維也納大學。當時，孟格固然已不從事實際教學，而維舍 (F. von Wieser)❶ 及龐巴衛克 (E. von Böhm-Bawerk)❷ 仍在該大學執教，故維也納大學仍為當時經濟學的重鎮，熊彼德與米塞斯 (L. von Mises)❸、包爾 (O. Bauer)❹ 及希爾弗登 (R. Hilferding)❺ 同是龐巴衛克的研討課的最活躍分子。

---

❶　請參閱本書第十五章。

❷　請參閱本書第十五章。

❸　請參閱本書第二十六章第二節。

❹　包爾 (Otto Bauer, 1881–1938) 是奧國社會主義者。曾是奧國社會民主黨的領袖。著有：《社會民主的農業政策》(*Sozial, demokratische Agrarpolitik*, 1926)。

❺　希爾弗登 (Rudolf Hilferding, 1877–1943) 是德國社會主義者。在戰後的威瑪共和 (the Weimar Republic) 時，曾兩度出任財政部長。1943 年，被希特勒處死。著有：《金融資本》(*Das Finanzkapital*, 1910)。

　　1907 年，熊彼德與一位比他大 24 歲的英國婦人結婚，並一道去開羅作短期旅行。不久便分居，但直到 1920 年才離婚。在歐洲的時期，熊彼德曾於 1919 年 3 月至 10 月擔任奧國財政部長，及緊接著短期充任皮得曼銀行 (Biedermann Bank) 的董事長外，一直都在維也納大學及波昂大學執教。1932 年，應聘赴美，直到 1950 年逝世為止，一直都是哈佛大學經濟學教授。逝世時且係擔任美國經濟學會會長。關於熊彼德的離開波昂大學赴美，過去一直被認為是為趨避當時德國政局的避難行為；但是，晚近，曾經受教於熊彼德的施耐德 (Erich Schneider)❻在其《熊彼德傳》中則指出，當時波昂大學基於國籍歧視，不願意把經濟學講座給予熊彼德，才是他離開波昂大學的真正原因。

　　熊彼德曾經指出，作為一位經濟學家，應兼具數理學家、統計學家及歷史學家。就熊彼德自己的著作來說，他的學識之廣博尚超過這三個領域，他的主要著作有下列七種：

1. 《經濟理論的本質及主要內容》(*The Essence and Principal Contents of Economic Theory*, 1908)；

2. 《經濟發展理論》(*Theory of Economic Development*, 1912)；

3. 《經濟學說及方法史》(*Epochs in the History of Doctrines and Methods*, 1918)──中譯本有：閻子桂譯：《經濟學說與方法》(臺灣銀行經濟研究室刊行)；

4. 《經濟循環論》(*Business Cycles, a Theoretical and Statistical Analysis of the Capitalist Process*, 1939)；

5. 《資本主義、社會主義及民主主義》(*Capitalism, Socialism and Democracy*, 1942)；

6. 《經濟分析史》(*History of Economic Analysis*, 1952)──中譯本有：王作榮譯：《經濟分析史》(臺灣銀行經濟研究室刊行)；

---

❻　施耐德 (Erich Schneider, 1900–1970) 是德國經濟學家。曾經執教於波昂大學、丹麥的阿弗斯大學 (University of Aarhus)。1946 年開始，擔任基爾大學教授兼世界經濟研究所 (Institute of World Economics) 所長。主要著作包括：《生產理論》(*Theorie der Produktion*, 1934)、《經濟理論導論》(*Einführung in die Wirtschaftstheorie*, 1947)、《經濟計劃與經濟平衡》(*Wirtschaftspläne und Wirtschaftliches Gleichgewicht*, 1952)、《貨幣、信用、所得與就業》(*Geld, Kredit, Volkseinkommen und Beschäftigung*, 1962) 等書。

7. 《十大經濟學家》(*Ten Great Economists*, 1952)。

||||||||||||||||||||||||||||||||||||||||||||||||||||||||||||||||||||||||||||||||||||||||||||

第二節　經濟發展過程理論

　　熊彼德除卻其終身辛勤致力研究經濟學說史,以其精力巨著《經濟分析史》,供後世經濟學家窺探經濟理論的門徑外,在理論上最主要的貢獻是經濟發展過程理論。

　　經濟發展理論大致可分為四類,第一,闡明具體的、歷史的經濟發展過程的理論,例如,闡明十八世紀英國的經濟發展。第二,在特定的經濟秩序架構內,分析經濟發展過程的理論。第三,對任何可料想得到的經濟制度,探討其經濟發展條件的理論。第四,探討平衡發展條件的理論。熊彼德的經濟發展理論屬第二類,且僅限於資本主義經濟秩序架構內的分析。

　　熊彼德認為資本主義體系(市場經濟)有三項重要特徵:其一是包括土地、礦產、製造業設備與廠房等在內的各種非人力 (non-human) 生產工具係採用私有財產制。其二是為私人利益而從事生產、消費及交換。其三是須有銀行及信用機構。換句話說,追求個人利益的企業家,須有銀行信用作為支配生產工具及執行新組合 (new combination) 的基礎。

　　根據熊彼德,經濟發展的本質在於生產工具可以改變用途,並用之於新目的,且這種改變用途乃是由新組合所完成。不過,新組合並非自動完成,而係由企業家執行而產生。這乃是因為發展過程的外形固因經濟社會之組織的法律形式及原則的不同而有別,但各地區及各時期的實質經濟過程總是相同的。不論經濟社會是如何組織的,總有其靜態均衡狀態,且總是須有人把經濟社會領導至新方向,以打破靜態均衡狀態。在市場經濟中,當企業家為實現新組合而取得生產要素的支配權時,便開始破壞了靜態均衡狀態。為實現其目的,企業家須先取得貨幣或信用形式的購買力,這乃是市場經濟獨有的特徵。在集權經濟中,領導人為實現其改變靜態均衡的新組合的計劃,或者須使用某種支配權,或者須說服他人,其形式雖與市場經濟有別,實質則無不同之處。因此,經濟發展過程理論的重點可說是在於:區別靜態過程及動態過程,並重視企業家(領導人)在動態過程之角色的分析。

　　熊彼德認為經濟發展過程得分為三類:靜態定型社會 (static stationary economy)、正常發展的社會 (regular development economy) 及不規則發展的社會 (irregular development economy)。靜態定型社會是一種經濟生活的循環流轉 (circular flow) 狀態——指稱經濟生活年年持續不變,即或有所變動,也是極其輕微而不易察知的。大體上,每年都以相同的方式生產相同的物品,經濟體系內的每一物品或每一生產因素的供需都是相等的,完全是一種固定的且依常規進行的經濟生活。作為實際資本主義社會的主要特徵的經濟發展過程,在這種循環流轉及永遠趨於均衡的經濟社會是完全陌生的,這便是靜態定型經濟社會。

在這種定型社會中,一旦發生自發的且不連續的變動,改變了定型狀態,甚至取代了定型狀態,經濟社會便進入正常發展的社會。這種自發的變動係來自企業家的創新活動。也就是前面提及的企業家對生產工具的新組合,熊彼德列舉五項:第一是引進新產品;第二是引進新生產方法;第三是打開新市場;第四是獲得新原料或半製品的供給來源;第五是完成新產業組織。這五種企業家的創新活動都有一個共同的特色,就是帶來利潤的機會,因而才能打破循環流轉狀態,邁向正常發展的社會。

簡單地說,在正常發展的社會中,有企業家的活動、信用機構的存在、利息等定型社會所缺乏的特質或機構。企業家的活動在追求利潤,為打破均衡狀態的基本動因;信用則使企業家得以改變全部或部分生產財的用途,以執行其創新計劃;而銀行則提供信用,使企業家得以完成新組合的努力。

正常的經濟發展過程是波浪狀的。作為社會的經濟領導階級的創新活動雖是不連續的,然一旦有創新行為,便會有跟隨者,致使創新如同潮水一般地出現,掀起投資的大浪潮。換句話說,每當一位企業家克服了技藝、法律或財務困難而開創一條新路,許多平庸的跟隨者便會在這條新的有利的道路上跟進。這種投資叢生形成了繁榮狀況,打破了整個社會的均衡,使經濟發展(繁榮)的前途變成未知數。由此可知,為什麼歷史上的經濟繁榮總是與某一類產業的發展有極其密切的關係。然而,更重要的是,我們可以發現,靜態定型社會中,總是以企業家對經濟情勢具有充分而正確的知識為其假定;然而,在實際正常的經濟社會中,企業家對經濟情勢及投資後的經濟情勢變動,並不具備充分的先見及完整的計算。因此,不但因而產生經濟發展的波動歷程,且更重要的是:可能發生的錯誤及誤算對經濟歷程會有不可忽視的影響。簡單地說,在創新叢生的新衝力下,經濟社會須得重組,其中包括許多人及事的重新調整、舊價值的摧毀,甚至包括因失衡

而產生的損失。熊彼德且指出，這些損失乃是創新者的實際收益與其預期收益有差異而產生，且乃是經濟單位被迫修正其價值體系的原因。由此可知，當每個人都在等待中發現其經濟計算的新有關事實（損失）時，對新情勢當然須有所調整，其結果是產生了蕭條。不過，這種必要調整所產生的蕭條，與經濟社會正趨於新均衡之際所發生的額外損失，而產生的循環性蕭條是有所不同的。

由以上可知，在熊彼德體系中，創新的叢生及因而產生的投資熱潮，乃是經濟發展乃至於經濟繁榮的起點。同時，當這些叢生投資所生產之產品紛紛送到市場，由於競爭的結果，企業家發現實際市場情況與其預期有別，就會透過叢生的投資減退，產生了經濟景氣的下降階段，也可能是另一靜態定型社會的起點，也是經濟循環的一個環節。

第三節　資本主義及其命運

在正常發展的社會，由於追求利潤，執行創新的投資，企業家帶動了經濟社會的持續進展。可是，在資本主義社會中，究竟是由那一種人實際上扮演著企業家的功能？究竟是那一種人享受了利潤？這兩個問題雖不相同，卻是相互有關聯，因為企業家的出現固然產生利潤，卻不必然由他享有利潤。

根據熊彼德的看法，創新通常會帶來新廠的投資，或至少是舊廠的根本改革，而新廠的創建可能由新廠商執行，也可能是舊廠商的擴充。就這個問題來說，資本主義的演進史，實際上經歷了兩個階段。第一個階段是競爭性資本主義（competitive capitalism），在這個階段中，就整個市場來說，廠商的規模並不太大，創新通常是創造了新廠商。第二個階段是托拉斯資本主義（trustified capitalism），在這個階段中，大廠商居於支配地位，創新過程係在廠商內部進行，因而創新就不意指創造新廠商來與舊廠商競爭。由此可知，在競爭性資本主義時代，企業家功能通常係由廠商所有者本身來執行；而在托拉斯資本主義時代，則股東、董監事，甚或一般經理人都可扮演這個角色；甚至可能由整個團體來執行。

因創新而產生的利潤是否歸諸於企業家，實際上是制度問題。在家族式廠商的場合，利潤通常歸於實際執行企業家活動的個人，因而也成為創建產業王朝的來源。然而，在以大公司為基礎的產業制度下，利潤既歸於廠商，其分配也就成為廠商內部政策問題；享受利潤者可能是股東、董監事、經理人或工人，與實際

企業家便不相干。雖然利潤的分配問題並不確定，但我們可以指出，熊彼德的利潤並不必然是風險的報酬，因為風險是由資本主負擔，只有當企業家與資本主合一時，企業家才需承擔風險。

我們在前面已經提及，信用及其機構是資本主義社會的必要特徵之一，也是其正常發展歷程所不可或缺者。在資本主義制度下，不論創新是由何人所執行，或其成果由何人所享有，創新既然體現於新廠的投資，便會立即產生融資的問題。

在靜態定型社會中，每一個廠商係以其經常收入支應其開支。但是，為執行創新建造新廠的企業家，則須擁有獲取生產資源所需的新購買力，才能誘使這些生產資源離開其舊用途，而被導向為完成創新所需的新用途，這些新購買力須由信用所提供。因為在靜態定型社會中，或者根本沒有儲蓄，或者只有極少量的儲蓄，創新的融資只好仰賴信用了。事實上，儲蓄的來源乃是競爭過程中的利潤，只有在成長中的經濟社會，創新的投資才不得不仰賴信用的融通。不過，我們應當指出，熊彼德並不意味這種邏輯過程須與歷史過程一致——就邏輯來說，銀行體系創造信用是發展過程的起點；但就歷史事實來說，則不必然是如此。因為在資本主義初期，廠商的規模小得足以用先前在經濟體系內所累積的儲蓄進行融資。

熊彼德認為，在這個最簡單的融資階段後，才繼之以前面提及的兩個資本主義階段。在第一個資本主義階段，我們得由融資創新的實質功能看出銀行體系的大量發展。在同一期間，銀行也對企業的經常交易給予資金融通，而部分創新也係由利潤所融通。但是，這個階段的基本特徵仍然是：銀行繼續創造企業發展所須具備的財務條件，在此過程中有系統地破壞了競爭。在第二個資本主義階段，第一階段的部分特徵多少會再現，然其程度與經濟背景則有別。因為在後期，不但大規模廠商出現，且其阻礙競爭的情況也普及了，這些廠商的恆常自我融資財源增加且趨於穩定增長，因而使銀行不得不自限於融通經常交易的任務。

創新者獲得融資後，便可雇用生產因素，生產產品，參與市場競爭。熊彼德認為，在資本主義社會下，真正的競爭並不存在於生產同一物品的小廠商間的競爭，而是表現在具有企業家活動的創新廠商與舊有廠商間的競爭。換句話說，競爭並非以同一方法所生產的相同物品間的競爭，而係新產品與舊產品間的競爭、新生產方法與舊生產方法間的競爭。熊彼德把這種競爭過程稱為「創造性的毀滅過程」(the process of creative destruction)，便是強調著在競爭過程中，創新者對原有廠商的影響。

　　同時，熊彼德的獨佔概念也與傳統定義有別，因為導入創新自然會帶來某種獨佔的成分。在創新普遍擴散之前，創新事實上等於企業家的獨佔，企業家且因此種獨佔而享有利潤。不過，這種獨佔僅是暫時的，而不是絕對的，因為這種獨佔在正常的、動態的競爭過程中消失。所謂正常的動態的競爭過程乃是指稱，具有獨佔成分的創新先是擴散了，繼而產生新創新，並與舊創新的競爭過程。但是，若干廠商也可避免這種競爭過程。在這種場合，他們的獨佔利潤會逐漸演變成獨佔地租 (monopoly rent) 的性質，他們在市場中的地位也會逐漸演變成永久的獨佔。在資本主義史中，這種趨勢且日愈濃厚。熊彼德並不認為這種獨佔習性乃是發展速率趨於下降的一種病癥。他的論點有二：第一，具有獨佔習性的大廠商因有研究及科學實驗上的方便，不但不會阻礙創新，且可促進創新。第二，延緩競爭過程可視為採用重要創新可能產生之風險的一種保障。在變動甚為快速的市場情況中，那種風險是不易承受的，若要抵銷那種風險，就須以專利權、產業間的秘密長期契約、卡特爾協定、剛性價格 (rigid price) 等來穩定市場。

　　根據熊彼德的看法，因創新過程而產生的資本主義社會的發展並非持續且穩定的，而是一系列的循環波動。換句話說，在資本主義社會中，經濟循環乃是經濟社會成長的形式，而非僅是次要的特徵。熊彼德認為，叢生的創新不定期地集中發生於歷史上的某些時期，固然帶動了經濟發展，且也帶來了經濟循環波動。這乃是一種歷史事實，且為著引進創新必須打破一系列的社會阻力 (social resistances)。隨著時間的經過，因創新而產生的大量新產品，使市場上的競爭壓力日愈提高，同時企業家的待償負債也日愈增加，都可能帶來預期利潤降低、延緩採用創新等不利的影響。熊彼德進一步認為，這種機能乃是決定經濟波動的根本要素。

　　根據熊彼德的看法，自競爭性資本主義到托拉斯資本主義，都伴隨發生經濟波動，且都未影響經濟發展的速率，也未降低產品品質，甚至經濟發展有加速現象。因此，熊彼德並不同意資本主義會因其內在的經濟機能而在最後的危機中滅亡。不過，他認為資本主義不能繼續存在，這乃是非經濟因素所致。這些非經濟因素有五項：第一，資本主義不僅意味著有關生產什麼、如何生產、在何處生產及為誰生產等問題，係由消費者自由選擇、就業自由及企業自由所決定的制度；而且也是意味著一種生活態度、一種家庭財富分配不均及必須接受非自願失業的文明。第二，資本主義秩序的毀滅並非其缺失的結果，而係其優點與成功所致。正是由於資本主義社會繁榮的提高，削弱了企業家階級的社會及政治地位，並使

其成為多餘的，有創造力的企業家乃被官僚階級所取代。第三，日愈增加的繁榮及日愈提高的教育水準，聯合產生了對不公平不滿的知識分子，而若缺少這種不公平，資本主義制度便不能運行。第四，上述資本主義的成就對家庭制度有破壞效果，且也會破壞這種對資本主義制度之存在有其重要性的社會單位的基礎。第五，戰爭爆發時所產生的通貨膨脹過程也會促成資本主義秩序的毀滅。就這五項非經濟因素來說，熊彼德的論點可歸納為兩項：第一，企業家功能之作用過程的改變，第二，社會及經濟環境的修正。

第一項論點是，現代統計技巧與設算方法已可能較過去以更大的精確度預測需要，因而能以更精確的計算為基礎，根據市場情況，適當地調整生產能力，因而使先前存在的企業家的直覺及勇氣的重要性大為降低。同時，廠商規模趨大也使風險程度提高，其結果是：經理人及經濟分析家們對生產及資本累積的控制力愈大。在資本主義初期所存在的個人企業家與創新之間的密切關係乃告破裂，創新過程已減縮為一種常規，經濟過程變成非人際的且是自動的，企業家的功能就不再專屬於個別的個人了。因此，產業的中產階級乃失卻其重要性，不再承擔企業家及個別創新者的歷史角色。

第二項論點是，在成熟的經濟社會中，企業家的功能會變得愈為微弱。如第二十章已提及，在凱因斯體系中，這乃是政府干涉加強的結果。而熊彼德則認為，在成熟的經濟社會中，民間投資在經濟體系之成長中的重要性愈來愈低，民間企業家及其在資本累積中的地位就愈來愈不重要了。倘若以民間及個人主義為其基礎的企業家功能的充分展開係資本主義的主要特徵，上面兩項論點的發展終將會導致深遠而必然的經濟制度的轉變，經濟制度將會逐漸失去其資本主義的內含，且最後會轉變成一個計劃經濟。

由此可知，熊彼德認為，資本主義社會最後必然會面臨經濟危機，將需有經濟組織的變革。就這個意義來說，熊彼德的見解較接近古典學派，而不是凱因斯學派，因為他與古典學派一樣，認為資本主義的危機不能在資本主義本身的範圍內解決。而凱因斯則認為，只要作適度修正，保持持續的大量的政府干涉，資本主義依然能繼續生存。就這一點來說，熊彼德並不排除經由慎審的政府干涉（充分就業政策、安定政策、所得分配政策等）而保存資本主義制度的可能性。但是，他認為，這些措施已破壞了資本主義的根基，產生了社會秩序的轉型，已不再是原來的純粹資本主義了。

第三節附錄　近代初期的經濟循環理論

一、周格拉

　　周格拉 (Clement Juglar, 1819-1905) 是法國巴黎的醫生。生於法國巴黎，並在巴黎學醫及行醫。行醫兩年後，與康梯龍 (R. Cantillon)、李嘉圖及凱因斯等人一樣，係因致富而致力於經濟學的研究。周格拉致力於金融波動的研究，並有系統地完成了經濟波動的著作，他的《法國、英國與美國的商業危機及其週期復現》(*Of Commercial Crises and Their Periodic Return in France, England and the United States*)，初版刊行於 1861 年，全書 250 頁；1889 年刊行第二版時，因已繼續搜羅證據，篇幅已增至初版的三倍有餘，為第一本有系統的經濟循環論著，故有人稱周格拉為經濟循環之父。

　　周格拉在研究人口、結婚、出生、死亡等統計時，開始注意到經濟事務存在著有規則的循環波動現象，且也注意到這些波動的繁榮與蕭條的交互出現的現象。因此，他乃對這種「國家的脈搏」進行研究。

　　他發現，危機 (crises) 就好像疾病一樣，乃是工商業已發達之社會的一種現象。在某種程度內，或可預見這種現象的發生，甚至或可採取措施緩和其程度，但在已開發的經濟社會則並非可完全加以抑制。他指出，在這種社會中，繁榮期係以危機來臨而結束，衰退期則會孕育新繁榮期，為一種有規則的趨勢。周格拉更特別指出，農產歉收與戰爭並非經濟波動的主要因素，卻是使波動程度惡化的因素。同時，這種定期波動現象有時在個別國家發生，有時則又是國際現象。

　　周格拉認為，經濟循環完全是自動發生的現象，政治、氣候等因素沒有支配力，頂多僅係加重其惡化趨勢而已。他繼續指出，能夠影響人民生活的幸與不幸的繁榮、危機及衰退 (liquidation) 的週期波動，並不是偶然的結果，而係人民的行為、活動及儲蓄習慣，與他們對可供利用之資本與信用的運用方式的結果。

　　周格拉對十九世紀的這種週期波動現象並未完成有體系的理論，其主要貢獻在於發掘實情，特別是金融面的實情為然。因此，他特別重視法、英、美三國金融資料的搜集。他特別重視的資料有六種：(1)物價，(2)利率，(3)貼現與透支，(4)金屬儲存量，(5)通貨流通量，(6)活存與定存。他認為，在週期波動中，以貼現與

透支及金屬儲存量的波動最有規則。簡單地說，基本變動規則為，在票據及承兌票利率上升與金屬儲存量減少之際，通貨膨脹與危機就迫在眼前；危機之後，金屬儲存量就會增加，不久並會帶來繁榮。

二、杜幹・巴蘭若夫斯基

杜幹・巴蘭若夫斯基 (Mikhail Ivanovich Tugan-Baranovsky, 1865–1919) 是蘇俄經濟學家。生於烏克蘭的蘇里奧諾伊 (Solyonoye)；最初在赫訶夫大學 (Kharkou University) 攻讀自然科學及數學，後轉攻經濟學。畢業後即在聖彼德堡大學 (University of St. Petersburg) 任教，直到 1917 年 10 月被任命為烏克蘭的財政部長為止。

杜幹深受馬克斯的影響，屬社會主義修正派，對蘇俄產業發展史、資本主義史有深入的研究。在經濟循環理論方面，他認為，這是資本主義社會的內生產物，但不會導致資本主義的滅亡。他的主要著作有二：《英國的產業危機》(*Industrial Crises in England*, 1894)；《分配的社會理論》(*Social Theory of Distribution*, 1913) 等書。

杜幹・巴蘭若夫斯基認為，資本主義經濟循環的主要原因有二：其一是投資成長不成比例；其二是所得分配極不公平與消費不足。然而，他的理論偏向第一種原因的解釋，對第二種原因則僅作粗略的分析。

杜幹不但認為耶逢斯 (W. S. Jevons) 及周格拉的外在因素說，不足以解釋經濟波動現象，而且也認為，西斯蒙第 (J. Sismondi)❼的消費不足說有欠周全。他認為，經濟波動的根本原因是：資本主義社會不可能使生產平衡發展。因為資本主義的生產既未作事前規劃，且有不斷累積資本的傾向，結果會帶來所得的不公平分配與資本財生產過多的恆常趨勢。同時，在貨幣經濟社會中，貨幣因素會使此種趨勢更為惡化，因為在貨幣經濟社會中，局部生產過多，會轉變成全面的生產過多。特別重要的是，經濟波動基本上是資本財生產的波動，在資本主義社會中，固定設備的更新與擴張並不是有規則地進行，其原因是：在繁榮期間，經由企業的利潤，以及在蕭條期間，經由固定收入者的儲蓄，可貸資本都以極有規則的速率進行累積；但是，可貸資本的增加，並不意指真實資本的累積。在蕭條期間，

---

❼　請參閱本書第九章第三節。

持續累積的可貸資本都累積下來，並未轉化為真實資本；在經濟景氣上升階段開始之際，這些資本便以低利率為手段，投入於產業投資中，也就是轉化為真實資本。在這些資本耗盡之後，上升階段便告結束，整個循環過程乃重演下去，這乃是杜幹‧巴蘭若夫斯基之理論的重點所在。

深入地說，杜幹‧巴蘭若夫斯基認為，上升是累積現象，良機不再的情緒支配之企業家，使他們奮不顧身且盡情地借入已累積的資金。當這些可貸資金逐漸減少，並出現利率上升之際，就是「資本不足」(capital shortage) 的信號；而當可貸資本耗盡時，就會出現金融危機。在金融危機下，由於投資減少，資本財便發生相對生產過多現象，該產業便會出現危機。一旦社會創造了新固定資本，社會的繁榮就會重新來臨，但新資本依然是不成比例的。他認為，不但資本成長不成比例，而且即使是在危機階段，資本也可能迅速累積。因為在資本主義社會，國民所得的極大部分係歸資本家階級，工人只能分配到其中的一小部分，只要資本家願意，他們仍可在危機中迅速累積大量的資本。

由此我們可以看出，杜幹‧巴蘭若夫斯基的經濟循環理論固然有其缺點，例如，用語曖昧不明、主題不很明確等。但是，他把投資過程視為循環變動的主要原因，確實是一項創見。同時，他以內生的資本不足與投資不成比例，對經濟循環現象作更深入的說明，對後世經濟循環理論的研究，有其不可磨滅的貢獻。

三、斯匹托夫

斯匹托夫 (Arthur Spiethoff, 1873–1957) 是德國經濟學家。生於屠舍道夫 (Düsseldorf)。畢業於柏林大學及日內瓦大學，1905 年獲博士學位。曾執教於柏林、布拉格、波昂等大學，為近代德國的首席經濟循環經濟學家。1899 年至 1908 年擔任施謨勒❽的助理，終於成為親密的朋友。1917 年施謨勒逝世後，曾經主編《施謨勒年鑑》達二十年之久。

斯匹托夫把經濟學分為三類：一類是純粹經濟史；一類是純粹理論，包括揆內、李嘉圖、屠能、孟格、耶逢斯、柏雷圖、凱因斯等人的著作。其三是歷史的實證理論，包括李斯特、施謨勒、宋巴特、偉伯 (M. Weber) 等人的著作。斯匹托夫把自己歸入第三類。他的主要著作有三：《純粹經濟理論》(*Anschauliche und*

---

❽　請參閱本書第十二章第三節。

reine wirtschaftliche Theorie, 1949)；《作為歷史理論的國民經濟學通論》(*Die allgemeine Volkswirtschaftslehre als geschichtliche Theorie*, 1933)；《經濟變動論》(*Die wirtschaftlichen Wechsellagen*, 2 vols., 1955)。

由於斯匹托夫追隨施謨勒，採用歷史法來研究經濟變動，故我們先說明他對經濟循環過程的描述，再分析他的理論特點。

根據斯匹托夫的看法，經濟循環的上升階段總是由某些特別有利的產業部門開始，每一個案都有其獨特的理由，例如，新海外市場的發現與開發，帶來了投資機會的真空，使投資持續湧進，直到飽和點為止。在上升的第一階段，已有設備總是漸趨於充分利用；在第二個階段，則開始建造新設備，吸收資本，不久且產生消費財生產的增加。斯匹托夫認為，一旦消費財開始增產，其價格就應開始下降，但是由於卡特爾 (cartel) 組織制訂了錯誤的價格決策，其價格總是居高不下。這種組織固然可使繁榮期相對持久，而一旦經濟崩潰開始時，則會使價格下降更劇，蕭條會更為嚴重。由此可知，斯匹托夫係以投資支出的循環來解釋繁榮期的誕生。

但是，在他方面，他則以所得分配不均來說明蕭條的來臨。他認為，在上升階段，國民所得分配並不影響總需要。因為在那個階段，高所得者固然不欲把其新增所得直接用於消費，卻會把這一部分用於投資，故未有被存藏的未支用部分。但是，在蕭條之際，實情則非如此。也就是高所得者的存藏部分成為未支用的殘餘物，不公平的所得分配乃帶來生產過多，使蕭條趨於嚴重化。基於這種看法，為緩和經濟波動，在繁榮時期，為使投資順利擴張，就得削減消費；在蕭條時期，就要盡其可能維持工人所得及其消費水準。

從表面上看來，斯匹托夫的理論與杜幹‧巴蘭若夫斯基有幾分相似。不過，他特別強調兩項特點：第一，經濟循環波動係發生在真實部門，信用部門無法對此現象採取任何挽救措施。在危機發生之際，通常伴隨而發生的銀根緊俏乃是表面現象，好似某些部門發生了超額供給，只要放鬆銀根就可解決。而危機的原因實際上是其他部門存在著物品不足，放鬆銀根的結果是使這些部門的不足更為顯著化。同理，在蕭條時期，除非有可供利用而未用之物品的存在，放鬆銀根無助於景氣上升。第二，危機的發生乃是起因於某些補充財的不足，這就好似一雙手套，缺其中任一隻，都不能達成禦寒的目的。

雖然如此，為何會發生生產過多或資本不足問題呢？斯匹托夫認為，這乃是

以價格及利潤動機為導引，由私人控制生產及自由消費之社會的必然結果。因為在這種社會中，對全國及全世界各個不同部門的活動是難於預測的，當然更難於作正確的預測，因而不能預期並維持應有的生產之比例性。但是，斯匹托夫並未提出一項一般化的理論，他認為，從上升到下降，或從下降回升的溫和的或劇烈的程度，都分別由當時的各種變數來決定。

本章進修參考書目

1. 施建生著：《當代經濟思潮》（臺北：中華文化事業委員會，四十四年）。

2. G. von Haberler, *Prosperity and Depression*, 5th ed. (London: George Allen & Unwin Ltd., 1964).

3. T. W. Hutchison, *A Review of Economic Doctrines, 1870–1929*, chapters 12 and 23.

4. B. F. Hoselitz (ed.), *Theories of Economic Growth*.

5. Erich Schneider, *Joseph A. Schumpeter, Life and Work of a Great Social Scientist* (1970), translated by W. E. Kuhn (University of Nebraska-Lincoln, 1975).

6. J. A. Schumpeter, *The Theory of Economic Development* (1911), (New York: Oxford University Press, 1961).

7. J. A. Schumpeter, *Capitalism, Socialism and Democracy*, 3rd ed. (New York: Harper, 1950).

8. B. B. Seligman, *Main Currents in Modern Economics*, chapter 9.

第24章 韋布倫與制度學派

第24章　韋布倫與制度學派

世界上原來沒有一件東西沒有用處，最下賤的在悲劇中也有它們的角色。腐敗的享樂主義者、
臭穢的非道德者，完成了他們白蟻式的任務；先得把搖搖欲墜的破屋折毀之後才好重建。

《約翰‧克利斯朵夫》

第一節　制度學派的經濟社會背景及其特質

一、二十世紀初期美國經濟社會的特徵

在第一次世界大戰以前，美國固然也產生了若干傑出的經濟學家，如老克拉
克 (J. B. Clark)❶、莫里斯 (G. S. Morris)❷、伊利 (R. T. Ely)❸等。這幾位經濟學
家都是留學德國，深受歷史學派的影響，除老克拉克外，在經濟思想史上並無特
別的建樹，且對當時美國經濟社會的變動也未有積極的反應。可是，他們的弟子，
如韋布倫 (T. B. Veblen)、康孟斯 (J. R. Commons) 等，則祖承他們的研究方法，針
對當時美國社會情勢，提出批評、解說，甚至雄心勃勃地意欲重建當時流行的經
濟學，形成了經濟思想史上的制度學派 (Institutional School)。

簡單地說，自南北戰爭結束至第一次世界大戰的半世紀間，美國社會經濟有
非常顯著的變化。從好的方面來說，在這段期間，美國的工農業都有顯著而快速

---

❶　參閱本書第十四章第六節。

❷　莫里斯 (George S. Morris) 是美國經濟學家。在德國受教育，深受黑格爾哲學及歷史學派經濟思想
　　的影響，執教於約翰‧霍布金斯大學。為杜威及韋布倫的老師。

❸　伊利 (Richard Theodore Ely, 1854–1943) 是美國經濟學家。曾執教於約翰‧霍布金斯大學、威斯康
　　辛大學等校。美國經濟學會發起人之一，1900 年任該學會會長。著有《政治經濟學導論》(*Intro-
　　duction to Political Economy*, 1889)、《工業社會演進之研究》(*Studies in the Evolution of Industrial
　　Society*, 1903)、《土地經濟學》(*Land Economics*, 1940) 等書。

的成長，使美國躍居世界最大的經濟力量。從壞的方面來說，在這種快速經濟成長過程中，產生了獨佔、貧窮、蕭條等經濟問題。先就獨佔問題來說，自 1870 年代開始的獨佔趨向，雖有反托拉斯法案，在二十世紀初年，獨佔情形卻變本加厲，大企業支配了經濟及政治力量，對內及對外政策都趨於保護大企業。在貧窮問題方面，低收入者的收入雖然增加，但遠不及經濟成長之速，是以其生活水準並未顯著改善。尤其是，工作時間長，住宅缺乏，疾病、失業、老年等保險都缺乏，大量移民持續壓低工資等，都迫使低收入者未能大幅改進其生活。在蕭條方面，則五十年間發生了四次的衰退，產生甚為嚴重的社會問題。

在這種情形下，當時美國便產生了兩種社會改革論：一類是急進的，主張採社會主義方式，根本改造美國社會；一類是溫和的，主張對資本主義體制作局部的改善。制度學派本質上是溫和的，意欲保存資本主義的主要精神的。

二、制度學派的主要特質

制度學派的經濟學家或者僅有微細的師承關係，或者根本沒有師生的關係，且他們論述的對象也有極其顯著的差異。但是，我們仍可大體歸納幾項他們共同的特點：

第一，他們主張對經濟社會作整體的研究。他們認為，經濟活動不僅是個人因個人動機所驅使的活動的總合，也不僅單純為追求最大的貨幣利得而活動。他們指出，經濟活動中，有各種型態的集體行動，這些行動都大於其構成分子之行動的總合。例如，工會的活動便大於個別會員活動之和；卡特爾組織也不宜單純視為個別企業活動之和。因此，他們認為，經濟學與政治學、社會學、心理學、法律、習慣、意識型態、傳統及各種人類信念，都有密切的關係，對經濟活動的研究，也只有對有關部門深入研究與觀察，才能獲致真實而有用的瞭解。

第二，他們都強調制度 (institutions) 在經濟生活中的重要性，也就是說，經濟生活並非由經濟生活所支配，而係由經濟制度所支配。可是，如下文即將提及，制度學派諸大師對制度各有其不同的定義。大體上說，他們大概都認為，制度非僅是因某種特殊目的而產生的組織，而且也是一種作為文化之一部分的有組織的集體行為的型態。制度學派諸大師特別關心的制度包括：信用、獨佔、勞資關係、社會安全、所得分配、不在所有制 (absentee ownership) 等。

第三，他們都採用達爾文式的演進觀念來研究經濟活動。他們認為，社會及

其制度繼續變動著，必須研究的是其運行，而不是其均衡。也就是說，經濟學的主要課題在於研究經濟制度的演進及運行。因此，制度學派經濟學須大量借助社會心理學、社會學、文化人類學、歷史學、政治學、心理學、哲學等方面的知識。

　　第四，他們認為各種經濟制度間各有其衝突存在，經濟學的研究目的便是在於瞭解這些衝突的原因，尋求改革的方法，俾能促進經濟社會的正常發展。簡單地說，他們相信，人是合群的，為共同利益而會產生組織群體，但各群體的利益未必是調和的。諸如，大企業與中小企業之間、消費者與生產者之間、農民與都市居民之間、雇主及工人之間、進口商與國內生產者之間，他們的利害關係都須加以研究，並採取合宜措施，才能有效地調和。

三、關於新制度學派

　　在第二次世界大戰以前，美國制度學派的經濟學家面對當時經濟環境，在對當時的正統經濟學進行猛烈的攻擊之餘，他們試圖建立新理論，對成熟中的產業體系，分析全國經濟社會的民間部門與公共部門的經濟決策過程。在第二次世界大戰結束後，凱因斯經濟學成為經濟學上的新正統，美國經濟社會亦有新進展與新演變。蓋布烈斯 (J. K. Galbraith) ❹、米達爾 (G. Myrdal) ❺、艾爾斯 (C. E. Ayres)❻、柯姆 (G. Colm) 等人❼，對這個時代的新正統經濟學，以及新經濟社會，分別有或輕或重的攻擊，他們有時被稱為新制度學派。在我們討論制度學派

---

❹　參閱本書第二十八章。

❺　參閱本書第二十九章。

❻　艾爾斯 (Clarence E. Ayres, 1891–1972) 是美國經濟學家。曾執教於密西根大學。1930 年起，擔任德州大學教授，1969 年退休。1966 年被選為演進論經濟學會 (Association for Evolutionary Economics) 首任會長。主要著作有：《經濟進步論》(*The Theory of Economic Progress*, 1944)；《邁向合理社會 —— 工業文明的諸價值》(*Toward a Reasonable Society, the Values of Industrial Civilization*, 1961)。

❼　柯姆 (Gerhard Colm, 1897–1968) 是德裔美國經濟學家。曾執教於德國基爾大學 (Kiel University)。1933 年赴美，曾短期執教於紐約新社會研究學院，而大部分時間則擔任公職。1946 年任職於經濟顧問委員會。1966 年擔任比較經濟學會 (Association for Comparative Economics) 會長。他的主要貢獻是提出全國經濟預算 (National Economic Budget) 概念。主要著作有：《1960 年之美國經濟》(*The American Economy in 1960*, 1952)；《全國計劃與預算的結合》(*Integration of National Planning and Budgeting*, 1968) 等。

各主要經濟學的經濟思想之前,我們應當先行指出,新制度學派與舊制度學派有幾項重大的差異:

第一,舊制度學派幾乎認為正統經濟學一無是處。新制度學派則不但不否定正統經濟學在其自限的研究範圍內對經濟分析的貢獻,他們且承認正統經濟分析乃是他們的新理論的基礎。大體上說,新制度學派批評正統理論不能合理解釋後期工業社會的運行,且也不能完滿解決因技藝變動所產生的許多經濟問題。

第二,舊制度學派認為近代機械過程對人類行為有所影響,因而招致許多批評。新制度學派則承認工業技藝對經濟演進過程固有重大影響,但並不引申其對人的心智態度及經濟行為有所影響。

第三,在舊制度學派所面對的時代,美國政府在經濟活動中所扮演的角色甚小,大企業則大部分為銀行團所控制,且整個經濟社會充滿大量失業、社會安全欠缺及貧窮。但是,在 1960 年代,當新制度學派扮演反正統經濟學的角色時,美國所面對的經濟環境與 1920 年代已大為不同,故若要瞭解新制度學派,則必須進一步說明戰後美國的新經濟環境及其問題。

||||||||||||||||||||||||||||||||||||||||||||||||||||||||||||||||||||||||||||||||

🖋 第二節　韋布倫

一、生平與著作

韋布倫 (Thorstein Bunde Veblen, 1857–1929) 是美國經濟學家,制度學派經濟學的創立者。1857 年 7 月 30 日生於美國威斯康辛州的挪威移民家庭中,在六兄弟中,排行第四。17 歲,依家庭抉擇進入卡爾頓學院 (Carleton College) 就讀,受教於老克拉克 (J. B. Clark) 門下。畢業後,曾在國民學校任教。一年後,他到約翰‧霍布金斯大學攻讀哲學,因未能取得獎學金,乃轉到耶魯大學,並於 1884 年順利獲得哲學博士學位。不過,他卻找不到工作,乃回到其父親的農村耕讀。1888 年與卡爾頓學院院長的姪女羅爾芙女士 (Ellen Rolfe) 結婚。1891 年,韋布倫到康乃爾大學 (Cornell University),向當時負責經濟學系的拉夫林 (J. L. Laughlin)❽毛遂自薦,獲得聘用。次年,拉夫林轉任當時由洛克斐勒資助成立的

---

❽　拉夫林 (James Laurence Laughlin, 1850–1933) 是美國經濟學家。哈佛大學經濟學博士。曾任教於

芝加哥大學經濟學系主任，韋布倫乃跟隨前往。在芝加哥大學，韋布倫反資本主義的學說，不受大學當局的歡迎；在 1900 年，已 43 歲的年紀，才得升為助教授 (assistant professor)，且不得不於 1906 年離職，轉任史丹福大學 (Stanford University) 副教授，1909 年仍被排擠去職。1911 年離婚，並轉往密蘇里大學 (University of Missouri) 任教，並於 1914 年與布拉莉女士 (Anne Fessenden Bradley) 結婚。1918 年赴華府，在食品局 (Food Administration) 當小職員，並擔任紐約市《日規雜誌》(*The Dial*) 的編輯。1919 年，紐約市新社會研究學院 (New School for Social Research) 設立，韋布倫應邀任教。1924 年，他拒受美國經濟學會會長，他指出，在他不需要該職位時，才送給他，是不能忍受的。1929 年年初，他退休到加州去，數日後逝世。他曾有經濟大恐慌的預言，可惜未目睹其來臨。

前面已經提及，制度學派的諸經濟學家都不喜歡理論經濟學，尤其討厭比較靜態的理論經濟學，韋布倫在這方面的貢獻最為顯著。在他的著作中，對正統經濟學及當時的商業文明有深刻而動人的嘲罵。

韋布倫的主要著作有下列幾種：

1. 《有閒階級論》(*The Theory of the Leisure Class: An Economic Study of Institutions*, 1899)——中譯本有：趙秋巖譯：《有閑階級論》(臺灣銀行經濟研究室刊行)；
2. 《營利企業論》(*The Theory of Business Enterprise*, 1904)；
3. 《德帝國與產業革命》(*Imperial Germany and the Industrial Revolution*, 1915)；
4. 《近代不在所有制與營利企業：美國的個例》(*Absentee Ownership and Business Enterprise in Recent Times: The Case of America,* 1923)。

二、正統經濟學的缺失與經濟學的重建

韋布倫的論著不但旁徵博引，議論甚為豐富，且有許多精闢的創見。在此，我們僅擇要說明他對正統經濟學的批評，以及有閒階級論的要旨。

在韋布倫之前，社會主義、歷史學派、邊際效用學派對正統經濟理論都已有

哈佛大學、康乃爾大學及芝加哥大學。1892 年至 1933 年為《政治經濟學集刊》(*Journal of Political Economy*) 的主編。主要著作有：《美國複本位制度史》(*A History of Bimetallism in the United States*, 1886)；《貨幣與價格》兩卷 (*Money and Prices*, 1919)。

尖刻的批評。韋布倫認為，正統經濟理論有三項根本缺點：其一是研究對象錯了；其二是作為研究基礎的指導原理錯了；其三是研究方法錯了。

先就研究經濟學的指導原理來說，韋布倫指出，正統經濟學家以自然法則作為其主要指導原理，以為各項事物都有趨於完美而有價值的趨勢，這種正統的正常狀態論，使近代經濟學成為自我束縛狀態。韋布倫也認為，正統經濟學把賺錢與生產物品混同是不科學的。他指出，正統經濟理論根據亞當斯密不可目見之手的概念，認為生產者為追求利潤，將會盡可能以最低成本，生產消費者所希望購買的物品，市場的競爭會使生產者的私利與社會的公益相一致。韋布倫指出，除了經濟學家外，所有的人都認為生產物品與賺錢是兩回事；商業社會努力賺錢通常對經濟社會有害；個別商人（生產者）努力追求私利的結果，僅只促進了私利。深入地說，在亞當斯密的時代，生產者的規模甚小，賺錢與生產物品有相當密切的關係。但是，在經濟社會的演進過程中，生產規模及生產方式也有尖銳的變化，賺錢與生產物品之間的關係乃隨之而起變化。在韋布倫生活的時代，大公司的組成並不以增進效率為目的，而係藉獲得獨佔權力及限制生產，以追求金錢利益。因此，他指責企業為增加利潤而減產，顯然對社會有害；他質問企業的廣告活動究竟對社會提供了什麼服務；他甚至指出廠商在國際市場的競爭會導致衝突。也就是說，企業的金錢活動必然會導致蕭條與大量失業。總之，韋布倫反對正統經濟學的完全競爭的假定；也反對由企業控制之市場對社會有益的假定。

就研究對象來說，韋布倫認為經濟學的真正任務，與當時的正統經濟學有極大的差別。當時的正統經濟學係以研究社會如何把稀少資源使用於各種用途為主，韋布倫則認為，經濟學應係對持續變動中的制度結構的研究。而所謂制度既是社會習慣，也是各該時期所接受的思想習慣。制度是文化的一部分，而文化具有持續性，故韋布倫乃以演進觀點來研究經濟學。根據韋布倫的看法，社會經濟制度以營利企業 (business enterprise) 最為重要，這是他的營利企業論的主題，也是其經濟恐慌論的理論依據。他指出，現代經濟社會的經濟組織得區分為兩種過程：一種是「機器過程」(machine process)，指稱生產物品；一種是「營利企業」，指稱賺錢。他認為，現代經濟社會的發展，使營利企業控制了機器過程，而以金錢競賽 (pecuniary emulation) 為目的之營利企業必然會趨於獨佔，因而產生兩種制度之間的緊張關係，假若這種緊張關係過分發展，則競爭式的個人產業主義體系 (system of competitive individualist industrialism) 會自趨於滅亡。

　　就研究方法來說，韋布倫指責，正統經濟理論因以正常狀態為其指導原理，乃運用演繹法，把經濟現象的若干項目及其特徵進行片斷的排列，這種方法最多只能得到有關正常狀況的邏輯上前後一致的若干命題——亦即，經濟分類學的體系 (a system of economic taxonomy)。同時，韋布倫也指責邊際效用分析。因為這個學派係在嗜好不變的假定下，以人類自動追求極大快樂為其前提。在韋布倫提出這項評論時，由於無異曲線的誕生，需要理論已擺脫了享樂主義 (hedonism) 的前提。不過，韋布倫則繼續指出，去除享樂主義的成分，這種分析方法幾已無基礎可言。

　　此外，他也指出，正統理論不能解說成長、變動及累積過程。他認為，文化的成長乃是一種持續習慣化的累積過程，其方法與目的乃是人類對持續而累積的危機有其本能的習慣反應。其所以持續不停，乃是因為每一新變動都創造一個新情勢，引起習慣反應方式作進一步的新變動；其所以累積，乃是因為每一新情勢都是前一情勢的變體，且含有先前各情勢所具有的各項因果因素在內。不過，他認為，人類的本質依然歷久不變。因此，他特別提出「勢利價值」(snob values) 與炫耀性消費 (conspicuous consumption) 的分析，作為批評正統經濟理論的武器，也是其重大的成就之一。

　　根據韋布倫，現代社會是工業社會，為瞭解其發展與運行，我們必須瞭解，在人類的本質以及其文化間所存在的錯綜複雜的關係。因為當一個人在一個文化中出生，他就必須根據當時存在的行為模式而行動，這種行為模式乃是過去個人與文化交互影響下的遺產，具有制度的性質與強制力。韋布倫把這種相對固定的作為人類行為之基準的特點，稱為本能 (instincts)，他也指出，足以塑造人的經濟活動的本能有多種，其中以下列四種最為重要：作父母的本能 (parental instinct)、作工的本能 (instinct of workmanship)、無端的好奇 (idle curiosity) 及貪得的本能 (instinct of acquisitiveness)。作父母的本能源於對家庭、部落、階級、國家及人類的關心。作工的本能使我們想生產精美的物品、讚賞作工及關心我們的效率及作工的經濟社會。無端的好奇使我們對我們所生活的世界提出問題及尋求答案，這乃是科學知識發展的最主要因素。貪得的本能則使個人特別關心自己的福利。

　　韋布倫認為，這些人類的本能會產生一些緊張的關係，這種緊張關係乃是資本主義經濟社會的基本特色。簡單地說，作父母的本能、作工的本能及無端的好奇，使人類願意以高效率生產精美物品，裨益他人。由這三種本能所產生的活動，

稱為「工藝工作」(industrial or technological employments)，這一部分是動態的，以實事求是的科學方法解決問題。就這方面來說，若我們的工具與技藝愈多，解決問題的能力也就會提高，因而就不須回顧過去。貪得的本能則是僅照顧自己，為自己的利益甚至可犧牲他人的利益。在遙遠的過去，人類未擁有工具、未具備技藝、未能以科學方法去解決問題時，人把未知事項訴諸於超自然力，因而導致以卜卦問吉凶，以舞蹈求豐收的行為，貪得的本能乃表現在「儀式的行為中」(ceremonial behavior) 中；在近代社會則表現在「金錢工作」(pecuniary employments) 中。工藝工作促進經濟生活進步，金錢工作則訴諸過去，對人類福利乃有負的效果，這兩者當然存在著緊張關係。在近代資本主義社會演進過程中，工藝工作與金錢工作之間的緊張關係有增無減，韋布倫的許多著作，都是這種對立緊張關係的應用，我們僅說明其對生產組織、經濟循環及有閒階級等三項應用。

在生產組織方面。韋布倫指出，在手工時期，工具、原料及勞動集於工匠一身，工藝工作壓倒金錢工作，工匠僅追求合理利潤。在近代工廠制度誕生，並在演進中擴大後，工人的勞動與工具及原料分開了，不在所有制成為普遍現象，生產物品——工藝工作——由工人承負；賺錢——金錢工作——則歸不在所有者，兩者分開且產生了衝突的關係。其結果產生了為追求利潤而減產的「無效率的資本化」(capitalization of inefficiency) 現象。換句話說，不是為工業而商業，而是為商業而工業，許多活動便導向對人類無益的行銷、廣告等活動。因此，商人不是我們社會的恩主，而是破壞者 (saboteur)。

在經濟循環理論方面。韋布倫認為，自從十九世紀後半以來，繁榮與蕭條的波動已趨於一種長期蕭條狀態。復甦與繁榮階段不但微弱，而且為期甚短。其基本原因在於上述經濟制度上的緊張關係。在近代經濟組織中，產業係由支配價格及追求利潤的商業所控制，在這種結構中，循環波動是一種正常的過程，而且蕭條與繁榮是不可分離的。根據韋布倫的分析，當經濟社會脫離蕭條而出現復甦端倪時，一個產業的價格上漲可能迅速累積成為普遍的上升階段：其部分原因固是實際需要的增加，另一部分原因則是來自樂觀的預期。因為在物價上漲之際，積極的營利企業會把其冒險擴及關聯不大的產業，迫使此類產業的價格也上漲。在近代經濟社會中，這種有利的商業氣息會更迅速擴散，韋布倫則特別重視這個過程中的「超額資本化」(excessive capitalization) 問題。他認為，上述兩種物價上漲原因的任何一種，都足以導致企業家高價買進設備及零件，亦即，預期收入增加，

帶來實際資本化的提高。因此，繁榮期間的實際資本化與繁榮前的資本化之間有其缺口存在，這乃是大量信用擴張的基本原因。由於各營利企業競爭相對有限的信用供給，自然會迫使信用成本提高，削減預期獲利的可能性，這也會帶來累積的崩潰過程。不過，韋布倫認為，在同一期間，工資上漲為更重大的致命傷。由於信用成本與工資之上升，都會使商業的獲利能力降低，暴露了信用過分擴張的不健全。其中，若有某一家倒閉，就會導致其他企業的危機，景氣下降乃形成為掙扎求生存的割頸競爭 (cutthroat competition)，因而使蕭條及超額資本化趨於成為長期現象，而現代的營利企業為保護其既得利潤乃不得不用各種方式爭取獨佔了。

三、有閒階級論要旨

　　《有閒階級論》是韋布倫賴以成名且最暢銷的著作。在這本巨著中，韋布倫運用上述工藝工作及金錢工作對立的觀念，一方面分析有閒階級的各項特徵，他方面則又申論有閒階級之存續所產生的影響。

　　根據工藝工作及金錢工作對立的觀念，韋布倫把經濟活動區分為兩種：一種是生產的且有用的勞動；一種是虛飾的且尊貴的活動。前者是作工者，具有勤勉與溫柔的特性；後者是商人，其特徵為金錢的、掠奪的。以這種對立觀念的劃分，他認為「有閒」一詞是指稱日常生產工作及作工習慣心理以外的各種行為及心理。同時，韋布倫更認為，近代有閒階級史的關鍵事件在於私有財產制度的展開，且為著宣揚其財富乃訴諸於炫耀消費，以昂貴而浪費的方式吸引無數的路客的注意。因此，韋布倫首先指出，有閒階級有下列各項特徵：

　　第一，有閒 (leisure)。表面上說，賺取財富的最大目的在於迴避工作。不過，韋布倫使用這一詞句時，尚含有下列意義：有閒與正常的非生產性活動乃是財富的傳統證據及社會地位的傳統表徵。換句話說，有閒並非指稱閒散生活的怠惰狀態，而是把時間用於非生產性活動，且作為有能力供給怠惰生活之必要財富的證據。因此，有閒也可說是豁免了生產性勞務。

　　第二，金錢競賽 (pecuniary emulation)。韋布倫指出，個人總是力圖在產業及經濟能力上向其鄰居看齊或希冀能凌駕其鄰居之上。因為在人類的社會，人人都有其社會地位，地位或者以階級制度、性別、年齡、個人特點為基礎，一方面表現其在同事心目中的地位，也就是別人對他的評價，他方面則表現在自己心中的記錄，反映著他自以為別人如何看待他。在這兩方面，財富或金錢已成為一項新標

準。因為高所得若未被他人知道便沒有價值，故近代文化中乃有金錢競賽的事實。

第三，炫耀性消費 (conspicuous consumption)。為著追隨流行，或者為著炫耀財富與地位，許多人的支出並不以適用、有用或品質優良為支出目的，而係以價格昂貴為條件，供作高社會地位的表徵，這種消費便是炫耀性消費。

第四，炫耀性浪費 (conspicuous waste)。韋布倫認為，不論政府、生產、消費等，在有了炫耀性消費的觀念及行為後，其一部分或大部分支出便會與生活的福祉脫節，因而形成時間、財富及精力的浪費。

韋布倫且進一步指出，在封建時代的歐洲、封建日本之類的較高層次的野蠻文化中，可以看到有閒階段的最佳發展實例。在比這更早的階段，也得由職業劃分形式中看出。在最早的野蠻時期，雖未有明顯的有閒階級，但已有其發展的環境。在這最早階段，人人都須工作，但工作性質因男女而不同。其次，自和平生活轉變成持續戰鬥生活的轉變過程中，有閒階級乃逐漸出現。韋布倫認為，社會上的有閒階級乃是發生於人類野蠻時期的掠奪階段。在和平的野蠻階段，其存在被男女地位之別所隱蔽了；在這最早時期，女人之工作象徵著作工的本能及產業的開始；男人則象徵著剝削行為的來臨。簡單地說，有閒階級的最主要特徵是他們所從事的職業，這些職業包括政府、戰爭、運動及宗教儀式，因為這些職業不但不增加財富，而且具有掠奪的、非生產的性質。

韋布倫繼續指出，在目前這種準和平的產業階段 (quasipeaceful stage of industry)，有閒階級乃是由那些在追求金錢成就中獲有較大幸運者所組成。進入有閒階級圈子是以金錢為標準；這個階級的最有成就者為其餘分子制訂競賽標準。因為若要把有閒階級逐出產業範圍，產業便會發生變動，又因為金錢權力係掌握在這個階級手中，因而這個階級的組成分子便是文化上的保守者。他們甚至把他們所承繼的掠奪文化的遺產，視為階級的區別符號。例如，在展示炫耀性閒暇的許多方式中，有一種是雇用許多家僕。這種替代式閒暇 (vicarious leisure) 形式可追溯及以擁有奴隸作為尚武技能之象徵的時期。再者，炫耀性消費乃是豁免必要勞動的象徵，表現於奢華的娛樂，也可追溯到以門客多寡定名聲的時代。因此，在現代社會，金錢競賽是最有力的展示工具，汽車、住宅、服飾等乃成為最佳的炫耀性消費品；尤其是，當男主人正忙於掠奪活動時，女主人遂承擔展示家庭財富的任務，服飾、不作工等就成為其表徵了。甚至，近代的職業性體育競賽也成為炫耀閒暇及財富的一種活動。

　　韋布倫也指出，在一般小鎮或農業社會，人們係透過日常生活的密切接觸而彼此認識，因而社會聲望與消費或金錢展示並沒有密切的關係；在交通及產業組織把人們彼此變成陌路人的城市，則情況恰好相反。由此我們可以看出，在炫耀性支出的演變過程中，不論物品、勞務或生活都顯然有趨於浮華浪費的現象：為博聲名，就必須浪費。

　　韋布倫並從衣著、宗教儀式、教育等方面的金錢競賽著手，指陳有閒階級的標準係已廢退之文化的特性的存續。在有閒階級之外，就沒有保存已廢退之文化的習慣。較低階級的保守性是有閒階級所安排的架構的產物，也就是說，有閒階級盡可能地取走較低階級的生活資料，使其消費力降低，妨礙他們追求知識、選擇新思想習慣的精力，進而阻礙了進步。總之，韋布倫強調有閒階級與經濟進步的關係乃是一種金錢關係，而非生產與適用的關係。商業世界的傳統乃是：在看守這種掠奪或寄生原則下而成長，乃是古代掠奪文化的衍生物。雖然如此，在人類的習慣中仍保存許多本性，諸如作工本能、誠實及同情，這些本性存在於較低階級與部分有閒階級的婦女中，為人類的一絲希望的所在。

本章進修參考書目

1. 趙秋嚴譯，Veblen 原著：《有閒階級論》（臺北：臺灣銀行經濟研究室，五十八年）。

2. 于樹生譯，Homan 原著：《現代經濟思想》，第三章。

3. E. Ray Canterbery, *The Making of Economics* (Belmont, Calif.: Wadsworth Publishing Company, Inc., 1976), chapter 10.

4. Joseph Dorfman, *Thorstein Veblen and His American* (New York: The Viking Press, 1935).

5. Allan G. Gruchy, *Modern Economic Thought: The American Contribution* (New York: Printice-Hall, Inc., 1948), chapter 2.

6. Robert L. Heibroner, *The Worldly Philosophers*, chapter 8.

7. Paul T. Homon, *Contemporary Economic Thought*, chapter 3.

8. T. W. Hutchison, *A Review of Economic Doctrives, 1870−1929*, chapter 16.

9. Wisley C. Mitchell (ed.), *What Veblen Tought* (New York: The Viking Press, 1932).

10. David Riesman, *Thorstein Veblen, a Critical Interpretation* (New York: Charles Scribner's Sons, 1960).

11. Thorstein B. Veblen, *The Theory of Leisure Class* (1899) (New York: Random House, 1934).

12. Thorstein B. Veblen, *The Theory of Business Enterprise* (New York: Scribner's, 1904).

第
25
章

制度學派的展開

第25章　制度學派的展開

偏見與希望的存糧，在從前足夠維持人類二十年的，在此刻五年之中就消耗完了。幾代的思想之士飛奔著，一代跟著一代：時間已經擊起了戰鼓。

《約翰·克利斯朵夫》

第一節　康孟斯

一、生平與著作

康孟斯 (John Rogers Commons, 1862–1945) 是美國經濟學家。1862 年 10 月 13 日生於俄亥俄州的荷蘭堡 (Hollandburg)，母親屬長老教派，父親則屬教友派，但反對奴隸制度及人道主義思想則是兩人共同的信念，這項信念對康孟斯有相當深遠的影響。康孟斯的早年學術生涯，與韋布倫一樣，有相當大的變動。1882年，在奧柏林學院 (Oberlin College) 求學時，他的成績欠佳；但仍能進約翰·霍布金斯大學，接受伊利 (R. T. Ely) 的指導。1890 年後，他第一次上臺教課便失敗了，因而不得不經常更換工作。其原因，一則是他常不能有系統地講課，二則是他的若干見解與著述常被判定為異端。他教過的大學包括奧柏林學院、印地安那大學、西那庫斯大學 (Syracuse University)。1904 年，幸得他的老師伊利教授為他在威斯康辛大學謀到教職，並在該地執教至 1932 年退休為止。1945 年 5 月逝於北卡羅來那州的拉賴郡 (Raleigh)。

就後半生的學術生涯來說，康孟斯是較韋布倫幸運得多。當他到威斯康辛大學執教時，恰逢當時急欲進行改革的老拉伏立德 (elder Robert La Follette) 當州長，須有人協助新改革方案及社會立法的起草及管理。康孟斯起草了公務員法 (Civil-service Law)、協助擴大公用事業管制、推動小額貸款措施。1932 年，甚至起草威斯康辛州的失業保留法 (Unemployment Reserve Act)。因為擁有這種職位，他便能

籌措基金，搜集有關經濟制度的資料，從而研判事實，供作分析之用。因而，他的論著內容及品質便與韋布倫大不相同了。此外，康孟斯曾經擔任美國全國經濟研究局 (National Bureau of Economic Research) 的董事；1917 年擔任美國經濟學會會長。

　　康孟斯的著作以下列幾種較重要：

1. 《資本主義的法制基礎》(*Legal Foundations of Capitalism*, 1924)；
2. 《制度經濟學》(*Institutional Economics*, 1934)──中譯本有：趙秋嚴譯：《制度經濟學》（臺灣銀行經濟研究室刊行）；
3. 《集體行動經濟學》(*The Economics of Collective Action*, 1951)──中譯本有：周憲文譯：《集體行動經濟學》（臺灣銀行經濟研究室刊行）；
4. 《美國產業社會文獻史》，十卷 (*Documentary History of American Industrial Society*, 1910)；
5. 《美國勞工史》，四卷 (*History of Labor in the United States*, 4 vols., 1910–1935)。

二、康孟斯的經濟思想

　　嚴格地說，「制度經濟學」一詞是首見於康孟斯的著作。更重要的是，他對制度的定義與韋布倫大不相同。他認為，制度是在控制（包括限制、解除或擴大）個人行動中的集體行動。因此，康孟斯重視人的相互依存、人的合作需要、因私有財產制度所產生的利害衝突，以及為調和利害關係而採取集體行動的必要性。

　　康孟斯認為，經濟社會是一個持續演進的過程，當其從事研究分析時，已處於新產業秩序 (new industrial order) 的階段。康孟斯稱這個階段為「銀行家資本主義」(banker capitalism)，韋布倫則稱為「金融資本主義」(finance capitalism)。他們兩人都認為，主要工業的小規模競爭廠商都已被大型公司企業所取代，且近代工業經濟社會已顯示著不再趨向均衡的現象。不過，他們兩人對於大企業以外之工會及農民組織等其他經濟利害集團的重要性則有不同的看法。韋布倫相信，這些集團不足與大企業的經濟力量抗衡。康孟斯則認為，在自由競爭市場制度式微之後，每一個重要經濟利害集團都該組織起來，以對抗其他集團（特別是大企業），康孟斯把這種抗衡集團 (countervailing group) 稱為「利益保護者」(protectionist interests)，且認為其結合足與大企業對抗。

　　康孟斯與韋布倫一樣,認為新產業制度的主要特徵不是和諧的,而是衝突的。不過,韋布倫認為這種制度下,只有世襲利益者及工人兩類階級,且其衝突會持續存在。但是,康孟斯則認為社會是多元的,由許多階級所組成,其中有大企業、小企業、工會、農民組織及其他未參加組織或組織鬆弛的工人、農民、消費者等。這些階級雖然在若干經濟目標上有所衝突;但他們對努力改進新產業制度的運行,以增進共同的利益方面,則有相同的認識。因此,康孟斯認為,問題在於尋求新制度上的安排,以消除銀行家資本主義的弊害,並使之轉變成「合理的資本主義」(reasonable capitalism)。基於這種見解,康孟斯乃由另一個角度來批評正統經濟學,甚至意欲以新觀點來重建經濟學。

　　康孟斯認為,正統經濟學一向忽視制度,因為他們不重視人與人之間的關係,而重視人與自然間的關係。在古典經濟學方面,重視人的勞動與自然力的抵制力之間的關係;在邊際效用學派方面,則重視自然力的數量欲望與其供給可能量之間的經濟關係。他更進一步指出,正統經濟學以物品及勞務的實物交易為基礎而建立純理論,卻忽略財產權的重要性,偏重了實物的重要性。基於這種看法,康孟斯意欲把正統經濟學所討論的人與自然的關係,轉變成人對人的關係。這也就是說,體認經濟資源的稀少性,不能充分滿足個人與集體需要,新產業制度始轉變成討價還價、管理及分配等交易的複合體,這些複合體也是經濟學的研究主題。

　　因此,制度經濟學廣泛地綜合了法律學、經濟學與倫理學,其基本概念不是商品,也不是交換 (exchange),而是交易 (transactions)。康孟斯指出,交易有三種型態,正統經濟學僅討論其中的市場或討價還價交易 (market or bargaining transaction),而忽略了其他更重要的兩種:其一是上司與下屬間的管理交易 (managing transactions),例如,經理人與僚屬間的關係、警官與市民間的關係。其二是分配交易 (rationing transactions),在這項交易中,上司、下屬及法庭都參與交易關係,例如,公司分派股息、公會收集會費等。康孟斯對這三種交易作綜合分析,分析其本質,以及法院在這些交易中所扮演的角色。根據他的分析,他認為,市場交易僅討論實物的轉手,忽略了這種交易本身是個人與個人間有關該實物之未來所有權的讓渡與取得,這種讓渡與取得乃是根據社會共同制定之規則而運行。換句話說,在勞動開始生產之前、消費者開始消費之前、物品轉手之前,各有關部門都須先商討這些權利的移轉問題。

　　由此可知,康孟斯的制度經濟學特別重視法律,這與他充當改革法案起草人

的經驗有密切的關係。在這些經驗中，使他明白法律對經濟生活的影響，以及經濟學家與法律學家對價值的看法並不完全一致。他指出，在法律中，含有合理 (reasonableness) 的概念。公用事業費率的管制涉及合理價值；勞工法涉及合理工資；婦女須有合理的安全補償；公務員與市民都須依合理行為之要求而行動等等；都是合理概念的應用。在經濟學家的著述中，卻很少重視這種合理的本質。因此，康孟斯認為，法院以實質內容充實了合理的概念，最高法院也就成為政治經濟學史上的最有權威的機構。

從經濟學的重建回到現實經濟問題。康孟斯認為，只要能夠解決銀行家資本主義的問題，便能夠解決新產業制度下的主要經濟問題。他認為這種資本主義自 1885 年展開，以至在 1929 年經濟危機中扮演重要角色，為期甚短，但暴露了三項主要缺點：其一，這種資本主義追求「稀少性利潤」(scarcity profits) 的安定，不是追求「效率利潤」(efficiency profits)，其結果是：大企業以減產來提高利潤，不是以改進效率、擴大生產及增加就業來創造利潤。其二，不能阻止反復出現的經濟循環。其三，不能維持充分就業。他甚至指出，工人認為就業比和平與自由更重要。

康孟斯認為，在祛除這些缺點，建立合理的資本主義，在市場機能之外，尚要輔以政府的「行政主權」(administrative sovereignity)，與最高法院的「司法主權」(judical sovereignity)。在市場機能無以確保合理的經濟過程與合理的經濟價值的場合，政府的行政機構就該介入，為公眾確保合理的經濟過程與價值。康孟斯認為，只有在這種合理的資本主義下，才能避免通貨膨脹，並使生產與就業都能獲致充分就業水準，且企業也才會以改進效率及增加生產的方式來賺錢。

我們可以看出，康孟斯對經濟學的主要貢獻在於集體行動概念。自二十世紀初年以來，他在其有關勞動、公用事業及租稅問題的著作中，一再強調集體行動在管制個人經濟行為上的重要性。他認為，若要矯正私人企業制度的缺點，就需要集體行動。他甚至認為，自 1885 年以來的新產業秩序為企業、勞工、農民及消費者間，打開了集體行動的大門，而只有在政府倡導下才易於實現，這便是經濟干涉主義的一個源頭。總之，他認為，若要建立合理的資本主義，私人企業體系須在制度上作巨幅修正。三十年來，失業保險、退休金、社會安全及各種政府的管制與協調機構的發展，便表明了這種趨向。

🪶 第二節　密契爾

一、生平與著作

　　密契爾 (Wesley Clair Mitchell, 1874–1948) 是美國經濟學家。1874 年生於美國中西部伊利諾州的拉希韋郡 (Rushville)。在南北戰爭時，老密契爾參加北軍作戰時，受到嚴重的腿傷。戰爭結束後，在鄉下行醫，家貧。但老密契爾夫人堅決要讓小密契爾上大學。1892 年乃進入當年設立的芝加哥大學，受教於拉夫林、韋布倫及杜威 (John Dewey)❶門下。學業成績甚優，大學時代就有論文發表在《政治經濟學集刊》(*Journal of Political Economy*)。1899 年，以最優等獲得芝加哥大學經濟學博士。其博士論文就是後來曾經刊行的《綠背紙幣史》(*A History of the Greenbacks*)。隨即到華盛頓的人口調查局 (Census Office) 工作。其後，分別到芝加哥大學、加州大學、哥倫比亞大學及新社會研究院任教。1920 年創立全國經濟研究局 (National Bureau of Economic Research)，並主持該局研究工作達二十五年之久。有系統地收集、分析經濟統計資料，推動經濟實證研究。1948 年 10 月 29 日逝世。

　　密契爾終身致力於經濟循環理論及其實證研究，特別重視環境變動對經濟活動的影響，且其觀點亦受韋布倫的影響，因而常被視為制度學派三大宗師之一，與韋布倫、康孟斯並列。然而，單就經濟循環的實證研究來說，密契爾的著述雖有欠完備，卻為後世的學者開啟了一項研究領域，其功不可沒。

　　密契爾的主要著作有下列幾種：

1. 《綠背紙幣史》(*A History of the Greenbacks*, 1903)；
2. 《經濟循環及其原因》(*Business Cycles and Their Causes*, 1913)；
3. 《經濟循環：問題及其解決》(*Business Cycles: The Problems and Its Setting*,

---

❶　杜威 (John Dewey, 1859–1952) 是美國哲學家。曾任哥倫比亞大學哲學教授，鼓吹實用主義哲學，對二十世紀美國的許多社會運動有重大影響。其對韋布倫、密契爾等經濟學家的影響成為制度學派的基礎。其主要著作有：《人類的本質與舉動》(*Humna Nature and Conduct*, 1992)、《確定的追尋》(*The Ouest for Certainty*, 1929) 等書。

1927)——中譯本有：鄧宗培譯：《景氣循環的研究》（臺灣銀行經濟研究室刊行）；

4. 《經濟理論的型態》(*Types of Economic Theory from Mercantilism to Institutionalism*, ed. by J. Dorfman, vol. I, 1967; vol. II, 1969)。

二、經濟循環理論

密契爾認為，經濟學與其他社會科學一樣，都是研究人類行為的科學，經濟學所要研究的是物品及勞務的供需問題。因此，倘若要完滿地解釋真實的經濟世界，就須有一個健全而符合實際的人類行為的理論。他認為，就這項觀點來說，當時的正統經濟學的合理行為說及享樂心理說都難以令人滿意。密契爾並不否認，人在某種程度上係依據合理的經濟計算而有所行為，可是他認為，這種效用、負效用的計算不足以說明經濟行為的本質。他認為，人是社會的產物，人的行為大體上係由其所生活之社會的價值與制度所塑造。故必須以持續進展中的社會與經濟制度的架構來研究人的行為。

密契爾所倡導的心理說，重視人的行為的客觀面。因此，他不但意欲觀察人的行為，而且要應用統計方法來觀察人的行為。他甚至認為，在客觀地且數量地分析經濟行為之前，經濟學不會再有所進步，他以一生，大量運用統計數字，進行經濟循環研究及著述，便是這種信念的具體行動。雖然如此，這並不表示密契爾完全忽視演繹法的價值，事實上他所反對的是新古典學派的過分抽象的純粹理論。

根據正統經濟學的看法，經濟社會係以均衡為常態，實際上發生的經濟循環的每一個階段都是暫時脫離常態，且都會自動回歸均衡。密契爾則認為，經濟社會以失衡為其常態，均衡僅是暫時的現象。換句話說，我們的經濟社會並非一個自動回歸均衡的體系，而係以波動及紛擾的過程為其正常現象。在持續的累積的變動中，總是由一個經濟循環階段進展為另一個經濟循環階段，且每一回的經濟循環都是一項獨特的事件，都可找出其獨特的原因。在這種情形下，對經濟循環進行一般理論分析的可能性乃大受限制。但是，由於每一回的經濟循環波動都要經歷復甦、繁榮、衰退與蕭條的規則過程，故仍有作綜合分析的可能性。

正如弗利德曼 (Milton Friedman)❷所指出，密契爾對經濟循環現象的理論解

---

❷　參閱本書第二十七章。

析，兼容了乘數理論、加速原理、皮古的樂觀及悲觀心理說、馬夏爾及霍屈雷 (R. G. Hawtrey)❸的銀行體系現金外流說、凱因斯的預期投資收益與流動性偏好變動等學說。但是，在其綜合分析中，密契爾因體認經濟循環為貨幣經濟社會獨有的現象，故特別重視民間利潤之變動，以之作為經濟循環變動的主因。他所謂的利潤，並非指稱業經正確計算過的利潤，而是一種預期利潤，故會受到各時期市場心理變動的影響。這種把營利動機與預期狀態之變化視為經濟循環變動原因的見解，與韋布倫把經濟制度視為賺錢與生產物品的持續演進過程的看法，是十分接近的。然而，密契爾運用統計的、歷史的技巧對經濟循環作完整的分析，且特別著重其內生的循環過程，則非韋布倫之危機論的單純見解所能及。換句話說，密契爾之經濟循環理論的目的在於：敘述並分析「蕭條如何孕育繁榮，而繁榮又如何孕育蕭條的交互內生的累積過程」。

為著說明這種交互內生的累積過程，我們得以自蕭條邁向復甦作為起點，進行分析。根據密契爾，復甦通常係由某種特殊有利之事件的刺激而實現。例如，某種產業的技藝發展、出口的擴張、戰爭的發生等。密契爾並不把這些事件視為根本因素，而認為，它們只不過是使業已在復甦途中的經濟過程加速進行而已。即使沒有這些事件，復甦依然會自我孕育及茁長，故我們不宜以這些因素來解說復甦，必須尋求真正的原因。

密契爾指出，在蕭條過程的某一個階段，製造業會發現其主要與變動成本均已降低、商人的存貨已減少、債務已償清、利率已降低、銀行超額準備的累積使信用擴張成為必然的趨勢、效率欠佳廠商已被淘汰、膽怯作用已消失、已有新技藝供採用、在衰退期間延後的消費需要及生產財需要都處於已不能再延的情況等現象。由於這些因素的作用，商業決策上會產生預期利潤回升的判斷，這就自動地產生了復甦階段。

---

❸　霍屈雷 (Sir Ralph George Hawtrey, 1879–1976) 是英國經濟學家。一生大部分的時間都在英國財政部工作。1929 年曾至哈佛大學講學；1945 年至 1952 年曾在卡漢學院 (Chatham House) 擔任國際經濟學教授。1946 年至 1948 年擔任英國皇家經濟學會會長。其主要著作有：《通貨與信用》(*Currency and Credit*, 1919; 4th ed. 1950)；《金本位的理論與實際》(*The Gold Standard in Theory and Practice*, 1927; 5th ed., 1947)；《中央銀行的藝術》(*The Art of Central Banking*, 1932)；《資本與就業》(*Capital and Employment*, 1937; 2nd ed., 1952)；《銀行率百年史》(*A Century of Bank Rate*, 1938) 等書。

經濟復甦會累積而成為繁榮階段。同樣地，繁榮也會因成本提高、銀根趨緊等原因而孕育繁榮的崩潰。密契爾所列舉的因素包括：每單位變動成本已停止下降、開始利用效率低的設備、勞動生產力上升趨緩且勞動價格上漲、原料、零件、存貨的售價漲得比製成品售價快、利率開始上升等。由於這些因素都會使生產成本提高，故易於導致預期利潤下降的悲觀心理，孕育了經濟衰退的危機。問題在於：在這種情形下，繁榮期間已上漲的物價，為何不再繼續上漲，以阻止或緩和因成本上升而產生的利潤下降壓力？密契爾認為，某些產業或者可透過議商或政府管制而達成這種目的。但是，在繁榮期間，由於對未來之需要作過分樂觀的預測，且總是不很正確地計算，以致總有某些產業會有存貨太多的壓力。因此，一旦少數重要產業的預期利潤率下降，就足以引起全體產業的財政困難，無以阻止衰退的來臨。透過悲觀的商業決策，即使是輕微的衰退也易於累積而產生蕭條，這樣就完成了一個循環變動期，再等待復甦的機會了。

由以上可知，密契爾因以實際資料支持其理論，不但能明白地陳述各循環階段的情況，且更能區別各循環過程運行的差異。其中特別重要的是：雖然各個經濟循環都能納入固定的範型，但各階段的時距及其變動幅度並不盡相同。密契爾指出，其原因有三：其一，市場組織不同；其二，供需發生相對變化時係面對著不同的技藝環境；其三，售價與進貨價格變動之間的調整有其實際上的差別。例如，在復甦期中，這三項因素都使大多數企業的利潤增加；工資與主要成本之調整落在售價調整之後，利潤乃更加擴大；高利潤產生樂觀情緒，樂觀誘發投資擴張，投資擴張使機器設備之訂貨與交易量增加。換句話說，交易量增加成為加速增加的原因；樂觀成為更樂觀的原因；價格上漲也成為其持續上漲的原因。至於衰退過程也得依同理加以推論。

嚴格地說，密契爾的經濟循環理論實際上有四項特點：其一，經濟循環過程係發生在商業體系內，循環波動係這個部門的內生現象，其他部門所發生的事件及創新等因素都是次要的。其二，他特別重視利潤因素，且由於利潤係成本與價格之間的差額，故凡是能影響成本與價格變動的因素，都會影響經濟循環波動。其三，強調自由競爭。雖然密契爾也曾提及法令、習慣、公共管制乃至於合併、長期契約等非競爭因素對價格及成本的影響，但其基本精神仍是一個競爭經濟模型。其四，未考慮政府的各種因應措施，雖然他曾經提及管制貨幣供給量的重要性。

此外，密契爾在他的經濟循環研究中，發現經濟社會除了經濟循環變動外，

尚有經濟組織的大變動的現象。這些大變動包括：大企業的成長、產業的合併、獨佔的發展、工會組織的擴大等。他認為，在工業化過程中，這些大變動最後會改變整個經濟社會的結構及其運行，故他提出全國經濟計劃的主張，期望促使資本主義能演變成為一種福利的資本主義。

在基本上，密契爾的全國經濟計劃係要求在保存私人企業制度下，消除經濟循環的弊害。不過，他從未提出詳細的計劃方案。綜合他的看法，可歸納為下列四點：第一，設置全國計劃局 (National Planning Board)，以協助國會規劃全國計劃方案。第二，在經濟計劃中固不宜取消利潤刺激誘因，但宜管制私人利潤，俾其不妨害大眾福利，甚至能提高大眾福利。第三，經濟計劃中固要盡量提高經濟福利，但在決定經濟福利內容時，經濟學家不宜扮演任何角色。經濟學僅宜分析各種經濟行動對經濟福利的影響，提供決策者參考。第四，雖然不易衡量全面性的經濟福利，但可根據大眾的基本生存需要——諸如，食、衣、住、衛生、教育等——制訂客觀的數量標準。至於更公平的所得分配、經濟安全、就業安全等福利就難有客觀的標準。

第三節　小克拉克

一、生平與著作

小克拉克 (John Maurice Clark, 1884–1963) 是美國經濟學家，為著名經濟學家克拉克 (J. B. Clark)❹之子。生於美國麻州諾斯漢普頓 (North Hampton)。最初，在他父親的母校阿姆霍斯特學院接受大學教育；其後，轉赴其父親任教的哥倫比亞大學研究，獲經濟學博士學位。先後執教於科羅拉多學院 (Colorado College)、阿姆霍斯特學院、芝加哥大學。1923 年，老克拉克自哥倫比亞大學退休，小克拉克接替其教席，直到 1956 年退休。父子先後執教哥倫比亞大學達六十一年之久。

小克拉克深受其父親、皮古、霍布生 (J. A. Hobson) 及韋布倫等人的影響，試圖融合新古典經濟學與制度學派經濟學，且意欲建立經濟動學。雖然未獲全功，但仍有顯著貢獻，尤以加速原理為然。1935 年，他擔任美國經濟學會會長；1952

❹　參閱本書第十四章第六節。

年以其傑出貢獻，繼密契爾之後，獲得美國經濟學會的華克獎 (Francis A. Walker Prize)——約每五年頒一次，給予當代最傑出的美國經濟學家。此外，小克拉克也曾擔任國際經濟學會榮譽會長；《政治經濟學集刊》(*Journal of Political Economy*) 的主編。

　　小克拉克的主要著作有下列五種：

1. 《經常成本經濟學》(*Studies in the Economics of Overhead Cost*, 1923)；
2. 《經濟循環的主要因素》(*Strategic Factors in Business Cycles*, 1933)；
3. 《社會經濟學導論》(*Preface to Social Economics*, 1937)；
4. 《經濟制度與人的福利》(*Economic Institutions and Human, Welfare*, 1957)；
5. 《作為動態過程的競爭》(*Competition as a Dynamic Process*, 1961)。

二、在經濟思想上的貢獻

　　小克拉克的父親老克拉克，與馬夏爾一樣，都是新古典理論的建設者。但是，小克拉克所看到的、體驗著的經濟社會，使他未去追隨其父親。在小克拉克的心目中，大規模產業已佔據了近代工業經濟社會的核心，小規模的具有競爭性的企業已漸退居幕後。在大規模企業所佔據的產業中，後來者非常難於參與，常發生休閒設備、產品售價遠高於其平均每單位成本，廣告塑造了消費者的需要，使消費者無法發揮消費者主權。其結果是，商業效率與社會效率有很大的差距。在這種情形下，小克拉克認為，除非能夠對十九世紀末以來因科學進步與技術變遷所產生的新工業世界作合理的解釋，經濟學仍僅能維持馬夏爾及老克拉克那種靜態理論狀態。同時，他更認為，倘若要開發一種動態經濟學，就須在許多根本方面重建經濟科學，而不僅係在原有靜態經濟學上另加上動態因素。因此，就先須努力獲致社會組織的新理論，對人類行為的本質及經濟制度的本質作新的假定。

　　小克拉克與密契爾一樣，深受實用主義哲學家杜威及著名社會學家庫里 (C. H. Cooley)❺的影響，且同樣認為，社會是一個持續演進過程，在這過程中，集體行動勝過個人行動，各個社會集團中經常存在的並非和諧，而是衝突，其正常狀

---

❺　庫里 (Charles Horton Cooley, 1864–1929) 是美國社會學家。終生執教於密西根大學。在學術上，對社會本質論與社會過程論有很大的貢獻。其主要著作有：《人類的本質與社會秩序》(*Human Nature and the Social Order*, 1902)；《社會組織論》(*Social Organization*, 1909)；《社會過程論》(*Social Process*, 1918) 等。

況並非均衡，而是不均衡。雖然個人間與集團間有其利害衝突，然而他們有足夠的集體智慧，足以努力獲致解決其衝突的途徑。據此，小克拉克認為，社會和諧並非已存在的事實，而是必須運用社會智慧及經由社會上各重要經濟上互有利害關係之集團的通力合作，才能實現社會和諧的目標。

因而，小克拉克對當時以十九世紀心理學為基礎的邊際效用論的正統經濟學，深表不滿。小克拉克也持心理學說，不過他不認為，個人係處於一個經濟及社會均衡的世界去期待合理的人，而係處於動態的歷史過程中努力奮鬥的人。人類的行為固有其合理因素，也有其衝動及慣性的本質。例如，當消費者走進市場時，並非自身已具有自我創造的欲望，他的欲望有時是慣性的，有時也是經由當時的市場環境所塑造。

根據這項觀點，小克拉克的社會經濟學 (social economics)，意欲在持續演進的社會過程的架構內，研究當時的經濟環境，主要內容包括下列三種分析：第一，分析市場內的交換原則。第二，以持續演進的文化過程分析經濟體系的過程。第三，分析作為經濟體系指導原則的全國目標。分析交換原則的目的在於：討論個別廠商在競爭市場中的短期均衡狀況。分析持續進行中的經濟過程，則可展示不可能有全面均衡的趨勢。小克拉克指出，經濟學家為著某種目的，固然可構設市場經濟或個別企業的均衡模型，但在動態且持續演進的文化過程內的經濟體系，由於科學進步及技藝變動會有重大的破壞效果，故不會有真正的均衡模型。

小克拉克認為，各種社會科學的根本問題都在於社會價值的設計，其中包括了社會價值來源、其塑造因素及如何完成等問題。經濟學家所應關心的是社會價值的經濟面，這個問題就是，經濟體系如何利用其稀有資源，以使社會實現其價值，或如何阻礙社會獲得這些價值。因此，小克拉克乃把其社會價值定義為：「經濟因素運行途徑及其所產生的經濟效率或負效率的研究。」在此，我們特別要指出，他所關心的並不是追求利潤的私人效率，而是對實現社會價值或社會目標有貢獻的社會效率。

據此，我們就須進一步討論，作為小克拉克經濟理論核心的社會價值與社會效率問題。

前面已經提及，小克拉克不欲使其經濟分析與真實的經濟世界有所脫節，而在他著手研究經濟問題的 1920 年代，大型企業已在美國經濟舞臺大量出現，而與大型企業並存的則是許多小型企業，這種動態產業社會與正統經濟學所分析者當

然有許多不同之處。小克拉克係運用正統的供給與需要分析,來分析這個新產業社會。

　　就供給面來說,他發現,由於企業公司有大量的經常或固定成本 (overhead costs),以致有在分析上重大的缺陷。在未有企業公司的場合,為排除競爭者,就會產生割頸競爭 (cutthroat competition)。在具有經常成本的企業公司大量發展後,則產生以限制生產,來確保超額利潤的勾結行動。小克拉克指出,在繁榮時期,短視的大公司對消費者需要作超額的反應,同時作了超額投資(這乃是加速原理的必然結果,我們將在下文繼續說明),成為經濟波動的根源,也是大量經常成本的起源。在這項分析過程中,他開始提出企業會計與社會會計相對的概念。他指出,在企業會計中有兩項根本錯誤:其一是企業會計把機器設備視為經常成本,把勞動及原料視為變動成本,因而在經濟衰退之際,便易於產生嚴重的失業及國民所得的損失,這乃是因為企業家根據企業會計,在基本觀念上認為,他們對工人、農人、礦工、木工等無須承負責任所致。小克拉克認為,從社會的觀點來說,工人及原料都是經常成本,是企業家所該維護的,這便是他的經常成本觀念。其二是企業在其實際生產成本中未曾計算了若干未付代價的成本 (unpaid costs) 或社會成本 (social costs),包括近代生產過程中所產生的空氣及水的污染、環境惡化等,小克拉克認為,企業雖不必負擔社會成本的全部,但至少需負擔大部分,因而需展開社會會計 (social accounting),以便進行合理計算。

　　就需要面來說,小克拉克也認為,近代工業經濟的市場機能有若干缺陷,其最主要根源是:大企業為其本身的利益,藉廣告操縱了消費者的需要。在這種情形下,消費者不但被塑造而買進生產者的產品,而且買進了看似對個人有高效用,卻是對社會有低效用的物品。

　　根據這種推論,小克拉克指出,近代工業經濟的缺陷在於缺乏適當的社會價值 (social values) 觀念。就這個問題來說,乃是市場價值與社會價值有別所致。眾所周知,市場價值有價格可計,社會價值則無價格可計,因為社會價值包括美麗的景觀、漂亮的郊野、文明的歷史遺產、乾淨而引人入勝的城市、無污染的水與空氣等,根本無以標上價格。因為社會價值沒有價格,生產者便不會關心,甚至於有意或無意間,在生產過程中破壞了社會價值。因此,小克拉克認為必須建立社會價值的評價,且認為只有市場評價與社會評價相調和時,市場價值的生產才不致於以社會價值為其代價,甚至才能促進整體價值的生產。

　　基於這種概念，小克拉克進一步指出，社會會計應包括民間成本與社會成本，也應包括民間價值及社會價值。在這種完整的會計下，才能真正瞭解經濟社會的實際生產及其成本。這樣我們便可以明白，社會效率實際上是社會會計的基礎。所謂社會效率，指稱經濟體系足以生產包括社會福利及個人福利在內之社會價值的效率。小克拉克認為，在能自我調節的競爭制度下，會自動促進社會效率。但是，自從大企業興起後，這種機能便已喪失，為促進社會效率，便需對企業採行社會控制方案；採取這種方案的另一理由是，近代大企業本身有其內部自生的不安定因素，這便是加速原理。

　　加速原理 (the principle of acceleration) 是小克拉克在經濟循環理論上的一大貢獻。在小克拉克之前，經濟循環現象中，有兩項難以解釋的特徵❻：其一，投資財的投資波動既劇烈且又不規則；其二，當消費財的需要正處於高峰，且正持續增加之際，為何會發生下降（衰退）現象。加速原理便是試圖對這兩項特徵提出適當的解說。

　　小克拉克的加速原理係以消費量與固定投資量之間保有固定關係的假定為基礎。我們得以表 25-1 來說明，這種固定關係與消費變動如何產生資本財投資波動及經濟循環波動。

表 25-1　小克拉克的加速原理

時期	消費財	資本存量	淨投資	毛投資
1	$800	$100	$ 0	$10
2	880	110	10	20
3	880	110	0	11

　　在表中，我們假定，在第一期時，為生產值 800 元的消費品，全社會共需機器 10 部，每部值 10 元；且假定，各該機器的存續期間為十年，亦即各年的折舊為十分之一。在這種假定下，第一期雖然有 10 元的毛投資，但淨投資為零。在第二期時，假定消費財的需要增加 10%，亦即自 800 元增加為 880 元；我們可以看出，為增加生產此 80 元的消費品，除折舊投資 10 元外，尚需增加一部新機器投資 10 元，也就是淨投資為 10 元，毛投資為 20 元。由此可知，消費財需要增加 10%，毛投資需要則增加 100%。在第三期時，假定消費財的需要維持著第二期的

❻　在此之前的各主要經濟循環理論，請參閱本書第二十三章第三節附錄。

水準,則不會續有淨投資發生,而毛投資則自第二期的 20 元降為 11 元,這種毛投資及淨投資的波動現象便可解釋上列兩項特徵了。

　　不過,我們須特別指出,小克拉克的加速原理,假定了消費財與資本財間的固定關係,與現實世界有其不符之處;其一,在現實的世界中,資本存量未必處於充分利用狀態,故消費財需要的增加,未必會激起資本財需要的增加。其二,即或是資本存量係處於充分利用狀態,面對著消費財需要的突然增加,企業家也未必會立即增加投資,這要視其對消費財需要增加的預期狀況而定。其三,企業家或者握有若干消費財存貨,在消費財需要增加時,不必然須立即擴張其生產設備。

第四節　霍布生

一、生平與著作

　　霍布生 (John Atkinson Hobson, 1858–1940) 是英國經濟學家。1858 年 7 月 6 日生於英國的第比郡 (Derby)。自第比中學畢業後,便進牛津大學的林肯學院 (Lincoln College)。自 1880 年至 1887 年,他在費佛香及愛克薩特 (Faversham and Exeter) 擔任古典文學教師。1887 年至 1897 年,則擔任牛津大學推廣教學部 (The Oxford University Extension Delegacy and the London Society for Extension of University Teaching) 的英國文學及經濟學講師。因為他在講課及論著中都強烈指陳工業革命的弊害,且主張社會正義,與當時英國學界的經濟學家有極其不同的意見,故牛津大學的推廣教育當局乃拒絕續聘他擔任經濟學課程。因此,霍布生不得不脫離學術界。1897 年起,他分別擔任倫敦《國家雜誌》(*The Nation*)、《曼徹斯特衛報》(*Manchester Guardian*) 等雜誌的編輯,並撰文討論時事與學說。

　　霍布生的一生發表甚多的論文,且刊行了 35 本書。其較重要的著作有下列七種:

1. 《產業生理學》(*The Physiology of Industry*, 1889);
2. 《近代資本主義之演進》(*The Evolution of Modern Economics*, 1894);
3. 《分配經濟學》(*Economics of Distribution*, 1900)——中譯本有:夏道平譯:《分配經濟學》(臺灣銀行經濟研究室刊行);
4. 《帝國主義論》(*Imperialism*, 1902);
5. 《工作與財富》(*Work and Wealth*, 1914);

6. 《失業經濟學》(*The Economics of Unemployment*, 1922)；
7. 《財富與生活》(*Wealth and Life: A Study of Value*, 1929)。

二、失業論

　　在近代經濟思想史上，著名的經濟學家大都與學術界有密切的關係，霍布生是極少數的例外之一。而由於他的著作甚豐，在多方面都有傑出的見解。因而，有人把他歸入福利經濟學的創始人之一；同時，雖然他不曾正式參加英國的費邊社 (Fabian Society)❼，也有人把他列入費邊社的社會主義者；雖然他不是美國人，也不曾去過美國，更有人把他視為制度學派的一員健將。在這裡，我們不想捲入這些爭論，也無意多方面討論霍布生多方面的貢獻，而僅說明其失業論，也就是其在經濟循環理論上的貢獻。

　　1922 年至 1923 年間，英國發生了戰後的經濟衰退，霍布生適在這個階段刊行其《失業經濟學》，主要便是討論該次的經濟衰退問題。簡單地說，霍布生根據英國戰時的經驗，認為高度消費能力是維持充分生產的方法；且指陳，消費跟不上生產乃是導致生產停頓、生產減少及失業的原因；同時，他更認為，所得分配不均、消費與支出的失衡乃是消費不足的根本原因。

　　為著確立他的主張，霍布生首先批駁當時的流俗看法。他指出，當時對衰退的流行看法是：消費落在生產之後乃是起因於市場有限 (a limited market)。這種看法使工會及資本家都同意採取限制生產的措施，且也成為限制進口及殖民地出口政策的理論根據。第一，工會相信，世界市場無法消納充分生產，才會產生失業；工人也相信，倘若他們充分使用其生產能力，便會發生市場上物品充塞的現象。第二，企業則基於有限市場的看法，產生獨佔的主張，其表徵便是利用各種托拉斯與產業組合，限制生產，避免割頸競爭的現象。第三，使現代政府的經濟政策

❼　英國費邊社 (The British Fabian Society) 是 1884 年成立。其組織一向不大，但英國的許多知識界的大師們都曾屬於這個團體，其中包括：文學家蕭伯納 (George Bernard Shaw, 1856–1950)、經濟學家韋布 (Sidney James Webb, 1859–1947)、陶尼 (R. H. Tawney)、歷史學家威爾斯 (Herbert George Wells, 1866–1946)、小說家高爾斯華斯 (John Galsworthy, 1867–1933)、哲學家羅素 (Bertrand Arthur William Russell, 1872–1970)、政治學家拉斯基 (Harold Joseph Laski, 1893–1950) 等著名學者。因此，費邊社對英國工黨、政府及知識界都有極大的影響力。簡單地說，這個組織，對內主張以民主方式溫和而漸進地完成生產工具的國有化；對外則支持大英國的擴張政策。

趨於保護主義。保護論者認為，採取高保護關稅，一國至少可保護自己的市場、排斥外來的競爭者。霍布生指出，這種論調只不過把本國的失業輸出到保護能力低的國家，仍不能解決世界性的失業問題。第四，作為帝國主義政策的根據，因為大部分工業國家得藉這些理由，用財稅等措施對特定地區保護其本國貿易及投資者的利益。

霍布生繼續指出，在古典理論中，在長期間，有限市場及生產過多的理論都是不存在的。因為古典學派的經濟學家相信，利率下降及價格下跌，足以自動抑制生產過多的現象。不過，霍布生認為，這種古典的因應措施不但不能正確挽救失業，而且因有漫長的時間落後，其結果乃是對失業工人不利。先就利率下降來說，其一，調整利率幾難於影響自動儲蓄；其二，即或對自動儲蓄有所影響，只能影響新資金供給部分，而新資金佔總資本存量的比例甚低，其有效性當然值得懷疑。再就價格下跌來說，在現代社會中，生產過多並不導致價格下跌，反而會經由勾結及組合，以限制生產來阻止價格下跌，結果仍是無效。因此，霍布生乃提出其本身的主張。

霍布生認為，消費不足 (under-consumption) 乃是衰退及失業的原因。他的消費一詞有其特殊的定義，乃是指稱最終消費者對完成財 (finished commodities) 的支出，也就不包括對原料、燃料及其他資本財的支出。

他認為，消費與生產未作同速成長是由兩種原因造成的：其一是消費方法的保守性 (conservatism)。其二是所得分配不均。前者指稱消費者面對著生產增加時的消費增加反應；後者則指稱形成大量超額儲蓄 (excess saving, or over saving) 的原因。霍布生並指出，在現代工業社會，生產品繼續不斷在改進，並迅速增加其產量，而消費者消費方法的保守性則使其消費的數量、內容及品質都僅維持正常的增加率，邊際保守性實際上也是所得分配不均所致。換句話說，所得分配不均可說是根本原因。由於所得分配不均容許少數人在滿足其經濟需要之後，仍有大量的未支用所得；同時，低收入者則未能形成足夠的有效需要，而有消費不足的現象。所得分配不均的這兩種後果，都帶來了衰退或蕭條現象。由於會發生這種現象，一方面使資本財的生產過多，不得不用停工及減產的方式，限制已累積之資本財的使用；他方面又是消費財的消費不足，形成表面上的市場有限現象。

除指陳所得分配不均為根本原因之外，霍布生也討論戰爭、氣候變動、信用鬆緊等次要原因。他認為，戰爭與氣候變動是偶發因素，信用鬆緊是被動的次要

因素。

　　基於這些理由，霍布生認為，改善所得分配才是緩和或避免經濟衰退的根本辦法。更簡單的辦法則是單純地提高工資。

　　根據霍布生的解說，在經濟復甦階段，企業銷貨量增加，且物價上漲，但工資調整常有落後現象，因而很快就會伴隨復甦而產生儲蓄過多，使復甦的壽命變為短促。因此，霍布生除主張制訂最低工資、限制工作時間及改善工作環境外，更積極主張，應迅速地隨價格與利潤之調整而調整工資，以改善工資在所得分配中的地位。就反面來說，在衰退時，是否可用削減工資來解決經濟問題呢？霍布生反對這一類政策，其理由有三：第一，削減工資將使消費不足情況更為嚴重。進而延長了衰退期間。第二，削減工資將使工資趨於不安定，並導致工人生活水準的降低。第三，現代企業組織已趨獨佔型態，降低工資等於提高利潤，不必然會使生產及就業增加。除提高工資外，霍布生並主張國家宜對利潤及富人加重課稅，他認為，國家代表著社會利益，對因人口成長及文明進步所帶來的資產增加，有要求提高其分配份的權利。

　　我們都知道，十四年後，凱因斯刊行其《一般理論》時，不但引述霍布生的著作，而且提出類似的見解。但我們要特別指出，凱因斯與霍布生的見解有其本質上的差別。就霍布生來說，他的根本目的在於使消費得與生產作同等速率的增加；就凱因斯來說，他的根本目的在於強調現存社會的投資機會的不足。

本章進修參考書目

1. 周憲文譯，Commons 原著：《集體行動經濟學》（臺北：臺灣銀行經濟研究室，六十年）。

2. 夏道平譯，Hobson 原著：《分配經濟學》（臺北：臺灣銀行經濟研究室，五十八年）。

3. 趙秋巖譯，Commons 原著：《制度經濟學》（臺北：臺灣銀行經濟研究室，六十年）。

4. 鄧宗培譯，Mitchell 原著：《景氣循環的研究》（臺北：臺灣銀行經濟研究室，六十五年）。

5. 施建生著：《當代經濟思潮》㈠，第二章。

6. J. M. Clark, *Studies in the Economics of Overhead Costs* (Chicago: University of Chicago Press, 1923).

7. John R. Commons, *Institutional Economics* (New York: The Macmillan Company, 1934).

8. John R. Commons, *The Economics of Collective Action* (New York: The Macmillan Company, 1950).

9. John R. Commons, *Legal Foundations of Capitalism* (New York: The Macmillan Company, 1924).

10. Milton Friedman, "Wesley Mitchell as Theorist," *Journal of Political Economy* (Dec., 1950).

11. Allan G. Gruchy, *Modern Economic Thought, The American Contribution* (New York: Printice-Hall Inc., 1948), chapters 3, 4, and 5.

12. Allan G. Gruchy, *Contemporary Economic Thought, The Contribution of Neo-Institutional Economics* (Clifton: Augustus M. Kelley Publishers, 1972).

13. C. A. Hickman, *J. M. Clark* (New York: Columbia University Press, 1975).

14. J. A. Hobson, *The Economics of Unemployment*, rev. ed. (London: George Allen & Unwin Ltd., 1931).

15. J. A. Hobson, *Wealth and Life* (London: Macmillan, 1930).

16. P. T. Homan, *Contemporary Economic Thought*, chapter 5.

17. T. W. Hutchison, *A Review of Economic Doctrines 1870−1929*, chapters 23 and 24.

18. Harlan L. McCracken, *Keynesian Economics in the Stream of Economic Thought*, chapter 5.

19. W. C. Mitchell, *Business Cycles: The Problem and Its Setting* (New York: National Bureau of Economic Research, 1927).

20. W. C. Mitchell, *Types of Economic Theory from Mercantilism to Institutionalism*, 2 vols., ed. by J. Dorfman (New York: Augustus M. Kelley, 1967 and 1969).

21. J. A. Schumpeter, *Ten Great Economists* (New York: Oxford University Press, 1951), chapter 9.

22. G. G. Somers, ed., *Labor, Management and Social Policy: Essays in the John R. Commons Tradition* (Madison, Wis.: University of Wisconsin Press, 1963).

第26章 奧地利學派的繼續發展

第 *26* 章　奧地利學派的繼續發展

隨著年齡的老去，回到家鄉的念頭慢慢地困擾他。那邊他也沒有一個熟人，也許在思想上比在這個外國的城裡更感孤獨，但家鄉還是家鄉；你並不要求和你血統相同的人和你思想也相同；你和他們中間有著無數幽密的關聯；感官教你們在天地這部大書中讀到同樣的句子，心講著同樣的語言。

《約翰·克利斯朵夫》

第一節　米塞斯

一、生平與著作

米塞斯 (Ludwig von Mises, 1881–1973) 是歸化美國的奧籍經濟學家。1881 年 9 月 29 日生於奧地利的連堡市（Lemberg；現為烏克蘭的 Lvov 市）。1900 年進維也納大學，1906 年獲法學博士學位，在學時曾與熊彼德同時受教於維舍及龐巴衛克。在 1934 年離奧赴瑞士任教之前，1909 年至 1933 年間一直是奧國商務部的經濟顧問。在此期間，曾以砲兵上尉服役，參加第一次世界大戰，駐紮於俄奧邊境。1913 年獲授維也納大學無薪給的傑出教授 (professor extraordinary)。1926 年在洛克斐勒紀念基金會 (Laura Spelman Rockefeller Memorial) 資助下赴美旅行講學。回奧國後，創設奧國經濟循環研究所 (Austrian Institute for Business Cycle Research)。1934 年至 1940 年擔任瑞士日內瓦國際研究院 (Graduate Institute of International Studies) 教授。1940 年移民美國，至 1944 年間均為美國全國經濟研究局 (National Bureau of Economic Research) 的客卿。其間於 1942 年曾赴墨西哥擔任國立大學客座教授。1945 年擔任紐約大學企業管理研究院客座教授，1946 年歸化美國，在紐

約大學任教至 1969 年退休。在 1947 年，與海耶克 (F. von Hayek) 等人共創「培勒林山學會」(The Mont Pelerin Society)❶。1973 年 10 月 10 日逝世，享年 92 歲。米塞斯生前藏書六千冊，現藏密西根希爾斯德學院 (Hiflsdale College)。

　　米塞斯自 1902 年開始著述，一生著述甚豐，範圍兼及經濟、政治、歷史及哲學。其中最為重要的經濟著作如下：

1. 《貨幣與信用理論》(*Theory of Money and Credit*, 1912)；1934 年有英譯本；中譯本有：楊承厚譯：《貨幣與信用理論》(臺灣銀行經濟研究室刊行)；

2. 《人的行動》(*Human Action: A Treatise on Economics*, 1949)；1966 年有第三版英文本；中譯本有：夏道平譯：《人的行為》(臺灣銀行經濟研究室刊行)；

3. 《反資本主義心理》(*The Anti-Capitalistic Mentality*, 1956)；

4. 《理論與歷史》(*Theory and History: An Interpretation of Social and Economic Evolution*, 1957)——中譯本有：涂克超譯：《理論與歷史》(幼獅文化事業公司刊行)；

5. 《經濟科學的最後基礎》(*The Ultimate Foundation of Economic Science*, 1962)——中譯本有：夏道平譯：《經濟科學的最後基礎》(臺灣銀行經濟研究室刊行)；

6. 《奧地利學派的歷史背景》(*The Historical Setting of the Austrian School of Economics*, 1969)。

二、貨幣理論

　　米塞斯最早的經濟理論研究是貨幣理論，他試圖把奧地利學派的主觀效用分析應用於貨幣分析。他認為，貨幣理論的很重要出發點是個人乃至於社會為什麼

---

❶ 培勒林山學會 (The Mont Pelerin Society) 係海耶克發起，由三十九位經濟學家、哲學家、法官、歷史學家、政治學家、文學評論家及政治評論家，於 1947 年 4 月在瑞士維威郡 (Vevey) 附近，日內瓦湖畔的培勒林山集會而成立。其主要目的有六：(1)分析並探討當前危機的本質，以使他人認清這種危機本質上有其道德的與經濟的起因。(2)對國家重下定義，以便更清楚地辨明極權與自由。(3)探討重建法則及確保其展開的方法，以使個人與集團不侵犯他人的自由，以及不使私權成為掠奪權力的基礎。(4)探討並建立無礙市場運行之最低標準的可能性。(5)探討足以抗拒誤用歷史以摧殘自由的方法。(6)探討創造能保障和平與自由之國際秩序的問題，以及建立和諧的國際經濟關係的問題。

需要貨幣、決定此項需要量的因素及貨幣變動的各種影響。

米塞斯與孟格一樣，認為貨幣是交換經濟中演進而成的交換媒介物。在交換經濟中，貨幣有其效用，能滿足個人完成交換的願望。可是，個人所保有的貨幣餘額並不必然是固定不變的。為著決定手中究竟要保有若干貨幣，就必須對貨幣的邊際效用加以衡量。根據米塞斯，貨幣的邊際效用就是由貨幣所能購買之物品的邊際效用所導出，也就是貨幣的使用價值正與其交換價值相一致，這樣一來，個人在決定其貨幣保有額之大小之前，對貨幣的交換價值（購買力）就須先有若干認識了。米塞斯認為，個人根據其經驗，對昨天的物品價格有其概念，乃以昨天的物價狀況決定今天的貨幣保有額，而今天的貨幣保有額又影響今天的物價狀況，因而結成連鎖關係。換句話說，米塞斯的貨幣需要概念是一種真實貨幣需要 (demand for real money)。不過，這種以過去之物價經驗決定真實貨幣需要的概念，不論米塞斯如何辯正其妥當性，總有兩項重大的缺點：第一，米塞斯在討論物價變動（特別是通貨膨脹）時，又認為對未來物價的預期，足以影響真實貨幣需要，這不免與原來的出發點有所矛盾，關於這一點，下面將續有所說明。第二，自孟格以來，整個奧地利學派在市場過程的分析中，都是採用「前瞻」(forward looking) 方式，根本不考慮「後顧」(backward looking) 因素。米塞斯把貨幣需要向後關聯，當然大背整個奧地利學派的傳統了。關於這一點，直到 1956 年，帕廷金 (Don Patinkin)❷用替代關係代替訴諸經驗，才把問題解決。

貨幣需要既是真實貨幣需要，決定其保有額之大小的因素當然是在物價之外。米塞斯提及三項重要決定因素：第一，個人的收入與支出時間未能一致，保有貨幣以使兩者之間的交換能順利進行。第二，在成長中的經濟社會，個人的交易量會增加，就需要保有較大的真實貨幣存量。換句話說，交易量與所得量的增長也是決定真實貨幣數量的基本因素。第三，未列入計劃中的未來可能支出，例如疾病等意外事件。米塞斯且認為這一部分佔真實貨幣保有額的比例甚大。這乃是因為在現行制度下，個人財產中有利息收入之資產的流動性（市場性）有限，變現成本很高所致。米塞斯認為一旦這種資產的市場性提高，貨幣保有額就可以降低。

---

❷ 帕廷金 (Don Patinkin, 1922–1995) 是以色列經濟學家。生於美國的芝加哥。畢業於芝加哥大學。以色列建國後，返以色列擔任希伯萊大學 (University of Hebrew) 經濟學教授。主要著作有：《貨幣、利息與價格》(*Money, Interest and Prices*, 1956)；《貨幣經濟學研究》(*Studies in Monetary Economics*, 1972) 等書。

因為重視的是市場性，故他認為，個人參與市場交易時，利率與真實貨幣需要之間並沒有積極的函數關係。簡單地說，米塞斯認為，個人的真實貨幣保有額的大小，係由他個人對其經濟處境的主觀評價決定，且會隨時加以修正，目的在於使其所保有的貨幣額能順利地使其參與市場經濟的活動。不過，由於現實社會中的生產與交換結構變動有限，故個人的真實貨幣保有額也不致有太大的變動。

在邊際效用革命之初，部分經濟學家試圖結合貨幣數量學說（貨幣市場）與邊際效用學說（商品市場），並且推論出貨幣數量變動與物價水準作同方向同比例變動的結論，例如，魏克塞爾 (Kunt Wicksell)。米塞斯雖然也深受魏克塞爾的影響，但是卻反對這種相對價格不變的「比例論」(proportionality theorem)。根據米塞斯的看法當貨幣數量增加之際，只有市場中的少數人取得此項貨幣增量，而不是全體個人平均取得貨幣增量，因而改變了財富的分配，取得貨幣者依其支出型態增加其支出，因而改變了物品間的相對價格，並把價格上漲趨勢推廣。在價格上漲過程中，個人對上漲趨勢的趨勢有不同的預期及反應，因而相對價格續有改變。市場上的均衡位置當然是個人的新貨幣保有額恰與其真實貨幣需要相等之時，但此際因物品間的相對價格業已改變，故物價水準不必然是成同比例變動的。

深入地說，每一個人對各種物品及貨幣都有不同的尺度及效用順序。當個人的貨幣保有量增加之際，他個人的支出會根據其各自的情況而調整，物品需要結構改變了，相對價格、相對所得，乃至於相對財富都隨之改變。這乃是比例論者所忽略的。因此，就米塞斯來說，我們對貨幣變動所引起的後果，對其間三個必要過程——相對價格、所得及財富的變動，預期狀態的改變及因而引起個人行動的變化——都應加以分析，才能看出貨幣變動的「非中立效果」(nonneutral effect)。

我們可根據這種看法，申論米塞斯的通貨膨脹分析。米塞斯認為，貨幣性通貨膨脹乃是政府局部剝奪社會其他集團之財富的一種方法。通常經歷三個階段，第一個階段是政府為增加支出而增加貨幣供給量，當然如上所述會引起相對物價及一般物價的上漲，可是或者由於預期作用，或者由於政府宣傳，大眾相信物價上漲是暫時的且會回跌的，因而大眾所保有的貨幣餘額增加，物價上漲比例低於貨幣供給量增加率。由於物價上漲相對緩和，貨幣當局信心大增，乃會繼續採行擴張性政策。經過一段時期後，大眾的預期狀態及對經濟現狀與未來的看法遂有所改變。這便是第二階段的開始，物價繼續上漲，侵蝕大眾手存貨幣的購買力，且預期未來物價仍會更為上漲，因而大眾願意減少真實貨幣需要餘額，物價上漲

率乃大於貨幣供給量的增加率。在這種情形下，整個社會遂感覺著貨幣不足的狀況。倘若貨幣當局為滿足這種大眾的流動性需要而提高貨幣供給量的增加率，就會面臨著第三階段，也就是惡性通貨膨脹及整個貨幣制度的崩潰。

由這裡我們看出，在通貨膨脹的過程中，由於相對所得及相對價格在第一個階段即已發生變化。在此階段，由於物價上漲相對緩慢，儲蓄傾向較高者就居於有利地位；並且也促進資本累積、降低資本自然利率及提高生產力，結果增進了生產。米塞斯稱為「強迫儲蓄」(forced saving)，到了第二階段及以後，則會產生「強迫消費」(forced consumption)，對所得固定與否、資產流動性大小等不同的個人發生了所得及財富重分配效果，並且也破壞了一國的生產力。

基於這種原因，米塞斯乃主張金本位制度，認為由黃金數量來決定貨幣數量，較不致像紙幣本位那樣易於發生通貨膨脹現象，也就是我們須在黃金與政府之間有所抉擇。

三、資本與經濟循環理論

米塞斯所討論的貨幣數量變動對經濟活動的影響，極容易應用於經濟循環分析。不過，米塞斯的經濟循環理論不但僅係魏克塞爾累積過程論的修正及一般化，而且也僅有簡單的輪廓。完整的體系則由其弟子海耶克 (F. von Hayek) 所完成，故我們也只能敘述其綱要。

因為係源自魏克塞爾，故我們先得把累積過程論扼要說明如下❸：根據魏克塞爾的分析，銀行體系的市場利率（貨幣利率）若低於真實利率（自然利率），就會帶來銀行貸款需要的累積增長，結果產生商品價格的累積上漲。但是，他又指出經濟社會中對銀行信用擴張有其自動煞車系統，故物價水準不致於無限制上漲。魏克塞爾所指稱的自動煞車系統乃係銀行體系的法定準備規定。因此，他認為，若係純粹信用貨幣制度 (pure fiat system) 下，就可能使累積過程無限制地演變下去了。

米塞斯把魏克塞爾的理論與奧地利的生產過程論結合，指稱即使是純粹信用貨幣的場合，累積擴張過程仍有其終止之時。米塞斯指出，當市場利率低於自然利率，銀行體系鼓勵企業借款時，企業家會進行更長期的投資，亦即延長「生產

---

❸　請參閱本書第十八章第一節。

期間」。在此情況下，即使社會並無新增加的計劃儲蓄，企業家仍會以借自銀行的貨幣，把生產因素自消費財生產行列吸引到資本財的生產行列。消費物價乃上漲以產生生產投資財所需的「強迫儲蓄」。由於價格及工資都較預期為高，企業家乃須向銀行借款，以期促使其投資計劃實現。此種借款需要須與價格上漲幅度一致，而借款的每一增加又都會引起物價上漲，因而遂使企業家的借款需要繼續累積，終致於產生惡性通貨膨脹及貨幣制度的崩潰。挽救貨幣制度，使之免於崩潰的唯一辦法乃是銀行體系提高市場利率，使之等於自然利率，企業家所獲貸款減少，局部投資計劃未能實現，生產資源乃能轉到其他用途，而使累積膨脹過程告一段落。要言之，米塞斯所強調的仍是相對價格的變動，及貨幣變動對經濟社會之影響的作用過程。關於海耶克對此項理論的引申發展將在下一節仔細說明。

　　經濟循環理論當然免不了涉及資本問題。不幸的是，米塞斯雖然早在 1924 年就預告要在不久刊行有關資本與利息的論著，可惜在其後五十年間都未能如願。因而，我們仍僅能就其對其業師龐巴衛克的評論，以及對老克拉克的批評，說明其對資本與利息的看法，藉以瞭解其在奧地利學派經濟思想上的承先啟後的地位。

　　米塞斯認為，主張資本生產力學說的老克拉克，因混淆了資本與資本財的差別，故把資本與利息的關係誤以為是樹與菓的關係。而其業師龐巴衛克的錯誤，則在於雖然痛陳利息生產力說的錯誤，卻不但把資本與資本財混淆在一起，而且也把迂迴生產的技術優越性（生產力）視為利息理論的重心之一，就等於向生產力說投降，前後自我相互矛盾了，且背離了奧地利學派的基本思想。

　　米塞斯對老克拉克及龐巴衛克的批評乃是以奧地利學派的基本經濟思想為其出發點，這就是：第一，對經濟總計數持懷疑乃至於反對的態度。第二，人的行動具有前瞻的性格。因此，他認為，資本與資本財有別，資本財是早期或較高生產階段的產物，是一種生產因素，但本身不具生產力，只有被投用於生產過程時，才能視為生產因素。因而若把真實物品的資本財加總累計，對生產過程的瞭解並無裨益。所謂資本則係一種經濟計算 (economic calculation) 的工具。簡單地說，乃是個別企業單位股權資產的貨幣價值；深入地說，資本乃是某一企業單位在營業中的某一日，以貨幣計算的全部資產總值減去以貨幣計算的全部負債總值的餘額。因此，只有在可作貨幣計算的市場經濟中，資本概念才有其意義，也就是必須與資本主義有其不可避免的聯繫存在。換句話說，在不能進行經濟計算的社會主義經濟下，資本一詞就沒有意義了。至於利息，米塞斯認為那是時間偏好的普

遍現象，即使在沒有生產的交換經濟中也必然存在，因而不是使用資本財的報酬，也不是支付給資本之勞務的代價。同時，更為重要的是，所謂時間偏好係事前的 (ex ante) 概念，也就是表現在行動中的個人，事前對各種生產期間長度的選擇，由此可知，米塞斯也認為，具有後顧性格的龐巴衛克的平均生產期間沒有經濟上的意義了。由此可知，諸如老克拉克、龐巴衛克等經濟學家，因係把資本視為生產因素的總計數，且持續用於生產物品，就不得不把利息視為使用資本財的代價了。

四、經濟計算與社會主義

　　自從產業革命大量展開後，資本主義經濟制度的弊害日愈顯著。十九世紀中葉以來，社會主義的主張漸漸侵入經濟社會的諸領域。可是，大部分的專家、學者幾乎不討論社會主義經濟的運行。米塞斯則指出，社會主義難於解決經濟計算問題，故是行不通的主張。因為在資本主義制度下，以私有生產工具，透過自由競爭的程序，由價格機能來決定生產、消費、分配等經濟問題。在社會主義的計劃經濟制度下，生產工具是公有的，沒有價格，因而不能對生產資源的運用進行經濟計算，這種制度的運行便屬不可能的。

　　米塞斯也列舉當時已經提出的若干社會主義經濟計算辦法，並一一評論其可行性。第一，以實物計算代替貨幣計算。米塞斯指出，由於各種不同的實物是不能加減的，這種辦法實在沒有意義。第二，以勞動時間作為計算單位。這是根據勞動價值學說而導出的主張，因而同樣遭遇到勞動品質及效率不同的難題。第三，以「效用量」作為計算單位。米塞斯認為，這種辦法要面對效用的測度及其比較的難題。第四，或者是建立人為的準市場 (quasi-market)，或者是用經濟模型，來解決經濟計算的問題。米塞斯認為，市場須有其均衡價格，且以追求利潤為依歸。在人為的準市場及人為的經濟模型中，這些基本要素都不存在，自然不能說，可以解決經濟計算的難題。

　　同時，米塞斯也指出，許多人士意欲矯正資本主義的經濟弊害，試圖對生產、價格、分配及信用等進行干涉，也就是要加強政府職能。他認為，這種干涉主義也會阻礙人類經濟社會的進步。總之，他認為，自由放任的市場經濟乃是人類分工合作，促進繼續不斷地進步的唯一可行的制度。

第二節　海耶克

一、生平與著作

海耶克 (Friedrich August von Hayek, 1899–1992) 是奧國經濟學家。1899 年 5 月 8 日生於奧國的維也納。父親是維也納大學的植物學教授，在三兄弟中，海耶克居長，他的生涯大致可分為四個階段。

在幼年及青年時期，海耶克足以享受奧匈帝國的餘輝，也追隨其父，潛心於自然科學的研究。在第一次世界大戰時，他在奧匈帝國的陸軍中服役，使他轉變了志向，開始研究社會問題。戰爭結束後，他進入維也納大學，受教於奧地利學派的維舍及米塞斯門下，專心於經濟理論的研究。1921 年及 1923 年，他分別獲得法律學博士及政治學博士學位，並隨即到美國進行個人研究一年。

1927 年，奧國設立奧國經濟研究所 (Austrian Institute for Economic Research)，海耶克是首任所長；1929 年，他開始在維也納大學擔任兼任講師，依奧地利學派的傳統講授經濟理論。在這個時期，他最主要的興趣是貨幣理論與經濟循環理論，《價格與生產》一書的主要部分便是在這一時期完成的。

1931 年，海耶克離開奧國，應邀擔任倫敦經濟學院 (London School of Economics) 的講座教授。1938 年歸化英國。1943 年，倫敦經濟學院授予他經濟學博士學位；同年，獲選為英國學術院院士。在倫敦經濟學院的十九年，海耶克繼續潛心理論經濟學的研究與著述。1944 年刊行《到奴役之路》，則展示了一個新階段的曙光。

1947 年 4 月上旬，海耶克與其他三十八位經濟學家、哲學家、法官、歷史學家、政治學家、文學評論家及政治評論家，在瑞士日內瓦湖畔培勒林山作為期十日的集會，探討自由社會的本質、存續的危機及如何以知識力量加以強化的方法，成立培勒林山學會 (The Mont Pelerin Society)，繼續進行研究。海耶克為首任會長，且連任到 1960 年。1950 年，海耶克接受芝加哥大學的聘請，擔任社會及道德科學 (Social and Moral Science) 的講座教授。1962 年，他回到德語世界，擔任弗萊堡大學 (University of Freiburg) 的政治經濟學講座教授，繼承歐肯 (W. K. H. Eucken) ❹，鼓吹新自由主義。1969 年退休，回到奧國，並在莎茲堡大學

(University of Salzburg) 擔任客座教授。1974 年，海耶克與米達爾❺同時以貨幣與
經濟循環理論及對經濟、社會與制度現象的相互依存的精闢分析，共同獲得該年
諾貝爾經濟學獎。海耶克引用馬夏爾的話來啟發並警戒經濟學界——馬夏爾說：
「社會科學的研究者必須戒懼普遍的認可；當人人讚賞之際，災禍便要臨頭了。」

　　海耶克的著作甚豐，較重要的經濟著作如下：

1. 《價格與生產》(*Prices and Production*, 1931; 1935)——中譯本有：許大川譯：
《價格與生產》（臺灣銀行經濟研究室刊行）；

2. 《貨幣理論與經濟循環》(*Monetary Theory and the Trade Cycle*, 1933)；

3. 《純粹的資本理論》(*The Pure Theory of Capital*, 1941)；

4. 《到奴役之路》(*The Road to Serfdom*, 1944)；

5. 《個人主義與經濟秩序》(*Individualism and Economic Order*, 1948)——中譯本
有：夏道平譯：《個人主義與經濟秩序》（臺灣銀行經濟研究室刊行）；

6. 《資本主義與歷史學家》(*Capitalism and the Historians*, 1954)；

7. 《自由的憲章》(*The Constitution of Liberty*, 1960)——中譯本有：周德偉譯：
《自由的憲章》（臺灣銀行經濟研究室刊行）。

二、貨幣、相對價格與強迫儲蓄

　　海耶克在經濟學上的貢獻以貨幣及經濟循環理論最為重要。哈伯勒 (G.
Haberler)❻在其巨著《繁榮與蕭條》(*Prosperity and Depression*) 中，把海耶克歸入
貨幣的超額投資說之列，僅能抓住海耶克經濟循環理論的局部重點，未能闡明其
精髓。嚴格地說，海耶克的經濟循環理論係融合貨幣理論、價格理論與資本理論
為一體，貨幣理論僅係貫串其間的一項主要線索。

---

❹　歐肯 (Walter Kurt Heinrich Eucken, 1891–1950) 是德國經濟學家。曾經執教於杜賓根 (University of
Tübingen) 及弗萊堡大學。其名著《經濟之基礎》(*The Foundations of Economics*, 1940) 曾被譯成
多種文字，風行一時。

❺　請參閱本書第二十九章。

❻　哈伯勒 (Gottfried Haberler, 1900–1995) 是德裔美國經濟學家。曾在國際聯盟任職及擔任維也納大
學教席。二次世界大戰後，一直在哈佛大學任教。為首任國際經濟學會 (International Economic
Association) 會長。主要著作有：《繁榮與蕭條》(*Prosperity and Depression*, 1939)、《國際貿易理
論》(*The Theory of International Trade*, 1935)、《通貨膨脹》(*Inflation, Its Causes and Cures*, 1960)
等書。

　　我們在前面幾章，特別是討論劍橋學派的傳統時，已經提及，第一次世界大戰結束後的一、二十年間，經濟學家最為關心的是經濟循環過程中的貨幣現象，海耶克也不例外。不過，當時大部分的經濟學家都承繼早期的貨幣數量學說，並以之討論經濟波動現象。海耶克則根據魏克塞爾及米塞斯的貨幣理論，綜合了斯匹托夫 (A. Spiethoff) 與奧地利學派資本理論，對經濟波動中的相對價格變動現象及其效果進行討論。因此，海耶克須先指陳傳統數量學說的缺失。

　　簡單地說，海耶克認為數量學說的主要缺點有三：第一，貨幣數量增加（或減少）並非公平地分攤給每一個人（或自每個人手中抽回）。也就是說，數量學說所假定的沒有分配效果 (distribution effect) 是不切實際的。第二，數量學說的主張者常僅作比較靜態的長期分析，因而易於得到貨幣數量變動與一般價格水準作同比例及同方向變動的結論，且進一步認為，價格水準變動後，經濟活動的變動亦告一段落。海耶克指出，這種分析方法忽略經濟活動的調整過程，特別是忽略了相對價格及資源運用的變化。第三，他們因而認為，價格水準的升降總是與經濟活動的盛衰（產量的增減）保持一致的變動關係。海耶克因重視相對價格變動，故認為這種總體經濟關係忽略了個體經濟結構的變化，與實際經濟情況有很大的差距。換句話說，海耶克的經濟循環理論重視短期效果的分析，強調貨幣變動會改變相對價格，且具有分配效果。基於這些見解，強迫儲蓄概念便在海耶克的理論中扮演著極其重要的角色。

　　根據海耶克的見解，貨幣經濟社會與物物交換經濟社會不同，因為在貨幣經濟社會下，貨幣數量分配的變化會改變各個部門對真實資源的支配狀態。例如，企業家經由信用擴張而取得新增加的貨幣，就提高了其對真實資源的支配能力。由於企業家以新增加的貨幣購買資本財，資本財價格乃告上漲，且其生產因而獲得有效的激勵。企業家為爭取並把生產因素移用於資本財的生產，必然會抬高生產因素的價格，由於生產因素的移用，消費財的生產會暫時減少，而由於生產因素收入增加，對消費品的需要則增加，兩者最後都會促使消費品的價格上漲。資本財價格、生產因素價格及消費財價格既然都已上漲，價格水準的上漲當然就是無可爭論的。問題在於忽略貨幣對價格的影響過程及強迫儲蓄，關於前者，我們將在下一款討論，現在先說明強迫儲蓄概念。

　　海耶克認為，在貨幣數量增加引起價格上漲及消費財需要增加的過程中，消費財生產或者減少，或者是其增加額低於消費者意願增加的消費額。也就是說，

從事後來看，會發生強迫儲蓄現象。如圖 26-1 所示，橫軸表示投資與儲蓄，縱軸表示利率，實線 I 及 S 分別表示計劃投資與計劃儲蓄；$\triangle M$ 表示貨幣增量。事前的投資量與儲蓄量分別為 I_0 及 S_0，兩者是相等的。在貨幣量增加之後，資本財生產與消費財生產發生相對變化，事後實現的投資為 OI_1，而計劃的儲蓄只有 OS_1，這兩者的差額 $(OI_1 - OS_1)$ 就是強迫儲蓄，這種現象就反映著貨幣變動的後果並非中立的。

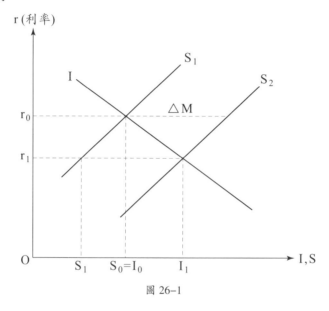

圖 26-1

三、生產過程與經濟循環

　　若暫時不考慮經濟循環的主要起因，海耶克的經濟循環理論可說是投資循環理論 (theory of investment cycle) 的一種，其主要特點是重視「資本的稀少性」，而把價格水準之漲跌變動視為次要的。我們在前面已經提及，在斯匹托夫的經濟循環理論中，資本的稀少性乃是經濟危機的根本原因。不過，斯匹托夫並未明白地說明這種稀少性是如何發生的。海耶克因利用奧地利學派的生產階段概念來說明資本財生產的增減，故能夠說明，超額投資如何導致資本的稀少性、削減投資及放棄已生產的某些真實資本。

　　我們在前面已經提及，奧地利學派把整個生產過程區分為幾個階段，消費財為最後階段的生產物，在消費財之前的各個階段都是中間財 (或資本投入)。生產

階段愈多，生產過程愈是迂迴，所須投入的資本財也愈多。我們得用圖 26–2 來表示這項奧地利學派迂迴生產的概念。在該圖中，OA 及 OB 表示不同的消費財產量，縱軸則分別表示其生產過程。如該圖所示，OA 雖然較 OB 為多，但其生產過程則較 OB 為簡單，亦即，所經歷的階段較 OB 少。在一定的時點，儲蓄計劃與投資計劃都是已知的，故消費財的需要與生產階段也是已知的。倘若儲蓄計劃或投資計劃不變，經濟活動便會呈循環流轉狀態，持續進行下去，也就不會產生所謂資本財需要的變動，或經濟循環波動了。根據海耶克的看法，兩類變動都可打破這種均衡狀況，其一是儲蓄傾向的變動，其二是信用供給的變動。

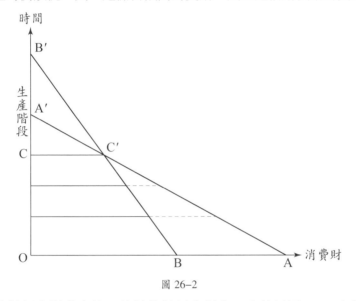

圖 26–2

　　先就儲蓄傾向變動來說。倘若儲蓄傾向提高，也就是圖 26–1 中的儲蓄曲線自 S$_1$ 移至 S$_2$。就事後來看，計劃投資仍然等於計劃儲蓄，故海耶克認為不致於產生循環擴張。但是，由於儲蓄傾向的提高，則會產生生產過程的調整。產生這種調整的原因是來自兩方面的：一方面是儲蓄傾向提高後，均衡利率業已降低，而土地、勞動等其他生產因素的成本未變，這就等於這些其他因素之成本的相對提高，在生產過程中，提高資本財的使用比例是有利的。他方面是，計劃儲蓄增加之後，消費財支出減少，亦即，生產者的收入減少，但生產者所需投入的成本未變，其消費財的收支差額乃告縮小，為維持其利潤計，生產者會把生產過程向前一生產階段延伸。但是，前一階段之中間財的需要亦因消費財需要之減少而減少，故此階段之生產的收支差額也會隨之縮小，故生產過程又續向更前階段延伸。

更重要的是，在生產階段向前延伸的過程中，已提高的儲蓄傾向使資金供給繼續增加。因此，這種收支差額的縮小程度可望減輕。甚至於因更前階段之中間財價格的上漲，而展開更前階段的生產。換句話說，在儲蓄傾向提高的場合，不但有資本深化 (capital deepening) 的現象，而且又有資本擴大 (capital widening) 的現象。前者指稱生產階段的延長，大部分發生在生產的較後階段；後者則指稱新產業的參與，大部分發生在生產的較前階段。特別是新延伸的生產階段為然。以圖 26–2 來說，生產方式自 AA′ 線轉變為 BB′ 線，圖中 CC′ 及其更前的生產階段乃是資本擴大的主要部分。由此可知，儲蓄傾向的變動，最後僅產生資源運用方式的重新分配。

　　就信用（貨幣供給）變動來說。如圖 26–1 所示，信用量的增加與儲蓄傾向的提高一樣，都會產生利率下降，進而經由相對價格的變動，改變資源的運用方向，產生資本密集及資本擴大的效果。我們在前面曾經提及，這項分析是源自魏克塞爾的累積過程論，但海耶克作了兩項修正。其一是信用擴張無須因銀行降低名目利率而產生；若發生了有利的投資機會，使自然利率上升，且銀行體系願意以原來的名目利率滿足投資者的融資要求，也會產生信用擴張。實際上，魏克塞爾也曾經討論這種現象，不過他未把這種現象視為重要因素。其二是魏克塞爾認為，自然利率與名目利率相等，可以確保一般價格水準的安定，且銀行體系的貸放利率總是等於自然利率。海耶克則認為，價格水準的安定性與投資及自願儲蓄（計劃儲蓄）間的相等性，彼此並不見得會一致。尤其是，在成長中的經濟社會裡，足以使物價水準安定的名目利率，必須低於在該自願儲蓄水準下充分供給貨幣資本的利率。

　　根據這些修正，海耶克特別指出，資本財產業或較早生產階段的擴張，都須以當期消費財的減少為代價（這就等於充分就業的假定）。在儲蓄傾向提高的場合，這種代價是自動產生的，故可促使經濟社會自動趨向更資本主義化的生產方式。可是，在貨幣擴張的場合，這種犧牲並非自願的，而係透過強迫儲蓄而完成。換句話說，消費者係因其貨幣所得不足以購得其先前所消費的消費財（或計劃購得的消費財），而不得不減少其真實消費支出，一旦他們的貨幣所得繼續增加，他們仍想恢復其先前的真實消費水準，故會增加消費財的需要。在這種情形下，消費儲蓄比率及其有關生產方式會經由收縮過程而回歸原來的狀況。倘若貨幣當局持續注入新貨幣，強迫儲蓄當然會繼續存在；一旦新貨幣停止注入，就會展開回

歸原狀的過程。在原狀恢復後，生產與消費結構仍與貨幣未變動時一樣，只是各個階段的物品價格與貨幣數量作同比例增長而已，亦即，貨幣數量學說的長期比較靜態分析的結論仍屬正確的。所謂經濟循環便是貨幣量增加，產生強迫儲蓄及其回歸原狀的過程，海耶克把這種過程稱為李嘉圖效果 (Ricardo effect)。

　　由此可知，海耶克基本上認為，經濟循環係由貨幣因素所引起，但是變動現象則係真實因素作用的結果。因此，我們必須進一步說明，他的貨幣中立論 (neutral money) 與李嘉圖效果的關係。

四、李嘉圖效果

　　貨幣數量增加，導致利率下降，進而延伸生產階段，自然產生了經濟擴張。倘若貨幣擴張速度減緩，甚或停止增加，利潤逐漸回升，消費財的生產趨於有利，原來延伸的生產階段又逐漸減縮，進而產生相反的循環變動過程──衰退。在世界各國放棄金本位制度後，各國政府已有能力控制利率水準，阻止利率水準的回升。在這種情形下，能否有效地阻止衰退的來臨呢？海耶克認為，即使利率水準被抑制而不曾回升，李嘉圖效果仍會發生作用，產生衰退，並完成經濟循環波動。

　　海耶克用表 26-1 來說明消費者需要的增長，對各種不同的投資生產方式之利潤率的影響、李嘉圖效果及其作用。在表中，第一列是投入勞動後，至完成產品生產所需的時間，分為兩年、一年、半年、三個月及一個月等五種，也就是假定有五種不同的生產方式。第二列是資本每週轉一次所獲得的收益率。第三列是以簡單算術平均計算的資本年收益率，在這一列，海耶克假定五種不同生產方式的年收益率都是 6%，也就是資本的各種不同用途係處於平衡狀態。第四列則是假定消費財價格上漲 2% 後，各種不同生產方式之資本每週轉一次所產生的收益率，海耶克僅以第二列數字各加上 2，這是近似值。第五列是把消費財價格上漲後的資本週轉收益率折算為年收益率。由這第五列數字的變化，我們可以看出，消費財價格上漲後，各種不同生產方式之資本年收益率的變化大不相同。簡單地說，生產期間愈短，而使用勞動比例愈高的勞力密集的生產方式，其資本收益率愈高。基於這種變化，海耶克說：在生產一定量產品時，物品價格的上漲，將會導致較少使用機器及其他資本，而較多直接使用勞動的生產方式的採用，這便是李嘉圖效果。

表 26–1

1.生產方式（勞動投入時間）	兩年	一年	半年	三個月	一個月
2.資本週轉一次之收益率	12	6	3	$1\frac{1}{2}$	$\frac{1}{2}$
3.資本年收益率	6	6	6	6	6
4.消費財價格上漲2%後的資本收益率	14	8	5	$3\frac{1}{2}$	$2\frac{1}{2}$
5.消費財價格上漲後的資本年收益率	7	8	10	14	30

根據這種李嘉圖效果，一旦消費財價格開始上漲，即使利率水準不變，由於勞力密集的生產方式有較高的年收益率，這就等於愈是最後生產階段的真實工資率 (real wage rate) 的降低，因而企業家就會以勞動替代資本，或以較少勞動節約的資本 (less labor-saving capital)，替代較多勞動節約的資本 (more labor-saving capital)。換句話說，利潤率上升對消費財產業的影響是雙重的：其一是以加班、輪班等方式，以現有設備多用勞動進行生產；其二是或者為汰舊更新，或者為增加設備而必須購進新設備時，則購進較少資本密集或較短使用期限的設備，這當然表現著資本財需要型態的轉變。企業家對勞動、原料及勞力密集設備需要相對上增加，對耐久設備的需要則相對減少。其結果是：資本既過多，但也是不足的。過多的是固定資本，反映著繁榮期的投資過多；過少的是原料，反映著最後生產階段之需要的增長。這便是經濟衰退的開始。

根據以上所分析的現象，我們可以看出，在經濟衰退初期，物價並非一致下降，而係有其相對升降變化。大體上說，原料及勞動的價格相對上漲，而資本財價格則相對下跌。資本財產業不但面對著產品需要減少，且也面對著價格下跌，其利潤率自然下降，甚至可能會發生虧損，故生產者乃會進行生產與投資的調整，這種調整比最後階段的產業要費更多的時間，在其調整過程中，且會影響就業與生產。資本財產業開始出現失業之後，消費者需要的增加率及消費財價格的上漲率都會緩和下來，國民所得甚至也會趨減，這便是蕭條的開始。

在經濟蕭條至某一個階段之後，消費者需要甚至也會較先前為少，導致消費財價格下降，其結果是，消費財價格相對於貨幣工資而下降，這也等於真實工資率的上升。在這種情形下，李嘉圖效果會產生反方向的作用——在真實工資率上升至某一點時，企業家會開始以機器代替勞力，資本財生產乃較消費財的生產有利，生產方式轉變為更迂迴的方式，這便是經濟復甦及邁向充分就業之路。

　　由此可知，海耶克認為，貨幣擴張及收縮與李嘉圖效果都是產生經濟循環波動的原因，而循環波動的過程，則由資本財結構及相對價格結構的變化所完成。因此，他不認為貨幣政策與財政政策能防止或醫治經濟循環，而認為防止經濟紛擾的根本方法在於防止投資繁榮，因而乃有中立貨幣的主張。

　　在此，我們須附帶提及，在現代經濟理論上，中立貨幣論通常指稱，在長期間，貨幣變動不影響真實部門的經濟活動。但是，海耶克特別重視分配效果，強調貨幣變動會產生強迫儲蓄、改變相對價格，並影響真實部門的經濟活動，故他的中立貨幣論基本上是：希望避免貨幣變動所引起的經濟紛擾。

五、競爭式資本主義與社會主義

　　最後，我們也須提及海耶克對資本主義與社會主義的看法。

　　海耶克認為，在現代社會，每一個人都僅擁有一點點的知識 (knowledge)，而不是或無法擁有全部的知識，如何把這些屬於個體的點滴知識，綜合運用，以發揮應有的效果，便是經濟學的根本問題之所在。關於這種知識運用，歷來只有兩類主張，一類是計劃的，就是社會主義；一類是競爭的，或者稱為競爭式資本主義。

　　關於社會主義，我們在上一節已經提及，米塞斯已提出，無法進行經濟計算為其癥結之所在，海耶克在引申之餘，又指出，集權當局不能擁有全部的能力、技藝、嗜好等知識，自然不能產生合理的計算。更重要的是，在第二次世界大戰後，若干社會主義國家採行了所謂「市場社會主義」(market socialism)，是否可以解決經濟計算的難題，使現存知識充分發揮其效率？海耶克認為，市場社會主義把決策權分散是合理的，但是有關成本、訂價、責任、風險、獎勵、成敗的檢定等尚待繼續改進。其實，市場社會主義已與正統社會主義有所背離，倘若再繼續加強個體知識的作用，便將不是社會主義了。

　　資本主義經濟制度希冀透過競爭，以使個體知識能充分發揮其作用。不過，海耶克指出，在資本主義的運行中，也有若干實質問題。例如，把財產權引申應用到發明、版權、商標等專利權，實際上是妨礙了競爭的進行；再如，把個人自由引申發展為個人結社自由及組織法人公司的自由，實際上妨礙了個人自由的發展。諸如此類的資本主義制度下的問題，已不是單純的經濟問題，而是法理學與政治哲學的問題了。此處，我們不擬加以討論。

第三節　所謂「新奧地利學派」

一、主要學者及其著作

　　第二次世界大戰以後，西方經濟社會出現通貨膨脹局面，經濟活動也趨於相對活躍的現象。1960 年代且曾出現較長期的經濟繁榮。但繁榮的後期，則出現了所謂「停滯膨脹」(stagflation) 問題，現行經濟理論對這種現象不能提出令人滿意的解釋，當然更不足以提出具體的解決辦法。在這種情形下，自 1950 年代即已萌芽的所謂「新李嘉圖學派反革命」(Neo-Ricardian Counterrevolution) 的經濟思潮乃漸壯其聲勢。同時，則另有一群年輕的經濟學家，承繼奧地利學派的經濟思想遺產，以孟格、米塞斯及海耶克的經濟思想為武器，試圖與之對抗，他們自稱為「新奧地利學派」。比較重要的有三個學者：吉茲納 (Israel M. Kirzner)、羅斯巴 (Murray N. Rothbard) 及拉克曼 (Ludwig M. Lachmann)。

　　吉茲納是 1930 年 2 月 13 日生於英國倫敦。曾在開普頓大學 (University of Capetown)、倫敦大學求學，1954 年畢業於布魯克林學院 (Brooklyn College)；1957 年獲得紐約大學經濟學博士學位，曾執教於紐約大學經濟學教授。他的著作有下列幾種：

1. 《經濟觀點》(*The Economic Point of View*, 1960)；
2. 《資本論》(*An Essay on Capital*, 1966)；
3. 《競爭與企業家精神》(*Competition and Entrepreneurship*, 1973)。

　　羅斯巴是 1926 年 3 月 2 日出生於紐約市，畢業於哥倫比亞大學，1956 年得有經濟學博士學位。在求學期間，曾於 1949 年至 1960 年間參加米塞斯在紐約大學的研討課程。羅斯巴曾執教於紐約市紐約技術學院 (Polytechnic Institute of New York) 的經濟學教授，在 1995 年過世。他的主要著作有：

1. 《1819 年的恐慌》(*The Panic of 1819*, 1962)；
2. 《人、經濟社會與國家》(*Man, Economy and State*, 2 vols., 1962)；
3. 《權力與市場——政府與經濟社會》(*Power and Market: Government and Economy*, 1970)；
4. 《新自由論》(*For a New Liberty*, 1973)；

5. 《美國的大經濟恐慌》(*American's Great Depression*, 1975)。

拉克曼則是紐約大學的客座教授。主要著作包括：《資本及其結構》(*Capital and Its Structure*, 1956)、《偉伯的遺產》(*The Legacy of Max Weber*, 1970)、《總體考量與市場經濟》(*Macro-economic Thinking and the Market Economy*, 1973) 等書。

二、經濟研究方法論

奧地利學派的經濟學家們都認為經濟理論須以個人的行動為其基本基石。也就是說，整個奧地利學派的經濟理論係建立在人會從事有目的之行動的事實所作的邏輯推理上。這就是米塞斯所稱的「實用學」(Praxeology)。奧地利學派所用的「行動」(action) 一詞有其精確意義。行動與反射行為不同，因為前者係有目的。行動與事件 (events) 不同，因為事件僅係一種事實，而行動則含有反事實 (counter-factual) 的命題在內。例如，一輛汽車駛往前去，這是一種事件，但若這輛汽車向前駛向陽明山則是一項行動。

奧地利學派的這種行動公理 (action axiom) 含有若干具體的含義：其一，個人的行動係有目的的，係導向目標的，也就是這目標對他是存有價值的。其二，在行動中須有意識地選擇達成目標的工具，他當然須具備選擇工具的知識，這就是工具具有稀少性，因為倘若工具充裕，就無須選擇，也無須有所行動了。但是，我們不判斷或假定他的目標及工具的好壞。其三，行動須有供其進行的時間，這就含有現在與將來，因為假若可瞬間完成目標就無須有所行動。其四，確信行動之後會有所不同，但不同程度如何，在行動之前無法確知，故行動含有不確定 (uncertainty) 因素在內。

基於這種信念，奧地利學派諸學者對於演繹過程的認識論固然有行動目的及預測能力的爭論，但是對於正統學派、計量經濟學及數理經濟學的方法論則有共同的反對態度，我們就列舉說明他們的看法。

先就對正統學派來說。他們認為正統經濟理論趨於研究可觀察的事件，且意圖建立各事件間經驗上的關聯，且為著建立這種關聯，須把個別事件加總累計成總計數 (aggregates)，以便建立分析模型。他們認為單純對事件作經濟分析不能描述全部經濟現象，因為可觀察事件缺乏有目的之行動的重要概念；他們更重視個別行動的差異性，反對使用總計數的概念。因此，奧地利學派認為，經濟學有兩大任務，其一是以人的行動使世界更易於理解；其二是要解釋，有意識且具目的

之人的行動如何能在社會的交互作用中產生非意向的結果，且意圖發現這些非意向的結果。這樣說來，他們的意圖就較正統經濟學為廣大。但是，他們不建立經濟數值間的關聯，則表現他們意圖較正統學派為小的一面。不過，他們認為這並不是由於缺乏建立尺度之技巧方法，而是缺乏數值間的恆常關聯。

因此，奧地利學派的方法乃是以言詞演繹幾項基本公理的邏輯含意。最主要的基本公理就是有目的之人的行動的事實。補充的公理是人的嗜好與能力有別，行動須有時間供其進行，且人在行動中吸取經驗。接受這種方法論的奧地利學派，當然會反對以計量經濟學為經濟理論的工具。其一，他們認為，供作演繹的經濟法則，除非在演繹過程中犯了邏輯上的錯誤，必然是真的，理論本身也必是真的，因而就無需訴諸統計方法來辯真偽。其二，他們的理論根據行動而構成。行動本身含有反事實的成分，反事實原則上是不能直接觀察或認定的。其三，他們認為經濟生活中沒有恆常不變的因素或關係，試圖用計量經濟方法加以確定乃是徒勞無功的。

新奧地利學派的經濟學家也反對數理經濟學。第一，數理經濟學所實現的並不必然更具理論上的精確性；關於這項批評，馬夏爾及凱因斯很早就已經指陳了。第二，適合運用數學求解的經濟問題，例如一般均衡、成長模型等並不具實際上的重要意義；新奧地利學派甚至認為，即使這些問題也不必然一定要用數學方法求解。

三、企業家與市場過程論

新奧地利學派的經濟學家指出，奧地利學派經濟理論的特色在於：強調市場乃是一種過程，也就是市場過程論 (market process)。同時，他們也認為，以追求利潤為職志的企業家在市場過程中，扮演著最重要的角色。這樣的理論模型當然足以與他們的人的行動的基本信念相一致，且把預期的不確定及其差異引入經濟理論中，展示了與正統經濟學完全不同的分析概念，為著說明市場過程論，我們最好先說明正統經濟理論中的一般均衡理論 (the theory of general equilibrium) 的缺點。

正統經濟理論常強調，研究經濟學的目的在於，將已知的可供利用的資源，以最有效的方法加以利用，以實現既定的目標。因為認定資源、目標都屬已知，且各項變數都能加總累計，故乃能建立各項變數間的數學關係，並且演繹出至善

的均衡境界。在發生不均衡之際，市場機能的發揮則足以導致均衡的來臨。以最簡單的供給與需要決定價格的關係來說，假若市場價格高於均衡價格，這種不均衡又如何恢復均衡的呢？在華爾拉體系中，正統經濟學家說，市場上供給的物品超過需要量，因而抑低價格；在馬夏爾體系中則說，供給者願意供給的數量大於需要者願意購買的數量，因而抑低價格，終於可逐漸恢復均衡價格。相反地，假若市場價格低於均衡價格，則經由相反的程序，重新趨於均衡價格。從形式上來看，這種分析是完美無缺的。可是，奧地利學派的經濟學家則指出，第一，這必須假定在均衡實現之前，均衡價格已先存在。第二，參與市場的供需雙方既然都是「價格的接受者」(price taker)，又如何能夠影響價格呢？第三，必須假定市場參與者對市場的供需量及供需價格瞭如指掌，也就是具備完全競爭 (perfect competition) 的條件。因此，奧地利學派乃強調知識與預期在市場均衡過程中所扮演的特殊角色。

　　奧地利學派認為，市場過程就是一種知識的無休止流源的持續顯現。知識的型態在我們的社會中經常更易，且其更易過程幾不能描述。尤其是，知識可作多方面的應用，且除非其應用可能性業已停止，我們便不可能說明其應用的全部範圍。遺憾的是，未來是個未知數，我們不能確定某一種知識的應用可能性已等於零。因此，當一個人要把知識應用於市場過程時，對於這種不能量化且會隨著時空而改變的知識有所預期，也就是把未知的可能知識視同為現在的知識，並且付諸行動。然而，由於每一個人的預期有差異，故在市場決策上乃有參與者與不參與者，參與者中有成功者與失敗者，不論是那一種情況，隨著時間的經過，每一個人都增加了經驗，重新面對新的知識與預期狀態。基於這種原因，個人基於合理行動的嘗試與修正過程，可以實現個人均衡 (individual equilibrium)，但是市場均衡 (market equilibrium) 及全面均衡 (general equilibrium) 則是不可能的──能開一個門戶的鑰匙不是能打開所有門戶的。

　　基於這種認識，新奧地利學派乃特別重視企業家在市場過程中的個人行動。如前面已經提及，正統經濟理論認為研究經濟學的目的在於：將已知的可供利用資源，以最有效的方法加以利用，以實現既定的目標。假使資源、方法及目標都係已知的，且與正統理論架構完全配合，則自然可求得均衡位置；倘若不完全配合，則就產生了失衡 (disequilibrium) 狀態。在失衡之際，供給者及需要者原都係被假定為價格接受者，市場價格就不能漲跌，因而奧地利學派乃認為，只有引進

具有決策力且能調整計劃的企業家，來扮演重建均衡的角色。

　　在 1920 年代，熊彼德、奈特 (F. H. Knight) 及米塞斯等人對企業家的意義及其扮演的角色已有所討論。新奧地利學派的經濟學家們特別重視其中的警覺性 (alertness)，亦即對機會的警覺性 (alertness to opportunity)。這種警覺性不是單純的知識本身，尚且包括自何處可獲得知識並加以充分利用的知識在內。這種企業家的警覺性乃是市場過程的主體。上面提到的市場供需失衡，實際上乃是一種獲利機會的出現，一般人都會錯過，而只有企業家的警覺性才能利用此有利機會。在超額供給的場合，減少物品的供給；在超額需要的場合，增加供給，終致使市場價格趨向均衡價格，這乃是正統經濟學所忽略的部分。

　　由此可知，重視市場過程的奧地利學派依然是強調企業家追求利潤的動機。如眾所知，正統經濟理論中也有利潤的分析，有時甚至也與企業家一詞連在一起。但是，奧地利學派認為，正統學派所強調的追求利潤及其極大化法則，乃係個人面對已知的各種獲利機會，對這些機會作取捨抉擇的結果。奧地利學派的企業家並沒有面對著已知的各種供比較取捨的機會，他們必須耳目靈敏，一旦覺察獲利機會，則必須立即抓住它。因為利潤是無中生有，機會稍縱即逝。因此，作為奧地利學派之市場過程論的主要構成分的企業家，所追求的是一種意外利得，這當然會有與之相對應的意外損失的可能性。

四、資本理論

　　在經濟理論中，資本理論一向是極重要的，不但爭論甚多，且迄未有一個為大多數經濟學家所接受的體系性的陳述。我們習慣上把奧地利學派的資本理論追溯及龐巴衛克。但是，新奧地利學派的經濟學家們則力排此說，故我們先要說明，為何龐巴衛克的資本理論背離了奧地利學派的基本信念；然後指陳奧地利學派對資本之定義與測度問題的看法。這樣我們才能描繪一絲這一學派的資本理論的輪廓。

　　簡單地說，龐巴衛克所演繹的資本理論並不以人的行動為基礎，與奧地利經濟思想的基本信念有別。深入地說，第一，龐巴衛克的暫時資本結構中，雖然含有生產階段的順序，但是在他的模型中只有一項生產因素 (勞動) 及一項產品 (消費財)，最重要的是，他的資本結構僅係為探究資本收益率的必要過程，並非真正的資本結構理論。第二，龐巴衛克把一項資本 (工資財) 模型應用於實際社會時，必須假定影響真實工資的消費財的相對價格不變，或者資本累積所引起的利率變

動不影響相對價格，或者資本家對未來的情況可作確定的預測，這些假定與奧地利學派的方法論完全不一致。甚至，他們認為，龐巴衛克的這兩項缺點，正與李嘉圖資本理論的缺點一樣。第三，他們認為，龐巴衛克把資本資源的複雜關係簡化為單一時間單位過於大膽；而且，所謂「平均生產期間」也可能因資本結構調整而有所改變。基於這些理由，他們指出，孟格在世時就說過：龐巴衛克的資本理論乃是最大錯誤之一，新奧地利學派當然就要揚棄龐巴衛克了。

　　然則，資本又是什麼？奧地利學派的基本態度是怎麼樣的？1974 年，希克斯在一篇著名的論文中，把從古到今的資本理論區分為「物質論」(materialism) 及「基金論」(fundism) 兩類，且把奧地利學派歸入基金論之列。新奧地利學派的經濟學家反對這種分法。希克斯的物質論係指把資本財視為生產因素，把其實物量加總累計而得資本存量概念。奧地利學派反對這種概念，因為各種異質的資本財根本不能加總累計。但最重要的是：資本財是具有生產目的之實物，物質論的總計數不能表現這種生產意向。希克斯所謂的基金論是以價值取代數量累計資本存量，其價值計算方式或係以取得資本所付出的代價，或係以資本財存量在未來的可能收入流源計算。奧地利學派也反對這種概念，其一，以過去資本財的代價計算資本存量，忽略了資本財的生產意向，根本沒有意義。其二，不同的個人對同一資本財的未來收入流源有不同的估計值。其三，由於各種資本財互補性的組合有別，且個人對資本財收入流源的估計均是不確定狀態，當然不能加總累計出一定的數值。換句話說，新奧地利學派的經濟學家認為，資本財不僅是生產因素，而是具有生產意向的生產因素，只能就其運用於生產的收入流源加以估計。可是，資本財的使用方向，在各個生產期間的組合等都因人而異，故資本財固可經由個人的主觀評價而加以衡量，卻不能把許多個人的主觀評價加總累計為一個客觀的資本財存量。基於這種事實，孟格早就已經提及，貸款之利息與資本投資之利潤有別，且利息有其市場利率結構，而利潤則無客觀的報酬率。

　　雖然如此，孟格也指出，在穩定進展狀況 (steady state) 下，由於資本替換成本、個人對未來收入流源的主觀評價等都不發生變化，故我們可把全社會的資本存量作客觀的加總累計。可是，穩定進展狀況實際上並不存在，第一，穩定進展狀況須假定預期不變或可加以預測。現實的成長經濟社會實際上是變動中的社會，每日或每時刻的知識都在改變中，不同的個人對其預期自然有不同的調整程度，因而改變了穩定進展的歷程。第二，或是一個社會沒有非預期的變動，穩定進展

狀況也須各個不同市場在其生產時期有均勻一致的變動或發展，這乃是不切實際的假定。第三，實際社會有多種商品，每一個人對這些商品有多種不同時期及不同結構的計劃，自然不能說穩定進展狀況是切合實際的。

　　基於這種看法，新奧地利學派的經濟學家認為，資本理論要以資本結構作為其研究主題，並以人的行動之概念作為討論資本結構的形成與調整的問題。如上所述，各種資本財是異質的，為進行生產須作數量與時間上的組合，影響其組合的因素或係技術的或係市場的。因此，在一個時點容或存在著某種資本結構，可是當時的知識（技術的或市場的；已發生的或預期的）都隨時湧進，不同的廠商對這些知識有不同的反應，因而會試圖改變其資本結構，所謂新投資實際上也是資本結構重新組合的一種方式。因此，在一個非均衡的社會，企業家總是因應著外界的變化及其內省的反應，對其資本結構進行不斷的調整。在這種狀況下，預期與不定乃就扮演著重大的角色。

本章進修參考書目

1. 周德偉著：《當代大思想家海耶克學說綜述》（臺北：正中書局印行，六十四年）。

2. 孫震著：《從加速原理到經濟循環理論》（行政院經合會，五十三年）。

3. 施建生著：《當代經濟思潮》㈠，第四章。

4. 夏道平譯，L. von Mises 原著：《人的行為》，兩冊（臺北：臺灣銀行經濟研究室，六十五年）。

5. 夏道平譯，F. A. von Hayek 原著：《個人主義與經濟秩序》（臺北：臺灣銀行經濟研究室，五十九年）。

6. 許大川譯，F. A. von Hayek 原著：《價格與生產》（臺北：臺灣銀行經濟研究室，五十五年）。

7. 楊承厚譯，L. von Mises 原著：《貨幣與信用理論》（臺北：臺灣銀行經濟研究室，五十六年）。

8. Edwin G. Dolan (ed.), *The Foundations of Modern Austrian Economics* (Kansas City: Sheed & Ward, Inc., 1976).

9. Friedrich A. von Hayek, *Monetary Theory and Trade Cycle* (1933) [translated by Kaldor and Croome, (reprinted by) N. Y.: Augustus M. Kelley, 1966].

10. Friedrich A. von Hayek, *Price and Production*, 2nd ed. (London: Ronledge & Kegan Paul, 1935).

11. Friedrich A. von Hayek, *Profits, Interest and Investment* (1939) [(reprinted by) N. Y.: Augustus M. Kelley, 1970].

12.Friedrich A. von Hayek, *The Pure Theory of Capital* (Chicago: University of Chicago Press, 1941).

13.Friedrich A. von Hayek, "Three Elucidations of The Ricardo Effect," *Journal of Political Economy* (March/April, 1969), pp. 274–284.

14.Isrel M. Kirzmer, *The Economic Point of View* (Princeton: D. Van Nostrand, 1960).

15.Isrel M. Kirzmer, *An Essay on Capital* (N. Y.: Augustus M. Kelley, 1966).

16.Ludwig M. Lachmann, *Capital and Its Structure* (London: Bell & Sons, 1956).

17.Ludwig M. Lachmann, *Macro-economic Thinking and the Market Economy* (London: Institute of Economic Affairs, 1973).

18.Fritz Machlup (ed.), *Essays on Hayek* (Hillsdale, Michigan: Hillsdale College Press, 1976).

19.Ludwig von Mises, *The Theory of Money and Credit* (New Haven: Yale University Press, 1953).

20.Ludwig von Mises, *Human Action: A Treatise on Economics* (Chicago: Henry Regnery, 1966).

21.Laurence S. Moss (ed.), *The Economics of Ludwig von Mises: Toward a Critical Reappraised* (Kansas City: Sheed and Ward, Inc., 1976).

22.Gerald P. O'driscoll, Jr., *Economics as a Coodination Problem, The Contributions of Friedrich A. von Hayek* (Kansas City: Sheed and Ward, Inc., 1977).

23.Don Patinkin, *Money, Interest and Prices* (Evanston, Ill.: Row, Peterson, & Co., 1956).

24.Murray N. Rothbard, *Man, Economy and State*, 2 vols. (Princeton: D. Van Nostrand, 1962).

25.Murray N. Rothbard, *Power and Market: Government and the Economy* (Menlo Park, Calif.: Institute for Humane Studies, 1970).

第
27
章

弗利德曼

第27章　弗利德曼

真理是大家相同的；但各國民族的謊言是彼此各異的，且各各稱之為理想主義，使所有的人自生至死的浸淫著，成為生活條件之一；唯有少數天生的奇才，方能於悲壯的苦難之後擺脫一切，在自由的思想領域內超然獨立。

《約翰·克利斯朵夫》

|||||||||||||||||||||||||||||||||||||||||||||||||||||||||||||||||||||||||||||||||||

第一節　生平與著作

弗利德曼 (Milton Friedman, 1912–2006) 是美國經濟學家。1912 年 7 月 31 日生於美國紐約市的布魯克林區 (Brooklyn) 的一個貧窮的猶太移民家庭。在弗利德曼出生之前，其母在紐約市一家成衣工廠做工；其父則從事雜貨批發生意。1913 年，舉家遷至赫德遜河對岸，新澤西州的拉威郡 (Rahway)，經營一家雜貨店，由其母照顧店鋪，其父則繼續至對岸的紐約市做批發生意。15 歲，喪父。16 歲，以極優異成績畢業於拉威高中，且獲得新澤西州政府獎學金，進入鄰近的魯哲士大學 (Rutgers University)。在學期間，依賴在百貨公司打工，以維持生活；同時，也參加精算師 (actuary) 考試及格。1932 年畢業於魯哲士大學之前一年，因兩位年輕經濟學家，布恩斯 (Arthur F. Burns)❶及鍾斯 (Homer Jones)❷的影響，對經濟學發生興趣，才未去當精算師。

在鍾斯的鼓勵與推薦下，弗利德曼自大學畢業，就立即進入芝加哥大學。他擔任休茲 (Henry Schultz)❸的助教，受教於奈特 (Frank Knight)❹門下，並認識當

---

❶　布恩斯 (Arthur F. Burns, 1904–1987) 是美國經濟學家。執教於哥倫比亞大學，1970 年至 1977 年擔任美國聯邦準備理事會主席，主要著作有：《變動中之世界的經濟循環》(*The Business Cycle in a Changing World*, 1969) 等。

❷　鍾斯 (Homer Jones) 生平不詳。1931 年在魯哲士大學執教時，是芝加哥大學的博士候選人。對弗利德曼有鼓舞與推薦的影響。

時在芝大執教的戴里克特 (A. Director) 的妹妹露斯 (Rose Director)，兩人於 1938 年結婚。1933 年，弗利德曼獲得芝加哥大學的經濟學碩士學位，因打工收入無法支應昂貴學費，且哥倫比亞大學提供給他 1,500 美元的獎學金，乃立即轉入哥倫比亞大學，受教於密契爾❺及霍特霖 (Harold Hotelling)❻門下。1935 年，他參加美國全國資源委員會的工業小組 (the Industrial Section of the National Resources Committee)，作為克尼蘭消費研究小組 (Hidegarde Kneeland's Research Staff) 的一員，開始從事消費函數的實證研究。1937 年，他應顧志耐❼的邀請，到美國全國經濟研究局擔任研究員，直到 1945 年才離職，其間曾在哥倫比亞大學及威斯康辛大學兼任教職。1945 年至 1946 年，則擔任明尼蘇達大學經濟學副教授。1946 年獲得哥倫比亞大學經濟學博士學位，立即到芝加哥大學擔任經濟學副教授；1948 年升為正教授，直到 1977 年退休。其間，曾於 1953 年到劍橋大學擔任為期一年的客座教授；1964 年到哥倫比亞大學擔任密契爾客座研究教授。在史丹福大學胡佛研究所擔任研究員。自 1967 年起，並擔任美國《新聞週刊》(*Newsweek*) 專欄的撰稿人。

自 1946 年赴芝加哥大學任教後，弗利德曼即承繼芝加哥大學自由放任的精神，對美國貨幣史進行實證研究，並陸續發表其實證研究結果及對貨幣數量學說的新解說；對內強調貨幣政策的功效，對外則鼓吹浮動匯率，為當代自由放任的市場經濟的守護神。因其在經濟學上的貢獻，1951 年，獲得美國經濟學會的克拉克獎章；1968 年且擔任該學會會長；1975 年，更獲得諾貝爾經濟學獎。

弗利德曼的主要經濟著作如下：

1. 《實證經濟學論文集》(*Essays in Positive Economics*, 1953)；
2. 《消費函數論》(*A Theory of the Consumption Function*, 1957)；
3. 《貨幣數量學說之研究》(*Studies in the Quantity Theory of Money*, 1956；本書係弗利德曼編印，其〈數量學說之新解說〉一文為本論文集的首篇）——中

❸ 休茲 (Henry Schultz, 1893–1938) 是美國經濟學家。執教於芝加哥大學，主要著作有：《需要之理論與測度》(*Theory and Measurement of Demand*, 1938) 等。
❹ 請參閱本書第 359 頁。
❺ 請參閱本書第二十五章第二節。
❻ 霍特霖 (Harold Hotelling, 1895–1960) 是美國數學家及經濟學家，曾執教於哥倫比亞大學。
❼ 請參閱本書第十三章第四節。

　　譯本有：張茲闓譯述：《貨幣數量學說論集》（正中書局印行）；

4. 《貨幣安定計劃》(*A Program for Monetary Stability*, 1959)──中譯本有：鄧宗培譯：《貨幣安定計劃》（臺灣銀行經濟研究室刊行）；

5. 《資本主義與自由》(*Capitalism and Freedom*, 1962)──中譯本有：趙秋巖譯：《資本主義與自由》（臺灣銀行經濟研究室刊行）；

6. 《1867 至 1960 年美國貨幣史》〔*A Monetary History of the United States, 1867–1960*, 1963；與施瓦茲女士 (Anna Jacobson Schwartz) 合著〕；

7. 《美元與逆差》(*Dollars and Deficits*, 1968)；

8. 《貨幣政策與財政政策辯論集》〔*Monetary vs. Fiscal Policy: A Dialogue*, 1969；與海勒 (Walter Heller) 辯論集〕；

9. 《最適貨幣量論文集》(*The Optimum Quantity of Money and Other Essays*, 1969)──中譯本有：林鐘雄譯：《最適貨幣量論文集》（臺灣銀行經濟研究室刊行）；

10. 《沒有白吃的午餐》(*There's No Such Thing as a Free Lunch, Essays on Public Policy*, 1975)。

第二節　基本經濟思想

　　弗利德曼認為，經濟科學如同物理學一樣，可將經濟現象歸納成有系統的法則，用於預測經濟環境變化的後果。然而，由於實證經濟學 (Positive Economics) 與規範經濟學 (Normative Economics) 常被混淆在一起，以致許多人仍不認為經濟學可以列入實證科學之林，故弗利德曼很小心地區別實證經濟學與規範經濟學。他指出，實證經濟學是一種客觀的科學，不受倫理或規範判斷的影響，它所要探討的是「是什麼」，而不是「該如何」，也就是要提供一項能正確預測環境變化之後果的法則。規範經濟學既要處理「該如何」的問題，便不能離開實證經濟學而獨存。因為若決意採行某項政策措施，必須能夠證明該項政策措施的後果較其他措施為佳，而這種預測後果的任務係由實證經濟學所承負。因此，若要令經濟政策措施獲得更多數人的同意，實證經濟學的進展較規範經濟學的進展有更多的裨益。

　　實證科學以展開能合理解釋（預測）現象的理論或假說為其目的。弗利德曼認為，假說的妥當性完全取決於預測能力，假若預測的結果與實際發生的現象不

相矛盾，就可接受為最初的假說。作為實證科學之一的經濟學，對經濟現象及其演變，也可歸納出若干帶有預測能力的法則，經濟學對此問題在過去已有許多嘗試。弗利德曼且曾指出，自休謨 (D. Hume)❽、劍橋學派、費雪 (I. Fisher)❾以至凱因斯的靜態貨幣理論，都以貨幣數量學說的形式為其核心，都用於解說絕對價格、總產出及若干其他經濟變數。彼此間雖有爭論，就實證經濟學的觀點來看，其成果仍相當豐碩。不過，他認為，有關經濟社會適應環境變化的調整過程及其短期波動的解釋，乃是目前理論上最弱的一個環節，也是他的貨幣數量學說的新解說所要研究的主要課題。

　　我們將在本章第三、四兩節分別說明，弗利德曼以貨幣數量學說作為反凱因斯革命的武器，且在貨幣實證研究中推論而得的貨幣數量法則，以及為使此項法則順利運行而提出的經濟安定的貨幣與財政結構。在此，我們特別要指出，法則與架構僅是弗利德曼理想競爭模型的一個環節，在討論之前，當然先須扼要說明理想競爭模型的概念。

　　弗利德曼的理想競爭模型與米塞斯 (L. von Mises)❿及海耶克 (F. A. von Hayek)⓫所主張的市場經濟相類似，稱為「自由私人企業交換經濟社會」(free private enterprise exchange economy)。我們可由這冗長的名詞看出，這個模型有四項特色，強調著自由、私人、企業及交換。因為間接交換經由專業化與分工而增加生產。在間接交換中，企業成為個人提供勞務及購買物品的媒介，而貨幣則成為促進交換的工具。然而，在這個競爭模型中，最重要的還是：第一，企業必須屬於私人；第二，個人必須自願地自由參與交換。不過，弗利德曼雖然一再強調自由私人經濟，他並沒有排除對政府的需要，只是政府所承負的任務多少帶有被動的性格罷了。

　　簡單地說，在弗利德曼的模型中，政府本質上是充當決定法則 (rule) 的法庭，以及解釋並執行法則的法官，其內容包括法律與秩序、確定財產權、作為修改財產權及其他經濟法則的工具、裁決有關解釋法則的爭端、提供貨幣結構、執行契約、促進競爭、參與制止技術獨佔的活動等。弗利德曼認為，適度的自由並不意

❽　請參閱本書第四章第六節。
❾　請參閱本書第十九章。
❿　請參閱本書第二十六章第一節。
⓫　請參閱本書第二十六章第二節。

味著無政府主義。這些政府任務雖以法則為主體，但足證政府在自由私人經濟中仍扮演著重要的角色。惟因政府任務以法則為主體，故弗利德曼乃反對目前美國政府對經濟活動的若干權衡措施，諸如農產品價格支持政策、輸入關稅、輸入配額、最低工資等有礙市場經濟的自由運行者。換句話說，這種市場經濟乃是承繼了十八、九世紀的自由放任的經濟模型。

🖋 第三節　反凱因斯革命的貨幣理論

弗利德曼既以貨幣數量學說作為反凱因斯革命的武器，就必須先澄清 1930 年代經濟大恐慌時期，貨幣政策有效性的爭論，故乃以實證研究為基礎，一方面證明貨幣在經濟活動中確實扮演著重要的角色，他方面則在實證研究中逐步展開其貨幣理論架構。關於前者，在實證研究中，發現貨幣政策原來是有能力挽救或阻止當時的經濟蕭條，可是當時美國聯邦準備制度的錯誤政策，使 1929 年至 1933 年間，貨幣存量銳減三分之一，以致蕭條期間更長且更為嚴重。可見當時並沒有採取合宜的貨幣政策，不能認為貨幣政策無法挽救當時的經濟大恐慌。關於後者，弗利德曼仍未能建立完整的貨幣理論體系，其主要理論可扼要地歸納為下列幾項命題：

第一，名目所得 (nominal income) 成長率與貨幣存量成長率之間有一致的關係。貨幣存量的成長對名目所得的成長速度有所影響，假若貨幣數量快速成長，名目所得亦然。反之，若貨幣數量的成長緩慢，則名目所得成長亦緩。

第二，由於貨幣成長之變動對所得的影響須經歷一段時期，且所需時間長短不一，故兩者的關係並不甚清晰。但是，弗利德曼指出，我們確知，當前的所得成長決定於過去的貨幣成長，當前的貨幣成長，則決定了將來的所得成長。

第三，這種貨幣存量變動對名目所得之影響的時間落後 (time lag) 程度，平均約為六至九個月。這只是平均數，並不必然完全適用於每一個個別情況。有時時間落後稍長，有時則稍短。不過，就世界許多國家的經驗來說，則以六至九個月為最常見。同時，名目所得變動可分成兩部分，產出變動在先，價格水準變動在後。若貨幣成長率降低，則六至九個月後，名目所得與真實產出的成長率將降低；同一期間，價格水準幾乎不受影響。直到實際產出與潛在產出發生缺口時，才產生價格下跌的壓力。惟價格水準之受影響大約也在名目所得水準與產出已受影響

後的六至九個月，故從貨幣存量變動到價格水準變動之間，共約需十二至十八個月。雖然如此，就五年或十年來說，貨幣存量之變動以對產出的影響為主。但是，就數十年的長期來說，貨幣存量之變動則以對價格的影響為主。因為在這種長期考慮上，產出主要是由人民的辛勤、機敏及節儉程度，產業與政府的結構，各國產業及經濟間的關係等真實因素所決定。

第四，貨幣變動對所得變動的影響過程則相當複雜。這乃是因為中央銀行固然能夠控制名目貨幣供給量 (nominal money supply)，但是人民所需要的卻是真實貨幣餘額 (real balance of money)，兩者有很顯著的不同。

所謂真實貨幣餘額乃是指稱以貨幣所能購買到的物品及勞務來表示的貨幣數量；若將名目貨幣數量以具有代表性的物價指數（例如，國民生產毛額平減指數）平減後，就可得真實貨幣數量。大體上說，大眾的貨幣需要係真實貨幣需要，基於財富（所得）以及保有貨幣之成本（包括市場上有記錄或未能記錄之各種利率、價格變動率等）的考慮，將真實貨幣需要與其他資產維持著他自認為滿意的資產結構，而使貨幣需要得以穩定❶❷。

但是，名目貨幣數量及其增減變動則不是一般大眾所能操縱者。在現代的貨幣經驗上，貨幣供給量的增減變動可由中央銀行來操作，因為中央銀行擁有控制強力貨幣 (high-powered money) 的能力，在相對安定的貨幣乘數下，當然能夠操縱名目貨幣供給量。假定在當時的價格水準下，中央銀行所供給的貨幣數量恰能滿足大眾的貨幣需要，當然就實現了貨幣均衡。以貨幣供給相等的均衡為起點，倘若名目貨幣供給量發生變動，在當時的價格水準下，與大眾的真實貨幣需要有所背離，則由於大眾無法擺脫名目貨幣供給，必然要引起大眾之資產負債項目的調整。

大體上說，個人的資產調整行動，首先僅表現於與其資產負債表有關的各種資產，如公債、股權資產、房屋、各種耐久財及非耐久財的價格，而不表現於所得帳上。例如，在名目貨幣供給量增加的場合，持有超額貨幣者必然買進其他資產，以調整其資產結構。由於全社會無法擺脫名目貨幣增量，故經由大眾調整資產結構的行動，使貨幣以外之各項資產的需要增加，且使其價格上漲，亦即，其利率（資產收益率）下降。因而會激勵新資產的生產，並且增加對當期生產與勞

---

❶❷　請參閱本節附錄。

務的支出。其結果是：貨幣變動的影響乃自資產負債表轉而影響所得帳，也就是影響了投資、消費與產出。

第五，由於強調名目數值 (nominal magnitudes) 與真實數值 (real magnitudes) 的區別，弗利德曼認為，貨幣存量的增加，固然先因流動性效果 (liquidity effect) 而帶來利率的下降，但這種名目利率下降只是短期現象，經由所得效果 (income effect) 及價格預期效果 (price expectation effect) 的作用，名目利率不久就會回升。例如，假定中央銀行自公開市場買進政府債券，增加強力貨幣的供給，進而使貨幣供給量增加。根據凱因斯的流動性偏好理論，名目利率會暫時下降，稱為流動性效果。當名目利率下降後，經由投資增加及其乘數的作用，使所得增加。眾所周知，所得增加會使流動性偏好提高，因而名目利率乃會回升，稱為所得效果。特別重要的是，在貨幣數量增加之後，借款者與放款者都產生了價格上漲的預期，放款者為著保障其本金的價值，只好抬高名目利率，稱為價格預期效果。主要乃係由於預期價格變動，使得名目利率必與貨幣供給量往同方向變動。倘若在名目利率回升時，中央銀行強欲維持原來的低利率，只好增加更多的強力貨幣，然而卻會加重價格上漲的預期，使名目利率回升更快。基於這項理由，弗利德曼認為，名目利率乃成為錯誤的貨幣政策指標。

第六，在繼續不斷地進行實證研究之後，有關貨幣與經濟活動之關係的知識固然已經不斷地增進與改善，但是我們所知依然有限，根據這種有限知識，制訂權衡性貨幣政策 (discretionary monetary policy)，乃是貨幣紛擾的根源。因此，弗利德曼乃主張「以法則替代權衡」，主張貨幣當局經常維持固定的貨幣增加率，以抵銷或避免可能會發生的大經濟紛擾。

第三節附錄　貨幣數量學說的新解說

個人或整個社會的貨幣需要係真實貨幣需要，且此項真實貨幣需要有其相對穩定性，乃是弗利德曼所倡導的貨幣數量學說的新解說的最主要命題之一。因此，我們須對弗利德曼的新貨幣數量學說作一扼要的說明。

新貨幣數量學說接受了劍橋學派的觀念，不以貨幣的交換媒介功能為出發點，而以貨幣的資產功能為基礎。因為貨幣之重要在於它能將購買行為與銷售行為分

開，故它是購買力的暫時寄託所 (a temporary abode of purchasing power)。如同現代其他學派的貨幣理論一樣，新貨幣數量學說乃據此而將貨幣需要視同為資本理論或財富理論的一部分來處理，進行資產選擇的分析。從整個社會來說，就好像劍橋方程式 $M = k \cdot P \cdot y$ 一樣，大眾所保有的貨幣量得以其真實所得的百分之幾來表示。但是，從理論的觀點來看，貨幣對各部門的效用或作用不相同，故我們宜區別最終財富擁有者 (ultimate wealth holder) 與生產企業家 (the productive enterprise) 的貨幣需要。前者把貨幣當作擇以保有其他財富的一種形式，為其總資產結構之資產的一部分；後者將貨幣視同為存貨或機器的生產財。

先就最終財富擁有者來說，其真實貨幣需要決定於四類主要因素：⑴總財富；⑵人力財富 (human wealth) 與非人力財富 (nonhuman wealth) 的分配；⑶貨幣及其他資產的預期收益；⑷決定貨幣相對於其他資產之勞務所附的效用的其他因素。

在總財富方面，就好像消費者選擇理論上的預算限制線一樣，個人所能保有的貨幣量以其總財富量為上限。個人固可不保有貨幣，但貨幣保有量絕不能超過其上限。在上限與零之間，究竟有若干財富係以貨幣形式而保有，則決定於其他三類因素。在實證研究上，畢竟不易獲得總財富的估計數，而足以表示財富狀況的測度所得 (measurable income) 又有年年增減波動，故宜以恆常所得 (permament income) 來代表總財富。然而，以所得來代表財富，並不表示保有貨幣的目的在於使日常交易進行順利，而只是代表保有貨幣資產上限的權宜之計，這是與早期貨幣數量學說的最顯著差異。

在人力財富與非人力財富的分配方面，眾所周知，個人最主要的資產在於其賺錢能力，但賺錢能力的人力財富要轉成非人力財富則有制度上的不完全性。由於這種不完全性，假若個人財富以人力財富居多，為應付緊急需要，當然要保有較多的現金或流動資產；同時，非人力財富既有較完全的市場，其收益率自然較低，故兩者的作用恰好抵銷，我們就知道最重要的還是總財富中究竟有若干係以非人力財富之形式而持有。

在貨幣及其他資產的收益方面。類似於消費理論中的商品及其替代品或補充品的價格間的關係。貨幣的名目收益可為零（通貨）、為正（活期及定期存款之利息）或為負（活期存款的淨服務費）。而其他資產（如公債、股權資產等）的名目收益則由兩部分所構成：第一，當期收益或成本，如公債利息、股息、真實資產之儲存成本；第二，其名目價格變動的資本損益。

在其他因素方面，以下列三項為主：第一，個人或者視貨幣為「必需品」，則其貨幣需要所得彈性等於一或小於一；或者視貨幣為「奢侈品」，則其貨幣需要的所得彈性大於一。第二，預期將來經濟安定的程度。第三，既存的資本財交易量與所得的比較。

根據以上的分析我們可用下式來表示個人的貨幣需要函數：

$$\frac{M}{P} = f(y, w; r_m, r_b, r_e; \frac{1}{P} \cdot \frac{dP}{dt}; u) \qquad\qquad (27\text{--}1)$$

其中 w 表示非人力財富佔總財富的比例；r_m 表示貨幣之預期名目收益率；r_b 表示固定價值證券之預期名目收益率；r_e 表示股權資產之預期名目收益率；$\frac{1}{P} \cdot \frac{dP}{dt}$ 表示預期物價變動率及真實資產的預期名目收益率；u 表示其他因素，其餘符號如前。

(27–1) 式係個人的貨幣需要函數，若要將之應用於全部最終財富擁有者，自然必須考慮社會的所得分配及非人力財富所佔比例的不平均性。若不考慮這種分配不平均現象，將 (27–1) 式中的 M 及 y 分別視為平均每人貨幣量及平均每人真實所得，則可應用於全部最終財富擁有者。

就生產企業家來說，雖然他們視貨幣為一種生產資源，但他們因能從資本市場借入若干資本，故乍看之下，他們對貨幣的需要似不受總財富的限制，而係受與銷售有關之因素如總交易額、附加價值淨額、所得淨額、非貨幣形式之資本總額、淨值等的限制。惟在實證的研究上，由於資料來源的限制，我們不妨也認為總財富仍為其限制因素之一。其次，由於生產企業家為人力及非人力財富的購買者，故 w 對生產企業家的貨幣需要並無影響。第三，貨幣及其他資產的預期收益率對生產企業家的貨幣需要當然有極大的影響，但與最終財富擁有者最大的差異是：生產企業家特別重視銀行放款利率的變動。第四，在其他因素方面，生產企業家特別重視對經濟安定的預期。由此可知，除 w 之外，(27–1) 式仍能適切地表達生產企業家的貨幣需要。

根據以上所述，整個社會的貨幣需要可以說決定於⑴各種資產的利率或收益率；⑵真實所得；⑶價格變動率；⑷人力財富與非人力財富的比率等項。倘若與第二十一章第二節所提及的劍橋方程式相較，劍橋方程式除假定貨幣需要的所得彈性等於一外，尚忽略 (27–1) 式中 y 以外的諸因素。若與凱因斯相較，新貨幣數量學說的最主要優點在於將資產的種類加以擴大。實際上，這種進展應反映著各

種金融機構逐漸多樣化的必然結果，這一點是現代貨幣需要理論的共同特色。

在貨幣實證研究上，大多數學者都認為貨幣需要的所得彈性大於一，甚至弗利德曼所算出的所得彈性高達 1.8，而將貨幣視為奢侈品。雖然如此，我們不妨假定貨幣需要的所得彈性等於一，而將 (27–1) 式便可改寫如下：

$$\frac{M}{P} = yf(w; r_m, r_b, r_e, \frac{1}{P} \cdot \frac{dP}{dt}; u) \tag{27–2}$$

或

$$\frac{Y}{M} = V(w; r_m, r_b, r_e, \frac{1}{P} \cdot \frac{dP}{dt}; u) \tag{27–3}$$

由此可知，貨幣存量與名目所得間的安定關係，須以 (27–3) 式右方的安定，即貨幣流通速度的安定為前提。因為只有流通速度安定，才能使貨幣與名目所得作同方向的變動。甚至才能以貨幣存量的變動預測名目所得的變動。

然而，影響貨幣流動速度的因素甚多，就 (27–3) 式來說，亦可分成三類：各種利率水準、價格水準變動率及 w 與 u 等不易作數量測定的其他因素。凱因斯學派對傳統貨幣數量學說的主要批評在於認定流動性陷阱的存在，必然使流通速度趨於不安定。因而認為相對安定的投資乘數，較能預測經濟活動的變動，而 1960 年代以來，在美國及英國的實證研究中，固然多數學者都同意貨幣需要的利率彈性確實存在，但都不認為有流動性陷阱。同時，實證研究也證明價格變動率對貨幣需要有所影響。但是，由於仍有其他因素的作用，致使貨幣的流通速度並非固定不變。然而，弗利德曼認為貨幣流通速度的每年變動率雖然不十分穩定，自 1867 年至 1960 年，年變動率低於 10% 者，仍達 78 年。尤其是，就長期趨勢來說，在美國 90 年的貨幣經驗中，貨幣流通速度大抵每年下降 1%，可說相當穩定。而最重要的是，在實證研究上，貨幣流通速度較所得支出說所主張的投資乘數為安定。既然如此，新貨幣數量學說乃認為貨幣需要函數具有相對安定性。

🖋 第四節　經濟安定的貨幣與財政體制

弗利德曼指出，根據貨幣史的實證研究，貨幣對經濟活動有其重大的影響，但由於我們對這種影響過程及其時間落後尚未獲有完全的知識，故人為的權衡性

　　貨幣政策不但不足醫治經濟紛擾，且常成為經濟紛擾的根源。因此，他認為，政府當局對貨幣事務固然應當承負一些責任，為使這種政府責任明確而具體，宜在貨幣制度上作適當的安排，使政府足以執行其貨幣責任，但更應在不削弱且能強化自由社會的原則下，對賦與政府的權力作適當的限制。在貨幣史上，曾經被提及的符合這項原則的貨幣制度可歸納為三類：其一，金本位制度；其二，超然中央銀行 (independent central bank)；其三，以法則 (rule) 控制貨幣數量的政策。

　　弗利德曼指出，金本位制度不但浪費有用的真實資源，且因黃金供給量的限制，易於淪為假金本位制度，以致喪失其自動調整的能力。超然的中央銀行，在政治上不易被接受，而在經濟上則又易於演變為不超然的個人決意對貨幣事務作過分的決定。因此，他認為，唯一可行的辦法乃是：經由立法程序制定一項貨幣法則，規定貨幣數量的最適成長率，作為貨幣政策的指針。

　　弗利德曼且進一步指出，貨幣數量法則必須確定三項原則：第一，要確定貨幣數量的定義；第二，要選擇一項最適的變動百分比；第三，要解決季節變動的操作問題。關於貨幣的定義，弗利德曼一向主張廣義的貨幣定義，亦即，通貨淨額加上商業銀行的活期存款與定期存款，主要原因是：定期存款的貨幣性 (moneyness) 相當高，不易於嚴格劃分這種準貨幣與貨幣的界限。關於變動百分比，弗利德曼則根據過去美國九十年貨幣史的平均數字推算，認為每年 3% 的貨幣數量增加率，足以滿足真實生產增產所需的交易性貨幣需要；而每年 1% 的貨幣增加率能夠滿足流通速度長期降低的貨幣需要。兩者合計為每年 4% 的貨幣增加率。依據此項經驗來判斷，每年貨幣數量增加率若能維持 3% 至 5% 的水準，大致將能確保美國經濟的穩定成長。至於貨幣的季節變動問題，弗利德曼也承認不易處理，惟他認為，若能獲得確實的資料，作逐月或逐週調整亦無困難。換句話說，貨幣數量按一定年增加率，甚至逐月或逐週作適當的增減變化，即能維持經濟社會之穩定成長。

　　為著使貨幣法則能充分發揮作用，弗利德曼乃提出，作為其理想模式的財政與貨幣的自動安定結構。在這項結構中，第一，要以十足準備制度取代部分準備的銀行制度；第二，要改革現行財政政策。包括三項：其一，政府支出（各種移轉支出除外）應以社會意願對公共服務的支出為基礎，除此項社會意願改變外，政府不應增減其支出。其二，預擬一項固定的移轉支出計劃，該計劃不宜因經濟景氣之變動而變動，但絕對支出金額則自動改變。其三，以個人所得稅為基礎的

累進所得稅，租稅結構不因經濟景氣改變而改變，但實際稅收則自動改變。

先就十足準備的銀行制度來說。在現行社會中，存款貨幣已是通貨的完全替代物，且兩種的合計數稱貨幣存量或貨幣供給量。通貨是政府的負債；存款貨幣則為銀行的負債，在現行部分準備制度下，其增減變動由銀行當局所決定。因此銀行當局乃能干預貨幣存量的增減變動，甚至帶來經濟紛擾。倘若採行十足準備制度，規定銀行對其存款負債須保有 100% 的準備，就可消除過去經常發生的貨幣存量的不穩定的現象。

再就財政政策改革來說，其目的在於使貨幣與財政結構都化成與經濟景氣結合的自動調整體系。在這項體系下，貨幣數量的增減由政府決定，而此項決定又係財政收支的結果。在財政收支上，政府須保有兩種預算：一種是根據充分就業下的預期所得水準而編擬的安定預算 (the stable budget)，一種是以實際財政收支為準的實際預算 (the actual budget)。由於政府的消費支出、移轉支出與租稅結構都屬固定，但實際收支金額將因經濟景氣變動而變動。在經濟衰退時，稅收減少，移轉支出增多，財政收支產生了赤字，將會透過對貨幣數量的影響（使貨幣數量增加），而產生抑制經濟衰退的效果。在經濟繁榮時，稅收增加，移轉支出趨減，財政收支就有盈餘，也將會透過其對貨幣數量的影響，產生防止通貨膨脹的效果。換句話說，其本質在於：運用政府對經濟社會總合需要的自動調節作用，以改變總合需要及維持或改變適量的貨幣存量，並產生經濟穩定的效果。在這種情況下，政府唯一的權衡行動在於：決定安定預算所需的充分就業的預期所得水準。也就是，決定經濟發展的目標。

倘若已採行這種貨幣與財政的自動安定結構，就可避免對經濟景氣變動進行人為的權衡反應。不過，弗利德曼也指出，這項結構僅適用於國內經濟安定。同一貨幣數量變動率不易同時實現國內經濟安定與國際收支平衡的對內及對外的目標。若對內及對外目標有所衝突，則必須在這兩項目標中權衡並決定一項主要目標。弗利德曼是偏向國內經濟安定目標的，為配合此項選擇及使國際貿易能順利發展，他便另有浮動匯率的主張。簡單地說，就是希望政府放棄對匯率的干涉，讓一國貨幣的對外價值由民間的自由市場依供需原則來決定。在這種情形下，國際收支可自動趨於平衡，便不會干擾國內貨幣經濟的運行了。

簡單地說，經濟安定的貨幣與財政結構及浮動匯率結構都僅是法則，其中人為的權衡行動極少發生作用。這兩項結構的結合與同時運行，則有助於同時實現

國內經濟安定與國際收支平衡的兩種目標。

本章進修參考書目

1. 林鐘雄著：《弗利德曼貨幣理論與政策之研究》（臺北，六十年）。

2. 林鐘雄著：《當代貨幣理論與政策》，第八章。

3. 林鐘雄譯，M. Friedman 原著：《最適貨幣量論文集》（臺北：臺灣銀行經濟研究室，六十三年）。

4. 趙秋嚴譯，M. Friedman 原著：《資本主義與自由》（臺北：臺灣銀行經濟研究室，六十一年）。

5. 鄧宗培譯，M. Friedman 原著：《貨幣安定計劃》（臺北：臺灣銀行經濟研究室，五十八年）。

6. 林鐘雄譯，Don Patinkin 原著：《貨幣經濟學之研究》，第六章。

7. Milton Friedman, *Essays in Positive Economics* (Chicago: The University of Chicago Press, 1953).

8. Milton Friedman (ed.), *Studies in the Quantity Theory of Money* (Chicago: The University of Chicago Press, 1956).

9. Milton Friedman, *A Program for Monetary Stability* (New York: Fordham University Press, 1959).

10. Milton Friedman, *Capitalism and Freedom* (Chicago: The University of Chicago Press, 1962).

11. Milton Friedman and Anna Schwartz, *A Monetary History of the United States, 1867−1960* (Princeton, N. J.: Princeton University Press, 1963).

12. Milton Friedman, *Dollars and Deficits* (Englewood Cliffs: Prentice-Hall Press, 1968).

13. Milton Friedman, *The Optimum Quantity of Money and Other Essays* (Chicago: Aldine Publishing Company, 1969).

14. Don Patinkin, *Studies in Monetary Economics*, chapter 6.

15. James Tobin, *Essays in Economics*, vol. I., *Macroeconomics* (Northholand, 1971).

16. Sidney Weintraub, *Keynes and the Monetarists* (New Brunswick, N. J.: Rutgers University Press, 1973).

第
28
章
蓋布烈斯

第 *28* 章　蓋布烈斯

他並不避去痛苦的臉，反而去搜尋它。這是不必走多少路就可找到的。在他現在這種心境中，
他到處都會看到痛苦的臉相。它充塞著世界。

《約翰‧克利斯朵夫》

第一節　生平與著作

　　蓋布烈斯 (John Kenneth Galbraith, 1908–2006) 是加拿大裔美籍經濟學家。
1908 年 10 月 15 日生於伊利湖 (Lake Erie) 北岸，加拿大境內的一個蘇格蘭裔的小
村莊，村民務農維生，虔信喀爾文教義。蓋布烈斯自幼即呼吸著為工作而工作的
喀爾文教義的精神，並在此小農村完成其中學教育。1931 年，畢業於貴夫
(Guelph) 的安大略農學院 (Ontario Agricultural College)，這學校當時是多倫多大學
(University of Toronto) 的一部分。同年，他到美國柏克萊加州大學農經系當研究
助理，1933 年至 1934 年間在該大學分部任教。1934年得博士學位，因當時哈佛
大學所提供之薪水較加州大學高三分之一，他力爭提高薪水未遂，乃放棄他所喜
愛的加州轉到哈佛大學。

　　最初，他在哈佛大學待不到一年。1934 年至 1941 年間，他在美國及外國的
政府機關與學術機構進進出出，有時講學，有時作研究員，完全一副「逍遙學人」
(peripatetic scholar) 的狀態。1941 年至 1943 年間，他擔任美國物價局 (Office of
Price Administration) 的副主管。1943 年參加《幸福雜誌》(*Fortune*) 編輯部，吸取
編輯及寫作的經驗。1949 年回哈佛大學任教。在哈佛大學任教期間，他先後認識
了甘迺迪 (Kennedy) 家的老大約瑟夫 (Joseph) 及約翰 (John)，也因而傾向於美國民
主黨，且積極參加政治活動。

　　1952 年史蒂文生 (Adlai Stevenson) 競選總統時，他擔任顧問及講稿撰稿人。
史蒂文生競選失敗，蓋布烈斯且出任艾森豪政府的民主顧問委員會 (Democratic

Advisory Council) 內的經濟顧問委員會主席。1960 年，他擔任甘迺迪 (John Kennedy) 的總統競選顧問。甘迺迪當選後，1961 年 4 月出任美國駐印度大使。1963 年 7 月因哈佛大學請假期滿，乃重回哈佛大學任教，但仍與甘迺迪政府保持最密切的聯繫。有一件很有趣的小插曲，可證明這種密切關係。1963 年 8 月，美加兩國發生航空權的爭執，加拿大總理選蓋布烈斯代表加國利益，而甘迺迪也選蓋布烈斯代表美國利益，調停結果當然使雙方都感到滿意。當年 11 月 22 日甘迺迪遇刺後，蓋布烈斯仍與詹森政府保持積極的關係，但對越戰擴大則持反對態度，致與詹森有所摩擦。以致，1968 年他乃支持反越戰的麥加塞 (Eugene McCarthy) 參議員競選總統，1972 年又支持麥高文 (George S. McGovern) 參議員，可見他對政治的熱衷。但他支持史蒂文生兩次及麥加塞及麥高文各一次都失敗了，故 1976 年他就沒有再捲入，而民主黨的卡特則成功地當選了。

　　蓋布烈斯雖然最初專攻農業經濟學，但他的著作則範圍甚廣且數量甚多，尤其他賴以成名的著作（或他成名後）都是非農業經濟學的著作。他的經濟著作有兩個特色，其一，他的著作通俗易懂，且很少有註腳。他著名的一句話：「沒有註腳較有註腳更為純樸」(No footnotes are sillier than footnotes)，代表著他的註腳恐懼症。其二，他的經濟著作全部係針對經濟社會的實際情況，討論問題，並提出解決辦法，所以對正統經濟學有極嚴苛的批評，因而有時被冠上異端經濟學的帽子或低調經濟學 (lower economics) 的頭銜；又因為他的分析方法及觀點有些類似於韋布倫，故有時被稱為新制度學派的當代領袖人物。他的主要經濟著作如下：

1. 《美國資本主義——制衡力的概念》(*American Capitalism: The Concept of Countervailing Power*, 1952)；

2. 《富裕社會》(*The Affluent Society*, 1958)—— 中譯本有：⑴吳幹、鄧東濱譯：《富裕的社會》（臺灣銀行經濟研究室刊行）；⑵饒餘慶譯：《富裕社會》（今日世界出版社）；

3. 《經濟學與爭論術》(*Economics and the Art of Controversy*, 1955)；

4. 《經濟大恐慌》(*The Great Crash*, 1929; 1961)；

5. 《經濟學、和平與笑談》(*A Contemporary Guide to Economics, Peace and Laughter*, 1971)；

6. 《新工業國家》(*The New Industrial State*, 1967)——中譯本有：何欣譯：《新工業國家》（臺灣開明書店印行）；

7. 《經濟學與公共目的》(*Economics and the Public Purpose*, 1973)——中譯本
有：方有恆譯：《經濟學與公共目的》(聯經出版事業公司印行)；

8. 《不確定的時代》(*The Age of Uncertainty*, 1977)。

🖋 第二節　經濟社會的模式

　　蓋布烈斯的主要經濟思想在於對經濟制度的改革，因而特別重視經濟狀況
(circumstances) 及環境 (environments) 的變化。經濟狀況及環境不但複雜，而且時
作動態的演變，故必須抓住其特徵，濃縮為簡化的模式，才能分析其構造及根本
問題的所在，從而提出改革主張。

　　蓋布烈斯研究的對象是美國經濟社會，特別是第二次世界大戰後的美國資本
主義狀況及環境的新特徵。早在 1952 年的《美國資本主義》一書中，蓋布烈斯就
已經指出，新的資本主義社會與先前的資本主義社會相較，有兩項重大的特徵：
其一是競爭本質的改變；其二是市場法則的更易。這兩個特徵係蓋布烈斯的基本
出發點，在其主要著作陸續有所發揮，故我們須先加以綜合的說明。

　　先就競爭本質的改變來說。競爭模型是正統經濟學智慧的基石，透過競爭，
經濟效率大為增進，技術進步及國民所得增加，都表現著物質文明的進步。凱因
斯經濟學的誕生，引進政府經濟干涉的機能，使嚴重經濟恐慌似能避免。這些都
表現著經濟學的進步。但是，蓋布烈斯認為，市場力量的集中化，改變了競爭狀
態，也妨礙了政府干涉機能的效果。也就是傳統智慧忽略了新的制衡力 (Counter-
vailing power) 的出現。蓋布烈斯的「制衡力」概念與競爭係居於相對的地位，係
取代競爭對民間力量的新限制，這種制衡力係滋生於破壞競爭的市場集中的過程；
但並非出現在集中的市場的同一邊，而係出現在另一邊；並非出現在競爭者之間，
而係發生於顧客或其供給之間的關係中。例如，鋼鐵生產者形成聯合寡佔過程中，
作為鋼鐵最大買者的汽車或電氣器具業，乃對鋼鐵形成討價還價的力量。汽車或
電氣器具生產者為自身利益，爭取降低成本、價格及增加銷貨量，乃對消費者有
所裨益，這種買賣雙方的制衡力過程，乃局部地取代了古典競爭概念。蓋布烈斯
甚至指出，制衡力的發展得有其他形式，例如合作、對特殊集團的補助等。不過，
蓋布烈斯也指出，制衡力不但不一定會出現，且不必然與大眾的利益一致。通常
情形下，在需要呆鈍時節，制衡力較有效；在繁榮時節，產業與公會的制衡力甚

或會聯合對付一般大眾。

　　再就市場法則的更易來說。市場由物品及勞務的供給與需要所組成。在經濟學上，對於供給與需要孰先孰後，有兩種相反的說法——古典學派的賽伊法則認為供給創造需要，而凱因斯經濟學則強調有效需要創造供給。在當前正統經濟思潮，凱因斯的有效需要原理居於支配地位。蓋布烈斯則持相反的態度。簡單地說，他認為現代資本主義社會的市場法則是生產在先，而生產者繼之創造了消費者購買的欲望。經濟學上常說，人類的欲望無窮，企業家發現這些欲望的存在，乃設法滿足消費者的欲望。蓋布烈斯則指出，除非有計劃的誘引，消費者的欲望並不很大；只是生產者利用消費者的奴性，成功地創造了消費者對其產品的需要，並把它列入急需物品之列，增大了欲望。關於這一點，蓋布烈斯在其《富裕社會》一書中，很清楚地指出，由於現代生產事業規模趨大，且投資後難以改變用途，故生產者乃是先生產物品，然後以廣告及有關技巧，把其產品宣傳為天堂，創造了欲望。因此，蓋布烈斯乃認為，欲望不依賴人類天真的願望，而係依賴於願望被滿足的過程。換句話說，大部分情況先有產品，才有欲望的創造。他把這種倒轉的需要分析稱為「依賴效果」(dependence effect)，也稱之為「修正的次序」(revised sequence)。

　　由於對以上兩項重大特徵的重視，蓋布烈斯試圖重建符合真實世界的經濟模型。他認為真實的世界由強弱不同及關係鬆緊不同的三個部門所組成。這三個部門是「計劃體系」(planning system)、「市場體系」(market system) 及政府。

　　計劃體系是資本主義社會的主要構成分。在美國，約由一千個已成熟的廠商所構成。這些廠商對其買賣價格、生產及銷售量都有周密計劃，故稱為計劃體系。這些廠商實際上不受其董事及股東支配，因為董事及股東都是兼職的監督人，且幾不擁有管理廠商所需的技藝。因此，這些廠商乃係由「工藝群」(technostructure) 所控制。《新工業國家》一書乃是以工藝群的分析為其重心。

　　蓋布烈斯認為工藝群係由經理人、科學家及其他受高級專業訓練的人員所構成的群體，每一個巨型公司都由一個工藝群所控制。工藝群不但控制了產品內容、生產數量及其價格，而且也支配了公司的成長。因為工藝群支配了大量的公司未分配盈餘，得不經由銀行體系，就達成公司擴張的目的。

　　工藝群所控制的已成熟的公司，當然也追求利潤。但是，與經濟學教科書所分析者有所不同，蓋布烈斯認為這些廠商所追求的不是利潤極大，而是設法維持

最低利潤，故利潤追求已不是首要目標。那麼他們的目標何在呢？蓋布烈斯指出三項：其一，求生存；其二，求成長；其三，與政府保持密切關係。先就求生存來說，工藝群是受薪階級之一，對廠商存續的依賴程度甚高，當其開始生產產品之際，廠商已投下巨大資本，新生產的產品須獲得消費者的反應，並保持廠商的最低利潤，先求廠商壽命的存續。因此，他們必須應用廣告及有關技藝，對消費者進行洗腦，強迫購買他們所提供的產品，消費者主權因而乃成為一種神話了。再就求成長來說，工藝群既是受薪階級，當然不易如同未成熟之廠商的企業家一樣，自廠商的利潤中獲得很大的利益；但是，廠商規模擴大對薪水、獎金、聲望、權力乃至於引用親信都可能有重大的影響。因此，工藝群會置股東不顧，設法促使廠商成長。最後，就與政府保持密切關係來說，可分為消極與積極兩方面，在消極方面，已成熟的巨型公司因設備投資龐大，難以承擔產品需要巨幅減縮的情況，故他們通常都支持政府的經濟擴張政策，他們希望經濟成長、有訓練的人力資源、合理的工資、物價安定、科學及技藝進步及國防事業的發展。在積極方面，已成熟的巨型公司都希望政府成為他們的主顧，以確保他們產品市場，確定公司生存的機會；更重要的是，他們希望獲得政府的研究補助，這些補助得以間接促進其民用產品的生產，降低其研究支出及產品生產成本。由此可見，工藝群與政府關係的密切，最足以反映這種密切關係的是政府與工藝群之間的人事交流乃日愈增多，工藝群也日愈成為政府官僚政治的延長。

在計劃體系內，工藝群對以上三項目標都須進行周詳的計劃，工藝群乃成為一種新生產因素。工藝群的發展根源則在於科學與技藝的發展。蓋布烈斯所稱的科學及技藝不僅包括物理、化學及其應用科學，而且包括一切能增加生產及創造欲望的心理學、社會學、會計方法及統計學等等。工藝群一旦發展到某種程度，計劃體系便會成為經濟社會的主流。工藝群所決定的優先順序也同時決定了整個社會的優先順序。工藝群不感到興趣的教育、藝術、合宜利用閒暇、和平、經濟而舒適的大眾運輸、合適的住宅、全民醫療、乾淨的空氣和水、無噪音的機械、清潔的街道、安全而令人心曠神怡的公園等等公共財或社會財，也就會被廣大的人民所遺忘。換句話說，財貨的生產產生了不平衡，蓋布烈斯稱之為社會不平衡 (social imbalance)。

市場體系由數以萬計，乃至於百萬計的小廠商所構成。這些廠商或者由於規模尚未擴大，或者由於不可能擴大規模，因而不能擺脫（或尚未擺脫）供需律的

支配，乃是十九世紀資本主義的殘餘物，包括雜貨店、洗衣店、修理店、飯店、各種攤販等等小規模營業者。這些廠商的雇主本身及對受雇者仍有延長工時的剝削現象，但他們因為欠缺適當的討價還價力量，故也成為被計劃體系剝削的對象，結果使其利潤相對上低於計劃體系。蓋布烈斯認為這些小廠商願意承受較低的利潤（所得），乃係因為他們享有「合適的社會德行」(the convenient social virtue) 的心理所得。同時，蓋布烈斯也認為，市場體系不會因技術的進步或計劃體系的兼併而全部被消滅。也就是說，市場體系的競爭因素仍將保留下來，與計劃體系及政府共同構成經濟社會的一部分。雖然如此，蓋布烈斯認為政府應當採取適當的對策，提高市場體系的力量，必要時甚至得犧牲計劃體系，以維護經濟社會的制衡力。關於這些必要措施，將在以下兩節加以說明。

　　政府是蓋布烈斯模型中的主要特色。正統經濟理論並未否定國家的重要性，但是卻未形成（或融入）經濟理論中。蓋布烈斯則認為計劃體系與國家之間保有最密切的聯繫。作為這種關係的核心是：政府作為軍火、飛機、鋼鐵、水泥、汽車等的購買者、支付大量研究費用、支付訓練人力的教育費用、經常採取擴張政策、補助運輸等。計劃體系內公司工藝群與政府官僚政治極其相似，而各官僚政治則有趨於互相瞭解及共同達成目標的趨向。因此，計劃體系先與政府結合，不得已時才找議會。但是眾多的小廠商則覺得官僚政治不能因應其需要，而趨向於議會，其結果是數目較少的巨型廠商自政府得到較大的利益。

　　由此可知，蓋布烈斯經濟社會模型中，有一個強有力的計劃體系，一個疲弱的市場體系及一個積極因應計劃體系的政府。這個模型的展開係二十年進展的結果，在形成過程中，蓋布烈斯對正統經濟理論的批評日愈嚴苛，且他也注意及多國籍公司的發展對其經濟模型的可能影響。但是，最為重要的是，他對婦女問題在經濟模型中的地位的分析。

　　如上所述，計劃體系的力量基本上在於其對市場的支配力，其工具是廣告及有關聯的技藝，這些技藝需有其媒介體。婦女若大部分待在家庭中，便是最好的廣告媒介體，也是計劃體系支配力的主要支持者。因此，蓋布烈斯鼓勵婦女積極就職或參加有意義的活動，減少收視及收聽廣告，全職的消費者人數減少，計劃體系的支配力就會降低。

||||||||||||||||||||||||||||||||||||||||||||||||||||||||||||||||||||||||||||||||||||||||

✎ 第三節　社會不平衡

　　現代的經濟社會儘管有生產力的巨幅提高，產量和所得的增進，但是，經濟學上有關貧窮、貧富差距、經濟不安定的討論則同時續有增加。蓋布烈斯特別重視這些經濟問題，汎稱為社會不平衡。他認為這種社會不平衡基本上有三類：經濟衰退、通貨膨脹及公共財的缺乏。關於經濟衰退原是資本主義從十九世紀演進至二十世紀之間的重大經濟問題，在凱因斯經濟學的支持下，計劃體系與政府結合，經常以擴張政策加以對抗，其問題已相對上有所緩和。但是擴張政策的結果，則使另兩個問題更為嚴重,故蓋布烈斯乃特別重視通貨膨脹與公共財不足的問題。

　　在通貨膨脹方面，蓋布烈斯指出，物價上漲乃是現代社會中，令人苦惱的問題。傳統上，對這個經濟問題有兩種對抗政策，一種是貨幣政策，就是提高利率；一種是財政政策，就是加稅或減少政府支出。蓋布烈斯認為這兩種政策都沒有預期效果。

　　貨幣政策以提高利率，藉以抑制民間自銀行體系的借款，進而減少民間支出為手段。蓋布烈斯認為，對巨型公司來說，提高利率是芝麻小事，因為這些公司不但擁有大量的未分配利潤，且可接近資本市場，直接自民間借得所需款項；在最不得已時，他們也可以提高產品售價，以維持他們自認為正常的利潤。因此，除非高利率係長期嚴厲地實施，對大公司不會有所困擾。然而，對於小廠商、農家及房屋建築公司等，則會有巨大的壓力。因為這些廠商完全依賴銀行體系的融資，且又極難自動抬高產品售價。此外，提高利率也增加消費者以分期付款購貨的利息負擔，使消費者的生活感到窘迫。因此，蓋布烈斯認為高利率不但不公平，而且會遭遇到政治壓力，不是對抗通貨膨脹的有效政策。

　　財政政策以提高稅率削減基層人民的支出能力，或削減政府的支出計劃，藉以減少社會對物品及勞務的有效需要，以達成安定物價的目的。純就經濟學的觀點來說，這不失為可行的政策措施。但是，蓋布烈斯認為，這種政策有其政策上的難題。就基層人民來說，在物價上漲之際，其所得的實際購買力已經減少，若再增稅，徒然更減其支出能力，執政政府就會感受連任的困難。就削減政府支出計劃來說，政府原訂支出計劃或者係行政部門支出者，或者係立法部門支出者，削減任何一部分都會有政治上的難題。特別是，政府支出中有經常必要的支出，

這些支出並不能削減，通常可供削減的是公共財的支出，這種削減會緩和公共財的成長，加深社會不平衡。

　　基於以上的認識，蓋布烈斯反對以貨幣政策及財政政策作為反通貨膨脹的工具。同時，他又根據經濟社會之制衡力的概念，提出以「價格、工資及利潤管制」措施作為對抗通貨膨脹的政策。他認為授與政府管制物價、工資及利潤，可避免工資衝擊物價及物價衝擊工資的循環，且可保持社會生產力的充分發揮。關於這一項主張，蓋布烈斯自 1952 年以來即認為不易獲有實施機會。但 1971 年尼克森政府實施了，卻沒有成功。

　　公共財不足是富裕社會中的貧困現象。蓋布烈斯的富裕社會並不是俗人所想像的每一個家庭都住洋房、都有私人游泳池、都有兩部豪華汽車、每個房間都有彩色電視及音響設備等等。他所指稱的是：全民都有適當的教育、都有醫療照顧、都有適量的食、衣、住、都有生活安全保障、改善大眾運輸、提供乾淨的水與空氣等等公共財貨的品質與數量的改善。如前所述，現代社會的強有力的計劃體系為求其生存與成長，常會產生對公共財供給缺乏興趣，以致於社會生產發生不平衡。同時，另一項缺陷是政府與計劃體系不同，政府並不創造欲望，對已存在的欲望的反應速度也甚慢。因此，不但現代社會的公共財不足，而且我們也不容易正確表現我們對公共財的確實需要。因此，一旦我們要重視公共財的供給，要建立真正的富裕社會，我們必須對現代經濟社會進行一些改革，不但要改變基層人民的觀念與態度，而且也要喚醒政府的活力，以政府的力量來充裕公共財的供給，建立社會平衡。

第四節　改革經濟社會的主張

　　現代資本主義社會有許多缺點，諸如，不平衡發展、分配不均、無用的發明、環境污染、通貨膨脹等等，若從正統經濟學的觀點來說，這些缺點幾難加以挽救。但是，蓋布烈斯認為依他的模型，則有救治的希望。但是，他先要我們注意幾點：第一，改革的起點不在於法律及政府，而在於我們對經濟制度所持的觀點。第二，改革須依賴於我們對經濟制度未能有效運行的認識。第三，改革或許是無希望的，但是我們總該試一試再說。

　　在進行改革之前，根本重要的是，要調整或改變一些信念。第一，要改變現

行經濟學的教學法。因為現行經濟學教科書的內容都與計劃體系這一部門配合，忽略蓋布烈斯經濟社會模型的其他兩個部門，如不適當地調整經濟學的內容，便不能真切地認識實際的經濟社會。第二，要擺脫高所得係與其社會成就相一致的根深蒂固的信念；因此，教育不宜以職業為其中心目標，人們也應重新衡量工作的價值。為達成這項目標，要重新估量所得與生產的關係，要調整失業津貼與失業的關係──蓋布烈斯認為，失業人數愈多，失業津貼應隨之增加。第三，建立對廣告及有關技巧之抵制的措施，直接阻止計劃體系對消費者的支配力。第四，如前所述，現代經濟社會中，計劃體系與政府關係非常密切，公共政策的塑造常受工藝群的影響，我們也該擺脫這種狀況。第五，蓋布烈斯認為婦女運動中的若干觀念足以擴大支持，因為婦女大量參加經濟社會的生產行列，有助於減輕計劃體系的影響力；特別是，若能使婦女參加服務業，因為這行業是市場體系的一部分，故更能加強市場體系，增加經濟社會的制衡力。第六，要使政府脫離計劃體系的影響，加強政府與市場體系的關係。也就是要使經濟社會的三個部門獲得較合理的制衡關係。這問題當然涉及政治與選舉的關係，此處從略。

蓋布烈斯認為，一旦我們完成了上列各項信念上的調整。就可以為改善生活品質及調整美國經濟制度採取若干政策行動。我們分為六項來說明：

第一，要提高市場體系的力量及抑低計劃體系的力量，務使這兩個體系的執行成果及所得都能比較接近。蓋布烈斯認為，七十年代以來，美國的環境（人口、生活品質）已迫使不得不加強這種制衡的努力。因此，他認為已經採行的農產品保證價格、土地銀行、對中小企業貸款、最低工資、文藝及藝術資助等都尚不足，他甚至要求各中小企業得組成聯盟，以對抗計劃體系內的大企業；更要求實施保證最低所得 (guaranteed income) 制度，以增強市場體系的力量。在抑壓計劃體系之力量方面，蓋布烈斯主張削減大企業要員們的薪水及將已完全成熟的公司轉變為真正的大眾公司 (fully public corporation)。他認為，現代的累進所得稅雖然已將超過某些金額的所得全部加以徵收，但是那種巨額所得有些幾近神話，宜加以削平。至於已成熟之公司股東，把公司出讓後，可易取有固定利息收入的政府債券，使這些人不能再享有偶生的利得。

第二，把若干產業收歸國營。蓋布烈斯認為應該國營的產業有兩類，第一類是市場體系中，執行成果欠佳的產業，包括住宅、醫療及公共運輸，這三種產業因其弱點而須國營。第二類是計劃體系中業已太強大的公司，例如軍火業，這種

產業因其對經濟社會已產生支配力，故應該國營。這種主張當然有新社會主義的意味。不過，我們應當記住，蓋布烈斯並不相信人類的完美無缺，並不以勞動價值學說，或唯物辯證法或階級鬥爭說等理意為其社會主義的基礎，純粹係以現實環境的壓力來提出他的主張。

第三，控制環境。蓋布烈斯認為國會應主動積極自政府手中，取得控制環境的立法。因為如前所述，他認為政府與計劃體系部門的關係甚為密切，而後者對控制及改善環境並沒有誠意，不能信任政府有能力來進行控制環境的工作。他甚至進一步要求國會要盡其能力削減計劃體系的力量，以促進市場體系與計劃體系間的平衡。

第四，安定經濟社會。在這方面，蓋布烈斯有四項改革主張，其一是提高個人所得稅及公司所得稅的累進率。其二是政府稅收金額應依其公共支出需要為據，其支出應以低所得者能受惠為主要原則。其三是降低對貨幣政策的依賴。其四是在計劃體系內，為對抗通貨膨脹，只有工資物價管制才能持久有效。

第五，進行產業計劃。蓋布烈斯認為美國雖有充裕的資本，但資本在各產業間的分配極差，例如軍火工業偏多，消費財及公共財偏少。因此，他認為要設置計劃單位，對各產業的投資進行合理規劃，以免發生如同家庭電器產品充裕，卻同時有電力不足的現象。

第六，另一個重大問題是重建私財及公財間的平衡。在現狀之下，公共財的大量開發當然會發生財源不足現象。蓋布烈斯認為不妨提高銷售稅，充當建設財源，這當然有違財政政策理論。不過，蓋布烈斯認為有下列五項理由：其一，我們不宜等待租稅改革後，再大量開發公共財，因為時間已很緊迫。其二，極端貧窮家庭畢竟佔少數，以全國多收之銷售稅，供僅佔人口一部分之中低收入者用，對中低收入者仍有利。其三，開發公共財，改善生活品質，在目標順序中優於解決所得分配問題。其四，提高銷售稅可減少消費，減少資源浪費。其五，貧戶受惠高於其所付出之代價。

本章進修參考書目

1. 吳幹、鄧東濱譯，J. K. Galbraith 原著：《富裕的社會》（臺北：臺灣銀行經濟研究室，五十九年）。

2. 何欣譯，J. K. Galbraith 原著：《新工業國家》（臺北：臺灣開明書店，六十一年）。

3. W. Breit and R. L. Ransom, *The American Scribblers* (New York: Holt, Rhinehart Winston, 1971).

4. Allan G. Gruchy, *Contemporary Economic Thought, The Contribution of Neo-Institutional Economics*, chapter 4.

5. J. K. Galbraith, *American Capitalism: The Concept of Countervailing Power* (Cambridge, Mass.: Riverside Press, 1952).

6. J. K. Galbraith, *The Affluent Society* (Boston: Houghton Mifflin, 1958).

7. J. K. Galbraith, *The New Industrial State* (Boston: Houghton Mifflin, 1971).

8. J. K. Galbraith, *Economics and the Public Purpose* (Boston: Houghton Mifflin, 1973).

9. J. K. Galbraith, *The Age of Uncertainty* (Boston: Houghton Mifflin, 1977).

10. John S. Gambs, *John Kenneth Galbraith* (New York: St. Martin's Press, 1975).

11. Myron E. Shape, *John Kenneth Galbraith and the Lower Economics* (White Plains: International Arts and Science Press, 1973).

第
29
章

米達爾

第 *29* 章　米達爾

有時我不禁自問，要是她並不失明的話，能不能像現在一樣快活。……我以為有些時候我們
會說，還是像她那樣的好，不看見某些可厭的人物、可厭的事情。世界變得醜惡極了；簡直
一天壞似一天……可是我深怕老天爺會把我的說話當真；因為雖然世界那麼醜惡，我還是想
睜著眼睛看下去……

《約翰·克利斯朵夫》

第一節　生平與著作

　　米達爾 (Gunnar Karl Myrdal, 1898–1987) 是瑞典經濟學家、政治家。1898 年
12 月 6 日生於瑞典南部的古斯塔夫 (Gustaf)。1923 年畢業於斯德哥爾摩大學法學
院後，立即執行律師業務。1927 年獲斯德哥爾摩大學經濟學博士，也是加塞爾的
得意門生之一。是年，留在母校擔任政治經濟學講師。1933 年，繼承加塞爾的政
治經濟學講座。

　　米達爾除了潛心學術研究外，在政治上也相當活躍。他是瑞典社會民主黨的
領袖之一，1934 年及 1942 年兩度當選瑞典參議員。二次世界大戰期間，曾擔任
瑞典銀行董事及戰後計劃委員會主席。1945 年至 1947 年接奧林教授 (B. Ohlin)，
擔任瑞典貿易部部長。1948 年至 1957 年，擔任聯合國歐洲經濟委員會秘書長十
年。1958 年離開行政職務，在二十世紀基金會資助下，對東南亞經濟進行全面而
深入的研究，其研究成果便是十年後刊行之《亞洲的悲劇》。

　　1961 年，米達爾回瑞典，擔任母校國際經濟學教授。同年，為斯德哥爾摩大
學籌設國際經濟研究所，且為該所所長。1974 年獲得諾貝爾經濟學獎。

　　米達爾是加塞爾的繼承人，在價值論及貨幣論方面有相當傑出的貢獻。不過，
他最大的貢獻在於對福利國家及福利世界的研究與鼓吹，這自然超越了正統瑞典
學派的領域，也超越了理論經濟學的領域。古拉齊 (Allan G. Gruchy)❶把米達爾

列入新制度學派之列，並以「結合經濟學」(Economics of Integration) 一詞來綜稱米達爾在經濟學上的貢獻。所謂結合，含有兩種意義：其一是指稱米達爾的經濟學、社會科學及人文科學相結合的研究方法，其二是指稱米達爾的結合富國與貧國以創造福利世界的目標與理想。

　　米達爾的著作甚豐，其最主要者有下列幾種：

1. 《經濟理論發展中的政治因素》(*The Political Elements in the Development of Economic Theory*, 1930)；
2. 《貨幣均衡論》(*Monetary Equilibrium*, 1939)；
3. 《美國的矛盾：黑人問題與近代民主》(*An American Dilemma, the Negro Problem and Modern Democracy*, 1944)；
4. 《國際經濟學》(*An International Economy*, 1956)；
5. 《富國與貧國》(*Rich Lands and Poor*, 1957)——中譯本有：許大川譯：《富裕國家與貧窮國家》(臺灣銀行經濟研究室刊行)；
6. 《超越福利國家》(*Beyond the Welfare State*, 1960)；
7. 《富裕的挑戰》(*Challenge to Affluence*, 1962)；
8. 《亞洲的悲劇》(*Asian Drama, An Inquiry into the Poverty of Nations*, 1968)；
9. 《世界貧窮的挑戰》(*The Challenge of World Poverty, A World Anti-Poverty Program in Outline*, 1970)；
10. 《反主流經濟學》(*Against the Stream: Critical Essays on Economics*, 1975)。

第二節　對正統經濟理論的批評

　　米達爾對正統經濟理論的批評，雖然比韋布倫及康孟斯兩人要溫和得多，卻較密契爾尖銳。他的主要批評，可歸納為三項：第一，有關價值判斷在理論上所扮演的角色；第二，有關理論的範圍和方法論；第三，有關經濟理論所隱含的自

---

❶　古拉齊 (Allan G. Gruchy) 是美國經濟學家。執教於馬利蘭大學。主要著作有：《近代經濟思潮》(*Modern Economic Thought: The American Contribution*, 1947)；《比較經濟制度》(*Comparative Economic System: Competing Ways to Stability*, 1966)；《當代經濟思潮》(*Contemporary Economic Thought: The Contribution of Neo-Institutional Economics*, 1972) 等書。

由放任的偏向。

第一，米達爾認為，正統經濟學家試圖避免規範判斷，以建立實證經濟科學的嘗試是失敗了。他認為，實證與規範問題在分析中是分不開的；正統經濟學家從未很明白地列出其規範判斷，而係隱含在其理論中。因此，他認為，自觀察事實至理論分析的過程，都含有價值判斷的成分，而且經濟學家不能任意決定其價值前提，因為這些價值前提不但須與我們所生活的社會有關聯，且在其間須具有重要性。

第二，米達爾認為，正統經濟理論的範圍太狹窄，且其研究方法偏重短期靜態的均衡分析，不能對全世界的政治、社會及經濟變動進行動態的累積分析。在這方面，米達爾試圖由各種社會科學（包括心理學與社會學）中覓找供作分析的材料。他對長期經濟成長問題尤感興趣，因而他放棄了傳統理論的靜態均衡分析，單獨展開了累積因果關係的概念 (a notion of cumulative causation)。就本質上來說，他的累積因果關係的概念，乃是一種一般動態均衡架構——「一般」係意指把純粹經濟因素以外的各種因素都包括在這個分析架構中。關於這個概念，將在本章第三節作深入的說明。

第三，米達爾認為，正統經濟理論的偏向，在於他們暗中假定：經濟體系是和諧的，不論各國的經濟發展階段如何，自由放任始終是最好的政策。米達爾認為，這種隱含的假定有其顯著的偏失。在已開發國家方面，在其長期經濟發展過程中，由重商主義下的政府管制而自由放任，並進入政府干涉時期，在在都表現著經濟及社會協調的重要性。在開發中國家方面，他認為，正統經濟理論更是無用，其主要理由有二：其一是正統國際貿易理論不能應用於開發中國家的貿易問題的分析。其二是正統經濟理論不能提出一套有系統的促進經濟發展的策略。深入地說，米達爾指出，貧國與富國間的真實所得差距正在擴大中，而正統經濟學家既不能合理解釋此現象，且也未能提出有效的解決辦法。他認為，為著使大家瞭解經濟發展，歷史與政治、理論與意識形態、經濟結構及其水準、社會階層、健康與教育等等都不宜視為孤立的，而宜據其相互依存關係而研究。關於這一點，在本章第四節也將有所說明。

要言之，經濟學乃是經濟學家根據歷史發展、當前情勢及一般人民的興趣所注意到的如何運用稀少的自然及人力資源的問題的研究。他甚至認為，在研究這些問題時，經濟學家宜參考與他所要研究之問題有關聯的心理學上的、社會學上

的、歷史上的及經濟上的各種資料。米達爾最為關心的是：分析開發中的經濟過程，以及世界各國能更完整結合的經濟社會。為著完成他的目標，他雖然對正統理論的哲學基礎與分析方法有所批評，但是他並未完全背離正統經濟理論。他不但接受了許多先賢的經濟理論遺產，且有所添益，據此而建立他本人的理論結構，最後且以累積發展過程為導向而形成了新的結合經濟學。

第三節　累積因果關係理論

累積因果關係理論源於加塞爾的社會過程，與魏克塞爾的經濟累積過程論，尤以後者的影響較大。不過，米達爾仍以其獨創的社會過程論為起點。

簡單地說，米達爾認為，社會科學的目的在於：解說社會實體 (reality) 的本質。經濟實體是社會實體的一部分，經濟均衡、變動及其累積過程也是社會累積過程的一部分，經濟學家必須擴大視野，對社會實體進行研究。而社會實體乃是社會關係的複雜的變動與發展過程。因此，他認為，經濟學家最後的目的，不在於研究當前的經濟情勢或經濟活動中的短期波動，而在於研究社會實體的過去、現在及其未來。

因為社會制度是一種發展過程，社會科學家就必須探求社會過程演進中的因素及其在演進過程中所扮演的角色。根據米達爾的分析，社會及經濟過程乃係近代技藝及其所產生的文化、社會、政治及經濟後果所致。換句話說，科學進步與工業技藝改進所表現的技藝變動乃是社會及經濟演變的源頭。但是，技藝並不能單獨發生作用，它實際上係由歷史及文化的複雜組合所孕育而成。甚至，技藝變動係與政治、社會、經濟、宗教等其他變動同時發生。雖然如此，米達爾乃以累積因果關係指證技藝變動為經濟過程的主因。

簡單地說，累積因果關係理論是要把社會或經濟環境內的各種因素間的因果關係進行動態的解析。米達爾認為，最初的變動會導致具有強化作用的引申變動，且使社會過程依最初變動之方向作更進一步的發展。例如，低收入工人的健康受損，會降低工人的生產力，進而降低其工資與生活環境，再進而損害工人的健康，並進一步累積降低工人的生產力。由此可知，累積的因果關係包括最初的變動、強化的引申變動及上下累積過程三個部分。米達爾不但以這種理論說明西方社會自封建制度、重商主義、自由放任、政府干涉的累積上升過程，而且也以之解釋，

為何開發中國家難以產生累積上升的力量。

　　不過，米達爾不僅研究那些決定社會過程的諸因素，及其對社會與經濟發展的影響，他也研究分析具有目標導向過程的社會過程。他不認為歷史是命定的，我們不宜把社會過程視為人類不須承負責任的盲目的累積發展過程。相反地，米達爾認為，人類具有價值創造能力，可設定我們所意欲完成的目標或理想，我們也可自由地調整我們的政策，以改變社會過程的趨勢。當社會科學家檢討社會過程時，他們都會發現，人類的目標及欲望對社會過程有重大的影響。例如，在近代西方社會，人人都希望充分就業、提高生活水準、機會均等、所得分配公平、經濟自由等，故自由放任式的資本主義乃持續不斷地修正。因此，米達爾認為，人類的目標對經濟制度的結構與運行有重大的影響，乃是經濟學家所應分析之資料的一部分。

　　社會實體所經過的累積過程，既然有一部分係由人類的願望與理想所指引，除非社會科學家把人類的願望與理想包括在他的社會過程的研究內，他就不可能完整地掌握這個實體的本質。基於這項理由，米達爾認為，研究社會實體須由人類的理想著眼，社會科學家不應把他個人的願望、理想或價值判斷，加諸於他所要分析的社會或國家之上，而是要探討他所研究的社會願望、理想及目標所扮演的角色及其影響。

第四節　福利國家

　　米達爾係以全世界的經濟活動為其研究範圍，他把世界各國區分為三類國家。一類是西方的已開發國家，一類是開發中國家，一類是鐵幕國家。鐵幕國家的興起，對西方已開發國家的邁向福利國家是一種壓力，但米達爾尚未作深入的研究。已開發國家與開發中國家則透過貿易及援助而有密切的關係。不過，米達爾認為，已開發國家在邁向福利國家的演進過程中，不曾盡責促進開發中國家完成適當的經濟成長與社會進步的水準，不但無以同時實現世界性的福利國家，且有礙其朝向福利國家的發展。

　　米達爾認為，西方福利國家乃是長期經濟演進的產物，其間經歷了封建制度、重商主義、自由放任、國家干涉等漫長的累積發展。前面已經提及，其間扮演最主要角色的是：技藝及工業變動，因為這些變動產生了促使西方世界實現了朝向

經濟進步方向的真實所得及生活水準的提高。帶來累積成長，並加速技藝及工業變動的因素則為：人類行為合理化、社會民主化、普及教育、大眾對公共政策的參與等的持續進步。這些引申因素配合著原始因素，交互地產生了朝向福利國家的累積過程。

米達爾認為，自二十世紀以來，個人的行動就日愈被有組織的或集體的行動所取代，故現代的福利國家乃是一種「有組織的國家」(organizational state)。換句話說，在這個演進過程中，十九世紀的小型個體經濟秩序已漸被大型的有組織的經濟體系所取代。這些有組織的經濟體系包括產業組織、工會、生產及消費合作社等，他們與國家合作，制訂行為規則及分擔建立長短期經濟秩序的責任。工資、價格、利潤等乃經常透過集體議價程序而完成，使得許多供給曲線與需要曲線變成具有政治意味了。在這種發展過程中，國家居間協調與經濟干涉的成分愈來愈大，許多西方國家乃逐漸引進國家經濟計劃，並且有逐漸累積演變成有計劃之國家 (planned state) 的趨勢。

米達爾把國家經濟計劃視同為一種協調——各項重大的經濟及社會政策的協調，以使一國的經濟社會能依大多數人的利益而運行。西方國家的經濟計劃並不固定各產業或廠商的生產目標，在本質上，具有實用的調和態度，不具有政治上的誇張意義。也就是說，這種經濟計劃僅把國民所得（生產）、民間與政府的消費及投資作有系統地關聯。米達爾以瑞典為例，指出福利國家的經濟計劃本質上是對一年或未來四、五年的全國生產、民間及政府的消費與投資的國民經濟預算 (national economic budgets)。根據國家所要實現的目標，對成長率及各項投資與消費數值訂出金額與優先順序。因此，國家經濟計劃並不排斥私人經濟活動，除交通、通訊、電力等重大關鍵產業係國營外，其他生產機構都是民營的，經濟計劃對民營產業乃具有補充及促進的作用。同時，有計劃的福利國家並不排斥市場機能，因為各種價格仍然能反映彼此存有利害關係之民間經濟集團的意見，故價格機能仍能保存。根據這種觀念，凱因斯式的財政預算觀念便是次要的，其消除經濟波動的機能得由國家經濟預算所取代了。

米達爾特別指出，在福利國家，國家經濟計劃的目的在於指出整個國家經濟發展的方向，而這種方向乃是根據全國各利害攸關團體的折衷意見而成。因此，在福利國家，和諧係人為力量所創造的，這與自由放任下自動創造的自由的和諧 (liberal harmony) 有所不同。因為自由的和諧係市場因素的產物，而福利國家所創

造的和諧則大部分係以非市場因素為其基礎。也就是說，由有組織及多數人努力
追求下的管理的和諧 (managed harmony)。因此，福利國家下管理的和諧之出現，
乃須以人類合理態度的形成、政治民主及各利害攸關團體合作追求進步之觀念的
演進來加以解說。換句話說，這種福利國家之所以被接受，並非強迫形成的，而
是在社會過程中由下而上地形成。

　　雖然如此，米達爾認為，目前的福利國家距其完美程度甚遠。其第一項缺點
是，目前的福利國家的權力過分集中，他認為，必須降低其官僚化的成分。第二
項缺點是，企業、政治及其他社會部門存在著「權力上的寡頭」(power
oligarchy)，這些權力單位經由不當的財稅制度，控制大眾媒介工具而享有額外利
益，他認為，必須消除這種現象。第三項缺點是，目前的福利國家在進行工資、
利潤及價格協商時，仍無法根據生產力的相對變動來調整相對所得，且財政政策
與貨幣政策仍無法以最低代價來控制通貨膨脹，以致有強烈的通貨膨脹偏向。米
達爾認為，必須促使各個利害集團瞭解這種通貨膨脹的壓力，而促進瞭解的方法
是教育及參與。基於這種觀點，米達爾認為，福利國家必然要採取全國經濟計劃，
但他並不認為，全國經濟計劃有其命定的目標，他認為，要實現何種目標乃係由
人類的意志所決定。

　　在這種演進過程中，西歐許多國家都已採行各種不同形式的全國經濟計劃，
而美國雖然面對著起伏不定的經濟成長率，且遭遇到許多複雜的經濟難題，美國
國內仍有強力反對全國經濟計劃的言論態度。米達爾認為，這種反對態度最後必
將消失，整個已開發國家都會採行全國經濟計劃。不但如此，米達爾認為，個別
福利國家也會演進成世界性的福利國家 (world welfare state)，也就是，至少可設
定國際性的福利水準。然而，他更進一步指出，在目前的富國中，阻礙世界性福
利國家之發展的主要因素有二：制度因素與心理因素。在制度方面，各富國都有
保護國內企業、工人、農民利益的集團，而缺乏促進世界福利國家的集團。在心
理方面，富國的人民對其他世界的發展總是持消極的態度。米達爾認為，要建立
世界福利國家，先須打破這兩項障礙，故我們必須進一步考察開發中國家的狀況。

　　米達爾對已開發國家的進步及其所得差距的縮小，雖然持樂觀的態度，但是他
認為要消除國際間貧富國家間的差距則是相當困難的，其根本原因在於：任由市場
因素發揮作用的國際經濟利益，只有在各國工業化水準相等或幾乎完全相等時，才
能互相享受這些利益。在貧富差距很大的國家之間，市場因素所能產生的貿易利

益，不但僅片面有利於富國，而且會使貧國產生經濟停滯及降低生活水準的向下累積過程。更深入地說，在貧富國家間進行貿易的過程中，富國的工業品出口及其擴張，工業的外部經濟增加，勞動自低生產力的農業部門移向高生產力的工業部門，對技術工人的需要增加，教育及健康都獲得改進，都市形成，且文化進步，都顯示著累積向上發展的過程，其結果是：更進一步的工業化與經濟進步。

可是，在開發中國家方面，則情形恰好相反。因為在國際貿易進行過程中，富有的工業國家以其大規模工業產品輸往貧國，貧國的小規模工業及手工業自然不足與之競爭（若無關稅及其他保護措施），使貧國的工業衰退，乃至於消失，進而產生向下的累積過程。因為當貧國的小規模工業衰退時，就同時產生了工業的外部不經濟，技術工人的需要減少，該國信用體系趨弱，工人不得不轉業於農業部門，都市隨之式微，這就使得貧國更為貧窮，甚至降低到停滯的最低生活狀況，國際間的貧富差距也就不能消除了。米達爾把這種對貧國不利的影響，稱為國際貿易的後盪效果 (backwash effect)。

米達爾指出，國家計劃乃是貧國擺脫國際經濟不平等，以及抵銷國際貿易之後盪效果的補救辦法。貧國該設計出足以干擾市場因素的自由運行，且同時能促使社會過程產生向上衝力的計劃。這種計劃的目的在於消除陳舊而僵固的社會結構，設法建立更具彈性的社會與經濟結構。這種計劃當然不能完全以民營企業的利潤為準繩，而應特別重視「社會額外利潤之收益」(social extra-profit yields)。這就意味著，國家計劃應抑制消費及加強投資，特別是公共投資為然。像這樣的國家計劃就包含了幾個重點：第一，為改進國家生產力，必須大量投資於交通、電力、教育及衛生等公共投資。第二，為實現計劃目標，須採行嚴屬的經濟管制，例如，保護關稅、補助出口、外匯管制、土地改革等。

米達爾更認為，開發中國家的國家計劃除要克服其內部困難外，尚須依賴已開發國家的合作。已開發國家得在三方面協助開發中國家。第一，對開發中國家的出口品開放其國內市場。第二，穩定初級產品的國際價格。第三，促進公私資本流向開發中國家。此外，米達爾更認為，開發中國家須彼此合作，共同促進發展，且須加強其與已開發國家的討價還價能力。

根據這種觀念，米達爾在其主題為對東南亞國家貧困之研究的《亞洲的悲劇》中指出，這些國家的貧困或起飛係由六項彼此有關聯之因素所決定：產出與所得、生產條件、生活水準、生活及工作態度、制度、政策。他認為，這些因素並非單

純是經濟問題，完全用數量模型去設計國家計劃，並不能使貧困國家擺脫累積向下過程的可能性。因而，他認為這些國家的國家計劃該採用制度分析法 (institutional approach)，兼顧歷史、政治、經濟結構、農工業、人口、教育等的相互關係，不必太注重技術變數的固定性及其相互關聯。要言之，他認為，貧國的根本問題在於勞力的未充分利用及大眾的貧困。為解決這些問題，必須對土地所有權、教育、人口控制、公共行政及貪污問題等進行根本的改革。

第五節　結合經濟學

由米達爾的福利國家論，我們可很明顯地看出，他把整個經濟體系的演進視為社會過程的一部分；更重要的是，作為社會過程之一部分的經濟過程是持續變動的累積過程。在已開發的西方國家中，這種累積的演進係導向著更高水準的結合。這種結合並非民間自由市場的產物，而係在由政府所控制著的市場中進行。不過，在結合中的國家經濟裡，政府並不排除民間企業。民間企業依然為物品及勞務的主要供給者，其任務由大眾的主人，轉變為大眾的僕人。因此，政府決定了資源運用方向的原則，在工資及價格決策中扮演著更積極而重大的角色。在這種情形下，經濟過程與政治過程便不能區別，特別重要的是政治過程反映著當時的文化背景及人民的目標，因而作為科學家的經濟學家，在研究經濟問題時，便必須除去其個人的主觀價值判斷。

由此可知，經濟學家的任務，固然在於研究經濟實體的本質，卻不能忽略經濟實體的動態過程，尤其是，這種動態過程含有制度的及文化的特色，無一可以忽略的。米達爾更進一步指出，對經濟實體的分析可區分為當前的經濟情勢、短期經濟波動及長期經濟發展三方面。除了當前經濟情勢的分析可勉強忽略非經濟因素外，就不能不考慮社會過程的各個重要因素，尤以長期經濟發展分析為然。這樣才能建立真正有用的經濟理論。

簡單地說，米達爾對經濟學的主要貢獻有三：第一，他提醒經濟學家，作為科學家的任務在於客觀的整體分析，因而必須擴大視野，注意社會過程中各個主要因素的交互作用。第二，他強調經濟學是文化學或社會科學，不是自然科學或技藝科學 (technical science)。第三，他強調，結合 (integration) 在經濟生活中的重要性。我們更應該指出，這三項貢獻基本上是米達爾長年以來對長期經濟趨向的

觀察與分析的結果，這也反映出他的缺點在於：忽略了短期的均衡分析。

本章進修參考書目

1. 許大川譯，G. K. Myrdal 原著：《富裕國家與貧窮國家》（臺北：臺灣銀行經濟研究室，五十七年）。

2. Allan G. Gruchy, *Contemporary Economic Thought: The Contribution of Neo-Institutional Economics*, chapter 5.

3. G. K. Myrdal, *The Political Elements in the Development of Economic Theory* (Cambridge, Mass.: Harvard University Press, 1953).

4. G. K. Myrdal, *Rich Lands and Poor* (New York: Harper, 1957).

5. G. K. Myrdal, *Beyond the Welfare State* (New Haven, Conn.: Yale University Press, 1960).

6. G. K. Myrdal, *An International Economy* (New York: Harper, 1956).

7. G. K. Myrdal, *Asian Drama, An Inquiry into the Poverty of Nations*, 3 vols. (New York: The Twentieth Century Fund, 1968).

8. G. K. Myrdal, *The Challenge of World Poverty* (New York: Pantheon, 1970).

9. G. K. Myrdal, *Against the Stream: Critical Essays on Economics* (New York: Pantheon, 1975).

第
30 經濟成長與發展
章

第*30*章　經濟成長與發展

愛情，把有些禽鳥裝飾上最美麗的顏色的愛情，在誠實的心靈中表現出最高尚的成分。因為愛的緣故，一個人只希望顯出他最有價值的品性，令人覺得唯有與「愛情雕塑成美妙的形象」調和的思想及行動方有美感。浸潤心靈的青春的甘露，精力與歡樂的神聖的光芒，使一個人的心靈變得更偉大了。

《約翰·克利斯朵夫》

第一節　韓森與經濟停滯說

一、生平與著作

　　韓森 (Alvin Harvey Hansen, 1887–1975) 是美國經濟學家。1887 年 8 月 23 日生於美國南達科達州的威堡 (Viborg)。畢業於楊克頓學院 (Yankton College)；1915 年獲威斯康辛大學經濟學博士學位。1937 年至 1956 年退休前，係在哈佛大學任教。在轉到哈佛大學之前，曾先後在布朗大學、明尼蘇達大學、史丹福大學及哥倫比亞大學任教。除在大學任教外，自羅斯福推行新政 (New Deal) 以後，韓森也曾經參與美國政府及民間經濟組織的實際工作；1938 年曾擔任美國經濟學會會長。

　　韓森在經濟學上最大的貢獻是：闡釋凱因斯學派的經濟學，使之得以在美國生根及成長。此外，他將凱因斯思想應用於財政政策、貨幣政策及經濟循環分析，在 1940 年代也曾風行一時。

　　韓森的主要經濟著作有下列幾種：

1. 《繁榮與蕭條的循環》(*Cycles of Prosperity and Depression*, 1921)；
2. 《經濟循環理論》(*Business Cycle Theory*, 1927)；
3. 《充分復甦或停滯？》(*Full Recovery or Stagnation?*, 1938)；
4. 《美國在世界經濟中的任務》(*America's Role in World Economy*, 1945)；

5. 《貨幣理論與財政政策》(*Monetary Theory and Fiscal Policy*, 1949)——中譯本
   有：施敏雄、張溫波譯：《貨幣理論與財政政策》（臺灣銀行經濟研究室刊
   行）；

6. 《經濟循環與國民所得》(*Business Cycles and National Income*, 1951)；

7. 《凱因斯指南》(*A Guide to Keynes*, 1953)——中譯本有：洪軌譯：《凱因斯指
   南》（國際經濟研究社刊行）；

8. 《美國經濟》(*The American Economy*, 1957)；

9. 《1960 年代的經濟問題》(*Economic Issues of the 1960's*, 1960)——中譯本有：
   李季豪譯：《1960 年代的經濟問題》（行政院經合會印行）；

10. 《美元與國際貨幣制度》(*The Dollar and the International Monetary System*,
    1965)。

二、長期停滯說

我們在前面已經提及，幾乎全部古典學派的經濟學家及早期的非正統經濟學
家，對西方資本主義社會的未來都持有長期經濟停滯的悲觀看法。在凱因斯刊行
其《一般理論》之後，韓森根據凱因斯的學說，分析美國資本主義社會的長期趨
勢，提出著名的「長期停滯說」(secular stagnation thesis)，曾引起廣泛的爭論，對
1940 年代及 1950 年代成長的美國經濟學家有其重大的影響。

簡單地說，韓森係根據凱因斯的理論架構展開他的分析，因而特別強調投資
支出對經濟活動水準的影響。不過韓森並非把這項分析工具應用於短期經濟循環
分析，而係應用於其對長期間國民所得水準之作用的分析。韓森認為，1930 年代
美國的經濟大恐慌，不僅表示著經濟循環的一個下降階段，而且也展示著美國經
濟已面臨長期停滯趨勢。他所謂的停滯，並非傳統意義的靜止不變，而係指稱一
個經濟社會的實際成長率，在長期間持續低於其潛在成長率。如圖 30-1 所示，
潛在成長率與實際成長率之間的缺口係長期間持續存在，表示該社會長期間未能
充分利用其潛在的生產能力，這便是韓森對停滯所下的定義。

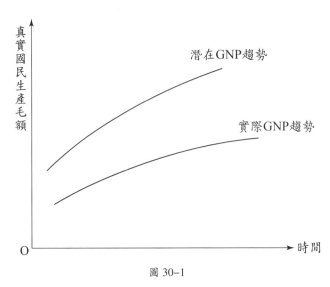

圖 30–1

　　韓森的這種見解，係以簡單的凱因斯所得決定論為其基礎。根據凱因斯的理論，儲蓄、投資與所得水準間有其密切關係，且儲蓄係所得中的未消費部分。為著維持充分就業，一個社會須使其投資支出持續等於各該時期該社會的儲蓄。韓森認為，美國經濟制度中有兩種長期趨勢，會持續使投資支出無以抵銷各該時期的儲蓄：第一，根據個人與公司儲蓄成長資料，邊際消費傾向的確小於一。當實際國民生產毛額隨經濟成長而年年增大，儲蓄毛額的絕對值也會年年增大，當然須年年持續擴大投資毛額，才能免於儲蓄與投資的不均等，這是非常困難的。第二，在過去美國經濟擴張期間助長投資擴大的三項因素——高人口增加率、新土地的開發及資本密集式的創新——都已消失。韓森認為，在美國，人口成長率已降低，沒有大量可供開發的新土地，創新也朝向資本節約方式，這些狀況表現著投資誘因的喪失。基於儲蓄持續增加，而投資機會卻逐漸縮小，其結果當然是導致經濟停滯了。

　　韓森的這種長期停滯論，在政治上及社會上各有其政策意義。在政治方面來說，政府必須加強公共投資，以彌補民間投資的不足，這便成為政府經濟干涉與赤字財政的理論基礎之一。在社會方面來說，由於改善所得分配，使之趨於相對平均，有助於抑低儲蓄之增長，故產生了強烈的改善所得分配的主張。

三、持續進展狀態與靜態定型狀態

雖然韓森以不同的推論方法，得到與古典學派相類似的經濟停滯論的悲觀見解。但是，我們禁不住要問，人類的經濟前途真是這樣悲觀嗎？在第二次世界大戰結束後，世界各主要國家的總生產、資本存量、人口等重要經濟變數不但都持續成長著，且幾有其一定的成長規律，因而持續進展狀態 (steady state) 的看法乃取代了舊有的靜態定型狀態 (stationary state) 或停滯論 (stagnation thesis) 的觀點，且以此項新看法為中心，展開了若干經濟成長理論。所謂持續進展狀態有時指稱勞動、資本及產出都持續成長，且資本產出比率不變的狀態；有時則指稱平均每人產出率不變及投資佔產出之比率不變的狀態。這兩者當然幾無不同之處，但是後者因趨避提及資本存量，免除了許多討論上的困擾，故經濟學家們就偏愛使用這項定義了。

現代經濟成長理論的分析方法，雖然直接源於凱因斯經濟學，但是，凱因斯基本上重視充分運用現有生產設備的短期問題，而成長理論則討論長期間有效需要與生產設備都能成長的條件。就這種意義來說，成長理論與古典理論有極其密切的關係。現代成長理論與古典學派之所以獲得不同的結論，乃是因為他們對經濟體系的運行有其不同的假定所致。

在古典理論中，他們假定土地供給量不變，且生產技藝亦固定不變，故他們認為，經濟社會的長期趨勢乃是靜態定型社會。因為在這兩項假定之下，當增加生產時，勞動的邊際生產力趨於下降，工資基金（資本）的收益率也會下降，直到收益率降至對資本累積沒有誘引力為止，整個經濟社會便停留在靜態定型狀態了。這種假定的基本出發點是：土地為稀有的生產因素，必然會發生收益遞減律的作用，因為勞動力的增減直接與工資率的升降作同方向變動的關係。

在現代的工業社會中，農業在經濟活動中所佔的比例甚小，土地已不宜視為對總生產的重大限制因素。甚至由於社會福利制度的推進及生活態度的改變，工資與人口多寡間的關係已被切斷。因此，在現代的經濟成長理論中，土地自然不被重視，且勞動力供給之增減變動也被認為，僅由人口及文化因素所決定，大體上依固定比例而成長。有關土地及勞動力之假定的這種改變有兩項很重大的意義：第一，資本存量已不再被視為一種工資基金，而是一種為增加生產所需的一組商品存量；第二，只有當資本存量的成長率大於勞動力的成長率時，資本收益率才

會降低；一旦資本存量與勞動力繼續維持相同比例，資本收益率就不變；假若勞動力成長率高於資本成長率，則資本收益率甚至會提高。因此，即使沒有技藝成長，也不會產生資本累積必然趨於停止的理由。

||||||||||||||||||||||||||||||||||||||||||||||||||||||||||||||||||||||||||||||||||||

🖋 第二節　哈樂德與道瑪模型

一、哈樂德

1.生平與著作

哈樂德 (Roy Forbes Harrod, 1900–1978) 是英國經濟學家。1919 年進入牛津大學的新學院 (New College)，專攻古典文學、哲學及歷史。1922 年畢業後，立即留任為講師 (tutor)，但並未立即執教，曾進入劍橋大學，跟從凱因斯研究經濟學。1924 年升為主任講師 (principal tutor)，直到 1967 年退休為止。除在牛津大學執教外，在第二次世界大戰期間，哈樂德曾在邱吉爾首相辦公室的私人統計室 (private statistical section) 服務。戰後，曾擔任聯合國就業與經濟安定委員會委員、國際貨幣基金顧問等職務。1945 年，接替凱因斯，為英國《經濟學刊》(*Economic Journal*) 的主編，直到 1961 年才交棒。1962 年至 1964 年則擔任英國皇家經濟學會會長。

哈樂德的著作甚豐，內容兼及經濟成長、國際貿易、經濟循環、貨幣理論等。1939 年，他的經濟成長模型奠定其學術地位；而 1951 年，他的《凱因斯傳》小冊則使他的聲名遠播。

哈樂德的主要著作如下：

⑴《經濟循環理論》(*The Trade Cycle*, 1936)；

⑵《動態經濟學芻論》(*Toward a Dynamic Economics*, 1948)——中譯本有：余國燾譯：《動態經濟學芻論》（臺灣商務印書館印行）；

⑶《凱因斯傳》(*The Life of J. M. Keynes*, 1951)——中譯本有：施建生譯：《凱因斯傳》（中央文物供應社刊行）；

⑷《論美元》(*The Dollar*, 1953)；

⑸《經濟論文集》(*Economic Essays*, 1952)；

⑹《反通貨膨脹政策》(*Policy Against Inflation*, 1958)；

⑺《世界貨幣制度的改革》(*Reforming the World's Monetary System*, 1965)；

⑻《貨幣論》(*Money*, 1969)。

2. 成長模型

在哈樂德的經濟成長模型中，他對經濟過程有兩項基本假定：第一，資本與勞動係依當時的技藝水準作固定比例的結合，因而為生產一單位的國民生產需投入一定量的資本與一定量的勞動。第二，消費佔所得的比例固定不變，儲蓄的唯一出路是投資，也就是增加資本存量，故意願投資佔國民生產之比例也是一項固定數值。

根據這兩項基本假定，資本存量的成長率係下列兩項常數的比率：全社會對每單位產出所意願的儲蓄及投資流量，與由生產技藝所決定的平均每單位產出所需的資本存量。這也就是說，在各個時點都已充分利用當時之資本存量所應產生的成長率，哈樂德稱之為經濟社會的「保證成長率」(warranted rate of growth)。但是，由於生產每一單位產出所需勞動與資本係一定的，若要持續維持充分就業，產出成長率也須與勞動力成長率相一致，也就是哈樂德所稱的經濟社會的「自然成長率」(natural rate of growth)。因此，哈樂德乃認為，只有當勞動力成長率恰等於意願儲蓄率被固定不變的資本產出比率所除得的數值時，也就是自然成長率恰等於保證成長率時，勞動與資本才有同時達成充分就業的可能。

二、道　瑪

1. 生平與著作

道瑪 (Evsey David Domar, 1914–1997) 是美國經濟學家。1936 年畢業於加州大學。1958 年開始任教於麻省理工學院，在此之前，曾先後任教於卡內基理工學院、芝加哥大學、約翰‧霍布金斯大學等學校。著有《經濟成長論文集》(*Essays in the Theory of Economic Growth*, 1957；有張溫波、施敏雄中譯本，臺銀經研室刊行) 一書。

2. 成長模型

道瑪的分析方法與哈樂德的基本差別在於：道瑪不曾明白提及足以支配生產的資本存量與技藝法則，而僅特別重視投資的雙重任務。在凱因斯體系中，因為進行短期分析，僅把投資視為總需要的一個構成分，為補充一定生產能力及消費間的缺口所不可或缺者。道瑪則認為，在長期間，投資也同時增進了生產能力，

故他想探究，投資對生產能力之影響恰等於其對總需要之影響的條件。

　　與哈樂德一樣，道瑪也假定儲蓄佔所得的比例不變，故兩個時期間的總需要增量恰等於投資增量乘以投資乘數。他更進一步假定，投資的生產力不變，故兩個時期間的生產設備增量恰等於期初投資水準乘以其生產力時，需要增量才會等於生產能力增量。因此，投資增量須等於期初投資乘以意願儲蓄率與投資之生產力之乘積所得到的數值。假若投資增加率較低或不變，由乘數作用所產生的需要增量會小於因投資增加所創造的生產能力增量。反之，則得到相反的結果。由此乃可得到一項極其矛盾的結論：假若經濟社會的投資太少，表面上會好像投資過多而擁有未充分利用的設備能力；此際，若企業家為減少未利用設備而削減其投資，則情況會愈變愈壞。他方面，若一個社會投資太多，就會好似投資不足而有生產能力不足的壓力；此際，若企業家為使其設備能力足以趕上需要，而增加投資，其結果乃是超額需要的累積擴大。

三、哈樂德‧道瑪模型在成長理論上的意義

　　在經濟成長理論上，哈樂德與道瑪的模型總是相提並論的。道瑪模型所分析的範圍較哈樂德狹窄，卻說明了成長過程的重要方向：投資須依特定的成長率而增加，不得有所增減。實際上，這是哈樂德的保證成長率及其必須等於自然成長率的另一種說法。道瑪不曾特別說明勞動與資本在生產中係如何組合的；不過，其投資生產力不變的假定只能作兩種解釋。第一種解釋是與哈樂德一樣，勞動與資本須依固定比例而結合。第二種是假定勞動與資本依不同比例而結合，因而若資本使用量相對多於勞動使用量，資本的邊際生產力就會下降；若資本使用量相對少於勞動使用量，則資本的邊際生產力會上升。基於這種理由，為確保投資生產力不變，勞動與資本就須以相同的速率成長。不論採用那一種解釋，資本、勞動與產出都須依相同速率而成長，而資本產出比率係固定不變且等於投資生產力的倒數，故道瑪的投資的必要成長率係與哈樂德的保證成長率相同，且為使經濟社會能持續進展計，也必須要等於自然成長率。

　　在這項簡單的理論架構中，因為勞動與資本係依同一速率而成長，故平均每人產出成長率當然為零，這項假定與最能令人滿意的經濟成長特色不符，且也是理論上的顯著缺點。為著規避這項問題，哈樂德曾經提出一項中性的技術進步 (technical progress) 概念，在不改變每單位產出所需資本量的假定下，容許產出的

成長快於勞動的成長。這種技術進步形式近似於勞動效率的普遍改進，這樣就可用極簡單的調整來改進先前的分析架構。其調整方法是：在每一時點，不依實際人數，而係依「效率單位」(efficiency unit) 計算勞動人數，而所謂效率單位則係指稱，為生產與過去任一時點之相同產量所需的勞動數量。因此，自然成長率可視為以實際人數測度的勞動成長率與平均每一工人效率成長率之和；其中，效率成長率也可稱為「技術進步率」(rate of technical progress)。據此，日愈提高的勞動效率乃會使平均每人產出之成長率等於產出成長率與勞動成長率間的差額，這也就是哈樂德所稱的中性技術進步率。

　　由哈樂德‧道瑪模型可導出兩項重大的結論：第一，經濟社會的長期成長率不宜作為經濟政策的目標，即或是政府可採行激勵技藝進步的措施，也只能以之影響那唯一不變的成長率——自然成長率。第二，勞動與資本都已充分就業的持續成長狀態乃是一種神話。正如羅賓遜夫人稱之為「黃金時代」(Golden Age) 一樣，因為只有以充分就業為起點，且當人口成長率加技術進步率恰好等於意願儲蓄率被資本產出比率所除得的數值時，才能實現那種持續的充分就業成長狀態。此外，我們尚須提及，黃金時代的途徑乃是極其滑溜的道路——有時被稱為「剃刀邊緣」(knife edge)——任何意外地背離正路，都會使我們離正路愈來愈遠。

第三節　梭羅與新古典理論

一、生平與著作

　　梭羅 (Robert Mercon Solow, 1924–) 是美國經濟學家。生於紐約市的布魯克林區。1947 年畢業於哈佛大學，1949 年獲碩士學位，1951 年獲經濟學博士學位。1950 年即在麻省理工學院任助教授，1954 年升副教授，1955 年升正教授。1960年代初期，曾在美國總統經濟顧問委員會擔任高級研究員；也曾遠赴英倫，在劍橋大學及牛津大學擔任客座教授。

　　梭羅的主要經濟著作如下：

1. 《經濟成長理論》(*A Contribution to the Theory of Economic Growth*, 1956)；
2. 《資本理論與收益率》(*Capital Theory and the Rate of Return*, 1963)；
3. 《線型規劃與經濟分析》(*Linear Programming and Economic Analysis*, 1958，

與 Paul A. Samuelson 及 R. Dorfman 合著）——中譯本有：余國燾譯：《線型計劃與經濟分析》（臺灣銀行經濟研究室刊行）。

二、經濟成長理論

如前所述，哈樂德與道瑪模型展示著經濟體系的必然不安定性，這乃是因為他們把持續進展狀態下的若干典型特徵，諸如資本產出比率、意願儲蓄率（投資率）、勞動生產力成長率等都視為固定不變，並未以經濟體系運行的結果來解釋這些特徵，故其分析對象乃局限於：探究這些常數數值與勞動成長率能相互一致的條件。1950 年代以來，經濟學家則展開許多模型，試圖解釋這些被假定不變的經濟變數。梭羅便是其中之一。

梭羅曾明白指出，哈樂德‧道瑪模型的基本特色是：以平凡的短期分析工具對長期問題作前後一貫的研究。我們通常把長期分析當做新古典分析的專有領域，在這種分析中，土地是限制因素；而哈樂德與道瑪卻以資本係數來討論長期。在這樣指陳之後，梭羅就構設了一個模型，其與哈樂德的唯一差別是：在生產集合商品 (composite commodity) 時，在可供利用的技術範圍內，容許資本與勞動彼此作平穩而持續的替代。在這種經濟社會中，一個生產要素的邊際生產力會隨著其他要素投入的增減而升降，但若要素組合保持安定，則會維持不變。由於土地並非稀少要素，這就意指，在其他情形不變的假定下，若勞動與資本的投入係依同一比例而增加，則產出也會依同一比例而增加，亦即有收益不變的現象。尤其是，競爭至少在長期間趨使每一生產要素的報酬率等於其邊際生產力。其含意乃極其深遠。

第一，經濟活動的各種重大結果決定於要素組合的選擇。平均每單位勞動的資本存量愈大，平均每單位勞動的產出流量及資本產出比率愈大。尤其是，平均每單位勞動的資本存量愈大，工資率（等於勞動邊際生產力）愈高；資本收益率（等於資本邊際生產力）愈低。

第二，滿足哈樂德‧道瑪條件不再是聽天由命的事，因為資本產出比率是可變的，且能調整至使保證成長率等於自然成長率，亦即，須使資本產出比率等於意願儲蓄率被自然成長率所除得的數值。在持續進展狀態中，自然成長率與所得儲蓄率都是常數，故資本產出比率也須是常數。但是，只有當平均每單位勞動的資本存量不變時，資本產出比率才會不變；因此，在持續進展狀態中，平均每單

位勞動的產出與工資以及資本收益率也將是常數。然而，倘若有技術進步存在，勞動效率繼續提高，則僅有平均每勞動效率單位 (per efficiency unit of labor) 的產出與工資率不變，而平均每人產出及工資率則依固定速率成長，這個速率才會恰等於哈樂德的中性技術進步率。

第三，資本產出比率須與意願的儲蓄率作同方向變動，而與勞動力成長率作反方向變動。但是，必要的資本產出比率決定了勞動與資本的必要組合比例，故社會的儲蓄傾向愈高，及勞動力成長愈緩，則資本存量及平均每單位勞動的產出水準都愈大，且工資率愈高，而資本收益率愈低。由此，我們可以看出，在長期間，平均每人產出的成長率並不決定於社會的意願儲蓄率，但是絕對產出水準及平均每人所得則由社會的意願儲蓄率所決定。我們將在下文詳細說明其重大的政策意義。

第四，對可供利用之技藝的特性作更精細的假定下，我們可以指出，「黃金時代」途徑不但存在，而且是唯一且安定的途徑。事實上，這些技藝特性明白指出，能與每一個儲蓄率前後一致的只有一項特殊的要素組合，故一旦業已排出這一項比率，經濟社會的持續進展行為就已明確地決定了。尤其是，排選要素組合的任何錯誤都將會自我矯正的。例如，倘若平均每單位勞動的資本存量太小，保證成長率就會大於自然成長率。亦即，平均每單位勞動的產出乘以儲蓄率所得到的數值，大於平均每單位勞動的資本乘以勞動成長率所得到的數值。這乃是意指，平均每單位勞動之資本存量的增加，但由於勞動較資本相對稀少，投資的生產力下降，故平均每單位勞動的資本存量增加率會趨緩。當勞動與資本的組合逐漸趨於正確時，這種矯正過程也會漸告終止。此際，新工人的資本需要會把投資完全吸收，且保證成長率等於自然成長率。倘若平均每單位勞動的資本存量太大，會經由此種過程的反方向運行，進行必要的矯正。黃金時代的途徑乃不是處於剃刀邊緣，而是位於經濟社會會自動回趨之低谷的谷底。

由此我們可以看出，這個模型為經濟社會規劃了一個秩序井然且安定的形象。其繁榮決定於其構成員的節儉、發明與技藝；且人人都依其對公共財的貢獻而受酬：這當然又是新古典領域了。我們可把這種社會的運行描述如下：在每一時期開始之際，有一定數量的勞動力及過去累積而存續下來的一定的資本存量。在本期的進步過程中，競爭將會確保勞動與資本依當時技藝所容許的最有效方式組合，且經濟社會根據各生產要素的邊際生產力把產品依工資與利潤加以分配。這些所

得的收入者決定其儲蓄，因而也決定了國民生產中的消費與資本累積兩部分。在下一期，更大的資本存量與勞動力，與更進步的生產技藝相結合，將會生產更多的產量，且其中亦有一部分成為再擴大次期的資本存量。

在持續進展狀態中，兩個時期間平均每人產出增加率完全是技術進步所促成的。因為資本增加率恰等於實際的勞動力增加率，故平均每一效率單位的資本存量不變。表面上好似是企業家享受了成長的福祉，但新古典學派之模型所展示者恰好相反：工資率隨同技術進步而增加，而資本收益率不變。倘若我們以先前我們已提及的熊彼德體系來說：創新者的目的固然在於獲取超過勞動及資本之成本的剩餘，故帶來技術進步。但是，在長期間，廠商間為爭取缺乏彈性的勞動供給而進行的競爭，將會把這些剩餘轉變為較高的工資。

以梭羅為代表的這種新古典學派持續進展成長模型，對生產技藝有其特殊的假定，在文獻中總括為數學形式，稱之為「總合生產函數」(aggregate production function)，表達了總產出與所使用之資本總量及勞動總量之間的關係。這種總合生產函數概念招致了許多批評。早在 1953 年，羅賓遜夫人就已指出，總合生產函數的存在須以總合資本存量的存在為其先決條件，然而，資本是異質物品的集合體，僅能以價值方式進行累加。為著獲得總合資本的數值，我們須擁有個別資本財的價格，而此項價格又需已知工資率及利率為其計算的基礎。據此，我們便遭遇到循環論的困擾：我們先需有工資率與利率，以獲得總合資本概念，然後再定出總合生產函數。但是，工資率與利率都被假定等於勞動與資本的邊際生產力，我們在討論總合資本之前，就得先擁有表示各個生產要素與產量間之關係的總合生產函數。

晚近，費雪 (I. Fisher) 等人又從另一個角度來討論總合資本與總合生產函數之存在的問題。他們指出，設每一廠商各有其特殊的生產函數，使各該廠商能以最有效的方式運用其生產要素，生產最大的產量。但是，整個經濟社會是否能得到相類似的關係呢？只有當產出、勞動與資本都是由同質因素所組成，且為著使整個經濟社會得到最大的產量，勞動與資本須能在各廠商間自由移動，才能獲得這種生產函數關係。可惜這些條件在實際社會中並不存在，故總合生產函數僅存在於某些狹義的環境中。

在文獻中曾被廣泛討論的另一種情況是：產出是同質的，勞動也是同質的且可完全移動，資本則是異質的且不能移動——這種異質性完全係源於技術進步。

到目前為止，我們僅討論了一種技術進步形式：不論是否有投資增加，技術進步都僅及於勞動效率的增進。實際上，這種技術進步僅發生於管理與組織的改進及教育水準的提高，且須我們不把這些支出視為投資才行。諸如，引進新機器設備之類的技術進步則未在考慮之列。倘若要考慮這種其他形式的技術進步，不同年代的資本財就會有不同的效率程度，因為他們各自表示了其裝置時日的技術知識。不過，就好像勞動一樣，我們能以「效率單位」來測度資本，故可得到總合資本，且總合生產函數乃能存在，這是唯一能與總合模型相吻合的資本概念。因而，新古典成長理論的新方向之一乃是構建異質資本財的局部的非總合的模型 (partially disaggregated models)。

第四節　卡道爾與新劍橋學派

一、生平與著作

卡道爾 (Nicholas Kaldor, 1908–1986) 是匈裔英籍經濟學家。1908 年 5 月 12 日生於匈牙利布達佩斯。1930 年以極優異成績畢業於倫敦經濟學院，並立即留在母校執教。在第二次世界大戰期間，曾兼任全國經濟社會研究所 (National Institute of Economic and Social Research) 研究員；美國戰略轟炸調查處經濟計劃小組組長 (Economic Planning Staff, U. S. Strategic Bombing Survey)。1947 年離開倫敦經濟學院，擔任聯合國歐洲經濟委員會研究及計劃組組長。1949 年開始任教於劍橋大學。

卡道爾對租稅問題有獨到的研究心得。因此，自 1950 年代中期以來，曾經擔任印度、錫蘭、墨西哥、迦納、英屬圭亞納、土耳其、伊朗等國家的財政顧問。

卡道爾的主要著作如下：

1. 《支出稅論》(*An Expenditure Tax*, 1955)；
2. 《印度租稅改革》(*Indian Tax Reform*, 1956)；
3. 《價值與分配論文集》(*Essays in Value and Distribution*, 1960)；
4. 《經濟安定與成長論文集》(*Essays in Economic Stability and Growth*, 1960)；
5. 《經濟政策論文集》(*Essays on Economic Policy*, 2 vols., 1964)。

二、經濟成長理論

　　對新古典成長模型批評最多且最為嚴屬的是卡道爾、羅賓遜夫人、柏西尼第 (L. L. Pasinetti) 等劍橋大學的經濟學家。他們除批評新古典的生產函數外，更認為新古典理論以消費支配經濟社會的觀點為其基礎，也是不切實際的。這些批評者的見解被稱為新劍橋學派，以示與馬夏爾及其弟子所構成的劍橋學派有別。

　　我們在前面已經提及，在新古典理論中，消費者作基本決策，經由完全競爭的機能，把這項決策傳達給生產者。即使技術進步也與企業創新無關；這種創新或者是依固定速率自天上掉下來，或者是具體表現在新資本財中，即使是在這種場合，創新的傳播最後還是由家計部門所決定，因為投資流量係由意願儲蓄所決定的。這當然與近代資本主義經濟社會的實情有很大的距離，因為在實情中，競爭是被嚴重地限制著，消費者的地位比象棋中的小卒都不如，全部重大決策都由大企業在其會議室決定。1957 年，卡道爾所提出的簡單成長模型，其推理過程恰與新古典模型顛倒，乃是新劍橋學派思維方式的代表作。

　　卡道爾認為，經濟成長是企業家的創新趨勢及其資本累積或投資趨勢的聯合產物，創新可提高生產能力，而資本累積則增加社會的資本存量。資本產出比率實際上係受這兩項趨勢之相對變化的影響。若創新趨勢相對較大，則資本產出比率趨降；若投資趨勢相對較大，則資本產出比率趨升。因為這兩種趨勢有其補償作用，故資本產出比率乃有其長期安定之趨勢。

　　我們得把這種觀念及由此而引申的成長理論，由圖 30–2 來表示。在圖中，橫軸表示平均每單位時間每一工人的資本增加率 ($\frac{1}{C_t} \cdot \frac{dC}{dt}$)。縱軸則表示平均每單位時間每一工人的產出增加率 ($\frac{1}{O_t} \cdot \frac{dO}{dt}$)。無論何時，經濟社會的產出成長率反映在「技術進步函數」(technical progress function) 中。這個函數表示企業家的創新願望及能力，如圖中的 TT′ 線，該線的高低即表示成長率的高低。投資有兩項主要決定因素：其一是當時的利潤率；其二是當時企業的產出與其生產設備能力間的關係。若利潤率高，產出設備能力之比率高，投資率會提高，亦即 TT′ 線會往右邊移動。但是，投資率的提高會同時使產出設備能力比率降低，緩和投資率的增加，直到這種成長過程與 45° 線相交，產出成長與資本成長之比率不變，亦即

資本產出比率不變，投資率的變動才會停止。

　　我們若以 TT′ 線左邊的 A 點為起點。在此位置，產出成長率顯然高於設備成長率，故會誘使投資率提高。也就是往 TT′ 的右邊移動。同時，根據卡道爾的定義，資本收益率決定於經濟成長率及資本家所得之區分為消費與儲蓄之比。亦即，若利潤中的儲蓄傾向不變，利潤佔總所得的比例係投資的函數，根據此項定義，投資率上升，利潤亦隨之增加，故投資率上升的誘因乃更為加強，TT′ 線的右移行動乃獲得持續進行的動力，直到 TT′ 線與 45° 線相交時為止。在此交點 P，產出增加率與資本增加率是相等的。若我們以 TT′ 線右邊的 B 點為起點，當會得到恰好相反的結果，但投資率之下降仍將以 P 點為其終止之處。

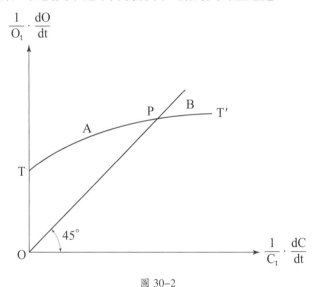

圖 30–2

　　卡道爾的成長模型有兩項重要特點：其一，卡道爾不曾說明成長率本身，也不曾討論其安定與否的問題。TT′ 線的實際水準由各該社會的「技術動態機能」(technical dynamics) 所決定。這個機能係由企業家來承擔，故可看出熊彼德對卡道爾的影響。不過，我們若深入觀察可看出，在卡道爾的生產函數中，他實際上僅考慮及某種定義的資本而已，他甚至於認為，技藝進展與資本累積雖可由過去之經驗來說明，但並非固定不變的。第二，卡道爾並不認為儲蓄率可影響成長。他認為，儲蓄率基本上影響利潤水準，儲蓄率上升，會使利潤下降；僅能經由利潤對投資之影響而間接影響成長率。因此，卡道爾特別強調，經濟成長過程的主要動力在於企業吸收技藝變動的機動能力及進行資本投資的意願。

　　卡道爾的基本假定是：競爭是不完全的，生產因素也不依其邊際生產力而獲得報償。意願的資本存量及投資決意仍係根據資本收益率而進行；不過，這種資本收益率並不決定於資本的邊際生產力。正如卡道爾所指出，這項假設的利潤率乃是以慣例及信念的混合為根據，俾供企業家判斷某一投資計劃是否可獲適當的獲利能力。

　　第二項重要假定是：技術進步並非自動發生的。卡道爾認為，每一個社會都有其創新潛能，決定於各該社會的發明慾與技術成熟的程度。但是，實際技術進步率則決定於企業部門接受創新機會的反應速度。創新意指改變生產技術，也就是改變勞動與資本的組合比例。因此，平均每人產出成長率或技術進步率乃決定於平均每人資本成長率，新生產技術究竟是取自當前的技術知識存量，或係採用最新發現的技術，乃是難以區分的，因為只要是擺脫了當前的實務，就會被視同為一種創新。卡道爾認為，平均每人產出成長率隨著平均每人資本成長率依遞減速率平穩地增加，且把這種關係稱為技術進步函數，如圖 30–2 所示。這項假定的理論基礎為：若以投資與勞動之增加處於相同速率的均衡位置為起點，且令投資加速增加，則勞動生產力會開始巨幅增加，使平均每人產出之成長快於平均每人資本之成長，這乃是「資本節約性質」(capital saving) 的技術進步。然而，一旦投資開始加速成長，便會趨於耗盡其創新的潛能，勞動生產力的上升就會趨緩，平均每人資本成長率終將會追及平均每人產出成長率，這恰是哈樂德所稱的中性技術進步，因為在這一點時，資本產出比率不變。超過這一點時，平均每人資本成長率快於平均每人產出成長率，技術進步就變成了「資本消耗性質」(capital using)。

　　因此，技術進步函數只容許一個共同的平均每人產出與資本的成長率。根據定義，這就是持續進展的技術進步率，再加上固定的勞動力增加率就成為經濟社會的「自然」成長率。但是，由於投資係由利潤所帶動，若資本要依「自然」率成長，就須有一項特定的利潤率；尤其是，意願儲蓄也須等於投資。

　　新劍橋學派模型的特點是所得分配扮演著巧妙的角色。他們假定，企業家的儲蓄傾向大於工人，因而總儲蓄就決定於資本與勞動間的所得分配：利潤佔所得的比例愈大，儲蓄佔所得的比例亦愈大。我們乃可在某一範圍內，找到一個使計劃儲蓄等於計劃投資，以及使意願投資佔資本比例（保證成長率）等於自然成長率的所得分配。

其論點如下：為著簡單化起見，設利潤中有一部分被儲蓄下來，而工資則全部用於消費；投資決意則決定於意欲使資本產出比率與資本收益率保持某種關係。在黃金時代的途徑中，資本係依自然成長率而成長，故投資等於資本存量乘自然成長率。但是，投資也需等於儲蓄，故資本乘自然成長率也需等於利潤乘意願儲蓄佔利潤的比率。換句話說，平均每單位資本的利潤率須等於自然成長率被意願儲蓄佔利潤之比率所除得的數值。因而，資本收益率乃係常數且不決定於資本的邊際生產力，但是須有一項足以使資本依自然成長率成長的儲蓄率，資本收益率就決定於顯然為常數的長期資本產出比率。

設已知經濟社會的期初資本存量及其自然成長率，我們便可找到黃金時代之資本的軌跡。再設已知固定的資本產出比率及資本收益率，我們便可由此導出產出、利潤及作為餘數之工資的軌跡。正如在新古典模型中一樣，我們也可看出，平均每人產出成長率僅由技術進步所決定，而其絕對水準則直接與儲蓄傾向有關，不過，他們係以不同的方法得到相同的結果。根據新古典的邏輯，我們先觀察到，在持續進展狀態中，儲蓄率為常數，然後我們假定投資隨著儲蓄而調整，並因而決定了適當的要素組合；這又反過來一方面決定了固定的資本產出比率及平均每人產出，他方面決定了資本收益率及所得分配。在卡道爾模型中，則恰好相反，我們先指出，持續進展狀態的資本產出比率為常數，故須有特定的累積率。然後，我們假定，儲蓄能經由所得分配方式隨著必要投資而調整等等。因此，卡道爾認為，持續進展狀態的所得分配決定了資本收益率及資本產出比率，其情形恰與新古典理論相反。尤其是，卡道爾認為，成長過程的原動力不是消費者，而是生產者，因為生產者願意立即吸收技術變動，且願意把資本投入於企業，決定了成長率與產出的分配，這就使其模型具有了凱因斯精神。

同時，卡道爾對黃金時代之安定性的解釋也具有凱因斯精神，但是其論點則不如新古典理論那樣地充分。根據新古典理論，背離了持續進展狀態，例如，若計劃投資發生錯誤，就會經由利率的調整而回趨與儲蓄一致。但是，卡道爾則認為，在這種情形下，因所得分配錯誤，故儲蓄減少而無法與投資相等。雖然如此，在充分就業下，若意願儲蓄小於或大於計劃投資，總合需要會超過或小於生產設備，價格水準就會上升或下降，使此項缺口獲得彌補。真實工資率及所得分配乃會調整，直到儲蓄等於投資，而經濟社會又回歸於黃金時代的軌跡。這種推論也與凱因斯對未充分就業之短期均衡的可能性的解釋一致。事實上，價格與利潤

率不能極迅速的調整，故卡道爾所推論的均衡機能不能適用於短期，因為在短期儲蓄對投資的調整將會經由乘數過程所帶來的生產與就業變動而實現。

1961 年，卡道爾在一篇與密里斯 (J. A. Mirrlees) 合寫的論文中，對其模型提出更成熟的看法。這兩篇論文的基本差異在於：在新論文中，已具體地假定技術進步含於新機器設備中，故不同年代的資本財乃是非同質的，且總合資本存量概念就變成可疑的概念。其主要意義有二：第一，技術進步函數須重新界說為，在新設備下的平均每一工人產出與平均每一工人投資額之間的關係，而在沒有年代區別時，這種關係是決定於技術進步的持續進展率。第二，投資決意不能以意願實現某一資本產出率為根據，而係以某一計劃是否能在無太多風險下享有足夠的利潤為根據。

嚴格地說，企業對投資是否真正有利潤乃係以簡單的經驗法則而評估，他們視預期利潤率是否至少等於經驗上被認為是正常的利潤率。然而，在持續進展狀態中，各種事物都依預期而變動，而預期總是會實現的，故資本的實際與正常收益率是相同的。且因只有一個投資增加率與持續成長率一致，故同時明確地決定了資本收益率與所得分配，而無須提起資本與勞動的相對稀少性及其邊際生產力。

由此可知，新古典理論係以生產函數概念為基礎；而新劍橋學派則否。兩者的真正區別在於是否須依賴生產要素的稀少性及其邊際生產力來說明所得分配。無論其爭論如何熾烈，我們必須記住，成長理論的主題之一是：究竟是生產函數或技術進步函數或其他形式，才能正確表現技術進步過程中的要素與產出之間的關係。

║║

第五節　經濟發展

一、落後國家的意義

自第二次世界大戰結束以來，經濟落後國家與工業國家之間的物質財富分配的不平衡，變得非常明顯，且各落後國家都有不能忍受這種現象的覺醒。因此，許多經濟學家把他們的心靈及精力貢獻在這方面的研究，有關落後國家的經濟研究文獻乃大量累積，並蔚成一門或多門的課程。本書當然無法對這方面多作討論，在本節，我們僅說明三項有關的概念：其一是有關落後國家的定義；其二是作為

落後國家之特徵的經濟結構問題；其三是有關落後國家如何促進其經濟發展的政策問題。

　　從表面上來說，不論我們把貧窮國家稱為經濟落後國家 (underdeveloped country) 或開發中國家 (developing country)，好似很容易認定那些國家可歸入這個範圍；可是，實際上，由於很難對落後國家作適切的界說，也就不易進行歸類。其根本原因在於：經濟落後原與經濟進步處於相對地位，故須擁有可供進行客觀比較的數量標準。多年來，經濟學家對於這些標準或特徵仍有所爭論，不過，大多數經濟學家或者同意，或者習慣使用平均每人所得 (per capita income) 水準作為衡量經濟發展程度的指標。

　　以平均每人所得作為比較的標準，當然有許多缺點。其中比較重要的有四項：第一，落後國家的所得與生產統計資料相當貧乏，有些國家甚至尚無法編出這類統計數值，故若用此項標準來衡量，便欠缺可靠的意義。第二，根據現代國民所得概念，國民所得常僅能以市場價格反映經過市場交易的物品與勞務。可是，許多落後國家各有不同程度的自給自足部門，這些自足部門的物品與勞務並未在市場中交易，當然也未被包括在國民所得之內。第三，每一個國家各有其貨幣單位，若依平均每人所得作為比較標準，則必須化成共同的貨幣單位，這當然有其困難存在：其一，當時的匯率是否真正表現相對的購買力；其二，匯率的調整會影響這種比較的正確性。第四，單用平均每人所得作為比較標準，實際上忽略了不同經濟結構下的品質差異，因而有相當大的偏差問題。

　　雖然有這些缺點，經濟學家依然常用平均每人所得作為比較與衡量經濟發展程度的標準。但是，眾所周知，自從經濟覺醒以來，每一落後國家的平均每人所得幾乎年年都有所增長，若以固定金額的平均每人所得作為落後國家的界限，則全世界總有一天會沒有落後國家了，好似經濟差異也可因而消除。例如，在 1960 年，部分經濟學家認為，平均每人所得在二百美元以下的國家可視為落後國家，依這項標準，當時世界人口的 70% 係生活在落後國家。可是，現在若仍以二百美元作為分界線，則低於這項標準的國家已不及世界人口的 10% 了。因此，即使經濟學家們已習於使用這項數量標準，在作動態考慮時，仍會有其困難存在。

二、落後國家的經濟結構

　　要解決落後國家的經濟貧窮問題，當然先須瞭解貧窮的原因，這當然是極其

複雜的問題。不過，貧窮的惡性循環 (vicious circle of poverty) 則可說是長期持續貧窮的根本原因：落後國家為提高其平均每人所得，先須提高其生產力，為提高生產力則先須加速資本累積，為資本累積則先須擴大其所得與消費的差額，這便須以高所得為其先決條件，而這正是落後國家所欠缺的。因此，落後國家只好陷於長期持續的貧窮狀態了。

多年以來，經濟學家對落後國家之所以貧窮的原因有許多深入的研究，且也有相當豐碩的成就。在此，我們僅提出其中的兩項，並略作說明：

第一，在落後國家中，許多產業的生產方式仍是前資本主義式的 (pre-capitalistic)，也就是沒有明顯的利潤刺激動因。眾所周知，在資本主義生產方式下，一部分人為追求利潤，雇用工人從事生產。在這種生產方式下，生產不為自足；同時，為追求更多的利潤，須不斷擴大投資。因此，一方面會促進分工與交換，他方面則促進資本累積，提高勞動生產力，因而提高國民所得。許多落後國家便是缺乏這種生產方式。

第二，落後國家的生產組織係以自足的小規模企業為主，除農業為自足體系外，由家庭或家族經營的小店鋪、小工廠都是典型。這種生產組織自然有礙於大量資本累積的。雖然如此，在這種生產方式及組織下，落後國家實際上有大量的「隱藏性失業」(disguised unemployment)。這乃是指稱，即使不改變資本存量及生產技術，減少勞動使用量也不致於使生產量減少，這部分可減少的勞動使用量便是隱藏性失業。這種現象固然是家庭與廠商不分的結果，實際上也是落後國家打破貧窮的惡性循環的關鍵之一。

三、經濟發展策略

生產方式與生產組織的落後既然是落後國家追求經濟發展過程中的障礙，克服這些障礙當然是發展過程所需的必要步驟。根據十九世紀的正統理論，透過國際貿易與國際分工的進行，資本主義生產方式的優越性及其豐碩成果，終將使全世界各國分享這種利益。百年之前，李斯特已指陳這種理論的缺陷❶；晚近，米達爾也指責不但正統經濟理論的預言不曾實現，而且使貧國與富國的差距正在擴大中❷。在此，我們禁不住要問，在落後國家追求經濟發展的策略中，究竟發生

---

❶　請參閱本書第十一章。

了什麼問題，以致其追求發展的成果不彰。在這方面，三十年來雖未有一致的見解，但也有若干重大的貢獻。其中尤以奴克斯❸等人的著作為然，綜合他們的意見，可歸納為下列幾點：

第一，且最重要的原因是經濟發展策略上的聚合因素 (conglomerative factors) 的作用。簡單地說，貧國與富國不論因何種原因而發生成長上的差距，透過聚合因素的作用，或者會使這種差距繼續存在，或者甚至使這種差距擴大。這種聚合因素可在供給面或需要面發生作用。就供給面來說，現代工業生產有其外部經濟或不經濟的現象。已開發國家的工業發展使這種外部經濟利益日愈擴大；貧國即或有低工資的利益，也不似足以抵銷這種相對的外部不經濟。就需要面來說，在貧國要創辦某種大規模工業並無困難，問題在於產品的市場，因為這個工業所雇用的人，不能以自己的產品為消費對象，須有其他產業之產品供其消費。換句話說，要解決貧國的工業問題，須同時創辦多項工業，而在現代生產技藝下，每項工業都有其營運上的最低生產規模，若要同時創辦多種工業，則必須同時投入相當巨大的資本，這正是貧國所缺乏者。綜上所述，這實際上是現代生產體系上的不可分性 (indivisibility) 使然。

第二，在現代，大部分落後國家並非缺乏現代化的工業體系，而是這種工業體系未能推動自力成長過程，眾所周知，大部分落後國家過去曾經是已開發國家的殖民地，殖民國家為開發諸如石油、橡膠、銅、咖啡、棉花等也曾在殖民地建立了一些工業，乃至於部分的現代工業活動部門，但是並未改變整個落後國家的經濟面貌，這也就是有時被稱為「雙重經濟」(dual economy) 的狀態。在這種狀態下，相同的生產要素在經濟社會的不同的部門，具有不同的生產效率。簡單地說，在雙重經濟下，在不同部門、不同產業，乃至於在同一產業中，勞動與資本將有不同的邊際效率。因此，乃使現代技藝難以生根發展。

第三，以上兩項理由只能說明不平衡成長的不易打破及其繼續存在的原因，並沒有解說貧國與富國在當年係因何而產生不平衡的現象。這種原來差距產生之

---

❷　請參閱本書第二十九章。

❸　奴克斯 (Ragnar Nurkse, 1907–1959) 是愛沙尼亞裔的加拿大經濟學家。1930 年代移民加拿大，畢業於英國愛丁堡大學及奧國維也納大學。曾在國際聯盟工作。二次大戰後，擔任哥倫比亞大學教授。主要著作有：《落後國家的資本形成問題》(*Problems of Capital Formation in Underdeveloped Countries*, 1953)；《貿易與發展的型態》(*Patterns of Trade and Development*, 1959) 等書。

原因實際上不能全部歸因於經濟因素，而係涉及文化、宗教等非經濟因素，這就會使經濟發展策略問題更為複雜了。

　　雖有這些難題存在，二、三十年來，許多開發中國家也都極力追求經濟發展，且都把經濟發展視為工業化的同義詞。更重要的是，在經濟發展的著作中，幾乎都已揚棄了古典的國際分工論，因為這項理論以生產資源的國際分配不變，且不能修正的假定為其前提，其結果正是足以阻止落後國家的工業化。而更重要的是，落後國家追求經濟發展的努力正是想修正這種生產資源的分配，特別是資本的國際分配狀態。在這種情形下，落後國家當然不能訴諸於市場機能採取緩進的方式進行經濟發展了。同時，進行方式固然有勞力密集或資本密集之爭論，但是大部分經濟學家都同意，為著籌措足夠的資本，並有效加以運用，全國經濟發展計劃乃是有其必要的。可是，這種經濟計劃究竟該是強制的政府計劃或者是指導式的經濟計劃，則有很大的爭論。在此，我們不想討論這一類的爭論。但是，特別要指出，不論採用何種形式的經濟計劃，政府至少須承負三項任務：第一，政府必須確定經濟計劃的目標；第二，政府必須確實採行有效的政策，使投資導向預期的目標；第三，政府必須採行有效措施，使儲蓄能滿足資本需要。

本章進修參考書目

　　三十年來，有關經濟成長與發展的研究文獻為數甚多，以下僅列出若干著作，供有志研究者參考。

1. 余國燾譯，R. F. Harrod 原著：《動態經濟學芻論》（臺北：臺灣商務印書館，五十八年）。
2. 梁國樹譯，Hahn and Mathews 原著：《經濟成長理論的鳥瞰》，收集在《經濟理論之檢討》第二冊（臺北：臺灣商務印書館，五十八年）。
3. 吳榮義譯，H. Myint 原著：《發展中國家經濟學》（臺北：臺灣銀行經濟研究室，六十五年）。
4. 施敏雄、張溫波譯，E. Domar 原著：《經濟成長論文集》（臺北：臺灣銀行經濟研究室，五十九年）。
5. 鄔志陶譯，R. Nurkse 原著：《落後國家的資本形成》（臺北：臺灣銀行經濟研究室，五十六年）。
6. 陸年輕、許冀湯譯，S. Enke 原著：《經濟發展理論》（臺北：臺灣銀行經濟研究室，六十四年）。
7. Moses Abramovitz, "Economics of Growth," in *A Survey of Contemporary Economics*, vol. II, ed. by B. F. Haley (Homewood, Ill.: R. D. Irwin, 1952).

8. Irma Adelman, *Theories of Economic Growth and Development*.

9. Y. S. Brenner, *Theories of Economic Development and Growth*, 1969.

10. Evsey Domar, *Essays in the Theory of Economic Growth* (London: Oxford University Press, 1957).

11. F. H. Hahn and R. C. Mathews, "The Theory of Economic Growth: A Survey," in *Surveys of Economic Theory*, vol. II (London: Macmillan, 1965).

12. G. C. Harcourt, *Some Cambridge Controversies in the Theory of Capital* (Cambridge: Cambridge University Press, 1972).

13. Roy F. Harrod, "An Essay in Dynamic Theory," *Economic Journal* (March, 1939).

14. Roy F. Harrod, "Second Essay in Dynamic Theory," *Economic Journal* (June, 1960).

15. B. F. Hoselitz (ed.), *Theories of Economic Growth* (Glencoe, Ill.: Free Press, 1960).

16. Nicholas Kaldor, "Alternative Theories of Distribution," *Review of Economic Studies* (1956).

17. G. M. Meier (ed.), *Leading Issues in Economic Development*, 3rd ed. (Calif.: Stanford Univ. Press, 1976).

18. R. M. Solow, "A Contribution to the Theory of Economic Growth," *Quarterly Journal of Economics* (Feb., 1956).

人名索引

名詞索引 ·······································

13 劃

國際金融理論與實際

康信鴻／著

本書內容主要是介紹國際金融的理論、制度與實際情形。在寫作上強調理論與實際並重，文字敘述力求深入淺出、明瞭易懂，並在資料取材及舉例方面，力求本土化。

全書共分為十六章，循序描述國際金融的基本概念及演進，此外，每章最後均附有內容摘要及習題，以利讀者複習與自我測試。本次改版將資料大幅修訂成最新版本，並且新增英國脫歐之發展，讓讀者與時代穩穩接軌。

本書敘述詳實，適合修習過經濟學原理而初學國際金融之課程者，也適合欲瞭解國際金融之企業界人士，深入研讀或隨時查閱之用。

國際貿易與通關實務

賴谷榮、劉翁昆／著

市面上的通關實務操作書籍相當稀少，雖然國際貿易得力於通關才能順利運行，但此部分一直是國際貿易中相當重要卻令人陌生的黑盒子，故本書之目的便是希望讓光照進黑盒子中，使讀者全面掌握國貿概念與通關實務。

本書第一篇為〈貿易實務〉，著重在國際貿易概念、信用狀以及進出口流程等國際貿易中的實務部分。第二篇〈通關實務〉大篇幅說明進出口通關之流程、報單、貨物查驗、網路系統等實務操作，亦說明關稅、傾銷、大陸物品進口以及行政救濟之相關法規。第三篇〈保稅與退稅〉，說明保稅工廠、倉庫以及外銷沖退稅之概念及相關法規。

全書皆附有大量圖表以及實際單據，幫助讀者降低產學落差，與實務接軌。而各章章末也收錄練習題，方便讀者自我檢測學習成果。

初級統計學：解開生活中的數字密碼

呂岡玶、楊佑傑／著

◎生活化

以生活案例切入，避開艱澀難懂的公式和符號，利用簡單的運算推導統計概念，最適合對數學不甚拿手的讀者。

◎直覺化

以直覺且淺顯的文字介紹統計的觀念，再佐以實際例子說明，初學者也能輕鬆理解，讓統計不再是通通忘記！

◎應用化

以應用的觀點出發，讓讀者瞭解統計其實是生活上最實用的工具，可以幫助我們解決很多周遭的問題。統計在社會科學、生物、醫學、農業等自然科學，還有工程科學及經濟、財務等商業上都有廣泛的應用。

貨幣銀行學：理論與實務

楊雅惠／著

◎學習系統完善

章前導覽、架構圖引導讀者迅速掌握學習重點；重要概念上色強調，全書精華一目了然。另整理重要詞彙置於章節末，課後複習加倍便利。

◎實證佐證理論

本書配合各章節之介紹，引用臺灣最新的金融資訊佐證，例如以各國資料相互比較，分析臺灣的利率水準是否符合當前經濟基本面，使理論與實務相互結合，帶領讀者走出象牙塔，讓學習更有憑據。

◎最新時事觀點

各章皆設有「繽紛貨銀」專欄，作者以自身多年研究與實務經驗，為讀者指引方向、激發讀者思辨的能力，例如精闢分析比特幣的崛起如何影響金融市場、印度廢止鈔票是好還是壞、兩岸簽訂金融合作備忘錄會帶來什麼效果等當前重要金融現象及議題。

國家圖書館出版品預行編目資料

西洋經濟思想史／林鐘雄著.－－七版一刷.－－臺北
市: 三民，2020
　　面；　公分

　　ISBN 978-957-14-6811-2　（平裝）
　　1. 經濟思想史 2. 歐洲

550.94　　　　　　　　　　　　　109005189

西洋經濟思想史

作　　者	林鐘雄
發 行 人	劉振強
出 版 者	三民書局股份有限公司
地　　址	臺北市復興北路 386 號 (復北門市)
	臺北市重慶南路一段 61 號 (重南門市)
電　　話	(02)25006600
網　　址	三民網路書店 https://www.sanmin.com.tw
出版日期	初版一刷 1979 年 2 月
	七版一刷 2020 年 8 月
書籍編號	S550470
I S B N	978-957-14-6811-2

三民書局